일과 직업의 프리즘으로 동양사상을 보다

정영근 지음

일과 직업의 프리즘으로
동양사상을 보다

정영근 지음

철학과현실사

글쓴이의 말

대학에서 어쩌다가 직업윤리라는 과목을 맡아 강의하게 되었다. 철학과 동양철학을 전공한 나에게 직업윤리라는 개념조차 낯선 것이었기에 강의를 준비하기 위해 관련된 자료를 찾아서 많은 준비를 하였다. 그 과정에서 막스 베버가 『프로테스탄티즘의 윤리와 자본주의 정신』이라는 책에서 직업윤리라는 개념을 처음으로 언급하였음을 알았다. 베버는 직업을 신의 소명이라고 생각하여 자신의 직업에 헌신함으로써 현실의 성공과 내세의 구원을 동시에 약속받을 수 있다고 하는 소명의 직업윤리가 자본주의 경제발전의 토대가 된 이상적인 윤리라고 역설한다. 동시에 소명의 직업윤리가 없는 동양의 전통사상 속에서는 바람직한 직업윤리의 부재와 자본주의 경제발전의 저해요인이 있음을 대조해서 강조한다. 직업윤리를 다루는 대부분의 글들이 막스 베버의 이러한 논의를 그대로 수용하여 소명의 직업윤리가 직업윤리의 모범적인 틀인 것처럼 설명하고, 동양의 전통사상에서는 바람직한 직업윤리를 찾아보기 힘들고 심지어 바람직한 직업윤리의 형성에 장애요인으로 기능하고 있다고 말하고 있었다.

나는 베버가 얘기하는 소명의 직업윤리만이 직업윤리의 모범답안인 것처럼 다루어지는 것에 동의할 수 없었고, 특히 동양의 전통사상들에 대해서 직업윤리와 상치되는 것으로 설명하는 것에 대해서 '이건 아닌데'라는 생각을 하였다. 직업윤리와 동양사상을 잘 어울리지 않는 것으로 보는 데는 동양사상에 대한 일방적인 편협한 이해 내지는 몰이해가 자리하고 있음을 알게 되었다. 사상이 삶을 지도하는 이론의 제세이고 직업은 삶의 핵심을 이루는 것이기 때문에, 모든 사상 속에는 직업에 대한 나름대로의 의미부여가 있고 직업에 임하는 바람직한 태도가 담겨 있을 것임이 분명하다. 이런 생각으로 나는 동양사상 속에서 직업윤리와 관련해 유의미한 내용을 찾아보는 연구를 시작하였다. 동양사상을 직업윤리와 연관해서 해석해 보는 연구는 아무도 시도해 보지 않았던 블루오션과도 같은 분야로서 탐험가의 항해와 같은 설렘과 기쁨이 늘 있었다. 나는 일과 직업이라는 키워드를 중심으로 동양사상을 다시 보게 되면서 동양의 사상 속에서 이와 관련해 유의미한 내용을 상상 외로 많이 발견하고 정리할 수 있었다. 새로운 관점으로 접근하니 기존에 알았던 사상에 대한 새로운 해석과 이해의 지평이 열리기도 하는 경험도 하였다. 오랜 연구의 과정을 통해서 동양의 여러 사상들을 일과 직업이라는 프리즘을 통해서 새롭게 재구성하고 재해석하는 연구들이 상당한 정도로 축적되었다.

이제 지금까지의 연구내용을 엮어서 한 권의 책으로 만들어냄으로써 일단의 매듭을 짓고자 한다. 나의 연구는 사상을 따라가면서 그 의미를 충실하게 밝히고자 하는 연구나 객관적 사실에 대한 치밀한 논증이 주를 이루고 있지 않다. 나의 관점으로 사상을 재구성하고 재해석하는 다분히 주관적인 내용이 주를 이룬다. 따라서 학문적 엄밀성이라는 점에서 철저하지 못한 점이 있을 수 있지만, 다른 한편에서 동양의 사상들에 대한 기존의 이해의 차원을 벗어난 새로운 관점과 시야를 보여줄 수 있다고 생각한다. 충분히 검증되지 않은 어설픈 내용들에 대해서 많은 부끄러움이 있지만, 그것을 감추지 않고 그대로 드러내 보임으로써 부끄러움을 안고 가기로 하였다. 어찌 되었든 이 책이 지금까지 단조롭고 일방적으로 논의되던 직업윤리의 문제에 대해서 보다 다양한 시각과 내용의 담론을 활성화하는 데 일조를 할 수 있기를 희망한다.

2019년 5월 소요서실에서 정영근 쓰다

차 례

들어가는 말: 막스 베버의 동양사상 이해와 그 비판

막스 베버(Max Weber)는 근세 유럽의 자본주의 경제발전에 프로테스탄티즘의 금욕적 직업윤리가 중요한 계기가 되었다고 설명한다. 그는 자본주의가 발전하게 된 결정적인 계기가 자본주의 정신에 있다고 강조한다. 그의 주장의 핵심은 단순히 영리를 추구하거나 물질적 방면에서 자본주의적 요소를 갖추는 것만으로는 자본주의의 탄생과 발전을 이룩할 수 없다는 것이다. 그가 강조하는 자본주의 정신이란 재부의 획득을 개인적인 욕망의 추구가 아니라 신성한 하나의 의무로 합리화함으로써, 엄격한 자기훈련과 금욕적인 태도를 동반하여 적극적으로 추진해 나가는 것을 말한다. 이처럼 노동을 합리적으로 규율화하고 영리를 무한히 추구하는 자본주의 정신이 캘빈주의적 프로테스탄티즘과 밀접한 관련이 있다고 그는 설명한다. 프로테스탄티즘의 윤리는 노동이 하나님의 소명 아래서 이루어지는 신성한 의무임을 강조한다. 직업을 통해서 신에게 봉사한다고 생각하기 때문에 신의 은총을 위해 직업에 헌신하며 최선의 성과를 얻도록 고무한다. 그래서 일에의 전념을 방해하는 게으름, 쾌락의 추구, 비규율, 공명심 등을 억제하고, 절제와 근면을 바탕으로 합리적이며 창조적으로 직업활동에 임하게 한다는 것이다. 이처럼 일하는 것의 의미를 신의 소명으로 확신하여 자발적으로 자기억

제를 하면서 일에 전념하는 태도를 금욕적 직업윤리라고 부른다.[1)

베버는 금욕적 직업윤리가 자본주의 경제발전의 토대가 되었다는 자신의 논지를 뒷받침하기 위해서, 동양의 전통사회에는 이러한 직업윤리가 없어서 자본주의 경제가 발전할 수 없음을 부각시켰다. 그래서 불교, 유교, 도교 등 동양의 전통사상과 문화는 자본주의 경제발전과 서로 부합하지 않을 뿐만 아니라 나아가 현대화에 장애가 된다는 점을 역설했다. 이러한 베버의 설명은 직업윤리에 관한 논의를 하는 곳에서는 거의 표준적 이론의 틀로서 받아들여져 왔다. 그러나 이러한 설명은, 기독교적 전통이 없거나 약한 나라에서는 자본주의 경제발전이 불가능한 것인가, 또 개신교라는 문화적 바탕이 없는 사회에서의 경제발전은 어떻게 설명할 수 있는가라는 문제점에 대해서 설명하지 못한다.[2) 특히 최근 일본을 비롯한 유교문화권의 나라에서 이룩한 비약적인 자본주의적 경제발전이라는 경험적 현상에 직면함으로써 베버의 논점은 정면에서 도전을 받게 되었다.

동양의 전통사회에서는 서구와 같이 직업을 통해 봉사해야 하는 초월적 존재로서의 신이라는 종교적 배경이 없으므로, 직업을 신성시하거나 직업에의 헌신을 신에의 봉사라고 생각하는 것 같은 금욕적 직업윤리는 존재할 수도 없었다. 그래서 전통사회나 동양사회에서는 직업윤리가 없거나 기껏해야 유기적 직업윤리만이 지배했던 것으로 설명한다. 동양사회의 문화적 기반을 형성하고 있는 유교나 도교는 기독교에서처럼 직업에 대한 합리적 사고와 형식이 결여되어 있다는 것이다. 소위

1) Max Weber, *Die protestantische Ethik und der Geist des Kapitalismus*; 막스 베버(권세지, 강명규 옮김), 『프로테스탄티즘의 윤리와 자본주의 정신』, 일조각, 1983.
2) 유석춘, 「유교자본주의의 가능성과 한계」, 『전통과 현대』, 1977 여름, pp.76-77.

신의 영광을 위해서 노동을 신성시하는 것이 아니라, 오히려 노동을 거부하는 형태가 유교와 도교의 기본노선이라는 것이다. 유교사상에서 발견할 수 있는 유기적 직업윤리는 개인의 자아실현이나 개성의 발휘와는 상관없이 사회 전체를 위해서 정해진 직업에서 헌신하도록 가르치기 때문에, 여기서는 일에의 보람을 느끼면서 기꺼이 직업활동에 몰두하기가 힘들 뿐만 아니라 창조성도 기대하기 힘들다는 것이다.3) 이처럼 동양사회에는 금욕적 직업윤리와 대조적인 유기적 직업윤리밖에 존재하지 않았다고 보는 베버의 견해는 동양정신이 자본주의 정신과 대차적인 것이라고 보는 견해와 표리를 이룬다. 그는 동양정신은 비합리적이고 전근대적인 것이어서 자본주의 경제발전에 장애가 되는 주요 원인이라고 보고 있는 것이다. 결국 베버는 서구 자본주의의 특색을 금욕적 직업윤리를 중심으로 한 자본주의 정신으로 규명하고자 하는 자신의 논지를 간접적으로 뒷받침하기 위해서, 자본주의가 발달하지 못한 동양에 있어서 자본주의 정신의 결여와 금욕적 직업윤리의 부재를 부각시켰던 것이다. 베버의 논지를 아무런 회의나 비판 없이 추종하는 사람들은 베버가 논한 것과 똑같은 이유에서 캘빈주의에 바탕을 둔 금욕적 직업윤리가 오늘날 산업사회에서 요구되는 가장 바람직한 직업윤리이고, 지금껏 존재했던 직업윤리 중에서 가장 건전하고 합리적인 직업윤리라고 말한다.4) 이에 그치지 않고 동양의 사상 전통에서는 근로를 경시하고 물질을 경시하는 등 바람직한 직업윤리의 형성에 저해되는 요소가 많고 바람직한 직업윤리는 찾아볼 수 없으며, 있어 봐야 자아실현이나 자발적인 몰아적 헌신과는 거리가 먼 유기적 직업윤리밖에 없으므로 돌아볼 게 없다는 단정을 내리기도 한다.5)

---

3) 尾高邦雄, 『職業の 倫理』, 中央公論社, 1970, pp.27-37.
4) 이한구, 「직업과 윤리」, 『직업과 윤리』, 한국정신문화연구원, 1985, p.65.
5) 전해종, 『한국전통사회의 직업윤리』, 아산, 1980, pp.43-45.

막스 베버의 직업윤리에 관한 견해에는 많은 문제점과 한계가 있다는 사실이 여러 가지 측면에서 논의되고 있다.6) 특히 그의 동양사상에 대한 논의는 유럽과의 대비라는 차원에서 이루어짐으로써 일방적이고 부분적일 수밖에 없다는 한계를 지닌다. 자신은 비록 가치중립성을 표방하고 있지만 서양에는 있는 것이 동양에는 없다는 방식으로 서술함으로써 서양의 우월성을 은연중 드러내고 있다. 사실 신의 절대성을 믿는 기독교적 전통이 없는 곳에서 직업을 신의 소명으로 생각하는 직업관이 있을 리 없다. 동양의 전통사상에는 기독교에 있는 소명으로서의 직업윤리가 없기 때문에, 자본주의 경제발전에 장애요인으로 작용하고 있다는 막스 베버의 견해나 그것에 대한 정면에서의 반론으로서 제기된 유교적 가치가 동아시아 경제발전의 근본적인 동력이라고 주장하면서 유교 자본주의를 얘기하는 견해는 모두 막스 베버의 전제를 모두 그대로 수용하는 데서 비롯된다고 볼 수 있다. 특정한 종교나 사상을 중심으로 해서 경제발전을 설명하는 베버의 전제 자체가 상당한 논리의 비약이라고 할 수 있기 때문이다. 경제발전 여부는 사상이나 문화적 요소보다는 그 사회의 제도적, 구조적 요소로부터 해명해야 한다는 의견이 보다 설득력을 갖는다. 사실상 경제발전과 같은 복잡한 경험적 현상을 설명하기 위해서는 어느 쪽의 관점도 결여되어서는 안 되고 양자는 상호 보완적인 관계에 있다고 할 수 있다. 베버도 문화와 가치의 측면만이 아니라 제도나 구조에 대해서도 동등한 의미를 부여하며 분석을 시도했던 것이다. 어쨌든 문화의 관점으로 자본주의 경제발전의 문제를 설명하는 베버의 시도는 부분적으로 여전히 유효하다고 할 수 있다. 문제는 동양문화에 대한 그의 판단과 이해가 정당한 것이냐 아니냐는 점에 있고, 이 문제는 현재에도 여전한 논쟁거리이다.

---

6) 로버트 그린 엮음(이동하 옮김), 『프로테스탄티즘과 자본주의: 베버 명제와 그 비판』, 종로서적, 1986 참조.

필자는 전통문화나 사상이 현대적 삶에 짐이 되느냐 아니면 빛이 되느냐는 논쟁에 뛰어들어 다시 구체적으로 논의를 전개할 생각은 없다. 다만 전통을 송두리째 부인하고서 새로운 시대와 사회에 맞는 윤리를 모색하는 것은 전통 속에 오늘의 모든 문제에 대한 처방이 있다고 주장하는 것과 마찬가지로 전통을 대하는 올바른 태도가 아니라고 생각한다. 현대사회에 필요한 직업윤리를 모색하는 데 있어서도 마찬가지다. 전통문화를 그대로 잘 계승하기만 하면 현대사회의 직업윤리는 따로 문제시될 것이 없다고 말하거나, 한국의 전통문화 속에서는 부정적인 직업관만이 있고 바람직한 직업윤리는 존재하지 않는다고 해서 거들떠보지도 않는 것은 커다란 문제가 있다고 생각한다.

여기서 논의하는 직업윤리는 직업에 따라 달리 요구되는 직업과 연관된 행동규범으로서의 특수직업의 윤리(mores)가 아니라, 직업에 대한 사람들의 일반적인 마음가짐과 태도를 다루는 직업 일반의 윤리(ethos)를 말한다.[7] 따라서 이러한 직업윤리는 근본적인 인간의 삶에 대한 의미부여나 생활태도와 연관되는 것이기 때문에, 동양사상도 나름대로 인간이 어떤 마음가짐과 자세로 자신의 일에 임해야 하는가에 대한 가치체계(근로정신)는 지니고 있다고 할 수 있다. 직업윤리가 자신이 하는 일에 대한 마음가짐이나 태도라고 한다면, 그것은 인간의 삶이 있는 곳에는 어디서나 찾을 수 있을 것이고 다만 그 내용이 다를 뿐이라고 할 수 있다. 또 직업윤리가 직업인들로 하여금 즐겁게 일에 헌신하도록 하는 것이라면 이는 어느 사회에서나 이를 목표로 삼을 것이기 때문에 적어도 이론적 틀 속에서는 쉽게 발견할 수 있을 것이다.[8] 또 동양의 사상 전통이 오늘날 산업사회에서 유효한 의미를 지닐 수 있는 만큼, 현

---

7) 직업윤리연구회 편, 『현대사회와 직업윤리』, 형설출판사, 1991, p.52.
8) 정영근, 「동양사상과 직업윤리」, 직업윤리연구회 편, 『현대사회와 직업윤리』, 형설출판사, 1991, pp.49-52.

대에서 요청되는 직업윤리를 정립하는 데 담당할 부분이 있을 것이다. 이러한 가정 하에서 동양사상 중에서 직업윤리와 관련되는 것을 모아 재해석해 보고자 하는 것이 이 연구의 목적이다.

필자가 동양의 전통사상 속에서 직업윤리를 찾아 재구성하고 재해석하는 작업을 하는 이유는 막스 베버가 제시하는 직업윤리와 그것을 따르는 사람들의 견해를 통째로 비판하고 부정하기 위한 것은 아니다. 다만 그 일방성과 부분성을 드러내고 다른 내용의 직업윤리가 존재하고 있고 또 바람직한 직업윤리로 새롭게 재해석될 수 있는 가능성이 있음을 동양사상 자체의 입장에서 제시하고자 하는 데 있다.

그런데 이러한 방향에서의 연구는 아직까지 거의 이루어진 바가 없다. 연구의 범위는 동양사상 중에서 주도적 가치관을 이룸으로써 역사적으로 가장 큰 영향력을 행사했고 오늘날에도 상당한 영향력을 가지고 있는 사상으로 한정한다. 또한 사상이 역사적, 사회적으로 어떻게 기능했느냐의 측면보다는 사상 속에서 발견할 수 있는 내용들을 재해석하는 이론의 틀 안에서 논의하기로 한다.

1부

인간다운 삶을 지향하는
유가의 일과 직업에 대한 통찰

1장

경제행위에 우선하는 도덕의 원칙을 확립하다_공자

1. 들어가는 말

공자는 귀신이나 어떤 초월적인 존재보다는 인간에 대해서 관심을 집중하였고, 내세의 영원한 구원보다는 현세에서 잘 사는 삶을 추구하는 데 전념하였다. 현실의 삶 자체가 사후 세계의 영원한 약속보다도 중요하다고 생각했다. 공자는 젊은 시절에 창고관리 및 가축사육 등 여러 가지 육체노동이 필요한 일에 종사하며 생계를 꾸린 경험이 있고, 누구보다 열심히 현실에 참여하여 열심히 살았다. 그래서 그는 인간의 삶에 있어서 경제적 기반의 확충이 기본적으로 중요함을 잘 알고 있었고, 일하는 것의 의미에 대해서도 긍정적인 생각을 가지고 있었다. 공자의 사상 중에는 오늘날 우리가 사용하는 의미의 직업이라는 말은 등장하지도 않는다. 그러나 공자에게 있어서 인간이 어떻게 삶을 영위해야 하느냐가 가장 중요한 관심사였고, 이에 관한 생각을 『논어』의 여러 곳에서 총체적으로 표출하고 있다. 그 가운데서 일과 직업과 연관된 생각들을 추려 모아 재구성하고 재해석한다면, 그의 일과 직업에 대한 가치체계를 엿볼 수 있을 것이다. 아울러 이들의 생각이 오늘날 우리 사회에서 새롭게 모색해야 하는 직업윤리와 관련해서 어떤 의미를 지닐 수 있는가도 음미해 볼 수 있을 것이다.

2. 공자의 사상과 국가경제의 관계

1997년 IMF라는 한국의 경제위기가 닥쳤을 때 곧 이어서 『공자가 죽어야 나라가 산다』라는 책이 나왔다.[1] 이 책의 주요 논지는 주관적 가치로서의 도덕을 기치로 내걸고 이루어지는 초법적 힘의 자의적 사용이 구성원 모두가 공감할 수 있는 객관적 시스템과 룰(rule)을 파괴하고 사회 각 계층의 전문 시스템이 작동하지 못하게 만들어서 외부적 충격 혹은 내부적 혼란에 의해 붕괴하게 된다는 것이다.[2] 이 책이 발간된 지 얼마 안 되어 『공자가 살아야 나라가 산다』라는 책이 나왔다.[3] 이 책의 주요 논지는 정경유착이나 정실주의 내지 투명성 결여라는 부작용이 심화함으로써 국가경제의 붕괴를 초래하기는 했지만, 그것은 공자 사상의 본질이 아니라 그것을 잘못 이해하고 적용한 결과에 지나지 않는다는 것이다. 반대로 근면과 규율, 교육열, 노동력, 정당한 권위에 대한 존중, 공동체에 대한 충성 등의 긍정적인 측면이 발휘된다면 전 시기에 이루었던 것과 같은 비약적 경제발전을 다시 이룩할 수 있다는 것이다.[4] 공자 사상이 나라를 망하게 하는 원인이라는 주장은 유교사상

---

1) 김경일, 『공자가 죽어야 나라가 산다』, 바다출판사, 1999.
2) 같은 책, p.144.
3) 최병철, 『공자가 살아야 나라가 산다』, 시아출판사, 1999.

이 초래한 부정적 측면과 부작용을 주목하여 강조한 것이고, 나라를 살리는 원동력이 될 수 있다는 주장은 그것이 갖는 긍정적 측면과 가능성을 주목하여 서술한 것이라고 할 수 있다. 어쨌든 거의 동시기에 출간된 두 책 가운데서 『공자가 죽어야 나라가 산다』가 더 많이 팔렸는데, 이는 그 책이 보다 설득력이 있는 논지를 제공하고 있기 때문이 아니라, 당면하고 있는 국가경제의 파산이라는 당혹스러운 상황에 대해서 어떤 식으로든 이해와 설명을 바라는 사람들이 더 많았기 때문이라고 볼 수 있을 것이다.

『공자가 죽어야 나라가 산다』는 자본주의 경제발전의 바탕은 자본주의 정신이고, 자본주의 정신의 형성과 발전에 프로테스탄티즘의 금욕적 직업윤리가 결정적 계기가 되었다고 하는 베버의 논지를 그대로 이어받은 것이라고 할 수 있다. 베버의 이와 같은 주장은 경제발전의 문제를 경제이론만이 아닌 종교윤리와의 연관 속에서 해명하였다는 점에서 크게 주목을 받았고, 수많은 논쟁을 불러일으킨 바 있다.5) 특히 서구문명이 압도하던 때에 동도서기론을 펴서, 서양이 경제, 과학, 기술, 군사 등의 면에서는 앞서지만 그래도 정신도덕의 면에선 단연코 동양이 앞선다고 자위하려던 동양인에게는 큰 충격이었다. 베버의 근본 논지가 정신의 측면에 있어서 서양의 프로테스탄티즘이 동양의 유교, 불교, 도교 등의 종교에 비하여 우월한 것이라는 데에 집중되었기 때문이다. 서구문명에 압도되고 베버식의 논지에 설복당한 사람들은 동양정신이야말로 비합리적이고 전근대적인 것으로서 자본주의 경제발전에 장애가 되는 주요 원인이라 규정하고, 그것을 하루빨리 버리지 않으면 정체성을 벗어나기 힘들다고 주장했다.

---

4) 같은 책, pp.171-174 참조.

5) Robert W. Green, ed., *Protestantism and Capitalism: Weber Thesis and It's Critics*; 이동화 옮김, 『프로테스탄티즘과 자본주의』, 종로서적, 1983.

『공자가 살아야 나라가 산다』는 최근 일본을 비롯한 한국, 대만, 싱가포르, 홍콩 등 '유교문화권'의 나라에서 이룩한 비약적인 자본주의적 경제발전이라는 경험적 현상에 직면해서 그것을 유교 자본주의라는 새로운 개념으로 설명하려는 일련의 시도들과 궤를 같이한다고 볼 수 있다. 이들은 동아시아 유교문화권의 자본주의적 경제발전이 베버가 얘기하는 자본주의 정신이나 금욕적 직업윤리의 토대가 없어도 전통적 정신과 여러 가지 형식으로 융화하면서 자본주의적 경제발전이 크게 성공할 수 있다는 구체적인 반증이라고 생각한다. 그래서 베버가 동양의 전통사상에 대한 편파적 이해에 바탕하고 있음을 비판하고, 거꾸로 유교적 가치체계야말로 동아시아 경제기적의 근본적인 동력이라고 주장하면서, 서구 자본주의의 성과를 넘어서게 하는 유교문화의 잠재력을 여러 각도로부터 찾아 그 근거로 제시하고 있다.6) 예를 들어 서양의 자본주의는 개인주의를 바탕으로 하기 때문에, 개인의 능력을 최대한 발휘케 하는 측면에선 효과적이지만, 그것을 조화시키거나 사회적 질서를 유지하는 데 어려움이 따르기 때문에 경제의 성취도가 시원치 않게 되었다는 것이다. 이에 비해 유교 자본주의는 인정과 의리를 중요시하고 가족적 집단주의에 기초하기 때문에, 사회 전체의 입장에서 볼 때 안정적으로 효율을 올릴 수가 있다는 것 등이다.7) 이러한 논의는 비록 베버의 견해에 대한 정반대의 주장을 펴고 있기는 하지만, 근본적으로 특정의 문화나 가치체계가 경제발전과 밀접한 함수관계가 있다고 보는 베버의 전제를 그대로 수용하는 바탕 위에 서 있다고 할 수 있다.

그러나 어느 쪽의 논의도 학문적으로 만족할 만한 근거를 제시하는 데에는 미치지 못했고, 논의 과정이나 제시된 근거들의 타당성 자체에

---

6) "International: The Far East, The Post-Confucian Challenge", *The Economist*, 1980.

7) 김일곤, 『유교문화권의 질서와 경제』, 한국경제신문사, 1985.

도 이론의 여지가 있다고 생각되는 곳이 많다. 또한 논의의 방법에 있어서 양자가 모두 비교우위론적인 입장에 서서 자신의 사회가 지닌 긍정적인 특징을 열거하고 그것이 상대 쪽에는 없다는 방식으로 논의하기 때문에, 설사 그러한 논의가 성공한다 할지라도 지적된 결함을 보충할 수 있는 다른 무엇이 상대에게 있을 경우에는 주장이 무력화될 수 있다는 점을 간과하고 있다. 또한 자본주의 경제발전이라는 복합적 현상을 설명하는 데 있어서, 정신적 측면에서 그 이유나 배경을 찾아 설명하는 것은 상당 부분 타당성을 가질 수가 있지만, 그러한 현상이 나타나지 않는 데 대한 이유나 배경을 똑같이 정신적 방면에서 찾아 규명하는 것은 무리한 방법일 수밖에 없다. 각자의 자본주의 발전과 경제성장에는 독특한 형태가 있고, 거기에는 정치, 경제, 사회, 문화 등 모든 영역이 관련되어 있으며, 경제행위에 대한 사상적 뒷받침도 그것을 가능케 하는 한 요인으로 작용하고 있다고 보아야 할 것이다. 결론적으로 말해서 국가경제의 흥망은 주로 경제 그 자체의 요인에 의해서 결정되는 것이지 특정 종교나 사상에 의해서 좌우되는 것은 아닐 것이다. 설사 무슨 관계가 있다고 하더라도 그 영향은 아주 극미한 것이고 그것으로부터 말미암는 결과도 긍정적, 부정적 두 가지 방향에 대해서 모두 열려 있다고 할 수 있을 것이다. 따라서 공자의 사상을 가지고 국가경제의 흥망을 논하는 것은 주관적 논의의 차원을 넘어서 객관적 의미를 가지는 것으로 받아들일 수 없다. 만약 유교 및 공자의 사상이 국가경제의 흥망에 일정한 방향으로 영향을 미친다고 한다면, 그동안 역사과정을 통해서 국가경제가 흥하고 쇠하는 변화를 겪어 온 결과적인 현상을 설명할 수도 없을 것이다. 이것은 마치 프로테스탄티즘의 종교윤리가 존재하는가에 따라서 자본주의의 경제발전을 설명하는 베버의 논지가 일방적이고 논리적 비약을 함축하고 있는 것과 마찬가지다. 국가경제가 발전하거나 쇠락하게 되는 구체적인 사회의 구조적 특성을 덮어

둔 채 가치체계의 역할만을 따로 떼어 분석하는 것은 양가적인 논의가 동시에 펼쳐질 수 있는 공허한 논의에 불과하다. 또한 동일한 가치체계에 의해서 다양한 기능이 작동될 수 있고 다양한 결과가 나타나게 되는 사실을 효과적으로 설득력 있게 설명해 낼 수 없기 때문이다.

따라서 필자는 공자의 사상과 가치가 현대적 삶에 짐이 되느냐 아니면 힘이 되느냐의 논쟁에 다시 뛰어들어 논의를 전개할 생각은 없다. 다만 전통을 송두리째 부인하고서 새로운 시대와 사회에 맞는 윤리를 모색하는 것은 전통 속에 오늘의 문제에 대한 모든 처방이 있다고 주장하는 것과 마찬가지로 전통을 대하는 올바른 태도가 아니라고 생각한다. 직업윤리는 인간의 삶에 대한 근본적인 의미부여나 생활태도와 연관되는 것이기 때문에, 공자의 사상 속에서도 나름대로 인간이 어떤 마음가짐과 자세로 자신의 일에 임해야 하는가에 대한 가치체계로서의 윤리가 있다고 할 수 있다. 그것을 잘 추적하여 비판적으로 취사선택한다면 현대사회에 필요한 직업윤리를 정립하는 데 일조할 수 있을 것이다. 그러므로 여기에서의 논의는 공자의 사상이 가지는 경제적 의미와 결과에 대해서 특정한 방향에서의 결론을 뒷받침하거나 도출하기 위한 것이 아니라, 일과 직업에 관련된 문제들에 대해서 공자가 표출하고 있는 생각들은 직업윤리나 경제발전의 문제와 연관해서 이해하고자 할 때 어떤 의미를 함축하고 있으며 또한 어떻게 해석할 수 있는가에 초점을 맞추어 서술해 나가고자 한다. 공자는 일과 직업과 관련해서 구체적으로 어떠한 생각을 제시하고 있으며, 일과 직업에 어떠한 태도로 임할 것을 가르치고 있는가를 전체적으로 조망해 보고자 하는 것이 이 논문의 목적이다.

3. 경제생활의 중시와 도덕 우선의 원칙

유교는 물질과 재화의 추구, 즉 이익을 경시하고 도덕을 지나치게 중시하기 때문에 인간의 경제활동을 위축시키고 경제발전에 커다란 장애요인으로 작용한다는 비판을 받아 왔다. 이러한 비판은 주로 "군자는 의리를 밝히고 소인은 이익을 밝힌다"8)라든가 "군자는 도의를 구할 뿐 밥을 구하지 않는다"9)는 등의 말을 통해서, 그리고 사농공상을 직업적으로 차별하는 역사적 현상을 지적함으로써 정당화되었다.10) 공자의 언행을 담고 있는 『논어』의 도처에서 공자는 도덕과 이익을 대조하여 논하면서 항상 도덕을 앞세우고 있기 때문에, 공자가 이익을 추구하는 행위에 대해서는 부정하여 배제하거나 최소한 경시 내지는 천대한다고 해석할 소지가 있다.

그러나 공자의 삶과 언행을 전체적으로 살펴보면 공자가 인간이 이익을 추구하는 행위 자체를 부정하거나 배제하지 않았음을 알 수 있다. 공자는 귀족과 서민의 중간에 해당하는 사(士)계급 출신으로서 어려서 비천한 환경에 처해 있었으며, 여러 가지 잡일을 하면서 생계를 꾸리기도 했다.11) 20세를 전후하여 계손 씨의 창고를 관리하는 일을 맡아 하였는데, 계산이 정확하고 일처리가 매우 공정하였다고 한다. 또한 21세의 나이에는 계손 씨의 가축을 관리하는 일을 하였는데, 가축들이 살이 찌고 번식하여 그 수가 많이 늘어났다고 한다.12) 일찍이 스스로 여러 가지 일에 종사해서 그 일에서 성공적인 결과를 창출해 본 공자의 경험

---

8) 『論語』, 「里仁」, "君子喩於義利 小人喩於利."
9) 『論語』, 「衛靈公」, "君子謀道 不謀食."
10) 胡奇窓, 『中國經濟思想史簡篇』, 중국사회과학출판사, 1940.
11) 『論語』, 「子罕」, "吾小也賤 故多.能鄙事."
12) 김기주, 황지원, 이기훈 역주, 『孔子聖蹟圖』, 예문서원, 2003, pp.34-38.

은 일하는 것의 의미에 대해서 긍정적인 생각을 갖게 하였음에 틀림없다. 그래서 공자는 아무 일도 하지 않으면서 빈둥거리며 식객 노릇이나 하는 귀족들에 대해서 "차라리 장기나 바둑을 두는 사람들이 더 낫다13)"고 말할 정도로 심하게 모멸했다. 공자는 인간의 삶에 있어서 경제적 기반의 확충이 기본적으로 중요함을 잘 알고 있었기 때문에, 국가가 가장 먼저 해야 할 일은 백성이 경제적으로 안정된 삶을 영위할 수 있도록 하는 것이라고 생각했다.14) 그래서 잘하는 정치는 "백성들이 이롭게 여기는 바를 좇아서 그들을 이롭게 해주는"15) 것이고, "여러 가지 일을 하는 사람들이 각기 그 일자리에 있으면서 그 일을 이루는"16) 것이라고 말한다. 직업활동은 개인이 노동의 대가로 경제적 보상이라는 이익을 얻는 생산적 활동이라 할 수 있다. 그리고 경제적 보상이라는 이익의 추구는 사람들로 하여금 자신이 하는 일을 열심히 하게 만드는 기본적인 원동력으로 작용한다. 개인이 직업을 통해서 이익을 추구하는 행위 자체는 생산적 활동의 모티브가 되고 이를 통해 자신의 존재와 삶을 발전시키는 원동력이 된다는 점에서 결코 부정할 수 없는 것이다. "나라에 질서가 잡혀 있는 상태에서도 가난하고 미천하게 되는 것을 수치스러운 일"17)이라든가, "부유함이 구해서 얻을 수 있는 것이라면 나는 비록 말채찍을 잡는 일이라도 그 일을 하겠다"18)는 공자의 말은 정당한 이익추구에 대한 긍정적 가치부여를 구체적으로 표명한 것이라 할 수 있다. 공자는 이익을 추구하는 행위 자체를 부정한 것이 아니라,

---

13) 『論語』, 「陽貨」, "飽食終日 無所用心 難矣哉 不有博奕者乎 爲之猶賢乎已."
14) 『論語』, 「顏淵」, "足食"
15) 『論語』, 「堯曰」, "因民之所利而利之."
16) 『論語』, 「子張」, "百工居肆以成其事."
17) 『論語』, 「泰伯」, "邦有道 貧且賤焉 恥也."
18) 『論語』, 「述而」, "富而可求也 雖執鞭之士 吾亦爲之."

이익만을 앞세움으로써 다른 중요한 가치들이 망실되는 것을 비판한 것이다. 인의라는 보다 중요한 가치에 바탕하고 있거나 그것과 합치되는 전제 위에서는 얼마든지 이익의 추구를 긍정하고 있고 또한 적극적으로 권장하고 있다고 할 수 있다.

그러나 공자는 "이익에 따라 행동하면 원망이 많다"[19]라든가 "이익을 보면 의로움을 생각해야 한다"[20]는 말을 통해서 확인할 수 있는 것처럼, 사람들이 이익을 추구하는 행위를 그대로 긍정하지 않고 다분히 비판적인 견해를 제시하며, 이로움의 추구는 반드시 의로움의 바탕 위에서 이루어져야 한다고 조건을 제시한다. 그것은 바로 "정당한 방법으로 얻은 것이 아니면 버리라"[21]는 것이고, "의리에 부합함을 확인한 연후에 (이익을) 취하라"[22]고 하는 것이다. 공자가 부정하고 천시하면서 배제하는 것은 의로움에 배치되는 이익의 추구에 한정된다. 그래서 공자는 "의롭지 못한 부와 귀는 나에게 아무런 가치가 없다"[23]고 했고, "정당하지 못한 상태에서 얻은 부와 귀는 오히려 부끄러운 것"[24]이라고 말했다. 이렇게 볼 때 공자가 이익의 추구 자체를 부정하거나 천시하면서 배제한다고 생각하는 것은 지나치게 단순한 이해로서 공자의 사상에 대한 바른 이해라고 볼 수 없다.[25] 공자가 비판한 것은 개인이 탐욕에 이끌려서 사적인 이익을 무제한적으로 추구함으로써 인간관계를 파탄으로 이끌고 결국 조화로운 사회의 질서를 극단적으로 파괴하는 것이다.

---

19) 『論語』, 「里仁」, "放於利而行 多怨."
20) 『論語』, 「憲問」, "見利思義"
21) 『論語』, 「里仁」, "不以其道得之 不處也."
22) 『論語』, 「憲問」, "義然後取"
23) 『論語』, 「述而」, "不義而富且貴 於我如浮雲."
24) 『論語』, 「泰伯」, "邦無道 富且貴焉 恥也."
25) 趙靖主編, 『중국경제사상통사』, 북경대출판부, 1991, p.458.

시문(詩文)을 읽는 공자

공자는 만약 도덕가치와 경제가치가 충돌이 일어날 경우에는 언제나 도덕가치를 우선적으로 추구해야 한다고 역설하고 있다. 그런 점에서 볼 때 이익의 추구와 의로움의 문제를 보는 공자의 생각은 분명하다. 결론적으로 이로움의 추구는 의로움이라는 더 중요한 가치를 성취하기 위한 출발점 내지 수단적 가치로서의 의미를 지니고 있고, 의로움과 조화되고 의로움을 해치지 않는다는 전제 하에서만 그 가치가 인정될 수 있다고 말할 수 있다.26) 공자에게 있어서 부와 귀 등의 세속적 가치는 엄격한 도덕적 표준과 일치할 때만 가치로서 평가되었고, 서로 배치될 때는 모름지기 도덕을 취하고 부귀를 버려야 하는 것이었다. 요컨대 부귀를 획득하느냐 마느냐의 문제보다는 그것을 어떻게 획득하느냐의 방법이 더욱 중요하다고 공자는 생각한 것이다. 공자가 이처럼 '얼마를 벌었느냐'보다는 '어떻게 벌었느냐'를 더 중요시했기 때문에, 혹자는 공자가 인간의 경제활동을 위축시켰고 경제발전에 커다란 손실을 초래

---

26) 사중명(김기현 옮김), 『유학과 현대세계』, 서광사, 1998, p.316.

했다고 비난하기도 한다.27) 이러한 견해는 공자의 가르침이 개인 경제 행위에 커다란 도덕적 제약을 부과하고 있다는 점에서 볼 때 현실적으로 상당한 설득력을 가질 수 있다. 결과적으로 획득한 재화보다는 경제 행위과정의 도덕성을 더 따지기 때문에, 실제적으로 생산활동을 더디게 하고, 잘못 재화를 경시하는 풍조로 나아갈 수 있는 가능성은 충분히 있다. 그러나 공자가 경제활동을 포함한 인간 행위의 최종 목적이 스스로의 삶을 즐기고28) 모든 사람의 삶을 안락하게 하는 데 있다29)고 생각한 점을 감안하면, 다르게 해석할 여지가 있다. 즉 개인의 경제행위가 자신이나 사회 전체 구성원들의 궁극적인 이익과 행복으로 연결되지 않는다면, 누구에게도 무의미하거나 해로운 것이다. 따라서 그러한 행위 또는 행위를 통해 얻어진 재화에 대해서는 결코 긍정적인 평가를 할 수가 없다. 예를 들어 불량상품의 제조, 판매나 밀수 등의 방법으로 돈을 버는 행위는 당사자 스스로 행위의 결과를 흔쾌히 즐길 수 없을 뿐만 아니라, 사회 전체에도 해를 끼치게 되는 것이다. 이렇게 본다면 공자가 경제행위에 도덕적 제한을 가하였다는 사실에 대해서, 비윤리적 경제행위를 척결함으로써 공정한 경제행위를 북돋우는 효과를 낳게 할 수도 있다는 해석이 가능하다.

공자가 직업활동을 통해 이익을 추구하는 경제행위 자체를 무시한 것은 결코 아니다. 공자는 도덕과 합치된다는 전제 하에서는 얼마든지 이익의 추구를 긍정하고 있고, 나아가 적극적으로 생산활동에 종사하는 것을 권장하고 있다. 그러나 공자에게 있어서 이익을 추구하는 직업활

---

27) 胡奇窓,『중국경제사상사간편』, 중국사회과학출판사, 1980.
28) 『論語』「雍也」, "아는 것은 좋아하는 것만 못하고, 좋아하는 것은 즐기는 것만 못하다." 유인희,「원시유가의 근로사상」,『철학사상의 제 문제(III)』, 한국정신문화연구원, 1985.
29) 『論語』,「憲問」.

동의 목적은 보다 고차원적인 도덕적인 삶을 영위하기 위한 경제적 토대라는 점에서, 하나의 출발점 즉 시작으로서의 의미를 갖는다.30) 공자에게 있어서 이익추구 자체는 결코 목적이 될 수 없고, 반드시 도덕 목적에 의해 정당화되어야 한다. 그런 점에서 공자에게 있어서 경제적 이익은 도덕 목적을 달성하기 위한 예비적 단계로서의 수단이라고 할 수 있고, 그런 점에서 경제활동의 궁극적인 목적은 경제 범위 내에 있지 않고 도덕 범위 내에 있다고 말할 수 있다.31) 공자는 그냥 먹고사는 것이 아니라 인간다운 (도덕적) 삶을 더욱 가치 있는 것으로 보았다. 그래서 공자는 백성의 경제생활을 안정시킨 다음에는 도덕적인 삶을 살도록 가르쳐야 한다고 말한다.32) 결론적으로 말해서 공자는 인간의 모든 직업활동에 대해서 그 행위과정에 도덕이 바탕이 되어야 할 뿐 아니라, 그것을 통해서 지향하는 목적도 물질적으로 풍요로운 삶에서 그쳐서는 안 되며, 궁극적으로 도덕적 삶을 지향해야 한다고 역설하고 있다.

4. 전문성에 우선하는 교양

공자는 전인적 교양을 갖추는 것이 전문적 지식이나 기술을 습득하는 것보다도 더 중요하다고 보았다. 그래서 말단적인 일기일예(一技一藝)나 부분 전문가적인 직능공이 되어서는 안 된다고 가르쳤다.33) 또한 공자는 번지가 농사짓는 법이나 채소 가꾸는 법 등에 관해서 물어보았을 때, 본인은 그 점에 있어서 농사짓는 사람이나 채소 가꾸는 사람에 미치지 못한다고 말하면서, 적절치 않은 질문을 했다는 이유로 소인(小

30) 馮友蘭(정인재 옮김),『중국철학사』, 형설출판사, 1987, p.113.
31) 謝仲明(김기현 옮김),『유학과 현대세계』, 서광사, 1998, p.316.
32) 『論語』,「爲政」, "旣富矣 又何加焉? 曰 敎之."
33) 『論語』,「爲政」, "君子不器"

人)이라고 평가했다.34) 그에 의하면 군자의 특징은 두루 통하여 편벽되지 않는 데 있고, 소인의 특징은 두루 통하지 못하고 편협한 데 있다는 것이다.35) 물론 그의 이러한 가르침은 정치적인 지도자로서의 군자(君子)가 전문적인 부분 지식만 가져서는 안 된다는 것을 말한 것이라고 할 수 있다.

그런데 공자의 군자불기(君子不器: 군자는 그릇처럼 국한되지 않는다)라는 사상은 전문적인 기술이나 지식이 발달하는 것을 막았고, 자기의 일에만 몰두하는 직업정신이 자라나지 못하도록 방해하였다는 비판을 받아 왔다.36) 중국 근대의 대표적 사상가 손문은 정치가도 운전사, 요리사, 의사, 재봉사와 마찬가지로 하나의 노동자로 간주하면서 정치의 전문화를 주장하였는데,37) 이는 공자와는 극히 대조적인 것이라 할 수 있다. 현대사회의 특징이 전문적인 지식과 기술을 요하는 직업의 종류와 전문직업인의 비중이 커졌다는 데 있다고 볼 때, 공자의 사상을 전근대적인 것으로 보는 이러한 해석과 평가는 당연한 것처럼 생각할 수 있다. 그러나 한편 그에 대한 다른 해석이 가능할 뿐 아니라, 그의 사상이 갖는 또 다른 측면이 있음을 간과해서는 안 된다. 공자 시절 유학자들은 최고의 전문가들이었다. 공부만 한 것이 아니라 육예(六藝)라 해서 예(禮), 악(樂), 사(射), 어(御), 서(書), 수(數)(예의를 갖추고, 음악을 알고, 활 쏘고, 말 타고, 글씨 쓰고, 산수를 익힘)를 갖추는 토털적인 전인교육을 시켰다. 다시 말해서 당시 공자가 제자들에게 가르쳤던 교육은 ㅣ자형 인재를 지향하는 전문가 양성형 교육이 아니었다. 그와는

---

34) 『論語』「子路」, "樊遲請學稼 子曰 吾不如老農, 請學爲圃 曰 吾不如老圃. 樊遲出 子曰 小人哉."
35) 『論語』「爲政」, "君子周而不比, 小人比而不周."
36) Max Weber, 『유교와 도교』.
37) 손중산, 『삼민주의』.

반대로 T자형 인재38) 즉 다양성을 갖춘 전인교육에 가까운 것이었다. T자형 인재를 지향하는 것은 오늘날 지식사회의 인재상이라 할 수 있는데, 이를 『논어』에서 보면 군자불기라고 볼 수 있다. 여기서 중요한 것은 전문가가 되지 말라는 것이 아니라 그것에 그쳐서 그것만 아는 사람이 되어서는 안 된다는 것이다. 먼저 한 분야의 전문가가 되고 나서 관련 다른 분야로 다각화시켜 나가야 현대사회에서 경쟁력을 갖춘 인재로 각광받을 수 있다. 옛날에는 한 우물만 파서 자기 분야에서 전문가가 되면 먹고사는 데는 문제가 없었다. 요즘은 남들과 차별화된 경쟁력이 있어야 살아남을 수 있다는 점에서 성실성보다는 창의성이 중요한 시대가 되었다. 창의성은 한 분야에서 정통한 지식과 기술을 가지고 있어야 함은 물론 다양한 다른 분야에 대한 지식과 안목을 가지고 있어야 크게 발휘될 수 있다는 점에서 T자형 인재가 되어야 한다.39) 그런 의미에서 공자의 군자불기는 현대라고 하는 시대정신과 어울리지 않는 낡은 사상이 아니라, 오히려 최근에 새롭게 음미될 만한 중요한 측면이 있다고 볼 수 있다.

인간이 자신의 삶에 대한 전체적인 조망을 갖지 못한 채 어떤 일에 평생 매달린다면, 그의 직업활동과 삶은 의미 있게 연관되지 않을 수도 있고, 사회적으로도 효과적인 통합을 기대하기 힘들다는 점을 생각해 보자. 자신의 삶이나 사회 전체와 통합되지 않은 전문지식은 개인적으로나 사회적으로 큰 불행이 아닐 수 없다. 핵에 대한 지식이나 기술이 비윤리적으로 사용되었을 때 일어날 수 있는 해독을 생각해 보라. 전문

---

38) ㅣ자형 인재는 종적으로 한 분야에서 전문적 지식을 갖춘 specialist를 말하고, ─ 자형 인재는 횡적으로 다방면의 지식을 가지고 있는 generalist를 말하며, T자형 인재는 전문적 지식과 폭넓은 교양을 함께 갖추어서 숲과 나무를 동시에 볼 줄 아는 사람을 말한다.

39) 최연구, 『4차 산업혁명과 인간의 미래』, 살림출판사, 2018.

직일수록 높은 수준의 윤리의식과 사회적 책임의식을 가지고 자신의 직업에 임하지 않으면 안 되는 이유가 여기에 있다. 이렇게 본다면 공자가 말한 전체적인 교양의 강조는 전문성에 대한 무시의 뜻으로서가 아니라, 전문성이 진실로 의미 있는 것이 되도록 한 배려라고 볼 수 있다. 실제로 공자는 각자 자신의 본분에 충실할 것을 역설했고,40) 자기 직무에 전일하지 않고 다른 분야에서 기웃거리는 것을 경계했다.41) 자신의 위치에서 자신이 해야 할 일을 전심전력을 다해 충실하게 하는 것이 중요함을 누차 강조하고, 그렇게 할 때에야 국가의 큰 질서가 바로 설 수 있다고 하였다.42) 잘 알지도 못하면서 다른 분야에 자주 간여하는 것은 모든 사람이 자기가 맡은 일에 전념하는 것을 방해할 뿐 아니라 사회 구성원 간의 화합을 해치게 될 것이다. 이런 점으로 미루어 볼 때 공자가 군자불기(君子不器)라고 말함으로써 전문성 그 자체의 가치까지도 부정해 버린 것으로는 보이지 않는다. 다만 전문성이 전체적인 교양에 의해서 뒷받침되지 않으면 무가치하다고 생각한 것이 아닌가 한다. 한편 공자의 이러한 생각은 인간의 기계화 내지는 부품화에 반대한 것으로 해석할 수도 있다. 작업이 세분화되면 일의 효율성은 커지지만 인간의 삶은 소외되고 희생된다. 일의 능률 향상과 국가적 생산성의 증대만을 위해서 인간을 부품화시키고 부분 전문성에 가두어 놓는다면 인간의 다양한 욕구나 쾌락이 억압되는 경우가 발생하는 것이다. 이러한 각도에서 본다면 공자의 군자불기는 중국적인 인도주의의 한 모습이라 할 수 있는 것으로서, 서양의 적극적인 금욕주의에 대비시킬 수 있을 것이다.43) 공자의 군자불기나 서구의 금욕적 직업윤리가 모두 자

---

40) 『論語』, 「顔淵」, "君君臣臣父父子子."
41) 『論語』, 「泰伯」, "不在其位 不謀其政."
42) 『論語』, 「顔淵」, "居之無倦 行之以忠."
43) 林語堂, 「吾國土 吾國民」.

신이 맡은 일에의 전념과 헌신을 중요한 덕목으로 생각하지만, 공자는 거기에 전인적 교양이 선행되지 않으면 인간적인 불행이 초래될 수 있다고 경고하는 점에 있어서 구별된다 하겠다.

5. 일을 즐겁게

공자는 인간이 어떤 초월적인 존재보다 중요하고 현세적인 삶 자체가 사후 세계의 영원한 약속보다도 중요하다고 생각했다. 그래서 귀신에 관해서 묻거나 죽음에 관해 묻는 제자에게 빗나간 질문이라고 핀잔을 주었다.44) 공자는 인생의 최고 목표는 현세에 있고, 그 어떤 것도 아닌 자신의 삶을 즐기는 데에 있다고 본 것이다. 공자가 생각하는 최고의 경지는 어떠한 처지에 있든지 무엇을 하든지 간에 그것을 즐기는 경지라고 할 수 있다. 『논어』의 첫머리가 학문의 기쁨과 인생의 즐거움 그리고 득도의 열락을 설명하는 것으로 시작하고 있듯이,45) 공자는 주제와 방법이 무엇이든 간에 궁극에는 그것이 즐거움에 이르러야 한다고 말함으로써 인생의 최고의 의미를 즐거움에 두고 있다.46) 그래서 공자는 제자 안회가 불우한 처지에서도 즐거움을 잃지 않은 것을 크게 칭찬했고,47) 자신을 끼니를 잊을 정도로 학문에 열중하여 그것을 즐기면서 모든 근심을 잊는 자로 불러주기를 바랐다.48) 또한 공자는 제자 증점이 말한 "늦은 봄날 친구들과 함께 강가에 놀러가 목욕하고 바람을

---

44) 『論語』, 「先進」, "未能事人 焉能事鬼? 未知生 焉知死?"
45) 『論語』, 「學而」, "學而時習之不亦悅乎? 有朋自遠方來不亦樂乎? 人不知而不慍不亦君子乎?"
46) 유인희, 「원시유가의 근로사상」, 『철학사상의 제 문제(III)』, 한국정신문화연구원, 1985.
47) 『論語』, 「雍也」, "回也 不改其樂 賢哉!"
48) 『論語』, 「述而」, "其爲人也 發憤忘食 樂而忘憂 不知老之將至云爾."

쏘인 후 노래하며 돌아오고 싶다"[49])는 즐거움에 자신도 동참하고 싶다고 말한다. 이상에서 살펴본 것처럼 공자가 말하는 인생의 즐거움은 내 안의 본성인 인을 깨달아 즐기는 것과 내 밖의 본성인 자연을 즐기는 것으로 나타난다고 할 수 있다. 안회의 즐거움은 전자에 해당하고, 증점의 즐거움은 후자에 해당한다고 볼 수 있다.[50])

공자는 어떤 일을 하든지 그 일을 먼저 잘 알아야 하는 것이지만, 단순히 알고서 하는 것보다는 그 일을 좋아해서 하는 것이 더 낫고, 좋아해서 하는 것보다는 그 일을 즐기는 것이 더 낫다고 말한다.[51]) 공자가 말하는 즐기는 경지는 대상적으로 이해하거나 단순히 좋아하는 정도를 넘어서는 것이다. 즐기는 경지는 외부의 대상에 몰입하여 그것이 내면에까지 와 닿아 완전히 일치한 상태를 이른다고 할 수 있다. 그것은 또한 내면적 도덕성의 발휘에 의해서 자유롭게 몰두하는 상태를 의미하는 것이기 때문에, 물질적, 육체적 쾌락에 탐닉하는 것과는 거리가 멀고, 도덕적 인간만이 향유할 수 있는 경지라고 할 수 있다.[52])

그런데 인간이 살기 위해서는 필연적으로 정신적, 육체적인 숙고가 들어가는 노동을 할 것이 요구된다. 노동은 어떤 노동이든지 그 자체로서는 힘들고 고통스러운 것이다. 공자도 노동이 지닌 원천적인 수고롭고 힘든 측면을 충분히 이해하고 있었다. 그래서 그 힘들고 고달픈 노동을 기꺼이 즐겁게 할 수 있는 방법을 찾았다. 그리하여 노동을 서로를 위하는 방식으로 할 때 그것이 가능하다는 사실을 알아냈다.[53]) 공자

---

49) 『論語』, 「先進」, "莫春者 春服旣成 冠童六七人 浴乎沂 風乎舞雩 咏而歸."
50) 정재걸, 「한국전통사상과 수행과 낙도로서의 노동」, 『한국학논집』 38, 2009, pp.89-90.
51) 『論語』, 「雍也」, "知之者 不如好之者, 好之者 不如樂之者."
52) 유인희, 앞의 논문 참조.
53) 『周易』, 兌卦, 유인희, 앞의 논문.

가 가르치는 사랑은 자기 자신에 충실함으로써 즐거움을 이루고, 그것을 다른 사람에게 미치는 것이라고 할 수 있다.54) 수고를 같이 나누어 한다는 것은 자신과 다른 사람에 대한 사랑을 실천하는 것이요, 자신과 남을 기르는 것이다. 이는 내면적 도덕 감정의 발현이라는 점에서 자신을 수양한다는 의미를 갖는다. 이처럼 노동이 자신과 남을 위하는 것이고, 자신의 수양이라는 점을 인식하면, 그 자체로서 즐거움과 보람을 느낄 수 있다. 그러한 인식은 학문과 교육을 통한 자각이 있어야 가능하다. 공자가 학문과 도덕을 강조한 이유도 바로 이 도덕성의 함양과 깊이 관련되어 있다.

그러나 인간은 도덕적 존재이기만 한 것이 아니기 때문에, 노동을 즐겁게 하기 위해서는 그렇게 할 만한 현실적인 조건들이 충족되지 않으면 안 된다. 우선 그 노동이 자발적인 방식으로 이루어져야 하고, 노동에 의한 재화가 수긍할 수 있게 분배되어야 하며, 노동하는 사이에 적절한 휴식이 보장되어야 한다. 이러한 조건들은 매우 실질적인 것이기 때문에, 정책적으로 뒷받침될 필요가 있다. 공자는 이처럼 노동을 즐겁게 하기 위해서는 노동의 의미에 대한 내면적, 도덕적 인식과 외적인 노동의 조건들이 맞아떨어져야 한다고 본 것이다. 이처럼 내외적으로 완전히 합치한 상태에서 일할 때에야, 힘든 노동을 즐겁게 몰두하여 할 수 있다고 한 점에서, 막스 베버가 얘기하는 금욕적 직업윤리가 내면적, 종교적 의미부여만으로 일에 몰두할 수 있다고 한 것과 크게 구별된다고 하겠다.

---

54) 『論語』, 「里仁」, "吾道一以貫之 … 夫子之道 忠恕而已矣."

6. 나오는 말

공자는 창고관리 및 가축사육 등 여러 가지 육체노동이 필요한 일에 종사하며 생계를 꾸린 경험이 있고, 누구보다 열심히 현실에 참여하여 열심히 살았다. 그래서 그는 인간의 삶에 있어서 경제적 기반의 확충이 기본적으로 중요함을 잘 알고 있었고, 일하는 것의 의미에 대해서도 긍정적인 생각을 가지고 있었다. 공자는 인간이 이익을 추구하는 행위 자체를 부정하거나 배제하지 않았으며, "나라에 질서가 잡혀 있는 상태에서도 가난하고 미천하게 되는 것을 수치스러운 일"이라고 말할 정도로 인간의 이익추구 행위에 대해서 긍정적으로 가치를 부여한다. 공자는 다만 이익만을 앞세움으로써 다른 중요한 가치들이 망실되는 것을 비판했다. 인의라는 보다 중요한 가치에 바탕하고 있거나 그것과 합치되는 전제 위에서는 얼마든지 이익의 추구를 긍정하고 있고 또한 적극적으로 권장하고 있다.

그러나 공자는 사람들이 이익을 추구하는 행위를 그대로 긍정하지 않고 다분히 비판적인 견해를 제시하며, 이로움의 추구는 반드시 의로움의 바탕 위에서 이루어져야 한다고 조건을 제시한다. 그것은 바로 정당한 방법으로 얻은 것이어야 긍정적 가치가 있다는 것이다. 공자에게 있어서 부와 귀 등의 세속적 가치는 엄격한 도덕적 표준과 일치할 때만 가치로서 평가되었고, 서로 배치될 때는 모름지기 도덕을 취하고 부귀를 버려야 하는 것이었다. 공자에게 있어서 이익을 추구하는 직업활동의 목적은 보다 고차원적인 도덕적인 삶을 영위하기 위한 경제적 토대라는 점에서, 하나의 출발점 즉 시작으로서의 의미를 갖는다고 하겠다.

공자는 전인적 교양을 갖추는 것이 전문적 지식이나 기술을 습득하는 것보다도 더 중요하다고 보았다. 공자가 말한 전체적인 교양의 강조는 전문성에 대한 무시의 뜻으로서가 아니라, 전문성이 진실로 의미 있는 것이 되도록 한 배려라고 보아야 한다. 한 분야에서 정통한 지식과 기술을 가지고 있어야 함은 물론 다양한 다른 분야에 대한 지식과 안목을 가지고 있어야 창의성이 크게 발휘될 수 있다는 점에서, 공자의 군자불기는 오늘날 4차 산업혁명시대에서 각광받는 T자형 인재상을 제시한 것으로 새롭게 해석할 수 있다. 또한 일이 세분화되면 일의 효율성은 커지지만 인간의 삶은 소외되고 희생된다는 점에서, 인간의 부품화에 반대한 인도주의적 사상을 표출한 것이라고 의미부여할 수도 있다.

공자는 인생의 최고 목표는 현세에 있고, 그 어떤 것도 아닌 자신의 삶을 즐기는 데에 있다고 본 것이다. 공자가 생각하는 최고의 경지는 어떠한 처지에 있든지 무엇을 하든지 간에 그것을 즐기는 경지라고 할 수 있다. 공자가 말하는 즐기는 경지는 대상적으로 이해하거나 단순히 좋아하는 정도를 넘어서는 것이다. 즐기는 경지는 외부의 대상에 몰입하여 그것이 내면에까지 와 닿아 완전히 일치한 상태를 이른다고 할 수 있다. 그것은 또한 그 일의 긍정적 가치를 인식하고 당당하고 떳떳하다고 하는 내면적 도덕성에 합치함에 의해서 자연스럽게 몰두하는 상태를 의미하는 것이기 때문에 도덕적 인간만이 향유할 수 있는 경지라고 할 수 있다. 노동이 자신과 남을 위하는 것이고, 자신의 수양이라는 점을 인식하면, 그 자체로서 즐거움과 보람을 느낄 수 있다. 그러한 인식은 학문과 교육을 통한 자각이 있어야 가능하다. 공자가 학문과 도덕을 강조한 이유도 바로 이 도덕성의 함양과 깊이 관련되어 있다.

이상과 같이 공자는 일과 직업에 임할 때 인간이 가져야 하는 기본적인 생각과 태도에 대해서 중요한 원칙을 밝히고 있다. 요약하면 도덕에 합치하는 경제행위, 전문적 지식이나 기술을 뒷받침하는 전인적 교양의 확보, 내면적 당당함으로 일에 몰입하여 즐길 것이다. 공자가 제시하는 이러한 원칙은 이후 유가의 사상 속에서 지속적으로 계승, 유지되어 왔다고 할 수 있다. 또한 오늘날 현대사회에서 요구되는 직업윤리를 생각할 때 여전히 의미 있는 시사점을 제공해 준다고 하겠다.

이 글은 동양에 있어서 바람직한 직업윤리의 부재를 주장하는 막스 베버와 그의 생각을 무비판적으로 추종하는 사람들에 대한 하나의 반론으로서 시도된 것이다. 그러나 직업윤리가 자신이 하는 일에 대한 마음가짐이나 태도라고 한다면, 그것은 인간의 삶이 있는 어느 곳에나 찾을 수 있다. 또 직업윤리가 직업인들로 하여금 즐겁게 일에 헌신하도록 하는 것이라면, 어느 사회에서나 그러한 경지를 목표로 할 것이기 때문에 적어도 이론적인 틀 속에서는 쉽게 발견할 수 있을 것이다. 이러한 전제 하에서 공자의 사상 속에 담겨 있는 일과 직업에 연관된 생각들을 찾아 정리해 보았다. 공자의 사상 속에 직업윤리에 관한 체계적인 서술이 있을 리 없기 때문에, 여러 단편들을 모아 재구성하고 재해석하는 방법을 쓸 수밖에 없었다. 여기에는 필연적으로 원뜻에 대한 왜곡과 확대해석이 따를 수 있다는 점을 감안해야 한다. 또한 사회적 구조나 역사적 사실에 대한 뒷받침 없이 직업윤리에 대한 이론만의 고찰에 한정된 것이다. 따라서 하나의 가능한 해석일 수밖에 없고, 실제적으로 그것이 어떠한 기능을 수행했느냐 하는 것은 또 다른 문제로 남는다.

2장

사회적 역할분담이라는 직업의 의미를 밝히다 _ 맹자

1. 들어가는 말

맹자는 현실에서 도덕적 질서가 확립되기를 바랐고 국가의 모든 구성원들이 도덕적인 삶을 영위하는 것을 최고의 이상으로 삼았다. 하지만 도덕은 안정된 삶의 바탕 위에서 가능하다는 것을 잘 알고 있었고, 그래서 국가가 백성들로 하여금 일정한 생업을 가지고 의식주 등 물질적으로 안정된 생활을 영위하도록 해주는 것이 도덕실현의 출발점이라고 말했다. 맹자의 이러한 생각은 "일정한 생업(항산)이 있어야 일정한 마음(항심)이 있다"1)는 말 속에 압축적으로 표현되고 있다. 맹자의 항산은 어디까지나 백성들에게 도덕적인 삶을 살도록 하기 위한 전제로

---

1) 『孟子』, 「梁惠王下」, "有恒産 因有恒心."

서 말한 것으로서 근본적인 지향점이 도덕의 실현에 있다고 할 수 있다. 그렇다고 해도 맹자가 직업을 인간다운 삶을 살기 위한 근본적 토대라고 생각했고, 직업을 비중 있게 다루고 있는 것만은 분명하다.

맹자의 언행을 담고 있는 『맹자』라는 책의 도처에는 일과 직업에 관련된 맹자의 구체적이고 직접적인 생각들이 제시되고 있다. 뿐만 아니라 『맹자』에서 제시되고 있는 수많은 생각과 정책들 중에서도 일과 직업과의 유기적 관련 속에서 다루어질 수 있는 내용들이 많다. 이들을 모아 재구성하고 재해석한다면 일과 직업에 대한 『맹자』의 사상을 전체적으로 특징 있게 드러낼 수 있을 것이다. 일과 직업을 중심으로 『맹자』의 사상 전체를 재구성함으로써 『맹자』를 새롭게 이해하는 지평을 넓힐 수 있고, 나아가 『맹자』의 사상 전체를 통일적으로 이해할 수 있는 단초를 제공할 수 있다고 생각한다. 필자는 오래전부터 일과 직업에 대한 사상에 관심을 가지고 동양의 전통사상 속에서 그것을 찾아 재구성하고 재해석하는 작업을 계속하고 있다. 필자가 이 논문에서 시도하고 있는 『맹자』의 직업사상에 대한 연구 역시 지금까지 계속해 온 동양의 직업사상을 조명하고자 하는 지속적인 연구의 연장선상에 있다고 볼 수 있다.

맹자에 대한 기존의 연구는 여러 방면으로부터 다양하게 이루어졌다. 주로 인성론 등 철학적인 관점에서 이루어지거나 왕도정치나 혁명사상 등 정치적인 관점에서 이루어진 연구들이 대종을 이루고 있다. 많지는 않지만 맹자의 사상을 경제적 관점에서 조명하는 연구들이 시도되고 있기도 하다.2) 그러나 필자가 의도하고 있는 것과 같이 일과 직업이라

---

2) 심귀득, 「맹자의 경제사상연구」, 『동양철학연구』 제12집, 1991, pp.103-129.
이상순, 「맹자의 경제윤리사상」, 『유교사상연구』 12권, 1999, pp.241-253.
김철운, 「공자와 맹자의 경제사상」, 『양명학』 14권, 2005, pp.85-118.
김태명, 「유가의 경제사상에 대한 연구」, 『유라시아연구』 제16권, 2009,

는 키워드에 초점을 맞추어서 그것을 중심으로 맹자의 사상을 재구성하고 재해석하는 연구는 아직 시도된 바가 없는 것으로 안다. 직업은 인간의 삶에서 가장 핵심적인 부분에 해당하기 때문에 인간과 사회의 문제를 다루는 어떤 사상에서도 직업의 문제는 중요한 위치를 차지한다. 따라서 직업에 대해서 어떤 생각을 가지고 있느냐를 특징적으로 조명하는 작업은 사상 전체를 유기적 관련 속에서 통일적으로 이해하려 할 때 도움을 줄 수 있는 꼭 필요한 연구라고 생각한다. 또한 직업은 인간생활의 구체적인 부분이기 때문에 이에 대한 『맹자』의 생각도 보다 구체화된 형태로 표현되고 있다. 따라서 맹자의 직업사상을 밝히는 이 연구가 맹자의 사상을 보다 구체화된 지평에서 이해하는 새로운 계기가 될 수 있다고 생각한다.

2. 이익의 추구와 의로움의 문제

직업은 노동의 대가로 경제적 보상을 얻는 생산적 활동이라 할 수 있다. 경제적 보상이라는 이익의 추구는 사람들로 하여금 자신이 하는 일을 열심히 하게 만드는 기본적인 원동력으로 작용한다. 그런데 맹자는 사람들이 이익을 추구하는 행위에 대해서 비판적인 견해를 제시하면서, 사람들이 자신의 사적인 이익만을 추구하는 행위를 내버려두면 서로 빼앗는 극단적인 무질서한 상황이 벌어질 것이라고 경고하고, 반드시 의로움의 바탕 위에서 이로움을 추구할 것을 강조한다.

왕은 어찌하여 반드시 이익을 말합니까? 또한 인의가 있을 뿐입니다.

pp.195-216.
손병혜, 「유가사상의 현대적 의의와 동북아 경제통합에의 시사점」, 『동북아 경제연구』 제22권 1호, 2010, pp.1-34 등의 연구논문이 있다.

… 왕이 어떻게 내 나라를 이롭게 할까 생각하면, 대부는 어떻게 내 집을 이롭게 할까 생각하고, 일반 서민들은 어떻게 내 몸을 이롭게 할까 생각하게 될 것인데, (이렇게) 위아래가 서로 다투어 이익을 추구하게 되면 나라가 위태로워질 것입니다. 만승의 나라에서 그 임금을 죽이는 자는 반드시 천승의 가문이고, 천승의 나라에서 그 임금을 죽이는 자는 반드시 백승의 가문입니다. 만승의 나라가 천승의 나라를 빼앗고, 천승의 나라가 백승의 가문을 빼앗는 일은 아주 흔한 일입니다. 진실로 의로움을 뒤로 하고 이익을 앞세우게 되면, 빼앗지 않으면 그만두지 않게 될 것입니다. 어질면서 자신의 부모를 버리는 사람은 없고, 의로우면서 자신의 임금을 뒤로하는 사람은 없습니다.3)

여기서 이익을 추구하는 인간의 행위를 내버려두면 결국 나라가 위태롭게 될 것이라고 맹자가 경고하면서 비판적인 견해를 제시한 본뜻을 정확히 파악할 필요가 있다. 맹자는 인간의 이익을 추구하는 행위 자체를 부정적으로 본 것이 아니라, 의로움을 저버린 이익의 추구가 초래할 극단적인 사회질서 파괴의 결과를 우려한 것이라고 할 수 있다. 맹자는 이익의 추구 자체를 부정하지는 않지만, 이익의 추구가 반드시 의로움의 바탕 위에서 이루어져야 하고, 의로움과 조화를 이루어야 한다는 점을 강조하고 있는 것이다. 맹자의 이러한 생각은 "이익에 따라 행동하면 원망이 많다"4)라든가 "이익을 보면 의로움을 생각해야 한다"5)는 공자의 사상을 그대로 계승한 것이라고 볼 수 있다.

---

3) 『孟子』, 「梁惠王上」, "王何必曰利 亦有仁義而已矣. … 王曰 何以利吾國 大夫曰 何以利吾家, 大夫曰 何以利吾家 士庶人曰 何以利吾身, 上下交征 利而國危矣. 萬乘之國弑其君子 必千乘之家, 千乘之國弑其君子 必百乘之家. 萬取千焉 千取百焉 不爲不多矣. 苟爲後義而先利 不奪不厭. 未有仁而 遺其親者也 未有義而後其君子也."

4) 『論語』, 「里仁」, "放於利而行 多怨."

5) 『論語』, 「憲問」, "見利思義"

맹모교자도(孟母敎子圖)

공자나 맹자는 수시로 이익과 의로움을 대비하면서 이익의 추구보다는 의로움을 우선시할 것을 강조하는데, 이에 대해서도 좀 더 깊은 이해가 필요하다고 생각한다. 공자나 맹자가 '의로움을 귀하게 여기고 이익을 천하게 여긴 것'으로 파악하고서,[6] 이들이 이익의 추구를 천시하여 배제하면서 의로움의 추구만을 귀하게 여겨 권장한 것으로 보는 것은 지나치게 단순한 이해라고 할 수 있다. 탐욕에 이끌려서 개인이 사적인 이익을 무제한적으로 추구하는 것은 인간관계를 파탄으로 이끌고 결국 조화로운 사회의 질서를 극단적으로 파괴한다는 점에서 비판의 대상이 된다. 하지만 개인이 이익을 추구하는 행위 자체는 생산적 활동의 모티브가 되고 이를 통해 자신의 존재와 삶을 발전시키는 원동력이 된다는 점에서 결코 부정할 수 없는 것이다. 공자와 맹자 역시 이 사실을 잘 인식하고 있었기 때문에 이익을 추구하는 행위 자체를 부정한 것이 아니라, 이익만을 앞세움으로써 다른 중요한 가치들이 망실되는 것

---

6) 趙靖主編, 『중국경제사상통사』, 북경대출판부, 1991, p.458; 김철운, 앞의 논문 p.94에서 재인용.

을 비판한 것이다. 인의라는 보다 중요한 가치에 바탕하고 있거나 그것과 합치되는 전제 위에서는 얼마든지 이익의 추구를 긍정하고 있고 또한 적극적으로 권장하고 있다. "부유함이 구해서 얻을 수 있는 것이라면, 나는 비록 말채찍을 잡는 일이라도 그 일을 하겠다"[7]는 공자의 말은 정당한 이익추구에 대한 긍정적 가치부여를 구체적으로 표명한 것이라 할 수 있다.

공자와 맹자에게 있어서 이익을 추구하는 직업활동의 목적은 보다 고차원적인 도덕적인 삶을 영위하기 위한 경제적 토대라는 점에서, 하나의 출발점 즉 시작으로서의 의미를 갖는다.[8] 이들에게 있어서 경제활동의 궁극적인 목적은 경제 범위 내에 있지 않고 도덕 범위 내에 있다. 이익추구 자체는 결코 목적이 될 수 없고, 반드시 도덕 목적에 의해 정당화되어야 한다. 그런 점에서 경제적 이익은 도덕 목적을 달성하기 위한 수단이라고 할 수 있다.[9]

> 선비는 인에 뜻을 두기 때문에 삶을 구하여 인을 해치는 일은 없고, 몸을 희생하여 인을 이루는 경우는 있다.[10]

> 삶도 내가 원하는 것이고 의로움도 내가 원하는 것인데, 두 가지를 함께 얻을 수 없는 경우에는 삶을 버리고 의로움을 취하는 것이다. 삶 역시 내가 원하는 것이지만 삶보다 더 간절히 원하는 것이 있기 때문에 구차하게 얻으려고 하지 않는다. 죽음은 내가 싫어하는 것이지만 싫어함이 죽음보다 심한 것이 있기 때문에 죽음을 피하지 않을까 두려워한다.[11]

---

7) 『論語』, 「述而」, "富而可求也 雖執鞭之士 吾亦爲之."
8) 馮友蘭(정인재 옮김), 『중국철학사』, 형설출판사, 1987, p.113.
9) 謝仲明(김기현 옮김), 『유학과 현대세계』, 서광사, 1998, p.316; 김철운, 앞의 논문 p.114에서 재인용.
10) 『論語』, 「衛靈公」, "士志於仁 無求生而害仁 有殺身以成仁."

위 인용문 가운데서 "몸을 희생하여 인을 이룬다(殺身成仁)"라든가 "삶을 버리고 의로움을 취한다(舍生取義)"는 단적인 표현에서 명확히 드러나고 있는 것처럼, 공자와 맹자는 만약 도덕가치와 경제가치가 충돌이 일어날 경우에는 언제나 도덕가치를 우선적으로 추구해야 한다고 역설하고 있다. 그런 점에서 볼 때 이익의 추구와 의로움의 문제를 보는 공자와 맹자의 생각은 분명하다. 결론적으로 이로움의 추구는 의로움이라는 더 중요한 가치를 성취하기 위한 출발점 내지 수단적 가치로서의 의미를 지니고 있고, 의로움과 조화되고 의로움을 해치지 않는다는 전제 하에서만 그 가치가 인정될 수 있다고 말할 수 있다.

3. 생업의 보장과 사회적 약자에 대한 배려

맹자는 개인이 직업활동을 통해 이익을 추구하는 행위가 도덕적인 삶을 영위하기 위한 경제적 토대를 마련한다는 점에서 중요시했다. 백성들이 생업을 가지고 안정적으로 생활할 수 있는 기회와 여건을 마련해 주는 일이 교육과 정치의 출발점 즉 고차원적인 삶으로 가는 시작으로서의 의미를 갖는다고 생각했기 때문에, 맹자는 그 문제에 대해서 누구보다 많은 관심을 표명하고 있고 구체적인 정책도 제안하고 있다.

일정한 생활근거가 없는데도 일정한 마음을 갖는 것은 오직 선비만이 그렇게 할 수 있습니다. 일반 백성들은 일정한 생활근거가 없으면 그로 인해서 일정한 마음이 없게 됩니다. 진실로 일정한 마음이 없으면 방탕, 편벽, 사악, 사치 등 못하는 짓이 없게 됩니다. 죄에 빠지게 된 연후에

---

11) 『孟子』, 「告子上」, "生亦吾所欲也 義亦吾所欲也, 二者 不可得兼 舍生而取義者也. 生亦吾所欲 所欲 有甚於生者 故不爲苟得也. 死亦吾所惡 所惡 有甚於死者 故患有所不辟也."

따라가서 처벌한다면 그것은 백성을 그물로 잡는 것입니다. 어찌 인자한 사람이 임금의 자리에 있으면서 백성을 그물로 잡는 일을 할 수 있겠습니까? 그렇기 때문에 현명한 임금은 반드시 백성들의 생활근거를 마련해 줌으로써 위로는 넉넉히 부모를 섬길 수 있게 하고, 아래로는 처자를 먹여 살릴 수 있게 하며, 풍년에는 내내 배불리 먹고, 흉년에는 죽음을 면할 수 있게 해줍니다. 그런 연후에 그들을 몰아서 선한 길로 가게 하는 것입니다.[12]

기본생활의 안정이 정치와 교육의 출발점이 된다고 하는 사실에 대해서는 공자도 잘 알고 있었고 누누이 강조했던 사항이다. 공자는 일찍이 정치를 물었을 때 "먼저 먹을 것을 풍족하게 해주어야 한다"[13]고 말했고, 교육도 먼저 부유하게 해준 다음에 해야 한다고 말한 바 있다.[14] 백성의 생존기반을 마련해 주는 일이 그 어떤 일보다도 우선적으로 완수해야 할 국가적 책임이라는 점을 강조했다는 점에서는 공자와 맹자는 생각을 같이한다. 맹자는 여기서 한 걸음 더 나아가 어떻게 하면 백성들이 먹고사는 문제를 해결할 수 있는가에 대해서 많은 생각을 하였고, 그에 대한 보다 구체적인 방법과 정책을 제시하고 있다.

농사철을 어기지 않으면 곡식을 이루 다 먹을 수 없게 될 것이고, 촘촘한 그물을 웅덩이와 못에 사용하지 않으면 물고기와 자라를 이루 다 먹을 수 없게 될 것이며, 도끼를 때에 맞추어 산림에 사용한다면 재목을 이루 다 쓸 수 없게 될 것이다. 곡식과 물고기와 자라를 이루 다 먹을

---

12) 『孟子』, 「梁惠王上」, "無恒産而有恒心者 惟士爲能. 若民則 有恒産 因有恒心. 苟無恒心 放辟邪侈無不爲矣. 及陷於罪 然後從而刑之 是罔民也. 焉有仁人在位 罔民而可爲也? 是故明君制民之産 必使仰足以事父母 俯足以畜妻子 樂歲終身飽 凶年免於死亡 然後驅而之善."

13) 『論語』, 「顏淵」, "何先? 曰 足食."

14) 『論語』, 「子路」, "旣富矣 又何加焉 曰 敎之."

수 없고, 재목을 이루 다 쓸 수 없게 된다는 것은 산 사람을 기르고 죽은 사람을 장사 지내는 데 유감이 없는 것이다. 산 사람을 기르고 죽은 사람을 장사 지내는 데 유감이 없게 하는 것이 왕도의 시작이다.15)

매 1가구당 5무의 택지에 뽕나무를 심게 하면 50세 된 사람이 비단옷을 입을 수 있다. 닭, 새끼 돼지, 개, 큰 돼지 등의 가축을 번식시킬 시기를 놓치지 않게 한다면, 70대의 사람들이 고기를 먹을 수 있다. 백 이랑의 밭을 가꾸는 데 농사지을 시기를 빼앗지 않는다면, 여덟 식구를 가진 가구가 굶주리는 일이 없게 할 수 있다. … 늙은이가 명주옷을 입고 고기를 먹으며, 백성들이 굶주리지 않고 춥게 살지 않으면서도 왕 노릇 하지 못한 사람을 본 일이 없다.16)

여기서 제시되고 있는 방법과 정책은 백성들이 농사를 짓거나 가축을 번식시킬 수 있는 시기를 빼앗지 않는 것 내지는 산림이나 하천의 이용에 관한 지침 등을 제시하는 등 다소 소극적인 내용이라 할 수 있다. 그러나 제시하는 정책의 내용은 세부적인 단위와 범위까지를 명시하고 있는 바와 같이 대단히 구체적인 것임을 확인할 수 있다. 이것을 보면 백성들이 안정적인 생활기반 위에서 살게 해주어야 한다는 맹자의 주장이 단순히 구호나 이론에 머무르고 있는 것이 아니라, 삶의 실제 현장에 접근해서 이루어지고 있음을 확인할 수 있다.

맹자는 현실사회의 소유구조를 그대로 두고서 그것을 최대한 생산적으로 가동하는 정도의 방책만을 강구하는 데서 머무르지 않고, 근본적

---

15) 『孟子』, 「梁惠王上」, "不違農時 穀不可勝食也, 數罟不入洿地 魚鼈不可勝食也, 斧斤以時入山林 山林不可勝用也. 穀與魚鼈不可勝食 山林不可勝用 是使民養生喪死無憾也. 養生喪死無憾 王道之始也."

16) 『孟子』, 「梁惠王上」, "五畝之宅樹之以桑 五十者可以依帛矣, 鷄豚狗彘之畜無失其時 七十者可以食肉矣, 百畝之田勿奪其時 八口之家可以無飢矣. 老者衣帛食肉 黎民不飢不寒 然而不王者未之有也."

인 사회의 소유구조 내지 생산구조의 변혁을 요구하는 데까지 나아간다. 그것은 바로 토지의 균등분배를 통해서 백성에게 안정적인 생활기반을 마련해 주고자 하는 정전제의 시행을 역설하는 것으로 구체화된다.

무릇 인자한 정치는 토지의 경계를 바르게 하는 데서부터 시작한다. 경계가 바르지 않으면 각 사람이 얻는 곡물과 봉록도 공평하지 않게 된다. 그러므로 포악한 군주와 탐관오리들은 반드시 그 경계를 바르지 않게 한다. 밭의 경계가 이미 바르면 토지를 나누어 주고 봉록을 제정하는 일은 가만히 앉아서도 바르게 정할 수 있다.17)

정전은 1리 4방의 토지를 우물 정(井)자의 형으로 나누어서 1정은 900무가 된다. 그 가운데 것이 공전인데 8가는 모든 주위의 100무씩을 사전으로 하고 공전을 공동 경작한다. 일반 백성은 공전의 일이 끝난 후에야 사전의 일을 할 수 있다.18)

토지를 균등하게 분배하는 것은 국가의 강력한 행정력과 강제적인 조치가 동반되어야 하는 매우 적극적인 정책이다. 그 구체적인 방법을 제시하는 정전제는 당시 귀족들의 토지겸병과 상인들의 농간이 심해짐에 따라 일반 농민들이 궁핍에 시달려 택전을 싸게 팔고 자손을 팔아서 유랑할 수밖에 없는 극히 불안정한 상황에서, 맹자가 그들의 생산을 보호하고 생활을 안정시키기 위해서 제안한 매우 급진적인 제도라고 할 수 있다.19) 국가가 이렇게까지 적극적으로 개입해서 백성들의 일자리

---

17) 『孟子』, 「滕文公上」, "夫仁政必自經界始 經界不正井地不鈞穀祿不平. 是故暴君汚吏必漫其經界. 經界旣正 分田制祿可坐而定也."

18) 『孟子』, 「滕文公上」, "方里而井 井九百畝 其中爲公田 八家皆私百畝 同養公田. 公事必 然後取治私事."

19) 심귀득, 앞의 논문, p.115 참조.

를 마련해 주어야 하는 의무가 있다고 주장하는 것은 다른 한편에서 생각해 보면 백성들이 일할 수 있는 기회와 권리를 국가가 보장해 주어야 한다는 것으로 해석될 수 있다. 일할 권리와 기회의 보장이라는 개념은 오늘날 복지라는 개념을 폭넓게 해석하고 적용할 때나 나올 수 있는 매우 진보적인 정책제안이라고 볼 수 있을 것이다.

맹자는 백성들이 스스로 일해서 자신의 생활기반을 마련할 수 있는 제도와 정책을 제안했을 뿐만 아니라, 스스로 자립능력이 없는 사회적 약자에 대한 배려도 놓치지 않고 있다.

늙고 아내가 없는 사람을 홀아비라 하고, 늙고 남편이 없는 사람을 과부라고 하며, 늙고 자식이 없는 사람을 외로운 사람이라고 하고, 어리고 아비가 없는 사람을 고아라고 한다. 이 네 부류의 사람들은 천하의 궁벽한 백성들로서 어디에도 호소할 데가 없는 사람들이다. 문왕은 정치에 착수하여 인자한 정치를 베풀기 위해서 반드시 이 네 부류의 사람들을 먼저 돌보았다.[20]

맹자는 머리가 반백이 되고 허리가 굽은 노인이 길거리에서 짐을 지고 다니는 일이 없게 되는 것을 교육이 잘 이루어져서 도덕이 현실에서 실현되는 모습으로 그리고 있기도 한데,[21] 이것을 보아도 맹자의 사회적 약자에 대한 배려의 마음을 읽을 수 있다. 맹자가 얘기하는 사회적 약자에 대한 배려는 그들에 대한 물질적, 육체적 편의를 제공하는 것에 그치는 것이 아니다. 모든 사람들에게 인격적인 모독은 용납할 수 없는 것이기에, 의지할 곳 없는 궁핍한 사람들에 대한 배려의 경우에도 동등

---

20) 『孟子』, 「梁惠王下」, "老而無妻曰鰥, 老而無夫曰寡, 老而無子曰獨, 幼而無父曰孤. 此四者天下之窮民而無告者. 文王發政施仁 必先斯四者."
21) 『孟子』, 「梁惠王上」, "謹庠序之教 申之以孝悌之義 頒白者不負戴於道路矣."

한 인간으로서 보다 인격적인 처우가 이루어져야 한다는 것이 맹자의 생각이다.

한 대그릇의 밥과 한 나무그릇의 국을 얻으면 살고 얻지 못하면 죽는 경우라 할지라도, '옜다' 하고 던져주면 길가는 사람도 받지 않고, 발로 차서 주면 거지도 달갑게 생각하지 않는다.22)

맹자가 이처럼 노동능력이 있는 사람들에게는 일할 수 있는 기회와 권리를 보장해 주어 스스로의 생활근거를 마련하게 하고, 노인이나 어린이 등 노동능력이 없는 사람들 내지 사회적으로 의지할 데가 없는 사회적 약자들 및 자립능력이 없는 경제적 약자들에 대해서는 국가가 특별한 보호와 배려를 베풀어야 한다는 것을 강조하는 점에서, 맹자는 모든 사회의 구성원이 어느 누구도 소외된 사람이 없이 돌봄을 받고서 인간적인 삶을 살아가는 대동사회를 꿈꾸고 있다고 할 수 있다. 뿐만 아니라 사회계층이나 소유에 따라 차별하지 말고 모든 사람들에게 똑같은 인간적인 대우를 해주어야 한다고 말하고 있는 점에서 맹자에게 자리 잡고 있는 평등의식의 단초를 발견할 수 있다.

4. 사회적 역할분담으로서의 분업

맹자는 국가가 모든 구성원에게 일할 수 있는 기회와 근거를 만들어 줄 것을 강조했는데, 직업활동을 통해서 각자의 생계를 유지하는 데 필요한 경제적 소득을 얻을 수 있어야 백성이 안정되게 기본생활을 영위할 수 있기 때문이다. 그런 의미에서 직업은 생계유지를 위한 수단으로

---

22) 『孟子』, 「告子上」, "一簞食一豆羹 得之則生 弗得則死,嘑爾而與 行道之人 不受,蹴爾而與之 乞人不屑也."

서의 의미를 갖는다고 할 수 있다. 한편 개인은 자신의 생계를 유지하기 위하여 무엇인가 사회적 역할을 분담해서 맡아야 하는데, 이 분담된 역할들이 충분히 수행될 때 사회가 원만하게 유지, 발전될 수 있다. 사회를 유지하는 데 필요한 수많은 기능을 혼자서 다 수행할 수 없기 때문에, 사회 구성원들은 그 역할을 나누어 맡아서 수행하고 그 결과를 교환함으로써 살아갈 수밖에 없는 것이다. 이러한 관점에서 볼 때 직업은 단순히 개인의 생계유지를 위한 수단이기만 한 것이 아니라, 사회적 역할을 분담하여 수행함으로서 사회에 기여한다고 하는 사회적 의미를 지니고 있다고 할 수 있다. "모든 사람이 스스로 농사지어 밥 먹고 살아야 한다"고 주장하는 농가의 허행이라는 사람과의 논변 속에서, 맹자는 직업이 갖는 사회적 의미를 명쾌하게 밝히고 있다. 농가도 스스로 농사지어 먹는다고 하지만, 옷은 스스로 지어 입지 못하고, 농사짓는 데 필요한 기구들도 스스로 만들 수 없음을 들어, 인간은 누구나 자신의 삶에 필요한 여러 가지 일들을 스스로 해결할 수 없기 때문에, 일을 나누어 맡아 수행하고 그 결과를 교환하며 사는데 그것이 사회라고 설명한다.[23]

곡식을 가지고 쟁기와 기물을 바꾸어 쓰는 것은 도공과 야공을 괴롭히는 것이 아니고, 도공과 야공 역시 그들의 쟁기와 기물을 가지고 곡식을 바꿔다 먹는 것이 어찌 농부를 괴롭히는 것이겠는가. … 여러 장인들이 하는 일을 농사일을 하는 사람이 같이 할 수는 없는 것이다.[24]

다른 사람이 일한 결과를 내가 일한 결과와 바꾸어 사는 것은 나로

---

23) 『孟子』, 「滕文公上」, "神農之言者許行章"
24) 『孟子』, 「滕文公上」, "以粟易械器者 不爲厲陶冶,陶冶亦以其械器易粟者 豈爲厲農夫哉? … 百工之事固不可耕且爲也."

보면 다른 사람의 노고를 빌리는 것이지만 그 사람을 괴롭히는 것이 아니다. 그 사람 역시 내가 일한 결과를 자신이 일한 결과와 바꾸는 것이 나를 괴롭히지 않는 것이요 오히려 나를 돕는 것이다. 이처럼 사회의 구성원들은 여러 가지 사회적 역할을 나누어 맡아 수행하고, 그 결과를 교환하여 삶으로써 각자의 삶을 편리하게 영위할 수 있다는 점에서 서로가 서로를 돕는 관계에 있다고 할 수 있다. 맹자는 "시장의 거래를 자기가 가지고 있는 물건을 가지고 자기에게 없는 물건을 거래하는 것"25)으로 이해한다. 이 거래에서 누군가가 우뚝 높은 지점을 차지하고서 농단하여 이익을 독차지하는 것은 허용될 수 없기 때문에, 국가가 이를 단속하여 관리함으로써 호혜적인 교환이 이루어져 이익이 균등하게 분배되도록 해야 한다고 말한다.26) 맹자는 한편 같은 노동이라 할지라도 질적인 면과 양적인 면의 차이가 있기 때문에 노동의 결과인 상품의 가치도 차이가 있어야 한다고 주장한다.

대체로 물건의 품질이 같지 않다는 것이 물건의 실정이다. 서로 간에 두 배나 다섯 배 혹은 열 배나 백 배 혹은 천 배나 만 배의 차이가 나는 것인데, 당신은 양만 맞추어 값을 같게 하니 그것은 천하를 어지럽히는 것이다. 굵게 삼은 신과 가늘게 삼은 신이 값이 같으면, 사람들이 어찌 그것을 만들겠느냐?27)

맹자가 이처럼 노동의 양과 질의 차이를 역설한 것은 노동에 대한 공정한 평가를 통해서 노동에 상응하는 보상을 해줄 때에야 노동의 질과 양의 향상을 촉진하여 사회적 풍요를 가져올 수 있기 때문인데, 이

---

25) 『孟子』, 「公孫丑下」, "古之爲市者 以其所有易其所無者."
26) 『孟子』, 「公孫丑下」, "龍斷"
27) 『孟子』, 「滕文公上」, "夫物之不齊 物之情也. 或相倍蓰 或相十百 或相千萬 子此而同之 是亂天下也 巨屨小屨同賈 人豈爲之哉?"

와 같이 경쟁의 원칙을 천명했다고 하는 점에서 매우 중요한 이론이라고 할 수 있다.[28]

대인이 하는 일이 있고, 소인이 하는 일이 있다. 또 한 사람의 몸으로 모든 장인들이 하는 기술을 고루 지니고 있다 하더라도 만약에 반드시 자기가 만든 후에야 쓰게 한다면, 그것은 온 천하의 사람들을 끌어다가 지쳐빠지게 만드는 것이다. 그래서 어떤 사람은 마음을 수고롭게 하고, 어떤 사람은 몸을 수고롭게 하는 것이다. 마음을 수고롭게 하는 사람은 남을 다스리고, 몸을 수고롭게 하는 사람은 남에게 다스림을 받는다. 남에게 다스림을 받는 사람은 남을 먹여주고, 남을 다스리는 사람은 남한테서 먹여지는 것이 온 천하에 통일되는 원칙이다.[29]

사회적 역할의 분담은 어떻게 해야 하는지, 즉 누가 어떤 역할을 맡느냐 하는 것은 각자가 배워서 잘 할 수 있는 일을 하게 하는 것이 마땅하고, 그 일을 어떻게 하느냐 하는 것은 그 일의 전문가에게 일임해야지 그 일에 대해서 잘 모르는 사람이 자기 뜻대로 일을 시키면 안 된다[30]고 맹자는 말한다. 또한 맹자는 사회적 역할을 분담해서 수행할 수밖에 없는 필연적 이유에 대하여 설명하고 있다. 만약 역할을 분담하지 않고 한 사람이 수행하게 한다면 그 많은 역할을 감당할 능력이 없고, 설사 능력이 있다 하더라도 혼자서 그 많은 일을 하게 되면 지쳐빠지게

---

28) 유인희, 「원시유가의 근로사상」, 『철학사상의 제 문제(III)』, 한국정신문화연구원, 1985, p.172.

29) 『孟子』, 「滕文公上」, "有大人之事, 有小人之事. 且一人之身 而百工之所爲 備 如必自爲而後用之 是率天下而路也. 故曰 惑勞心 惑勞力, 勞心者治人, 勞力者治於人. 治於人者食人, 治人者食於人, 天下之通義也."

30) 『孟子』, 「梁惠王下」. 맹자는 여기서 옥을 다듬는 일을 예로 드는데, 옥 다듬는 일은 옥공에게 시켜 그가 배우고 익힌 대로 하게 해야지, 왕이 나서서 이래라 저래라 하는 것은 옳지 않다고 말한다.

될 것이기 때문이다.

사회적 역할은 그것이 무엇이냐에 따라서 주로 무엇을 사용해서 수행하느냐의 차이가 있다. 농사일 등 생산적인 노동에 종사하는 사람은 주로 힘을 사용하고, 교육 및 정치에 종사하는 사람은 주로 마음을 사용하는 차이가 그것이다. 이 둘의 관계는 서로에게 도움을 주고 도움을 받는 교환관계로 설명할 수 있다. 다스린다는 측면에서는 다스리는 일을 하는 정치가가 주동적인 입장에 서고 다른 쪽이 가르침을 받는다. 반대로 먹는 일을 중심으로 볼 때는 먹는 것을 생산하는 사람이 주동적인 위치에서 먹여주고 다른 쪽은 먹여지는 입장에 서 있다고 볼 수 있다. 이렇게 볼 때 맹자가 사회적 역할 사이의 교환관계를 대체로 수평적, 호혜적 교환관계로 서술하고 있는 것으로 파악할 수 있다. 맹자의 이러한 설명을 지배와 피지배의 관계 및 부리는 자와 부림을 당하는 자의 관계로 보아, 일방적으로 베풀거나 희생하는 관계로 해석함으로써 직업의 귀천이나 우열을 명시했다고 보는 것은 맹자의 생각을 선입견을 가지고 규정하는 것이라 할 수 있을 것이다. 맹자가 직업의 관계를 사회적 지위에 따른 상하관계로 파악하지 않고 호혜적 교환관계로 이해하는 점에서 오늘날의 직업관계에 대한 이해에 접근하고 있다고 할 수 있다. 그렇긴 하지만 다른 한편에서는 일의 성격을 가지고 직업가치의 좋고 나쁨을 구분하는 측면도 있다.

화살 만드는 사람이 어찌 갑옷 만드는 사람보다 인자하지 않겠나마는, 화살 만드는 사람은 늘 사람을 상하게 하지 못할까 두려워하고, 갑옷 만드는 사람은 늘 사람이 상하게 될까 두려워한다. 무당과 관 만드는 목수역시 그렇다. 그러므로 기술을 택하는 데는 신중을 기하지 않을 수 없다.[31]

---

31) 『孟子』, 「公孫丑上」, "矢人豈不仁於函人哉? 矢人唯恐不傷人, 函人唯恐傷

맹자는 여기서 화살 만드는 사람에 대해서 자신이 맡은 일을 잘하기 위해서 좋은 화살 즉 사람을 잘 상하게 화살 만드는 일에 전념하여 종사하게 됨으로써 결과적으로 사람을 상하게 하려는 마음의 성향을 갖게 되지 않을까 염려하고 있다. 반대로 갑옷 만드는 사람에 대해서는 오로지 좋은 갑옷을 만들어 사람을 잘 보호하려고 함으로써 결과적으로 사람을 보호하고자 하는 마음의 성향을 갖게 될 것이니 그만큼 좋은 직업이라고 생각하고 있다. 하는 일의 특징을 가지고 직업의 가치를 좋은 직업과 좋지 않은 직업으로 구분하는 것은 직업의 문제 역시 도덕적 가치와의 관계 속에서 보고자 하는 맹자의 일관된 철학의 소산이라고 할 수 있다. 이는 불교에서 백정이 하는 일이나 무기 만드는 일을 종사해서는 안 되는 직업으로 간주하는 것과 같은 맥락으로 이해할 수 있다. 이처럼 직업의 가치를 차별해서 평가하는 것은 직업을 수행하는 개인의 관점에 국한해서 볼 때 그리고 가치나 윤리와 연관시켜 생각할 때나 가능한 일이다. 사회 전체의 관점에서 보면 모든 직업은 사회가 유지되고 원활하게 운영되기 위해서 누군가는 수행해야 한다는 점에서 반드시 필요한 가치 있는 일이라고 보아야 한다. 그리고 어떤 일이라 할지라도 직업은 사회적 역할을 분담하여 특정한 기능을 수행하고 있는 것으로 보아야지, 특정 가치나 윤리의 관점으로 보아 직업의 가치를 차별하는 것은 전근대적인 사고를 벗어나지 못한 것이라고 할 수 있다.

5. 직업과 자아실현

맹자는 직업을 기본적인 생활의 안정을 도모하기 위한 경제적 소득을 얻는 생계의 수단이라고 보았는데, 이는 생업으로서의 직업의 의미

人, 巫匠亦然. 故術不可不愼也."

를 밝힌 것이다. 또한 맹자는 직업이 사회적 역할을 분담하여 수행함으로써 이웃과 사회 전체에 기여하는 것으로 보았는데, 이는 직업이 갖는 사회적 의미를 밝힌 것이라고 할 수 있다. 인간은 누구나 사회생활을 하면서 사회적 역할을 분담해야 하는 것이지만, 사람에 따라 그 맡는 역할이 다르다. 사람은 누구나 재능, 성격, 교육, 경험, 환경 등의 차이에 따른 개성의 차이가 있으므로, 이에 따라 자기에 맞는 사회적 역할을 맡는 것이 바람직하다. 그러므로 사회적 역할만이 강조되어 각 개인의 개성이 무시되는 것은 개인으로나 사회 전체적으로 보아 바람직하지 않다.

맹자는 직업이 갖는 사회적 의미를 주목하면서도 개성의 중요성을 잘 인식하고 있었기에 개인의 지위를 사회 속에 매몰시키지 않는다. 맹자는 개인이 신분적 계층에 의해 숙명적으로 속박된 것으로 보지 않고, 지극히 자유로운 존재로 보았다. 뿐만 아니라 개인이 자유롭게 적성과 소질에 따라 직업을 선택할 수 있으며, 노력에 의해서 무엇이라도 성취할 수 있다고 보았다. 그래서 맹자는 "성인도 나와 같은 무리이다",32) "순은 어떤 사람이고 나는 어떤 사람이냐? 함이 있으면 다 그와 같이 될 수 있다"33)고 말했다. 이처럼 맹자는 개인을 매우 중요하게 생각하여 개성이 마음껏 발휘되어야 한다고 주장한다. 맹자는 모든 사람의 본성이 선하다고 확신했으며, 모든 사람은 배우지 않고서도 할 수 있는 능력(良能)과 생각하지 않고서도 알 수 있는 지혜(良知)를 갖추고 있다고 생각했다.34)

모든 사물의 이치가 모두 나에게 갖추어져 있다. 자신을 돌이켜 성찰

---

32) 『孟子』, 「告子上」, "聖人與我同類者"
33) 『孟子』, 「滕文公上」, "舜何人也? 予何人也? 有爲者若是."
34) 『孟子』, 「盡心上」, "人之所不學而能者 其良能也, 所不慮而知者 其良知也."

하여 성실하게 자신의 역할을 수행한다면 즐거움이 그보다 큰 것이 없다.35)

구하면 얻게 되고 버려두면 잃게 되는 경우에는 구하는 것이 유익하다. 나에게 있는 것을 구하기 때문이다. 구하는 데 방법이 있고 얻는 데 명이 있는 경우에는 (억지로) 구하는 것은 무익하다. 나의 밖에 있는 것을 구하기 때문이다.36)

맹자는 개인이 모든 것을 알 수 있고, 모든 것을 할 수 있으며, 지극히 선한 마음을 갖추고 있다고 보았기 때문에, 자신이 가지고 있는 덕을 잘 닦아서 그것을 마음껏 발휘하는 일에 힘쓸 것을 강조하고 있다. 자기 자신에 대한 자존감을 가지고 자신이 하는 일에 대해서 부끄러워하지 않고 어떤 일을 하든 자부심을 가지고 당당하게 그 일을 할 것을 역설한다. 그래서 화살을 만드는 사람이나 갑옷 만드는 사람이 자신이 하는 일을 부끄러워하지 않고 당당함을 갖추는 것은 자신이 그 일을 어떻게 하느냐의 태도에 달려 있다고 말한다.37) 자신을 돌이켜보아 도덕적으로 떳떳하고 성실하게 자신이 맡은 일을 수행했으면 만족할 수 있고, 그 일의 성공과 실패라는 결과에 연연해 할 것은 아니라는 것이다. 이렇게 볼 때 맹자에게 있어서 무엇보다 중요시되는 것은 개인의 자아실현이라고 할 수 있고, 여기에 모든 가치가 귀속된다고 볼 수 있다. 맹자가 사회에 대한 개인의 의무를 역설하고 있지만 개인을 무시할 정도로 사회를 강조하지는 않는다. 맹자는 사실상 개인이 사회보다도 훨씬

---

35) 『孟子』, 「盡心上」, "萬物皆備於我矣 反身而誠 樂莫大焉."
36) 『孟子』, 「盡心上」, "求則得之 舍則失之 是求有益於得也 求在我者也. 求之有道 得之有命 是求無益於得也 求在外者也."
37) 『孟子』, 「公孫丑上」, "射者 正己而後發 發而不中 不怨勝己者 反求諸己而已矣."

더 중요하다고 생각했으며, "개인이 뿌리라면 사회는 잎사귀와 같고, 개인이 토대라면 사회는 지붕과 같다고 생각했다."[38] 모든 일은 자신을 바로 하고 자신의 개성을 발휘함으로써 자아를 실현하는 것이 중요하다는 맹자의 생각은 "천자로부터 서인에 이르기까지 모두 자신을 수양하는 것으로서 근본을 삼는다. 그 근본이 어지러운데 끝이 다스려지는 일은 없다"고 하는 『대학』의 말과 그 궤를 같이한다고 볼 수 있다.

맹자가 개인에게 무한한 가능성을 부여하여 자아를 실현하도록 고무한다고 해서 타인이나 사회와의 관계를 고려하지 않고 혼자만의 즐거움이나 배타적인 자유까지 허용하는 것은 아니다. 개인의 자유의 실현과 개성의 발휘는 어디까지나 다른 사람과 같이 즐길 수 있고 사회 전체에 도움이 되는 방향으로 이루어져야 한다는 것이 맹자의 확고한 생각이다.

백성들의 윗사람이 되어서 백성들과 더불어 즐거움을 같이하지 않는 것은 옳지 않다. 백성들이 즐거워하는 것을 즐거워하면 백성들 역시 그것을 즐거워한다. 백성들이 근심하는 것을 근심하면 백성들 역시 그것을 근심한다. 천하의 일을 가지고 즐거워하고 천하의 일을 가지고 근심해야한다. 그러고서도 왕 노릇 하지 못한 사람은 있지 않다.[39]

이상의 논의를 통해서 볼 때 맹자가 개인에게 부여하는 지위는 무한한 가능성과 자유를 가진 존재이다. 따라서 각 개인은 자신을 잘 성찰하여 바르게 하고, 자신에게 부여된 개성과 가능성을 마음껏 발휘함으로써 자아를 실현해야 한다고 맹자는 가르치고 용기를 북돋운다. 맹자

---

38) Hsieh, Yu-Wei, "The Status of the Individual in Chinese Ethics," *Chinese Mind*, University of Hawaii, 1967, p.134.

39) 『孟子』, 「梁惠王下」, "爲民上而不與民同樂者 亦非也. 樂民之樂者 民亦樂其樂, 憂民之憂者 民亦憂其憂. 樂以天下 憂以天下 然而不王者 未之有也."

의 이러한 사상은 폐쇄적 전체사회에서 개인을 사회의 부분으로 보고 사회에 대해 수단시해서, 사회에 대한 봉사와 헌신을 강요하는 것과는 뚜렷이 구분되는 것이다. 따라서 맹자의 직업관을 전체주의에 입각한 유기적 직업윤리라고 규정하여 개인의 자아가 무시된다고 비판하는 것40)은 막스 베버가 가지고 있는 편향된 서구적 사고를 무비판적으로 수용하는 데서 오는 잘못이라고 할 수 있다.

6. 나오는 말

"일정한 생업(항산)이 있어야 일정한 마음(항심)이 있다"는 말 속에 압축적으로 표현되고 있는 것처럼, 맹자는 국가가 백성들로 하여금 일정한 생업을 가지고 의식주 등 물질적으로 안정된 생활을 영위하도록 해주는 것이 도덕실현의 출발점이라고 생각했다. 그러나 직업활동을 통한 이로움의 추구는 의로움이라는 더 중요한 가치를 성취하기 위한 출발점 내지 수단적 가치로서의 의미를 지니고 있기 때문에, 의로움과 조화되고 의로움을 해치지 않는다는 전제 하에서만 그 가치가 인정될 수 있다고 말했다.

직업을 도덕실현의 출발점 내지 수단이라고 보는 것은 직업이 갖는 의미를 무시하거나 평가절하하는 것은 결코 아니다. 맹자는 직업의 중요성을 너무나 잘 인식하고 있었기에, 누구보다 더 직접적이고 구체적으로 직업의 문제를 언급하고 있고, 직업의 문제 해결을 위한 구체적인 정책과 제도를 제안하기도 했다. 일과 직업과 관련이 있는 맹자의 생각들을 모아서 재구성하고 재구성해 보면, 현대에서도 유의미하게 해석될 수 있는 여러 가지 내용을 찾을 수 있다.

---

40) 전해종, 「한국전통사회의 직업윤리」, 『산업사회의 직업윤리』, 아산사회복지
사업재단, 1980, p.41.

첫째, 맹자는 직업이 갖는 생계유지의 수단으로서의 생업의 의미에 주목했다. 그래서 노동능력이 있는 백성들에게 일할 수 있는 기회와 권리를 보장해 주어, 스스로의 생활근거를 마련하도록 해야 함을 역설했다. 한편 노인이나 어린이 등 노동능력이 없는 사람들 내지 사회적으로 의지할 데가 없는 사회적 약자들에 대해서는 국가가 특별한 보호와 배려를 베풀어야 한다는 것을 강조했다. 그런 점에서 맹자는 모든 사회의 구성원이 어느 누구도 소외된 사람이 없이 돌봄을 받고 인간적인 삶을 살아가는 대동사회를 꿈꾸고 있다고 할 수 있다.

둘째, 맹자는 직업이 사회적 역할을 분담하여 수행함으로써 사회에 기여한다고 하는 점에서 사회적 의미를 지니고 있다고 명확하게 밝혔다. 사회의 구성원들은 여러 가지 사회적 역할을 나누어 맡아 수행하고, 그 결과를 교환하여 삶으로써 각자의 삶을 편리하게 영위할 수 있다는 점에서 서로가 서로를 돕는 관계에 있다고 말했다. 맹자가 직업의 관계를 사회적 지위에 따른 상하관계로 파악하지 않고 호혜적 교환관계로 이해하는 점에서, 오늘날의 직업관계에 대한 이해에 접근하고 있다고 말할 수 있다. 이것을 지배와 피지배의 관계 및 부리는 자와 부림을 당하는 자의 관계로 보아, 일방적으로 베풀거나 희생하는 관계로 해석함으로써, 직업의 귀천이나 우열을 명시했다고 보는 것은 맹자의 생각을 선입견을 가지고 규정하는 것이다.

셋째, 맹자가 개인에게 부여하는 지위는 무슨 일이든 할 수 있는 무한한 가능성과 신분적 계층에 의해 속박되지 않는 무한한 자유를 가진 존재이다. 따라서 각 개인은 자신을 잘 성찰하여 바르게 하고, 자신에게 부여된 개성과 가능성을 마음껏 발휘함으로써 자아를 실현해야 한다고 맹자는 가르쳤다. 맹자는 직업이 갖는 사회적 의미에 주목하면서도 각자의 개성을 발휘하여 자아를 실현한다고 하는 창조적 의미도 뚜렷이 부각시켰다. 맹자의 이러한 사상은 폐쇄적 전체사회에서 개인을 사회의 부분으로 보고 사회에 대해 수단시해서, 사회에 대한 봉사와 헌신을 강요하는 것과는 뚜렷이 구분되는 것이다.

　이상에서 살펴본 바와 같이 맹자의 직업에 관한 논의 속에는 현대적 관점에서 직업을 논의할 때 등장하는 직업이 갖는 경제적 의미, 사회적 의미, 창조적 의미가 두루 포함되고 있다는 점에서 여전히 의미 있게 조명할 필요가 있다. 무엇보다도 맹자가 경제와 도덕을 분리해서 따로 생각하지 않고 양자의 일치와 조화를 모색하고 있는 점은 보다 비중 있게 다루어져야 하고 다양한 평가가 이루어져야 할 것이다.

3장

적성과 능력에 따른 직업의 구분을 논하다 _ 순자

1. 들어가는 말

순자는 힘으로써 생존경쟁을 치열하게 벌이고 있는 전국시대에 살았다. 현실의 문제를 인간 내면의 도덕적 품성을 계발시키는 교육을 통해서 해결하려고 하는 것은 현실에서 이루어지기 힘든 낭만적 이상이라고 생각했다. 그는 보다 냉철하게 현실을 사실적으로 통찰했고 현실의 문제를 실제적으로 해결할 수 있는 기능적 처방으로서의 사상을 구축했다. 그가 지향하는 목표는 맹자처럼 도덕정치를 구현하여 국가의 모든 구성원들이 도덕적인 삶을 영위하는 도덕적 질서의 구현이 아니었다. 순자가 지향하는 것은 사회생활의 안녕과 질서를 바탕으로 국가 구성원들이 복지생활을 고르게 향유하며 국가가 부강해지는 것과 같은 현실적인 목표였다. 순자가 이처럼 윤리적, 내면적 가치에 중심을 두는 것이 아니라, 경제, 정치, 복지, 문화 등의 외형적 질서를 조화롭게 확립하는 데 주력한다는 점에서 볼 때, 맹자의 사상이 이상주의적인 특징을 갖는다면 순자의 사상은 현실주의적인 성격을 갖는다고 할 수 있다.1) 순자는 자신이 해결하고자 하는 현실적인 목표를 풀어나갈 수 있는 핵심적인 열쇠가 사람과 하늘의 구분, 맡은 일과 직업의 구분, 분배와 사회적 지위의 구분 등 여러 가지 구분을 정확하고 바르게 하는 것이라고 생각했다. 그중에서도 순자가 자신의 사상의 중심에 두고서 가장 역설하는 것은 직업의 구분이라고 할 수 있는데, 직업의 구분이 제대로 이루어져서 사회 구성원이 각자 적재적소에서 자기의 재능을 충분히 발휘하는 것이 조화로운 사회질서를 유지하고 개인의 행복한 삶을 보장하며 국가의 부강을 이룰 수 있는 현실적인 처방이라고 역설했다. 그런 점에서 직분은 순자사상을 이해하는 키 콘셉트(key concept)라고 보아야 한다. 동양의 사상에서 생업이라는 개념이 이전에 사용된 적은 있지만, 보다 포괄적인 직업의 의미를 담고 있는 직업이라는 개념을 직접적으로 처음 사용하고 있는 예도 바로 순자에게서 발견할 수 있다.

직분이 순자사상의 핵심적인 위치를 차지하고 있느니만큼 순자의 사상 속에는 직업에 관해서 직접적으로 언급하고 있는 내용들이 대단히 많이 포함되어 있고, 다른 내용들도 직업과 연관해서 유기적으로 해석할 때 보다 통일적으로 이해할 수 있는 내용들이 대부분이다. 이들을 모아 재구성하고 재해석한다면 일과 직업에 대한 순자의 사상을 전체적으로 특징 있게 드러낼 수 있을 것이다. 일과 직업을 중심으로 순자의 사상 전체를 재구성함으로써 순자를 새롭게 이해하는 지평을 넓힐 수 있고, 나아가 일과 직업이라는 틀을 통해 순자의 사상 전체를 통일적으로 이해할 수 있는 새로운 단초를 제공할 수 있다고 생각한다. 필

---

1) 김형효, 『맹자와 순자의 철학사상』, 삼지원, 1990, p.172.

자는 오래전부터 일과 직업에 대한 사상에 관심을 가지고 동양의 전통사상 속에서 그것을 찾아 재구성하고 재해석하는 작업을 계속하고 있다. 필자가 이 논문에서 시도하고 있는 순자의 직업사상에 대한 연구 역시 지금까지 계속해 온 동양의 직업사상을 조명하고자 하는 지속적인 연구의 연장선상에 있다고 볼 수 있다.

순자에 대한 기존의 연구는 여러 방면으로부터 다양하게 이루어졌다. 주로 인성론이나 제자비판 등 철학적인 관점에서 이루어지거나, 예나 법사상 등 정치적인 관점에서 이루어진 연구들이 대종을 이루고 있다. 많지는 않지만 순자의 사상을 경제적 관점에서 조명하는 연구들이 시도되고 있기도 하다.2) 그러나 필자가 의도하고 있는 것과 같이 일과 직업이라는 키워드에 초점을 맞추어서 그것을 중심으로 순자의 사상을 재구성하고 재해석하는 연구는 아직 시도된 바가 없는 것으로 안다. 직업은 인간의 삶에서 가장 핵심적인 부분에 해당하기 때문에 인간과 사회의 문제를 다루는 어떤 사상에서도 직업의 문제는 중요한 위치를 차지한다. 따라서 직업에 대해서 어떤 생각을 가지고 있느냐를 특징적으로 조명하는 작업은 사상 전체를 유기적 관련 속에서 통일적으로 이해하려 할 때 도움을 줄 수 있는 꼭 필요한 연구라고 생각한다. 또한 직업은 인간생활의 구체적인 부분이기 때문에 이에 대한 순자의 생각도

---

2) 박영진, 「순자의 의리론과 경제윤리」, 『윤리연구』 82호, 2011, pp.339-366.
조원일, 「순자의 경제사상 연구」, 『동양문화연구』 제10집 12권, 2012, pp.201-224.
김여진, 「순자의 부국이론에서 예와 법의 기제」, 『동양문화연구』 23권, 2016, pp.37-58.
유영옥, 「순자 패도론의 층위분석」, 『대동문화연구』 103권, 2018, pp.5-31.
김태명, 「순자의 경제사상에 대한 연구」, 『유라시아연구』 제16권, 2009, pp.195-216.
손병혜, 「유가사상의 현대적 의의와 동북아 경제통합에의 시사점」, 『동북아 경제연구』 제22권 1호, 2010, pp.1-34 등의 연구논문이 있다.

보다 구체화된 형태로 표현되고 있다. 따라서 순자의 직업사상을 밝히는 이 연구가 순자의 사상을 보다 구체화된 지평에서 이해하는 새로운 계기가 될 수 있다고 생각한다.

2. 욕망과 이익의 긍정 및 그 합리적인 추구

순자에게 있어서 인간의 본성이라 함은 타고난 그대로를 말하는 것으로서, 배워서 되는 것도 아니요 해서 되는 것도 아니다.[3] 이러한 인간의 본성에 대해서 순자는 인간이 태어나면서부터 욕망을 지니고 있고, 그 욕망을 채우지 못하면 추구하지 않을 수 없는 경향성을 가지고 있다고 파악한다.[4] 즉 인간은 누구나 다 같이 지니고 있는 성품이 있는데, 그것은 배고프면 배불리 먹고 싶고 추우면 따뜻하게 입고 싶고, 고단하면 쉬고 싶어 하며, 이익을 좋아하고 손해를 싫어하는 경향성이다. 이처럼 욕망을 추구하는 경향성은 인간이 본래적으로 타고난 성향으로서 우임금 같은 성군이나 걸임금 같은 폭군을 막론하고 인간이라면 누구나 똑같이 지니고 있는 자연적 욕망이다.[5] 순자는 이처럼 인간을 현미경처럼 냉철하게 과학적으로 관찰함으로써 인간이 본성적으로 지니고 있는 이익과 욕망을 추구하는 자연적 경향성을 발견했다. 공자나 맹자는 인간이 이익과 욕망을 추구하는 것에 대해서 대체로 소극적이거나 다소 부정적으로 대응하고 있지만, 순자는 이와 달리 인간이 자연적 본성으로 지니고 있는 욕망과 이익의 문제를 자신의 사상 속에서 긍정적이고 적극적으로 다루고 있다.

---

3) 『荀子』, 「性惡」, "凡性者 天之就也 不可學 不可事."

4) 『荀子』, 「禮論」, "人生而有欲 欲而不得 則不能無求."

5) 『荀子』, 「榮辱」, "凡人有所一同 飢而欲飽 寒而欲煖 勞而欲休 好利而惡害 是人之所生而有也. 是無待而然者也 是禹桀之所同也.."

무릇 정치를 하면서 사람들이 욕망 버리기를 원하는 것은 욕망을 바르게 이끌 줄 모르고 욕망이 있다는 사실을 괴로워하는 사람이다. 무릇 정치를 하면서 백성에게 욕망 적게 갖기를 기대하는 것은 욕망을 절제할 줄 모르고 욕망이 많은 것을 근심하는 자이다. 욕망이 있다 없다 하는 것은 타고난 것이기 때문에 정치의 치란과는 다른 것이다. 욕망이 많으냐 적으냐 하는 것도 인정에 따른 것으로서 정치와는 관계없는 것이다. 욕망은 그것이 가능하든지 가능하지 않든지 상관없이 일어나지만, 적극적인 추구는 가능한 데로 향하는 것이다. 가능하든 가능하지 않든 욕망이 움직이는 것은 타고난 천성이요, 그것이 가능한 데서 추구하는 것은 마음이 정하는 것이다. … 욕망을 성취하려고 추구하는 것은 인정의 피치 못할 자연적 성향이다. 그러기에 비록 미천한 문지기라 하더라도 욕망을 버리게 할 수가 없고, 비록 천자라 할지라도 욕망을 다 채울 수는 없다. 그러나 비록 욕망을 다 채우지는 못할지라도 충족에 가까운 데까지 갈 수가 있고, 욕망을 다 없애지는 못할지라도 구하기를 절제할 수는 있는 것이다. 비록 욕망을 다 충족할 수는 없더라도 추구하는 자가 충족에 근접하는 데 이르고, 비록 욕망을 완전히 버릴 수는 없더라도 사려 있는 자는 구할 수 없는 것에 대해서 구하기를 절제할 수 있다. 그러므로 욕망을 지도하는 법은 적극적으로 가능한 최대한의 욕망을 채우도록 하고, 소극적으로 가능한 최대한의 절제를 가하도록 하는 것이다. 천하에 이보다 더 나은 도리는 없다.6)

---

6) 『荀子』,「正名」, "凡語治而待去欲者 無以道欲 而困於有欲者也. 凡語治而待寡慾者 無以節慾 而困於多欲者也. 有欲無欲 異類也 性之具也 非治亂也. 欲之多寡 異類也 情之數也 非治亂也. 欲不待可得 而求者從所可 欲不待可得 所受乎天也. 求者從所可 所受乎心也. … 欲者 情之應也 以所欲以可得而求之 情之所必不免也. 以爲可而道之 知之所必出也. 故雖爲守門 欲不可去 性之具也. 雖爲天子 欲不可盡. 欲雖不可盡 可以近盡也. 欲雖不可去 求可節也. 所欲雖不可盡 求者猶近盡 欲雖不可去 所求不得 慮者欲節求也. 道者 進則近盡 退則節求 天下莫之若者."

순자는 이처럼 인간을 욕구적 존재라고 파악하고, 인간의 욕망충족을 인간 활동의 기본 동력으로서 긍정하고 있다. 좋은 것을 보고자 하고 맛있는 것을 먹고자 하는 감각적 욕구뿐만 아니라, 자신의 이익을 계산해서 추구하는 타산적 욕구까지도 인간을 적극적으로 활동하게 만드는 원동력이 된다는 사실을 순자는 잘 알고 있었기에 기본적으로 긍정하고 있는 것이다. 이는 춥고 배고프고 피곤에 지친 상황에서까지 욕망의 추구를 부정하면서 개인의 도덕적 삶과 질서 잡힌 사회를 역설하는 비현실적인 이상에 치우친 사상과는 근본적으로 다른 것이라 아니할 수 없다. 인간이 욕망을 추구하는 것을 부정하게 되면 안으로 참고 극기하는 내면적, 도덕적 행위를 강조하게 되고, 욕망의 추구를 긍정하게 되면 재화와 생산을 늘리는 것과 같은 외면적 노력이 강조될 수밖에 없다. 이런 점에서 볼 때 순자가 인간을 욕구적 존재로 파악한 것은 인간이 욕망과 이익을 추구하는 것을 본성적 차원에서 긍정함으로써, 많은 재화와 이익의 생산을 촉발시키고 그것을 정당화하기 위한 이론적 토대를 마련한 것으로 해석할 수 있다.

순자가 인간의 선천적 본성에 관해서 논의한 것은 인간의 행동을 필연적, 기계적 과정으로 설명하기 위한 것이 아니라, 본성에 대한 이해를 바탕으로 해서 자체로 가치 있고 결과도 좋은 인위적이고 후천적인 행동을 강조하려는 데 근본 목적이 있다고 볼 수 있다. 순자는 타고난 본성과 후천적 작위를 구분하면서도 양자의 결합을 말하는데, 본성을 바탕으로 인간이 가치 있는 문화적 행위를 할 수 있는 원동력과 근거를 확보하고, 인위적 노력을 강조해서 본성을 계발하여 문화적 가치를 창조할 것을 촉발하고 있다.

본성이라고 하는 것은 인간에게 본래부터 있는 것으로서 배울 수도 없고 일삼을 수도 없는 것이다. … 사람에게는 배워서 잘할 수 있고 일

삼아서 완성할 수 있는 것이 있는데 그것을 작위라고 한다. 이것이 본성과 작위의 구분이다.[7]

본성이라는 것은 원시적이고 소박한 재질이고, 작위라고 하는 것은 꾸미는 일이 융성한 것이다. 본성이 없으면 작위가 가해질 데가 없고, 작위가 없다면 본성이 스스로 아름다워질 수가 없다. 본성과 작위가 합해진 연후에야 성인이란 이름이 이루어지고, 천하를 하나 되게 하는 공적도 여기에서 성취하는 것이다.[8]

순자는 인간의 본성만을 그대로 인정하여 인간의 타고난 그대로의 성품으로서 욕망추구나 이익추구를 무조건적이고 무제한적으로 긍정하는 것이 아니다. 순자가 의도하는 것은 욕망의 합리적인 추구이다. 그것은 작위적인 노력을 통해서 욕망의 성취를 최대화하고, 욕망을 절제 있게 추구함으로써 그 부작용을 최소화하도록 권유하는 것이다. 욕망의 무제한적 추구는 현실적으로 불가능할 뿐만 아니라, 결과적으로도 바람직하지 않은 경우가 많기 때문이다. 욕망을 사려 없이 부적절하게 추구하게 되면 여러 가지 부작용이 뒤따르게 된다. 인간이 욕망을 취하려할 때 순수하게 원하는 것만 오는 것이 아니라 싫어하는 것도 끼어 오고, 싫어하는 것을 버리려 할 때 순수하게 싫어하는 것만 가는 것이 아니라 좋은 것도 끼어 가기 때문이다.[9]

---

7) 『荀子』,「性惡」, "凡性者 天之就也 不可學 不可事 … 可學而能 可事而成
   之 在人者 爲之僞, 是性僞之分也."
8) 『荀子』,「禮論」, "性者本始材朴也 僞者文理隆盛也. 無性則僞之無所加 無
   僞則性不能自美. 性僞合 然後成聖人之名 一天下之功."
9) 『荀子』,「正名」, "凡人之取也 所欲未嘗粹而來也, 其去也 所惡未嘗粹而往
   也."

행동이 도리를 벗어나면 밖으로 위태하지 않은 자가 없고, 밖으로 위태하면서 안으로 두려워하지 않는 자가 없다. 마음이 근심스럽고 두려워한다면 입에 소나 양과 돼지의 고기를 물더라도 그 맛을 알지 못하고, 귀로 종과 북소리를 들을지라도 그 소리를 알지 못하며, 눈으로 아름다운 옷감의 무늬를 보더라도 그 아름다운 형상을 알지 못하고, 가볍고 따뜻한 의복을 입고 평평한 자리에 누울지라도 몸이 그 안락함을 알지 못한다. 그러므로 만물의 아름다움을 다 누리더라도 만족할 수 없다. 비록 잠깐 만족하더라도 근심과 두려움을 떨쳐버릴 수가 없다. 그러므로 만물의 아름다움을 모두 누리더라도 크게 근심하게 되고, 만물의 이로움을 다 겸하더라도 크게 해가 되는 것이다. 이와 같은 자가 어찌 사물을 제대로 추구하겠는가. 생을 기르겠는가. 수명을 온전히 다하겠는가.10)

이와 같이 순자는 욕망의 추구를 긍정적으로 바람직한 것으로 인정하면서도 그것을 생각이나 절제 없이 추구하는 데서 오는 부작용에 대해서 말함으로써, 욕망의 본질과 도리를 잘 헤아려 합리적으로 추구하도록 가르치고 있다. 순자가 인간의 본성에 대해서 논의하면서, 인간이 본성적 욕망을 있는 그대로 무조건 따르게 되면, 개인적으로도 불행하게 될 뿐만 아니라 사회적으로도 싸우고 빼앗고 하는 무질서상태가 초래되는 것을 바람직하지 못한 결과 즉 악이라고 규정하는 것도 같은 맥락에서 이해할 수 있다. 역으로 순자가 바람직한 결과 즉 선이라고 생각하는 것은 인간이 배우고 노력해서 욕망을 절제할 줄 알고 합리적으로 추구함으로써, 개인의 행복의 삶과 더불어 사회의 조화로운 질서와 평화가 유지되는 상태라고 말할 수 있을 것이다.

---

10) 『荀子』, 「正名」, “行離理而不外危者 無之有也. 外危而不內恐者 無之有也. 心憂恐則 口銜芻豢而不知其味, 耳聽鍾鼓而不知其聲, 目視黼黻而不知其狀, 輕煖不簞而體不知其安. 故饗萬物之美而不能嗛也. 假而得閒而嗛之則 不能離也. 故饗萬物之美而盛憂, 兼萬物之利而盛害. 如此者其求物也 養生也 鬻壽也.”

3. 예의를 통한 욕망의 구분과 한계

인간이 본성적으로 가지고 있는 욕망추구의 성향은 그대로 두게 되면 스스로 멈출 줄을 모르고 끝까지 치달을 수밖에 없는 경향성을 지니고 있다. 그러나 그렇게 되면 여러 가지 부작용이 발생하여 불행한 결과를 초래할 수밖에 없다. 또한 욕망추구의 대상이 같고 한곳으로 쏠리게 되면 끝없는 경쟁과 갈등 및 다툼이 일어날 수밖에 없다. 따라서 욕망을 합리적으로 추구하기 위해서는 욕망을 절제하거나 상호간의 욕망을 구분하여 다양하게 흩어지게 하는 일이 필요하다.

무릇 고귀하기로는 천자가 되고 부유하기로는 천하를 다 차지하고자 하는 것은 바로 모든 사람의 성정이 똑같이 바라는 바다. 그렇다고 하여 모든 사람이 욕심을 제멋대로 부린다면 형세가 용납할 수 없고, 물질적으로도 충족시킬 수 없다. 그러므로 선왕은 이를 위하여 예의로 절제하여 분별을 지은 것이다. 귀천의 등급, 장유의 차이, 슬기로운 자와 어리석은 자, 그리고 능력이 있는 자와 능력이 없는 자의 분수를 알게 하여, 모든 사람이 그 일을 행하여 각각 마땅한 데를 얻게 한 연후에 봉록의 다소와 후박이 알맞도록 하였다. 이것이 사람이 함께 모여 살며 조화롭게 하나가 될 수 있는 도리이다 그러므로 어진 임금이 윗자리에 있으면 농민은 경작에 힘을 쓰고, 장사꾼은 재화를 살피며, 모든 공장들은 도구 제작에 기교를 다하고, 사대부 이상 공후에 이르기까지 그 나름대로의 인심, 후덕, 지혜, 능력을 가지고 관의 직분을 다하지 않은 이가 없다. 이것을 일러 지극한 공평이라고 하는 것이다.[11]

---

11) 『荀子』, 「榮辱」, "夫貴爲天子 富有天下 是人情之所同欲也. 然則從人之欲 則勢不能容 物不能贍也. 故先王案爲之制禮義以分之 使貴賤之等 長幼之 差 知賢愚能不能之分 皆使人載其事而各得其宜 然後使穀祿多少厚薄之稱 是夫群居和一之道也. 故仁人在上 則農以力盡田 賈以察盡財 百工以巧盡 械器 士大夫以上之於公侯 莫不以仁厚知能盡官職 夫是之爲至平."

사람은 나면서부터 욕망을 갖는다. 욕망을 가지고 얻지 못하면 구하지 않을 수 없다. 구하면서 기준과 한계가 없으면 다투지 않을 수 없다. 다투면 어지러워지고 어지러우면 궁해진다. 선왕은 그 어지러움을 싫어한다. 그래서 예의를 제정하여 구분을 짓고 그렇게 함으로써 사람의 욕망을 기르고 사람의 욕구를 채우며, 욕망이 사물에 궁하지 않게 하고 사물이 욕망에 부족함이 없게 하여, 양자가 서로 균형을 유지하면서 증가하게 하려는 것이다. 바로 이것이 예가 일어나게 되는 기원이다.12)

여기에서 확인할 수 있는 바와 같이 순자는 욕망을 추구하는 데 있어서 기준과 구분 및 한계와 절도를 정하는 것이 바로 예의라고 말한다. 이 예의는 일차적으로는 인간의 욕망추구를 규제하는 것이지만 궁극적으로는 인간의 여러 가지 욕망을 채워주고 길러주는 것이라고 할 수 있다. 순자는 이렇게 예의 속에 포함된 규제적 의미를 뒤엎고 분업을 통해 인간의 욕망을 길러준다고 하는 적극적 의미를 밝혀주고 있다.13) 순자는 나쁜 옷을 입고 거친 음식을 먹으며 음악을 그치게 하는 묵자의 절용주의가 인간의 기본적 욕망을 충족시키지 못해서 인간을 수척해지게 하는 결과를 가져온다고 비판한다.14) 또한 묵자의 절용주의는 소비를 악덕으로 간주함으로써 생산의 근원을 끊어버리고 근원을 말려버리는 것과 같은15) 자폐적 검약으로서 천하를 빈곤하게 만드는 결과를 가져온다는 것이 순자의 생각이다.16) 욕망에 기준을 정하여 구

---

12) 『荀子』, 「禮論」, "人生而有欲 欲而不得 則不能無求. 求而無度量分界 則不能不爭 爭則亂 亂則窮 先王惡其亂也. 故制禮義以分之 以養人之欲 給人之求 使欲必不窮乎物 物必不屈於欲 兩者相待而長 是禮之所起也."

13) 유인희, 「원시유가의 근로사상」, 『철학사상의 제 문제(III)』, 한국정신문화연구원, 1985, p.364.

14) 『荀子』, 「富國」, "將蹙然衣麤惡食 憂戚而非樂 若是則瘠 瘠則不足欲."

15) 『荀子』, 「富國」, "伐其本竭其原"

16) 『荀子』, 「富國」, "墨子之節用也 則使天下貧."

분하고 절제와 한계를 정하는 것은 욕망을 포기하거나 줄이자는 것이 아니라, 욕망을 합리적으로 추구함으로써 욕망을 채우고 기르자는 데 근본 목적이 있다. 이렇게 볼 때 순자는 욕망에 대한 바람직한 대응은 욕망의 움직임에 맡기어 투쟁과 어지러움을 불러오는 종욕(從欲)도 아니고, 억지로 참는 인욕(忍辱)도 아니며, 욕망을 기르고 충족하는 양욕(養欲)이라고 주장하고 있음을 알 수 있다.17) 순자가 이처럼 욕망에 절제를 가하여 합리적으로 추구하라고 권고하는 것은 그것이 결과적으로 욕망을 더 많이 채우고 충족시킬 수 있는 방법이라고 생각했기 때문이다. 이러한 생각은 오로지 욕망만을 추구하는 생활태도가 결국에 가서는 욕망충족에 실패하고 도리어 크나큰 고통을 겪게 된다고 하는 쾌락주의의 역리(paradox of hedonism)18)를 깨닫지 않고서는 가능하지 않은 것이다.

순자에 의하면 인간은 본성에 있어서는 이익과 욕망을 추구한다는 점에서 누구나 동일하지만, 그것을 추구하는 방식과 결과에 있어서는 큰 차이가 생겨난다고 한다. 어떤 사람은 욕망의 노예가 되어 욕망을 끝까지 무절제하게 추구함으로써 불행한 결과를 맞이하게 되고, 어떤 사람은 욕망에 절제를 가하여 합리적으로 추구함으로써 최대한의 욕망을 향유하며 행복한 삶을 사는 것이다. 이러한 차이는 인간의 분별능력과 노력의 차이에 기인하는 것이라고 할 수 있기 때문에, 순자는 인간의 분별능력과 작위적 노력에 큰 가치를 부여하고 있는 것이다. 우선적으로 자신의 적성과 재능 및 능력의 크기 및 분수를 잘 헤아리는 분별의 능력이 있어야 하고, 거기에 맞는 일을 찾아서 기꺼이 그 일에 종사하는 결단의 능력이 있어야 한다. 그런 연후에 자신이 맡은 일에 열심히 종사해서 노력하고 일함으로써 자신의 욕구를 충족할 수 있게 된다.

---

17) 이해영, 「순자의 제자비판」, 『동양철학연구』 제86집, 2016, p.120.
18) 김태길 외, 『삶과 일』, 정음사, 1988, p.35 참조.

인간 욕구의 대상인 자연의 만물은 본래 인간의 욕구를 충족시키고 남을 만큼 여유가 있어서 사람을 충분히 먹일 수 있기 때문에,[19] 인간이 열심히 노력만 하면 자신의 욕망을 얼마든지 충족시킬 수 있는 것이다.

순자는 사회 구성원들 사이에 맡은 바 역할의 구분이 이루어지고 신분과 지위가 달라지는 분별이 있어야, 구성원들의 욕망을 고르게 충족시켜 줄 수 있어서 지극히 공평하게 된다고 말하며, 그것이 조화롭고 안정된 사회질서를 보장해 주는 함께 잘 살아갈 수 있는 길이라고 말한다. 물론 맡은 바 사회적 역할과 사회적 지위에 따라서 그에게 주어지는 보상과 충족할 수 있는 욕망에 차이가 나는 것은 당연한 것이다. 하지만 인간의 삶에 필요한 기본적 욕망은 누구나 충분히 충족할 수 있다는 점에서 그 차이가 크게 문제가 되는 것은 아니다.

그러므로 천자로부터 서인에 이르기까지 제각기 그 재능을 발휘하여 그 지향하는 뜻을 얻고 그 맡은 일을 편안히 즐기려는 것은 마찬가지다. 옷은 따뜻하게 입고 음식은 배부르게 먹으며 거처는 편안하고 놀이는 즐거우며, 일은 때맞추어 하고 규제는 분명하여, 재용이 넉넉한 것은 마찬가지다. 그러나 겹채색의 아름다운 무늬를 만들고 여러 맛을 겸한 진귀한 음식을 누리는 것은 재물의 여분이다. 성왕은 이 재물의 여분을 거두어 신분의 등차를 다르게 구분하는 것이다.[20]

사회 구성원들은 각자 자기에게 맞는 일을 맡아서 수행함으로써 자신의 삶에 필요한 재화를 획득하고, 이를 바탕으로 먹고 입고 자는 등의 기본적인 생활과 여가를 즐기는 등 기본적으로 인간다운 삶의 욕망

---

19) 『荀子』, 「富國」, "夫天地之生萬物也　固有餘足以食人矣."
20) 『荀子』, 「君道」, "故由天子至於庶人也　莫不騁其能　得其志　安樂其事　是所同也. 衣暖而食充　居安而遊樂　事時制明而用足　是又所同也. 若夫重色而成文章　重味而備珍怪　是所衍也. 聖王財衍以明辨異."

을 채우는 데 만족할 수 있다는 점에서 기본적인 차이가 없다. 다만 차이가 나는 것은 반드시 채워야 하는 욕망이 아니라 여분의 욕망을 추구하느냐 아니냐는 정도의 차이에 불과한 것이라고 순자는 말하고 있는 것이다. 이처럼 순자는 하는 일과 신분의 차이 및 누리는 욕망의 차이를 마땅히 두어야 전체적으로 공평한 것이고, 그것이 개인의 행복과 사회 전체의 조화로운 질서를 위해 바람직한 것이라고 역설한다. 그래서 순자는 분별을 차별로 보고, 차별을 이기적 행위로서 강자의 약자에 대한 횡포라고 보는 묵자에 대해서 평등만 알고 차등은 모른다고 비판한다.21) 순자는 『서경』의 "고르게 가지런하다 함은 진짜 가지런한 것이 아니다"라는 말을 인용하여, 역할을 나누고 신분을 가르며 빈부귀천의 차등을 짓는 것이 서로가 다 함께 잘 살 수 있는 길임을 역설한다.22) 순자는 사회의 구성원에 따라서 여러 가지로 구분하고 분별하는 것이 구성원 간의 평등이나 전체의 조화와 통일을 해치는 것이 아니라, 오히려 그것을 가능케 하는 필수적인 요건이라고 간주하였고, 나아가 구분하여 분별하지 않고서는 사회 자체가 작동하지 않는다고 생각했던 것이다. 그런 점에서 순자의 사상체계를 분과 합으로 이해하는 것은 매우 의미 있는 해석이라고 생각한다. 우주론에서는 사람이 하늘과 다른 직분을 밝게 이해하고 사람이 행해야 할 바를 충실히 수행하여(分) 천지의 화육에 참여함으로써 천지와 나란히 설 수 있다고(合) 했고, 인간론에서도 본성과 작위의 구분과 결합이라는 논리체계를 전개하였으며, 예론에서는 구분을 명확히 하여 조화롭게 함께 사는 도리를 밝혔고, 수양론에서도 사람과 사물에 대해서 알게 된 이치(分)를 실천을 통해 완전

---

21) 이해영, 「순자의 제자비판」, 『동양철학연구』 제86집, 2016, pp.117-118 참조.

22) 『荀子』, 「王制」, "使有貧富貴賤之等 足以相兼臨者 是養天下之本也. 書曰 維齊非齊 此之謂也."

한 인격체인 군자가 된다고(合) 하는 것처럼 순자는 분과 합의 논리체계를 일관되게 전개하고 있다.23) 순자는 욕망을 구분하여 그 한계와 절제를 권유함으로써 욕망을 채워주고 길러주려고 했던 것과 같은 논리의 연장선상에서, 사회생활의 제반 요소들을 적절히 구분하여 차별을 두는 것이 사회의 조화로운 질서와 통합을 위한 올바른 길이라고 말하고 있는 것이다.

4. 적성과 능력에 따른 직업의 구분

개인의 행복은 먹고 입고 자는 등의 기본적인 생활과 여가를 즐기는 등의 안정된 삶을 통해서, 인간다운 삶을 위한 기본적인 욕망을 채우는 것이 바탕이 된다. 이러한 욕망을 충족하기 위해서는 그것을 가능하게 하는 재화의 생산이 필수적이다. 그런데 한 사람이 세상을 살아가는 데 필요한 수많은 물건을 혼자서 모두 만들어낼 수는 없다. 그래서 생활에 필요한 것들을 나누어 맡아 생산하고 서로 교환하는 것이 모든 사람들이 자신의 욕망을 충족시키는 데 있어서 효과적이다. 인간이 사회를 이루고 공동생활을 하는 것은 개인에게 필요한 재화를 확보하여 자신의 욕구를 충족시키기 위한 목적을 지닌다고 할 수 있다. 공동생활을 하면서 각자 생산하는 재화를 교환하게 되면 농부, 상인, 장인 등이 각기 자신이 맡은 한 가지 일에만 전념하여도 의식주 등의 생활에 부족함이 없이 잘 살 수 있기 때문이다. 따라서 일을 구분하여 나누어 맡게 하는 것(분업)은 사회생활의 핵심적인 영역에 해당하는 것이고, 개인의 행복

---

23) 김정희, 「순자의 合과 和를 위한 分사상」, 『동서철학연구』 제77호, 2015, p.110 참조.
이해영, 「순자사상의 分合논리」, 『동양철학연구』 제90집, 2017, pp.74-90 참조.

한 삶을 좌우하는 가장 중요한 요건이며, 천하를 모두 함께 충족시키는 방법24)이라고 할 수 있다.

온갖 기술을 통해서 생산해 낸 것이 한 사람을 기르는 소이가 된다. 그러나 아무리 유능한 자라 할지라도 필요한 기술을 모두 지닐 수 없고, 한 사람이 관직을 다 겸할 수 없다. 뿔뿔이 흩어져 살고 서로 협력하지 않는다면 궁해질 것이며, 모이더라도 구분과 한계가 수립되지 않으면 다투게 될 것이다. 궁하다는 것은 근심거리가 되며, 다툰다는 것은 화근이 된다. 근심거리를 구하고 화근을 제거하는 데는 구분과 한계를 명확히 하여 무리지어 함께 살게 하는 것만 한 것이 없다.25)

그런데 인간의 본성은 누구나 일을 싫어하고 이익만 좋아하는 경향을 가지고 있다.26) 따라서 쉽고 편한 일은 모든 사람이 원하고 힘들고 어려운 일은 모든 사람이 싫어한다. 이처럼 욕구하고 싫어하는 것이 같게 되면, 욕구는 많고 물건이 적게 되어 서로 다투지 않을 수 없게 된다.27) 사람은 누구나 일을 싫어하고 이익만 좋아하는 경향을 가지고 있으므로, 만일 일을 나누어 맡는 데 있어서 구분과 한계가 정해지지 않는다면, 제각기 마음대로 일을 하게 됨으로써 공적만 다투는 결과가 될 것이다.28) 이렇게 볼 때 일을 나누어서 맡는 분업은 사회 전체의 생산을 늘리는 데 효과적인 방법일 뿐 아니라, 같은 것을 원하고 같은 것을

---

24) 『荀子』, 「富國」, "兼足天下之道 在明分."

25) 『荀子』, 「富國」, "故百技所成 所以養一人也. 而能不能兼技 人不能兼官 離居不相待則窮 群而無分則爭. 窮者患也 爭者禍也. 故求患除禍 則莫若明分使群矣."

26) 『荀子』, 「富國」, "事業所惡也 功利所好也."

27) 『荀子』, 「富國」, "欲惡同物 欲多而物寡 寡則必爭矣."

28) 『荀子』, 「富國」, "事業所惡也 功利所好也. 職業無分 如是則 人有樹事之患而有爭功之禍矣."

싫어하는 데서 오는 다툼을 방지하고 사회의 질서를 유지시켜 주는 중요한 원리가 된다는 것을 알 수 있다.

이처럼 분업이 전체의 조화 속에서 상생을 도모하는 방법으로서 사회생활에 필수적이라고 할 때, 직업의 구분을 어떻게 정할 것인가, 즉 어떤 일을 누가 맡을 것인가의 문제가 중요한 과제로 등장하게 된다.

농부는 밭을 나누어 경작하고, 상인은 재화를 나누어 판매하며, 공인은 일을 나누어 물건을 만들고, 사대부는 관직을 나누어 정사를 돌본다. 제후는 땅을 나누어 지키고, 삼공은 국사를 총괄하여 의논하니, 천자는 자기 자신의 일만 하면 된다. 안과 밖이 이와 같으니 천하에 공평하지 않음이 없으며, 다스려지지 않음이 없다. 이것이 역대 제왕이 한결같이 행한 일이요, 예의의 큰 원칙이다.29)

덕행을 평가하여 서열을 정하고, 능력을 헤아려 관직을 부여한다. 모든 사람에게 능력에 맞는 일을 맡겨 저마다 마땅한 지위를 얻게 한다. 가장 뛰어나고 어진 이를 삼공으로 삼고, 그 다음 가는 어진 이를 제후로 삼으며, 또 그 다음 가는 어진 이를 사대부로 삼으니, 이것이 바로 유능한 사람을 적재적소에 잘 임용하는 것이다.30)

순자는 예로써 직업의 구분과 한계를 정함에 있어서, 인간이 욕망은 같지만 그 추구하는 방법과 지능이 같지 않다는 사실에 주목한다.31) 그래서 각자의 능력에 따라서 자신에게 맞는 일을 맡기는 것이 바람직하

---

29) 『荀子』, 「王覇」, "農分田而耕 賈分貨而販 百工分事而勸 士大夫分職而聽 建國諸侯之君分土而守 三公總方而議 則天子共其而已 出若入若 天下莫不 平均 莫不治辨 是百王之所同也 是禮法之大分也."

30) 『荀子』, 「君道」, "論德而定次 量能而授官 皆使人載其事 而各得其所宜 上 賢使之爲三公 次賢使之爲諸侯 下賢使之爲士大夫 是所以顯設之也."

31) 『荀子』, 「富國」, "同求而異道 同欲而異知."

다고 주장한다. 그래야 그 일을 감당할 수 있어서 성공적으로 잘 해낼 수 있고, 또한 이익을 많이 산출할 수 있어서 그 이익으로 사회 전체가 풍요로워지고 모든 사람을 살릴 수 있다는 것이다.32) 순자는 또한 각 분야에 능한 사람을 가려 그 분야를 맡아 이끌어 나가도록 해야, 창고에 재물이 가득 쌓이고 모든 일이 제대로 정비되어 물용이 넉넉하게 된다고 말한다.33) 예를 들어 재상과 관료는 덕이 있다는 명성이 있어 백성들을 쓰다듬어 안정시킬 수 있고, 온갖 변화에 대처할 만한 능력이 있으며, 군주를 대신할 만한 덕성을 가지고 있어야 한다. 외교관은 옳고 그름을 바르게 설명하여 번잡한 일을 해결할 수 있고, 지혜와 생각은 의심을 풀어줄 수 있으며, 어려운 제의를 결단하여 막아낼 수 있고, 사사로운 일을 하지 않으며 군주를 배신하지 않는 사람이 맡아야 한다.34) 순자는 직업이란 구체적인 사회적 역할을 나누어 맡아서 그 일에 전념해야 하는 것이기 때문에, 그 특수한 일을 수행하는 데 필요한 전문적인 능력과 역량을 갖춘 사람을 선별하여 그에게 그 직업을 맡겨야 한다고 역설한다. 또한 사람마다 지니고 있는 특정한 재능과 장점이 있으므로 그것을 잘 발휘할 수 있게끔 직업이 배분되어야 한다고 순자는 말한다.

천지 사이에 존재하는 모든 것(사람)은 다 각각의 장점이 있으므로, 그 장점을 살려 그 용도를 극진히 다하게 하는 것이 위로는 어질고 착한 이를 드러내어 꾸며주며 아래로는 백성을 길러주어 안락하게 하는 것이다.35)

---

32) 『荀子』, 「富國」, "度人力而授事 使民必勝事 事必出利 利足以生民."
33) 『荀子』, 「王制」, "擇士之知事者 使相率貫也 是以厭然蓄積修飾 而物用之足也."
34) 『荀子』, 「君道」. 조원일, 「순자의 경제사상 연구」, 『동양문화연구』 제10집, 2012, pp.211-212 참조.

지형의 높낮음을 보고 땅의 척박과 비옥을 살펴 차례로 오곡을 가꾸는 일은 군자가 농사짓는 사람만 같지 못하다. 재화를 유통시켜 품질이 좋고 나쁨을 보고 값의 고하를 판단하는 일은 군자가 장사꾼만 같지 못하다. 규구를 맞추고 먹줄을 대어 쓸 물건을 편리하게 만드는 일은 군자가 공인만 같지 못하다. … 만약 그 덕을 판단하여 자리의 서열을 정하고, 재능을 헤아려 관직을 주며, 현자나 어리석은 자가 모두 그 알맞은 자리를 얻도록 하고, 능한 자나 능하지 못한 자가 모두 그 관직을 얻도록 하며, 모든 것이 거기에 적절히 맞게 하고 사태변화에 적절하게 대응하며, 언사는 반드시 원칙에 맞게 하고 행사는 반드시 임무에 적합하도록 하는 것은 군자의 장점이 된다.[36]

순자는 사람을 적재적소에 쓰는 일이 정치의 성공과 실패를 가르는 관건이 된다는 사실을 잘 알고 있었다. 그래서 직업을 잘 수행하기 위해서 필요한 적성과 재능 및 업무수행 능력 여기에 필요한 지성적인 역량과 도덕적인 덕성 등을 두루 헤아려, 각각의 직업에 적절한 사람을 선별하여 맡겨야 한다는 것을 매우 구체적인 다양한 예를 들어 자세히 밝히고 있다. 직업을 적절하게 구분하여 그 일에 마땅한 사람에게 배분하면, 사회적 기능이 전문화됨으로 인해서 사회 전체가 유기체와 같은 기능적 조화와 통일을 이루게 되어, 사회 전체의 생산을 크게 하고 국력을 강하게 만드는 효과를 가져올 뿐 아니라, 유기체적 연대의식을 갖게 하여 사회를 통합할 수 있다는 장점이 있다.[37] 뿐만 아니라, 개인의

---

35) 『荀子』, 「富國」, "故天之所履地之所載 莫不盡其美致其用 上以飾賢良 下以養百姓而安樂之."

36) 『荀子』, 「儒效」, "相高下 視墝肥 序五種 君子不如農人. 通財貨 相美惡 辨貴賤 君子不如賈人. 設規矩 陳繩墨 便備用 君子不如工人. … 若夫謫德而定次 量能而授官 使賢不肖皆得其位 能不能皆得其官 萬物得其宜 事變得其應 … 言必當理 事必當務 是然後君子之所長也."

37) 김형효, 앞의 책, pp.126-127 참조.

능력과 전문적 재능에 따라서 직업을 구분하여 맡기는 것은 각자의 재능을 마음껏 펼쳐 드러나게 함으로써, 개인의 존재가치를 드러내어 인정과 존경을 받을 수 있게 하는 의미가 있다. 자기에게 맞는 일 그리고 자기가 잘할 수 있는 일을 한다는 것은 그 과정 자체가 즐거운 것이고, 자신이 맡은 일을 훌륭하게 수행함으로써 사회에 기여하는 것은 결과적으로 자신의 존재가치를 드러내고 사회적으로 인정과 보상을 받을 수 있게 하는 것이다. 그러므로 각자의 개성과 장점을 충분히 발휘할 수 있는 일할 기회를 제공하는 것은 사회의 발전 및 국가의 부강을 이끄는 관건이 될 뿐 아니라, 직업을 통해서 자아를 실현함으로써 행복한 삶을 구가하게 하는 열쇠가 된다고 말할 수 있다.

5. 분배와 정의의 문제

사회적 역할을 나누어 맡는 것, 즉 직업의 구분은 그 자체가 사회 구성원들이 가장 크게 관심을 갖는 분배의 내용이다. 직업의 분배가 올바르게 이루어지지 않는다면 그것은 개인의 불행으로 그치는 것이 아니라, 사회적 기능의 부조화로 인해 사회의 운영에 심각한 장애를 발생하게 되고 사회 전체의 이익을 산출하는 데 큰 차질이 생긴다. 뿐만 아니라 구성원 간의 불화와 갈등을 부르는 핵심적인 요인으로 작용하여 하나의 공동체에 소속하고 있다는 연대감을 파괴한다. 따라서 직업의 구분을 적절하고 공정하게 하는 것은 국가의 부강과 개인의 행복을 좌우하는 매우 중요한 관건이 된다. 직업을 구분을 하고 차이를 두는 것이 공평성이나 정당성을 가질 때 사회 구성원들에게 긍정적으로 받아들여져서 개인의 삶이나 인간관계 내지는 사회 전체에 순기능을 발휘하게 될 것이다.

사람은 어떻게 하여 사회생활을 할 수 있는가? 구분하기 때문이다. 구분하는 것이 어떻게 실행될 수 있는가? 의롭기 때문이다. 그러므로 의로움에 의거해서 구분하면 조화롭게 된다. 조화로우면 하나로 단결되고, 하나로 단결되면 많은 힘을 발휘하고, 많은 힘을 발휘하면 강해지고, 강해지면 만물을 제압하게 된다. 그런 까닭에 군주가 궁실을 지어서 거주할 수 있다. 그러므로 춘하추동 사계절에 따라서 농사짓고, 만물을 다듬어서 이용하며, 천하 사람을 고루 이롭게 하는 것은 거기에 그럴 만한 까닭이 있는 것이다. 구분한 것이 의롭기 때문이다.[38]

여기서 말하는 의로움이라고 하는 것은 도덕의식이나 마땅함, 공평함, 정당함을 함축하고 있는 합리적인 가치판단능력이라고 해석할 수 있다.[39] 사회 구성원들이 긍정적으로 받아들일 수 있는 합리적인 구분의 원칙이나 기준은 무엇일까? 이 점에 대해서 순자는 공정하고 적절하게 직업을 구분하는 원칙으로서, 개인의 적성과 능력 및 지성(현명함과 어리석음), 덕성 등의 기준을 제시하고 있다. 현명한 군주는 철저하게 원칙과 기준에 맞추어서 사람을 선별하고 그에 합당한 직업과 지위를 부여한다. 순자는 문왕이 강태공을 최고의 정치군사적 스승인 태사로 등용한 것을 두고서, 강태공이 인척이거나 뇌물을 받았거나 성씨가 같거나 오랜 연고가 있었거나 용모가 고와서 등용한 것이 아니라, 그가 아니면 훌륭한 왕도를 세워 천하 사람들에게 은혜를 베푸는 대업을 이룰 수 없었기 때문에 등용한 것이라고 말한다. 또한 측근 가운데서 자기편만 드는 사람을 특별 채용하는 것은 공정하지 못한 인사로서, 그런 인사를 하면 개인적으로 치욕을 당하고 국가는 멸망하게 될 것이라고

---

38) 『荀子』, 「王制」, "人何以能群 曰分 分何以能行 曰義 故義以分則和 和則一 一則多力 多力則彊 彊則勝物 故宮室可得而居也 故序四時 載萬物 兼利天下 無它故焉 得之分義也."

39) 유희성, 「순자철학의 이상사회」, 『동아연구』 제40집, 2001, p.150 참조.

경고한다. 또한 활을 잘 쏠 줄 알아서 먼 데서도 미세한 것을 맞히는 일을 시키고자 한다면, 자기와의 친소관계를 따지거나 자신에게 비위를 맞추는지 여부를 따질 필요 없이 오직 잘 맞힐 수 있는지의 여부에 따라서 선발해야 한다고 말한다.[40] 이러한 사례들은 모두 직업과 지위 등을 구분하는 기준과 원칙이 합리적인 타당성을 갖추어야 한다는 것을 설득력 있게 설명하기 위해서 인용하고 있다고 볼 수 있다.

조정에는 요행으로 인하여 높은 지위를 차지하고 앉은 사람이 없고, 백성들 가운데는 요행으로 인하여 분에 넘치는 생활을 하는 사람이 없으며, 공정하게 직업과 지위의 구분이 정해져서 질서가 정연하고, 주어진 일과 자리에서 사람이 충분히 능력을 발휘하게 하는 것이 최고의 이상적인 정치다.[41]

직업이나 그에 따른 사회적 지위의 배분을 공정한 분배의 원칙을 벗어나 부적절하게 잘못하는 것은 그 자체가 공정한 분배 즉 정의에 어긋나는 일일 뿐 아니라 결과의 부작용도 대단히 크다. 그래서 순자는 능력도 없으면서 요행이나 사적인 관계를 통해서 감당할 수도 없고 잘할 수도 없는 큰일을 맡는 것은, 마치 힘은 약하면서 무거운 돌을 드는 것과 같아서 부러질 도리밖에 없다고 경고한다.[42] 순자의 이 말은 비록 현재 큰일을 맡고 있거나 높은 지위에 있는 사람이라 하더라도, 그 일이나 지위를 감당하지 못하는 사람은 그 일과 지위를 박탈하는 것이 마땅하다는 뜻을 함축하고 있다. 순자는 능력과 노력에 따라서 또한 일의 성과에 따라서 천한 사람이 귀한 신분으로 되거나 가난한 사람이 부자

---

40) 『荀子』, 「君道」, 篇 7.
41) 『荀子』, 「儒效」, "朝無幸位 民無幸生 分不亂於上 能不窮於下 是治辨之極也."
42) 『荀子』, 「儒效」, "故能小而事大 辟之是猶力之小而任重也 舍粹析無適也."

가 될 수도 있으며, 반대로 귀한 신분의 사람이 천한 신분으로 떨어지고 부자가 가난한 사람이 될 수 있는 가능성이 있다고 말한다. 순자는 결국 신분의 귀천을 불문하고 개인의 적성과 능력에 따라서 맡은 일과 지위를 다르게 하고, 이에 따른 빈부와 귀천 등의 차등을 두는 것이 공정한 분배로서의 정의에 합치하는 것이고, 그것이 사회의 질서를 유지하고 사회 전체의 부를 증진시키는 길이라고 역설하고 있는 것이다. 앞서 순자가 인용한 『서경』의 "고루 가지런한 것은 진실로 가지런한 것이 아니다"라는 말은 순자의 이러한 생각을 잘 뒷받침해 주고 있다고 할 수 있다. 하는 일과 지위의 고하 및 받는 보상의 차이가 있다 하더라도, 그 차이가 타당한 원칙과 근거에 따라서 정해진 것이라면, 모든 사람들이 그 차이를 당연한 것으로 편안히 받아들일 것이다.

어떤 사람은 천하를 봉록으로 주더라도 많다고 생각하지 않고, 어떤 사람은 문을 지키는 관리, 여행자를 검문하는 직책, 문을 지키는 병졸, 경쇠를 치는 야경꾼 등 지위가 낮은 하위직을 맡아 작은 보상을 받게 되더라도 그것을 작다고 생각하지 않는다. 옛말에 이르기를 "고르지 않으면서도 가지런하고, 굽으면서도 곧고, 다르면서도 똑같다"고 하니 무릇 이것을 가리켜 인간사회의 바른 질서라고 한다.[43]

순자가 말하는 옳고 바른 의로운 판단과 구분이란 덕 없는 자를 높이지 않고, 무능한 자를 벼슬 시키지 않으며, 공 없는 자를 상 주지 않고, 죄 없는 자를 벌하지 않으며, 조정에 요행히 높은 자리를 차지하는 사람이 없고, 민간에 요행히 분에 넘치는 생활을 하는 사람이 없으며, 현자를 높게 올리고 유능한 자를 임용하여 합당한 자리에 앉히고, 바른

---

43) 『荀子』, 「榮辱」, "故或祿天下 而不自以爲多 或監門御旅抱關擊柝 而不自以爲寡 故曰斬而齊 枉而順 不同而一 夫是之謂人倫."

사람을 뽑고 포악한 자를 금하며, 형벌에 잘못이 없게 하는 것이다.44) 이렇게 차지하는 사회적 지위, 담당하는 사회적 역할, 받게 되는 상과 벌, 인재등용의 등과 락 등 모든 사회적 처우의 배분이 합리적 원칙과 기준에 따라 정당성과 공평성을 갖추어야 한다고 하는 것은 곧 '각자에게 자기 몫을 주는 것'으로서의 정의를 실현해야 한다는 뜻으로 해석할 수 있을 것이다.

6. 나오는 말

순자에게서 그 이전의 사상에서는 찾아볼 수 없는 직업이라는 말이 처음으로 직접 사용되고 있고, 직분이라는 개념은 순자사상의 핵심을 구성하는 키 콘셉트라고 할 수 있다. 그런 만큼 순자의 사상을 직업을 중심으로 재구성하고 재해석하는 작업은 순자의 사상을 새롭게 이해할 수 있는 단초를 제공할 수 있다고 생각한다.

순자는 인간을 욕구적 존재라고 파악하고, 인간의 욕망충족을 인간 활동의 기본 동력으로서 긍정하고 있다. 이러한 생각은 공자나 맹자가 인간의 본능적 욕망에 대해서 부정적 내지 소극적으로 가치 매김한 것과 근본적으로 다른 것이다. 순자가 살았던 시대는 힘에 의해서 약육강식하는 전국시대였기 때문에, 현실적인 사고를 통해서 현실적인 문제의식과 처방을 제공할 수밖에 없는 사회적 배경이 그 바탕에 자리하고 있다고 볼 수 있다. 욕망의 추구를 긍정하게 되면 재화와 생산을 늘리는 것과 같은 외면적 노력이 강조될 수밖에 없다. 이런 점에서 볼 때 순자가 인간을 욕구적 존재로 파악한 것은 인간이 욕망과 이익을 추구하는 것을 본성적 차원에서 긍정함으로써 많은 재화와 이익의 생산을 촉발

---

44) 『荀子』, 「王制」, "無德不貴 無能不官 無功不賞 無罪不罰 朝無幸位 民無 行生 尙賢使能而等位不遺 析愿禁悍而刑罰不過. … 夫是之謂正論."

시키고 그것을 정당화하기 위한 이론적 토대를 마련한 것으로 해석할 수 있다.

순자가 의도하는 것은 욕망의 합리적인 추구이다. 그것은 작위적인 노력을 통해서 욕망의 성취를 최대화하고, 욕망을 절제 있게 추구함으로써 그 부작용을 최소화하도록 권유하는 것이다. 순자는 욕망을 추구하는 데 있어서 기준과 구분 및 한계와 절도를 정하는 것이 바로 예의라고 말한다. 이 예의는 일차적으로는 인간의 욕망추구를 규제하는 것이지만 궁극적으로는 인간의 여러 가지 욕망을 채워주고 길러주는 것이라고 할 수 있다. 순자가 이렇게 예의 속에 포함된 규제적 의미를 뒤엎고 분업을 통해 인간의 욕망을 길러준다고 하는 적극적 의미를 밝혀주고 있다는 점은 매우 중요한 의미를 지닌다.

순자는 사회 구성원들 사이에 맡은 바 역할의 구분이 이루어지고 신분과 지위가 달라지는 분별이 있어야, 구성원들의 욕망을 고르게 충족시켜 줄 수 있어서 지극히 공평하게 된다고 말하며, 그것이 조화롭고 안정된 사회질서를 보장해 주는 함께 잘 살아갈 수 있는 길이라고 말한다. 순자는 사회 구성원들 각자가 하는 일과 신분의 차이 및 누리는 욕망의 차이가 있을 때 전체적으로 공평한 것이고, 그것이 개인의 행복과 사회 전체의 조화로운 질서를 위해 바람직한 것이라고 역설한다.

순자는 일을 합리적으로 구분하여 나누어 맡게 하는 것(분업)은 정치의 성공과 실패를 좌우하는 관건이고, 개인의 행복한 삶을 좌우하는 가장 중요한 요건이 되며, 천하를 모두 함께 충족시키는 방법이라고 말한다. 직업을 적절하게 구분하여 그 일에 마땅한 사람에게 배분하면, 사회적 기능이 전문화됨으로 인해서 사회 전체가 유기체와 같은 기능적 조화와 통일을 이루게 되어, 사회 전체의 생산을 크게 하고 국력을 강하게 만드는 효과를 가져올 뿐 아니라, 유기체적 연대의식을 갖게 하여 사회를 통합할 수 있다. 뿐만 아니라 자기에게 맞는 일 그리고 자기가 잘할 수 있는 일을 한다는 것은 그 과정 자체가 즐거운 것이고, 자신이 맡은 일을 훌륭하게 수행함으로써 사회에 기여하는 것은 결과적으로 자신의 존재가치를 드러내고 사회적으로 인정과 보상을 받을 수 있게 하는 것이다. 그러므로 각자의 개성과 장점을 충분히 발휘할 수 있는 일할 기회를 제공하는 것은 사회의 발전 및 국가의 부강을 이끄는 관건이 될 뿐 아니라, 직업을 통해서 자아를 실현함으로써 행복한 삶을 구가하게 하는 열쇠가 된다고 말할 수 있다.

직업을 구분하고 차이를 두는 것이 공평성이나 정당성을 가질 때, 사회 구성원들에게 긍정적으로 받아들여져서 개인의 삶이나 인간관계 내지는 사회 전체에 순기능을 발휘하게 될 것이다. 순자는 공정하고 적절하게 직업을 구분하는 원칙으로서 개인의 적성과 능력 및 지성, 덕성 등의 기준을 제시하고 있다. 현명한 군주는 철저하게 원칙과 기준에 맞추어서 사람을 선별하고 그에 합당한 직업과 지위를 부여하는 것에 의해서 정치를 성공으로 이끌었다고 말한다. 순자가 사회적 지위, 담당하는 사회적 역할, 받게 되는 상과 벌, 인재등용의 등과 락 등 모든 사회적 처우의 배분이 합리적 원칙과 기준에 따라 정당성과 공평성을 갖추어야 한다고 역설하는 것은 그가 '각자에게 자기 몫이 주어지는 것'으로서의 정의가 실현되는 사회를 목표한 것으로 해석할 수 있다.

순자는 지극히 평등하고 조화로운 사회의 이상을, 각자의 적성과 능력에 따른 직업의 합리적인 구분을 통해서 맡은 일과 지위가 적절하게 정해지고, 모든 구성원이 각자의 직분을 충실히 수행함으로써 개인의 욕구를 최대한 충족시키며, 사회질서를 유지하며 사회 전체의 부를 최대화하는 모습으로 그리고 있다. 순자가 말하는 지극한 평등은 각자에게 정당하게 자기 몫이 주어지는 정의로운 사회에 다름 아니다.

오늘날에도 누가 어떤 일을 맡아서 수행하느냐 하는 것은 사회 구성원들의 가장 첨예한 관심사이다. 직업의 배분이 합리적으로 바람직하게 이루어질 때 개인의 행복한 삶의 길이 열리고, 사회 전체도 원활하게 운영되며, 국가의 생산력도 최대화될 것이다. 이런 점에서 볼 때 직업의 배분 문제를 사상의 핵심에 놓고 이루어지는 순자의 다양한 논의와 그가 제시하는 구체적인 문제해결의 방향은 여전히 많은 점에서 유의미한 시사점을 주고 있다고 하겠다.

4장

직업수행에서의 공정성을 강조하다 _ 주자

1. 들어가는 말

주희의 삶과 학문은 개인의 도덕적 완성을 지향하는 위기지학으로서의 수신에 관한 내용뿐 아니라 현실의 삶을 개혁하고자 하는 실천적 지향으로서의 경세학적 내용들을 포괄하고 있다. 그런데 그의 사상의 중심이 개인의 도덕적 수양에 놓여 있기 때문에 실제의 사회생활을 구성하는 온갖 영역의 일들에 대한 직접적인 관심과 구체적인 생각들을 표명하고 있는 내용은 상대적으로 많지 않다. 그러나 주희는 세상을 경영하고 백성을 구제하는 치인을 결코 무시하지 않았다. 그는 개인의 수양을 통해 밝힌 덕을 개인적 차원에 머무르게 하지 말고 세상에 적극적으로 펼쳐야 한다고 주장했다.1) 주희는 관료 시절 사창법의 실시나 향약의 제정 등을 통해 현실의 문제해결에 직접 나서기도 하였고, 수차례의 상소를 통해 현실에서 시급히 해결해야 할 조세제도나 군사제도 등의 문제에 대한 해결을 촉구하기도 하였다. 이런 점에서 볼 때 주희의 경세에 대한 관심과 열정이 결코 작은 것이 아니고 그의 학문과 삶 속에 항상 목적의식으로서 자리하고 있었다고 할 수 있다.

주희가 비록 세상을 경영하고 백성을 구제하는 치인 즉 사회적 실천의 문제에 대해서 언급한 내용이 적다고 하더라도 그 속에는 사회적 실천의 중심이라고 할 수 있는 직업활동과 관련된 내용이 담겨 있다. 또한 그가 제시하고 있는 수기의 학문체계도 사회적 실천을 예비하는 것이기에 그 안에서 일과 직업에 대한 그의 생각들을 읽어낼 수 있을 것이다. 필자는 이 논문에서 일과 직업이라는 키워드를 중심으로 주희의 사상을 재구성하고 재해석해 봄으로써 주희의 직업사상이 갖는 특징과 의미를 찾아보려고 한다. 주희의 사상이 수기의 학과 경세론으로 구성되어 있다고 하지만 양자는 상호 밀접하게 유기적으로 짜여 있고 일관되고 통일적인 생각으로 관통되어 있다고 볼 수 있다. 따라서 필자는 주희의 학문과 사상을 관통하고 있는 일과 직업에 대한 전체적인 생각을 수기학과 경세학의 제 분야를 망라해서 종합적으로 해명하고자 한다. 한 사람의 삶과 사상은 한 인격체의 소산이기 때문에 이를 관통하는 일관된 생각이 있다고 생각한다. 일과 직업이라는 핵심적인 개념을 중심으로 이와 상호 유기적 연관을 지으면서 주희의 다양한 생각들을 종합적으로 정리해 보면 주희의 학문과 삶을 전체적으로 보다 선명하게 이해할 수 있다고 생각한다. 필자는 동양의 전통사상 속에서 직업과

---

1) 『주자어류』 권14, 60; 윤원현, 「주희의 사회철학 재조명」, 『동서철학연구』 제45호, 2007, p.74에서 재인용.
여기서 주희는 모름지기 세상에 뜻을 두어야 한다고 말하면서, 세상을 개혁하면서 같이 사는 사람들의 불행을 위하여 적극적인 노력을 기울인 이유를 모범적인 사례로 제시하고 있다.

관련된 견해들을 모아 재구성하고 재해석해 보는 작업을 계속하고 있으며, 이 논문에서 시도하고 있는 주희의 직업사상에 대한 연구는 지금까지 계속해 온 동양의 직업사상을 조명하고자 하는 지속적인 연구의 연장선상에 있다고 볼 수 있다.

주희에 관한 기존의 연구는 주로 그의 수기학을 중심으로 이루어졌고, 수기학의 근간을 이루는 이기론, 심성론, 수양론 등이 주요 연구주제로 다루어졌다. 그의 경세론을 중심으로 한 연구도 적지 않게 이루어졌는데 이들 연구에서는 주희의 상소문의 내용 및 사창법 등이 주요 주제로 다루어지고 있다. 일과 직업의 문제를 주제로 하여 주희의 사상을 밝히고자 하는 연구는 지금까지 거의 이루어진 적이 없고, 오직 윤용남의 「주자 직분윤리의 체계」라는 논문[2]이 있을 뿐이다. 윤용남은 이 논문에서 주희 직분론의 우주론적 근거를 논하고, 선천적 직분 및 후천적 직분을 구분하여 논의하고 있다. 이 연구가 주희의 직업사상을 부분적으로 잘 밝혀주고 있기는 하지만 논의가 일면적인 관점에 머무르고 있다.

필자는 이 글에서 주희의 전체 사상과의 연관성 속에서 주희의 일과 직업에 대한 총체적인 생각을 밝혀나가고자 한다. 그의 수기학과 경세학을 일관된 체계로 해석하면서 그 안에 함축되어 있거나 표명되고 있는 일과 직업에 대한 생각들을 모아 종합적으로 재구성하고 재해석하는 방법을 통해서 이 작업을 수행해 나갈 것이다. 일과 직업을 중심으로 한 일관된 주희의 생각을 구명함으로써 그의 수기학과 경세학이 유기적 관련성을 가지고 있는 종합적 사상체계로서 보다 잘 해명될 수 있고, 주희의 전체적인 삶과 사상을 총체적으로 이해하는 데 새로운 시사점을 던져줄 수 있을 있으리라고 생각한다.

---

2) 윤용남, 「주자 직분윤리의 체계」, 『한문고전연구』 제4권, 1993.

2. 도덕에 바탕한 실용

유학은 수기치인의 학문이기에 유학의 정통을 자임하는 주희는 이양자 가운데 어느 것 하나도 소홀히 하지 않는다. 수기의 핵심이 도덕의 확립이라면 치인의 핵심은 백성을 편안하게 하는 것이고 그 중심에는 육체적 삶의 조건을 마련하는 경제적 문제의 해결이 자리하고 있다. 그러나 주희는 이 둘 가운데서 도덕이 경제보다 더 근본이 되고 더 중요하다는 것을 강조한다. 주희의 이러한 생각은 "정당한 방법으로 획득한 부귀가 아니라면 안주하지 않는다"[3]고 하는 공자의 사상과 "둘 다 가질 수 없다면 차라리 생을 포기하고 의를 선택하겠다"[4]고 말한 맹자의 사상을 충실히 계승한 것이라고 할 수 있다. 주희는 현실적 상황 타개와 실용적 이익을 도덕보다 중시하는 공리(功利)사상이 세상에 널리 퍼지는 것에 대하여 두렵다고 표현할 정도로 심한 우려를 표시하고 있는데, 그 까닭은 공리적 태도가 악착같은 물질중심주의 혹은 권력중심주의와 손쉽게 결합할 수 있다고 보았기 때문이다.[5] 그래서 주희는 공리사상의 중심에 서 있는 진량과의 치열한 논변을 통하여 공리사상이 가지고 있는 문제점과 폐단을 날카롭게 지적하여 배격한다.

다만 시대적 문제를 해결하려는 의지와 혼란을 제거할 수 있는 공만 있다면, 하는 바가 비록 의리에 맞지 않는다 하더라도 일세의 영웅으로 여기는 데는 별 문제가 없을 것입니다. 그러나 의리에서 벗어난 적이 있었음을 인정조차 하지 않는 것이 문제입니다.[6]

---

3) 『논어』, 「이인」.
4) 『맹자』, 「등문공하」.
5) 『주자어류』권123. 이용주, 『주희의 문화 이데올로기』, 나무를 묻다, 2003, pp.194-197 참조.
6) 『주자문집』36-17. 손영식, 「주희와 진량의 왕패 의리 논쟁」, 『철학논구』 17

만약 국가를 세워 오랫동안 전할 수 있었다는 이유로 그가 천리의 바름을 얻었다고 한다면, 이는 바로 성공과 실패로서 옳고 그름을 논하는 것이니, 이는 마치 짐승 사냥 많이 한 것만 취하고 그르게 수레를 몰아 짐승에게 가는 것이 바르지 않음을 부끄러워하지 않은 것과 같은 것이다.[7]

주희는 어디까지나 행위과정에서의 올바름(義)과 도리의 가치에 주목하고 있으며, 이익이나 결과적인 성공을 헤아리지 않는 입장을 견지하고 있다. 이러한 입장은 경제적 부의 획득을 비롯한 사람이 살아가는 데 필요한 여러 가지 가치, 나아가 생명 그 자체까지도 도덕가치와의 관계 위에서 평가하려는 중의경리(重義經利)의 입장이라고 할 수 있다.[8] 그렇다고 해서 주희가 결과의 이익이나 경제적 부의 획득 자체를 부정하고 있는 것은 아니다. "경제적으로 자유로워지면 도덕의 발전이 그만큼 용이하다"는 것이 공자 이래 유학의 기본적인 경제철학이고,[9] 이 점에서 주희도 예외는 아니다. 무엇보다도 도덕적인 올바름을 최고의 가치로 중시하는 주희의 입장에서 볼 때, 결과의 이익만을 추구하는 활동이 도덕의 검속을 받지 않을 경우에는 개인과 사회의 도덕성을 해친다는 점에서 도덕성 우월의 원칙을 천명한 것이라고 할 수 있다. 주희는 행위과정에서의 의로움을 구현하는 것이 반드시 결과의 이익을 해치는 것이 아니고, 오히려 보다 큰 차원에서 사회의 조화로운 질서라는 이로운 결과를 초래할 수 있다고 생각한다.

권, 1989, p.60 참조.

7) 『주자문집』 36-19.

8) 최영진, 지준호 편, 『동아시아 유교문화의 새로운 지향』, 청어람미디어, 2004, pp.57-59 참조.

9) 사중명(김기현 옮김), 『유학과 현대세계』, 서광사, 1998, pp.315-318 참조.

대개 의는 판단하여 제정하고 분할하는 것으로서 조화롭지 못한 것인 듯하다. 그러나 의만이 사물이 각기 자신의 마땅함을 얻게 하여 서로 방해되지 않고 스스로 어그러짐이 없게 함으로써 각기 자신의 직분의 조화로움을 얻게 하는 것이니, 그러므로 의가 조화롭게 한다고 하는 것이다. … 의란 고통스러운 것으로 사람들이 꺼리고 반드시 이로움을 두고서 달게 여기지만, 이는 의로움을 알지 못하는 말이다. 의로움 중에서 이로움이 있어서 사람들로 하여금 모두 의롭게 한다면, 자신의 부모를 방치하지 않고 자신의 임금을 뒤로하지 않을 것이니 이롭지 않음이 없게 된다. 이것이 조화로움이 아니라면 무엇인가?10)

여기서 주희는 각각의 개인이 자신이 처해 있는 상황에서 주어진 역할을 수행함에 있어서 의로움을 실천하게 되면 사회 전체의 구성원들이 모두 조화롭게 자신의 직분을 다하게 되는 이상적인 결과를 얻게 된다고 말하고 있다. 각 개인이 자신의 직분을 제대로 알고 수행함으로써 얻게 되는 사회의 조화로운 질서가 의를 실천하는 이로움이라고 주희는 해석한다.11) 의를 실천함으로써 얻게 되는 결과는 각각의 개인들이 자신의 이익만을 추구함으로써 초래되는 사회적 갈등이나 무질서와는 극명하게 대조되는 것이다.

객관적 결과나 현실적 공리를 중시하는 입장은 문제 상황의 성공적 해결에 가치를 주는 가치론적 상대주의의 입장에 서는 것이다. 이러한 입장은 주희가 볼 때 결과를 가지고 동기나 수단을 합리화시키려는 위험한 발상이며, 자칫 잘못하면 결과만 좋다면 동기나 수단은 아무래도 좋다는 식으로 흐르기 쉽다.12) 그리고 이러한 경향은 필연적으로 악착

---

10) 『주자어류』 권68.

11) 김미영, 「성리학에서 공적 합리성의 연원」, 『철학』 76권, 2003, pp.5-76 참조.

12) 劉述先, 『朱子哲學思想的發展與完成』, 學生書局, 1982, p.374.

같은 물질중심주의 혹은 권력중심주의와 손쉽게 결합할 수 있다고 보았기 때문에 주희가 극력 배척한 것이다.13) 주희는 문제 상황이나 개별적인 조건을 초월하여 항상 존재하는 절대적인 가치기준을 확립하고자 했고, 그렇게 함으로써 사회를 안정되고 조화로운 질서 위에 확고하게 위치지우고자 한 것이다.

3. 일의 원리와 수행원칙

주희는 각각의 개인이 자신의 직분을 제대로 알고서 서로 방해하거나 간섭하지 않으면서 자신의 역할을 수행하는 것이 사회 전체의 조화로운 질서를 확립하는 길이라고 보았다. 사회 전체의 조화로운 질서는 각각의 개인이 맡은 자신의 역할을 올바른 방식으로 수행하는 것에 의해서 가능하다고 주희는 보고 있는 것이다. 각 개인이 자신의 직분 수행을 올바르게 하느냐 마느냐 하는 것은 개인의 도덕성 여부에 달려 있다고 할 수 있다. 주희가 개인의 도덕적 수양과 인격의 완성을 특히 강조하고 그것에 우선적으로 가치를 두는 이유는 개인의 행위가 개인의 사적인 삶의 영역에 그치지 않고 공적인 영역에까지 광범하게 영향을 미치기 때문이라고 볼 수 있다. 공적인 영역에 미치는 영향력의 범위가 클수록 자신의 직분을 제대로 알고 올바르게 수행하는 것이 중요하므로 그런 사람에게는 더 높은 수준의 도덕이 요구된다. 주희가 특별히 효종 황제에게 상소를 올려 군주의 도덕적 각성을 촉구한 것도 이러한 이유에서다.

이승환, 「결과주의와 동기주의의 대결」, 『중국철학』 4권, 1994, pp.225-232 참조.
13) 주 5 참조.

신이 듣기에 천하의 모든 일의 근본은 한 사람에게 달려 있으며, 한 사람의 근본은 그 사람의 마음에 달려 있다고 합니다. 그러므로 인주의 마음이 바르다면 천하의 일도 바르지 아니함이 없게 될 것이며, 인주의 마음이 사악하다면 천하의 모든 일도 사악하지 않음이 없을 것입니다.14)

이처럼 천하의 일이 비록 군주의 도덕성 여하에 크게 좌우된다 하더라도 각 개인에게 주어지는 도덕적 각성과 그에 따른 올바른 직분의 수행이라는 의미가 축소되는 것은 결코 아니다. 일은 결국 그 일을 하는 사람에 의해서 마땅함을 얻거나 얻지 못할 것이기 때문이다. 주희는 일마다의 마땅함이 있다고 하고 그 마땅함을 얻도록 하는 것이 도덕적으로 각성한 사람이 해야 할 일이라고 생각한다. 일을 올바르게 처리하기 위해서는 두 가지 방향에서의 앎이 전제되지 않으면 안 된다. 첫째는 현재 자신이 하고 있는 일에 대한 본질적 이해가 있어야 하고, 다음으로는 자신이 처해 있는 위치와 상황에 대한 이해가 있어야 한다. 주희는 『대학』의 격물(格物)을 해석하면서, "하나의 사물에는 하나의 이치가 있으니, 그것을 탐구하여 이치에 이르는 것을 격물이라고 한다"15)고 풀이하면서, "물은 일이다. 사물의 이치를 탐구하여 그 지극한 곳까지 파악하지 아니함이 없고자 하는 것이다"16)라고 말한다. 여기서 주희가 물(物)에 대한 개념을 "물은 일과 같다"라고 하여 특별하게 해석하고 있는 것에 주목할 필요가 있다. 주희는 물을 단순히 시간과 공간을 점유하는 현상적 존재로서의 물로만 해석하는 것이 아니라, 인간이 속하고 있는 이 모든 우주의 사물과 사건의 총체를 물이라고 설명하고 있다.17) 그래서 주희는 "천지간에 눈앞에서 접하는 일을 모두 물"18)이라

---

14) 『주자문집』 12. "己酉封事." 이승환, 앞의 논문, p.215 참조.
15) 『하남정씨유서』 권 제18.
16) 『하남정씨유서』 권 제25.

고 말하고, "하나의 생각에서부터 모든 사물에 이르기까지 … 어떤 것 하나 일 아닌 것이 없다"19)고 말한다. 천하의 일을 마땅하게 처리하기 위해서는 일에 존재하는 이치만 아는 것으로는 족하지 않다. 각 개인이 처하는 위치나 상황에 따라서 마땅히 해야 하는 역할이 달라지기 때문이다.

차지하고 있는 지위가 같지 않으면 그 리(理)의 쓰임도 같지 않다. 예를 들면 군주 된 이는 반드시 인(仁)해야 하고 신하 된 이는 반드시 경(敬)해야 하며 자식 된 이는 반드시 효도해야 하며 어버이 된 이는 반드시 자애로워야 한다.20)

천하의 바람직한 질서는 각 개인이 맡은 일을 각각 올바르게 수행함으로써 가능한 일이고, 일마다 마땅하게 처리하는 것은 자신이 하고 있는 일에 대한 본질적 이해와 자신이 처해 있는 위치와 상황에 대한 이해가 그 출발점이 된다. 주희는 '지금 여기'에서 수행하는 일상의 매사를 제대로 수행하는 것을 배우고 익히는 하학 공부의 중요성을 강조하는데,21) 이는 주희가 추상적 사변을 지양하고 구체적 실천을 지향하고 있다는 사실을 확인시켜 준다.22) 주희는 초월적인 존재자보다는 일상적 사태를 지향하였고 추상적인 원리보다 구체적인 규범을 중시하였으며 사변적인 탐구보다 실제적인 실천을 강조한 사상가였다.23) 주희는,

---

17) 이명한, 「주자의 격물치지론 연구」, 『중국학보』 제54, 2006, p.470.
18) 『주자어류』 권15.
19) 『주자어류』 권15.
20) 『주자어류』 권6.
21) 『주자어류』 권101.
22) 홍성민, 「궁극적 이치와 실천적 앎」, 『동양철학연구』 제58권, 2009, p.198 참조.

바람직한 실천을 위해서는 주체의 내면과 현상의 사물에 존재하는 이치를 체득해야 하는데, 주체 내면에 존재하는 리는 마음을 보존함으로써 길러질 수 있고(存心養性) 사물에 존재하는 리는 궁리(窮理)를 통해서 파악될 수 있다고 한다.24)

이른바 지극한 지(知)에 이르는 것이 사물에 내재한 이치를 깨달음에 있다는 것은 내 안에 구비된 이치를 통해 밖에 있는 사물에 직면해 그 이치를 얻고 그 이치를 끝까지 궁구하는 상태에 이르고자 함을 의미한다. … 반드시 천하의 사물에 직면하여 자신에 내재된 앎을 통하여 이를 사물에 적용해 앎을 더욱 깊이 궁구해 가고 이렇게 함으로써 궁극적 이치를 얻는 데까지 나아갈 수 있다고 하는 것이다. 이와 같이 애씀이 오래 되다 보면 어느 날 갑자기 넓은 지혜의 지평이 열리게 될 것이니, 그렇게 되면 모든 사물에 깃들인 안과 밖의 이치가 드러나지 못함이 없을 것이며, 내 마음 구석구석까지 가득 찬 이치를 사물에 활용할 수 있게 되니 분명하지 않은 것이 없는 경지에까지 이르게 될 것이다.25)

주희는 실천을 위한 출발점으로서의 체득해야 하는 이치에 대해서 사실의 측면에서 작용하는 존재의 원리와 당위의 측면에서 작용하는 도덕규범의 원리 모두를 담고 있는 것으로 이해하고 있다.

천하의 만물에 이르면 각각의 사물이 반드시 그렇게 될 수밖에 없는 까닭(所以然之故)을 지니고 있으며, 또한 반드시 그렇게 되어야만 하는 법칙(所當然之則)을 지니고 있으니, 이 모두를 리라고 할 수 있다. 26)

---

23) 같은 논문, p.197.
24) 같은 논문, p.200.
25) 『대학장구』 1장 補亡章.
26) 『대학혹문』 경1장.

주희는 '소이연지고'는 "꼭 그렇게 되는 것이므로 바뀔 수 없는 것"이라고 하고, '소당연지칙'에 대해서는 "당연히 그렇게 해야 하는 것이므로 그만둘 수 없는 것"이라고 말한다.[27] '소이연지고'란 '그와 같이 되는 원인'이라는 의미로서 그것이 빠지면 어떤 사물이 그 사물일 수 없게 되는 사물의 존재근거 또는 본질적 요건이다. '소당연지칙'이란 '마땅히 그래야만 하는 법칙'이라는 의미로서 사물의 이상적인 상태를 말하며 특히 사람에게 있어서는 행위의 법칙을 가리킨다.[28] 주희는 모든 일을 어떻게 처리하는 것이 올바른가 하는 문제에 궁극적 관심이 있으므로, 그에게는 어떤 경우에 어떻게 행동해야 하는가에 관한 구체적 행위의 법칙(소당연지칙)을 찾는 일이 일차적으로 중요하다. 그러나 인간의 행위를 결코 상황에 따른 임기응변식의 맹목적 대응에 맡길 수는 없었다. 주희는 행위를 확고한 합리적 근거 위에 위치지우기 위해서, 왜 그렇게 해야만 하는지에 대한 보편적 원리를 확립할 필요가 있었던 것이다.[29] 이렇게 볼 때 주희는 행위하는 주체 내면의 이치와 사물에 존재하는 이치를 통일적으로 확보하려 했을 뿐 아니라, 구체적 행위의 법칙과 더불어 그것을 근거지우는 보편적 원리를 동시에 확립하려고 노력하였음을 알 수 있다. 주희의 이러한 노력은 사회 구성원들이 수행하는 모든 일이 마땅함을 얻게 함으로써 천하를 조화로운 질서 위에 세우고자 하는 열정에 의해 추진된 것이라 할 수 있다.

4. 직분의 완수와 사회적 질서의 조화

주희에게 있어서 잘 산다고 하는 것은 바르게 사는 것을 의미한다.

---

27) 『주자어류』 권18.

28) 이강대, 『주자학의 인간학적 이해』, 예문서원, 2000, pp.39-40 참조.

29) 같은 책, p.43 참조.

바르게 산다고 하는 것은 자신이 처해 있는 사회적 위치와 상황 및 자신에게 주어지는 사회적 역할에 대한 바른 이해를 바탕으로, 그 역할을 제대로 수행하는 삶을 의미하는 것이다. 공자의 정명(正名)론은 사회 구성원의 사회적 위치와 그에 따른 역할을 바르게 정하는 것이 정치가 담당해야 할 핵심적인 임무라고 말한 것이다. 주희는 공자의 정명론을 형이상학과 윤리학을 망라한 종합적인 성리학의 체계 속에서 한층 치밀한 논리로 심화시켰다고 할 수 있다. 리는 하나이기도 하면서 다르게 존재하기도 한다는 이일분수설(理一分殊說)의 논리는 주희가 우주의 모든 존재가 전체적 동질성을 가지면서도 개별적 특수성을 유지한다는 것을 포괄적으로 밝히기 위해서 사용하는 이론 틀이다.[30] 주희는 통일적인 것과 개별적인 것, 보편적인 것과 구체적인 것, 본원적인 것과 파생적인 것, 동일한 것과 차별적인 것 등의 제 관계에 대해서 이일분수설의 논리를 활용해서 포괄적으로 설명하고 있다.[31] 그런 점에서 이일분수의 논리는 그의 사상체계 속에서 존재론과 윤리학 등 그의 주요 사상 전반을 지지하고 전개하는 기본적인 논리라고 할 수 있다.

천하의 리는 하나가 아닌 적이 없다. 그러나 그 분(分)을 말하자면 다르지 않은 적이 없다. 이것이 자연적 형세다.[32]

만물은 각기 일리(一理)를 갖추고 있지만, 만리(萬理)는 하나의 근원으로부터 나온 것이다.[33]

---

30) 홍성민, 「주자의 윤리학에서 차등적 배려의 정당성」, 『주학논총』 제43집, 2014, p.6.
31) 진래(이종란 옮김), 『주희의 철학』, 예문서원, 2002, pp.81-99. 이강대, 앞의 책, p.49 참조.
32) 『중용혹문』.
33) 『주자어류』 권18.

리는 단지 하나일 뿐이니 도리는 같다. 그러나 그 분(分)이 다르기 때문에 군신에게는 군신의 도리가 있고 부자간에는 부자의 도리가 있다.[34]

처한 지위(位)가 같지 않으면 그 리의 쓰임도 다르다. ⋯ 사물마다 각각 리를 갖추고 있고 사물마다 각각 그 쓰임이 다르지만, 하나인 리의 유행이 아님이 없다. [35]

이처럼 주희는 구체적이고 개별적인 존재의 다양성과 차이를 무시하지 않으면서 존재의 세계와 사회 전체의 조화 및 통일을 동시에 설명하기 위해서 이일과 분수리를 함께 논하고 있다. 주희의 이일분수설은 다양한 맥락에서 다양한 의미를 함축하고 있지만, 사회윤리의 관점에서 보면 기본적인 도덕원칙과 구체적인 규범의 관계를 포괄적으로 설명하는 이론적 틀이다. 주희는 언제 어디서나 누구에게나 한결같이 요청되는 보편적 사랑의 이념(이일)을 강조하면서, 때와 장소에 따라서 또한 대상에 따라서 현실적으로 다르게 실현되어야 하는 차등적 배려(분수리)를 동시에 강조하는 실천윤리를 제시하는 논리로 이일분수설을 활용하고 있다.

하늘을 아버지로 삼고 땅을 어머니로 삼는 것은 생명을 가진 부류들 중 그렇지 않은 존재가 없다. 이것이 이른바 이일이다. 하지만 사람과 동물의 삶에서 혈연적 관계의 부류끼리 각기 자기의 부모를 친애하고 자기 자식을 사랑하기 마련이니, 그분이 어떻게 다르지 않을 수 있겠는가. 궁극적 원리는 하나로 통괄하면서도 실상에서는 만 가지로 다르니, 비록 천하가 한 집안이고 세계가 한 사람이라고 해도 겸애(兼愛)의 폐해로 빠지지 않는다. 또한 실상에서는 만 가지로 달라도 궁극적 원리가 하

---

34) 『주자어류』 권6.
35) 『주자어류』 권18.

나로 관통하고 있으니, 친소에 따라 감정이 다르고 귀천에 따라 등급이 다르더라도 위아주의(爲我主義)에 빠지지 않는다. … 이일을 말하고 분수를 말하지 않으면 묵가의 겸애가 되고, 분수를 말하고 이일을 말하지 않으면 양가의 위아가 된다. 그래서 분수를 말하면 이일이 그 안에 자재함을 보고, 이일을 말하면 분수가 또한 있어서 서로 뒤섞이지 않는다.36)

주희에 의하면 혈연적 근친성을 억지로 부정하고 평등이라는 추상적 이념으로 현실을 획일화하는 것은 자연적이지도 못하고 자발적이지도 못하다고 비판한다. 그렇다고 해서 주희가 만물의 차별성을 고수하면서 혈연과 종족에 대한 이기적 편애와 배타적 배려를 그대로 정당화하는 것도 아니다. 주희는 겸애로 대변되는 평등주의와 위아로 대표되는 혈연이기주의를 양 극단에 두고 그 사이에서 평등의 원리와 차등의 배려를 동시에 수행하는 실천윤리를 제시한다.37) 이처럼 이일분수가 같으면서도 다른 측면을 모두 포괄하는 논리로 제시되고 있지만, 기본적으로는 사랑의 차등성과 그 정당성을 드러내는 것으로 이해된다. 즉 사람이 대상과 상황에 따라 각각 다르게 사랑을 실천해 나가는 것이 바람직하다는 것, 다시 말해 분수리를 실현하는 것이 이일을 실현하는 것이라는 쪽에 무게중심이 놓여 있다고 볼 수 있다. 이렇게 볼 때 이일분수설은 개인의 분을 중심으로 그것을 전체의 윤리에까지 확장하는 이론으로서, 모든 사회 구성원은 상하존비의 차등적 위치와 그에 상응하는 직분을 수행함으로써 유기적 관계 속에서 전체 사회의 질서와 조화를 이루는 이상사회를 건설할 수 있다고 하는 분수론으로의 의미가 크다.38)

사람과 만물은 모두 같은 리를 받아 지니고 있다는 점에서 서로가

---

36) 『주자어류』 권98.
37) 홍성민, 앞의 논문, pp.5-8 참조.
38) 정옥자, 「유학과 경세론」, 『한국사특강』, 서울대출판부, 1994, p.356.

유기적으로 연관되어 있으므로, 서로의 안녕과 질서를 위해서 헌신하고 봉사해야 한다. 그러나 서로 다른 기를 부여받고 형기의 다름이 있으므로 서로 다른 역할과 직분을 갖게 된다.39) 뿐만 아니라 만나는 상황이나 조건에 따라서 수행해야 하는 역할이나 직분이 다르게 설정된다.40) 선천적 직분을 모르면 자기의 장단점을 알지 못하여 자아를 실현할 수 없고, 후천적 직분을 모르면 구체적 상황 속에서 어떻게 행동해야 하는지를 몰라 자신의 역량을 발휘할 수 없다.41) 따라서 각 개인은 자신의 개성이나 소질 등 자기존재의 특성을 알아야 하고, 동시에 자기가 처한 사회적 위치와 상황에 대한 정확한 이해가 있어야 한다. 이러한 이해의 바탕 위에서 자신이 수행해야 할 역할이나 직분의 수행이 올바르게 이루어질 수 있다. 한 개인이 자신의 위치에서 자신에게 요구되는 사회적 역할과 직분을 제대로 수행하는 것은 자신의 삶을 제대로 구현한다는 뜻만 가지는 것이 아니다. 동시에 타인이 그에게 맞는 역할과 직분을 수행할 수 있게 하는 의미를 지니며 나아가 사회 전체의 조화로운 질서와 번영으로 이어진다 하겠다.

자신의 삶을 완전히 실현한다는 것은 어디를 가든지 그 힘을 다하지 않음이 없다는 것이다. 자기 본성 안에 있는 사랑의 덕을 가족에게는 베풀면서 … 천하국가에는 베풀지 않는다면 이는 다하지 않은 것이다. … 타인의 삶을 완전히 실현시켜 준다는 것은 사람마다 인품이 어질거나 비루하거나 명이 짧거나 길거나 하는 차이가 있더라도 모두를 온전히 배려하여 저마다 최적의 삶을 살게 해주는 것이다.42)

---

39) 윤용남, 「주자 직분윤리의 체계」, 『한문고전연구』 제4권, 1993, pp.9-15 참조. 윤용남은 이를 선천적 직분이라고 부른다.
40) 윤용남은 이를 후천적 직분이라 표현하고 있다. 같은 논문, pp.15-19.
41) 같은 논문, p.24.
42) 『주자어류』 권64.

주희는 자신의 위치에서 자신에게 요구되는 사회적 역할과 직분을 제대로 수행하는 것을 마땅함을 얻는 것으로서의 의라고 보았고, 사회 구성원들의 직분과 역할이 서로 어그러지거나 방해되지 않게 되어 직분의 조화로움을 이루는 것을 이상적인 천하의 질서라고 보았다.43) 이렇게 볼 때 이일분수론으로 전개되는 주희의 직분론은 모든 존재가 각기 자기의 자리를 얻음으로써 조화로운 공존의 질서를 형성할 수 있다고 하는 선진유학 이래의 오래된 유가의 관점과 신념을 보다 설득력 있게 보여주는 것이라 할 수 있을 것이다.44)

5. 직업수행에서의 공정성

주희의 이일분수설은 전체적 통일성(이일)뿐만 아니라 개별적 다양성을 동시에 확보하고자 하는 논리이다. 개별적 다양성은 전체적 통일성에 근거하고, 전체적 통일성은 개별적 다양성을 통해 구현된다는 것이 주희의 생각이다. 여기에서 가장 의미 있게 부각되는 메시지는 개별적 사물들의 다양성은 전체적 통일성을 전제로 해서만 그 의미를 부여받을 수 있고, 개별적 사물들은 자신의 고유한 몫을 발휘함으로써 전체적 통일성을 구현한다는 점에 있다.45) 자신의 존재와 자신이 서 있는 사회적 위치와 상황을 바르게 이해하고, 지금-여기에서 자신이 해야 할 역할이나 일에 대해서 바르게 이해하는 바탕 위에서, 주어진 역할과 일을 완전하게 수행하는 것이 자신의 몫을 제대로 발휘하는 마땅함이요

---

43) 주 10 참조.

44) 이상돈, 「이일분수론으로 보는 주자의 격물치지설」, 『한국철학논집』 제44집, 2015, p.43.

45) 이상익, 「한국 성리학에 있어서 개인과 공동체」, 『한국철학논집』 제38집, 2013, p.101.

의로움이다. 따라서 의로움을 실천하기 위해서는 자신을 바로 알고 세워서 바르게 행동할 수 있는 도덕성을 갖추어야 하고, 사물의 이치와 처해 있는 상황에 대한 파악을 제대로 하여 사물과 상황에 바르게 대처하도록 해야 한다. 내면의 도덕성을 갖추기 위해서는 심(心) 공부가 필요하고, 객관적 사물의 이치와 정황을 제대로 파악하기 위해서는 사(事) 공부가 필요하다. 이 두 방면의 공부가 원만히 이루어지게 되면 모든 행위에 있어서 공정함을 갖추게 되어 자신의 몫을 온전하게 실현하게 된다.

요즘 사람들은 대부분 공정 두 글자를 연결해서 보는데, 사실상 공은 공이고 정은 정이다. 이 두 가지는 어느 하나도 빠져서는 안 된다. 공은 마음이 공평함이고, 정은 좋아하고 싫어하는 것이 이치에 맞는 것이다. 만일 공평하지만 바르지 못하다면 그 좋아하고 싫어하는 데 있어서 반드시 이치에 맞을 수 없고, 바르지만 공평하지 않다면 절실하게 사물 간에서 올바름을 구한다고 해도 마음은 도리어 공평하지 못하게 된다. 이 두 글자는 어느 하나 빠져서는 안 된다.46)

공평함은 자신의 마음 내면에 존재하는 천리를 보존하고 인욕을 제어함으로써(存天理遏人慾) 얻을 수 있는 덕목으로서 마음에 사심이 없는 것이다. 바름이라는 것은 사사물물에 존재하는 이치를 탐구하고 절실하게 깨달음으로써(格物致知) 얻게 되는 처신의 올바름이다. 주희는 이처럼 공평함(公)과 사사로움(私)의 개념을 바름(正)과 치우침(邪)의 개념과 대비해서 사용하고 있다. 주희는 이 둘의 관계를 체(體)와 용(用)의 관계로 설명한다. 주희는 공은 마음이 평안한 것이라고 하고 정은 이치를 얻었다는 것으로 풀이하면서, 이 둘의 관계를 체와 용으로

---

46) 『주자어류』 권26.

풀이한다.47) 주희는 마음이 공평한 바탕 위에서만 넓고 크게 헤아려 처신할 수 있으므로 그 처신이 치우치지 않고 바를 수 있다고 말한다.48)

　　대개 천리라는 것은 마음의 본래 모습이다. 그것을 좇으면 마음이 공평하게 되고 또한 바르게 된다. 인욕은 마음의 질병이니 그것을 좇으면 마음이 사사로움에 흐르게 되어 치우치게 된다.49)

　　주희는 개인의 도덕적 완성으로서의 수신을 근본으로 생각하는 유학의 전통을 충실히 따르기 때문에, 마음의 본래 모습인 천리를 따르는 공평한 태도가 모든 행위의 바탕이 된다고 생각한다. 주어진 구체적인 상황이나 조건 속에서 자신이 수행해야 하는 직분수행을 바르게 하는 것도 마음이 공평한 상태에 있을 때 가능한 것이라고 본다. 그래서 주어진 모든 상황에서 올바른 행위를 하기 위한 준비로서의 주희의 수양론은 천리를 보존하고 인욕을 제어하는(存天理遏人慾) 데로 모아진다. 주희는 천리를 보존하여 마음을 공평하게 유지하기 위해서는 충서(忠恕)의 공부를 해야 한다고 말한다.50) 충서는 자기가 하고자 하는 것은 다른 사람도 하기를 원하며, 자신이 하기 싫어하는 것은 다른 사람도 하기 싫어한다는 황금률의 원칙을 모든 행위를 할 때 지켜야 하는 기본 준칙으로서 몸에 체인하는 것이라 할 수 있다.51)

　　그러므로 군자는 반드시 서로 같은 점으로 인해서 이를 미루어 일을 헤아려서, 상대와 나 사이에 각기 직분의 수행을 통해 이루고자 하는 목

---

47) 『주자어류』 권26.
48) 『주자어류』 권26.
49) 『회암집』 권13.
50) 『주자어류』 권27. 주희는 충서는 공부이고 공평은 충서의 결과라고 말한다.
51) 김미영, 앞의 논문, pp.64-65 참조.

적(分願)을 성취하게 한다면, 상하 사방이 모두 바르게 되고 천하가 태평하게 될 것이다.52)

주희가 생각하기에 도덕적 황금률을 내면화하여 마음에 사심이 없는 공평한 태도를 유지할 때 자신에게 주어지는 직분수행도 바르게 처리될 뿐 아니라 다른 사람이 각기 자신의 직분을 제대로 수행하게 함으로써 사회 전체의 조화로운 질서와 평화를 가져올 수 있게 된다는 것이다. 주희가 이처럼 직분수행의 문제를 보편적이고 개인적인 자기완성의 윤리를 중심으로 하여 논의하기 때문에, 서구의 몰가치적인 직업사상과는 근본적으로 대립하며, 결과적으로 직업에 필요한 전문적 권한의 함양을 방해하는 동시에 저지시킨다는 지적이 있다.53) 모든 일 또는 직업에 대해서 가치를 개입시켜 사고하는 주희의 사상이 일 자체의 탐구나 발전을 저해시킨다고 하는 지적이 일리가 없는 것은 아니지만, 일을 왜 하며 무엇을 위해서 하는가라는 본질적 측면에 대한 각성을 일깨우는 측면에서, 주희는 일을 잘하는 것보다는 바르게 처리하는 것이 더욱 중요하다는 사실을 역설하고 있다고 하겠다.

6. 나오는 말

주희에게 있어서 잘 산다고 하는 것은 바르게 사는 것을 의미한다. 바르게 산다고 하는 것은 자신이 처해 있는 사회적 위치와 상황 및 자신에게 주어지는 직분과 사회적 역할에 대한 바른 이해를 바탕으로, 그 역할을 제대로 수행하는 삶을 의미하는 것이다. 주희는 일을 성공적으로 수행하는 것보다는 바르게 수행하는 것이 더 중요하다고 생각했다.

---

52) 『대학집주』.
53) 유석춘 편, 『막스 베버와 동양사회』, 나남, 1992, p.343.

그리고 자신에게 주어지는 일을 바르게 수행하느냐 마느냐의 여부는 일하는 사람의 도덕적 태도와 관련되어 있다는 것이 주희의 생각이다. 그래서 주희는 보편적 윤리의 황금률이라고 할 수 있는 충서의 윤리를 내면화함으로써 마음의 본래 모습인 천리를 보존하고 사사로움에 흔들리지 않는 공평한 마음의 상태를 유지할 것을 강조한다. 천리를 보존하고 인욕을 제어하는 개인의 도덕적 수양을 통해서 마음이 공평한 상태에 있을 때, 하는 일이 주어진 상황이나 역할에 마땅하게 수행되어 바르게 될 수 있다는 것이다. 개인이 공평한 마음으로부터 자신의 몫 즉 자신에게 주어진 역할이나 직분을 바르게 수행한다는 것은 다른 사람들이 각기 자신에게 주어지는 직분을 제대로 수행할 수 있도록 하는 데로 이어지며, 나아가 사회 전체의 조화로운 질서와 번영으로 이어진다고 주희는 생각한다.

주희는 일이나 직업의 문제에 대해서 언제나 도덕과 관련지어 논의하기 때문에 직업 자체에 대해서 차등화된 가치를 부여한다. 사농공상의 직업가치를 다르게 매김하는 것도 그 일을 수행하는 사람의 사회적 위치와 도덕적 덕성과 연관해서 생각하는 논리의 필연적 귀결이라 할 수 있다. 주희는 일마다 존재하는 이치 즉 일이 마땅히 그렇게 처리되어야 하는 마땅함과 반드시 그렇게 처리해야 하는 보편적 근거가 있다고 생각한다. 그리고 그 이치를 제대로 알고 그것이 실현되도록 수행하는 것은 천하의 질서와 조화를 전제로 해서만 의미가 있다고 생각한다. 여기에는 존재뿐 아니라 수행하는 일에 대해서도 늘 전체와의 유기적 관련 속에서 생각하는 유기체적 사고가 바탕에 깔려 있다고 할 수 있다. 막스 베버는 이것을 유기적 직업윤리라고 명하고, 그 속에서는 전체를 위한 자기부정 내지 유기체의 안녕과 질서를 위한 봉사만이 존재한다고 비판한다.54) 그러나 공동체가 일방적으로 개인을 압도한 것이 아니라, 공동체 자체가 개인들의 자발적 참여에 의해 성립하고 개인들

상호간의 자율적 협의를 통해 운영되었다는 점을 고려한다면,55) 개성의 일방적 무시와 개인의 희생을 강요받는다는 비판은 극히 일면적인 것이라 할 수 있다.

주희가 직분수행의 문제를 보편적이고 개인적인 자기완성의 윤리를 중심으로 하여 논의하기 때문에, 서구의 몰가치적인 직업사상과는 근본적으로 대립하며, 결과적으로 직업에 필요한 전문적 권한의 함양을 방해하는 동시에 저지시킨다는 지적이 있다. 모든 일 또는 직업에 대해서 가치를 개입시켜 사고하는 주희의 사상이 일 자체의 탐구나 발전을 저해시킨다고 하는 지적이 일리가 없는 것은 아니지만, 일을 왜 하며 무엇을 위해서 하는가라는 본질적 측면에 대한 각성을 일깨우는 측면에서, 주희는 일을 잘하는 것보다는 바르게 처리하는 것이 더욱 중요하다는 사실을 역설하고 있다고 하겠다.

일과 직업을 중심으로 주희의 사상을 해석해 볼 때 가장 두드러진 특성은 공정성의 강조라고 할 수 있다. 주희는 항상 사사로운 욕망에 흔들리지 않고 공평한 마음(公)의 상태를 유지할 것을 강조한다. 공평한 마음으로 자신이 맡은 구체적 사회적 역할을 수행할 때만이 그 일을 바르게 처리할 수 있고(正), 그렇게 함으로써 다른 사람 역시 자신이 맡은 일을 제대로 수행하도록 돕게 되며, 결과적으로 천하를 조화로운 질서 위에 확고하게 세울 수 있다고 생각했기 때문이다.

일과 직업에만 초점을 맞추어 주희의 사상내용 전체를 검토하고 정리하는 것이 주희사상에 담긴 의미를 지나치게 축소할 여지는 다분히 있다. 그러나 일과 직업이라는 새로운 관점을 가지고 주희의 사상을 재구성하고 재해석하는 이 연구가 기존의 주희에 대한 이해의 지평을 어느 정도 넓혀줄 수 있으리라는 기대는 해볼 수 있지 않을까 생각한다.

---

54) 정신문화연구원, 『직업과 윤리』, 1985, pp.58-65.
55) 이상익, 앞의 논문, p.98.

아울러 현대의 직업인들이 가져야 할 일과 직업에 임하는 바람직한 자세 즉 직업윤리를 정립하는 데 있어서도 적지 않은 시사점을 제공해 줄 수 있기를 기대해 본다.

2부

노동의 가치와 의미를 밝히다 _ 묵자

노동의 가치와 의미를 밝히다 _ 묵자

1. 들어가는 말

순자는 묵자의 가르침을 노동자의 도라고 말했고,[1] 장자는 스스로 수고하는 것을 최고의 도리로 삼는 노동주의[2]라고 비판했다. 순자나 장자의 지적이 꼭 맞는 것은 아니라고 할지라도 묵자가 노동과 직업의 문제에 대해서 그 어느 사상가보다도 많은 관심을 가지고 있고, 그에 대한 많은 생각을 직접적으로 표현하여 강조하고 있는 것만은 분명하다. 그리고 노동과 직업에 대한 묵자의 생각들은 단순히 사유를 통해서 구축된 것이 아니라, 생생한 삶의 직접적인 경험을 통해서 형성된 것이

[1) 『荀子』, 王覇篇. "役夫之道"
[2) 『莊子』, 天下篇. "以自苦爲極"

라는 점에서 더욱 주목할 가치가 있다. 묵자 본인은 벼슬과는 거리가 먼 천한 신분의 사람이었으며,3) 목공에 관한 일뿐 아니라 여러 가지 기계에 대해서도 잘 아는 기술자였음이 분명하다.4) 묵자를 섬긴 지 3년 만에 손발에 못이 박히고 얼굴은 새까맣게 되었다는 제자 금골희의 언급으로 볼 때, 묵가의 사람들 역시 모두 직접 노동을 하는 사람들이었을 것으로 추정된다.5) 와타나베 다카시는 묵가 집단이 토공, 목공, 석공, 승공(繩工), 철공, 동공(銅工), 혁공, 도공 등 공인들을 주력으로 삼고 있으며, 전사(戰士), 상고(商賈), 무의(巫醫), 농민, 망명자 등을 포함하고 있다고 설명한다.6) 이처럼 묵자나 묵가의 집단은 하층계급에 속하고 직접적으로 노동을 하는 경험을 가지고 있다고 볼 수 있기 때문에, 노동과 직업에 관한 이들의 생각을 재구성하고 재해석함으로써 체계적으로 이해하는 작업은 기존의 직업사상에 대한 연구와는 다른 독특한 의미를 지닌다고 할 수 있다.

묵자에 대한 기존의 연구는 다양한 관점으로부터 진행되었다. 묵자사상의 핵심을 겸애라고 이해하고 겸애를 중심으로 전체사상을 체계적으로 해명하려고 하는 연구가 중심을 이루고 있으며,7) 공리주의 윤리라는 관점에서 묵자의 사상을 조명하는 연구도 적지 않다.8) 이 밖에도

---

3) 『呂氏春秋』, 高義篇. 김학주, 『묵자, 그 생애·사상과 묵가』, 명문당, 2002, p.37.

4) 『墨子』, 公輸篇을 비롯한 여러 편의 기술 가운데 특수직업과 관련된 구체적 내용이 있는 것을 보아 추론할 수 있다. 김학주, 앞의 책 pp.41-42 참조.

5) 『墨子』, 備梯篇, 김학주, 앞의 책, p.37 참조.

6) 와타나베 다카시, 「墨子와 三墨」, 우노 세이이찌(宇野精一) 편(김진욱 옮김), 『중국의 사상』, 열음사, 1989, p.316.

7) 맹자, 장자, 회남자, 여씨춘추 등은 묵자사상의 핵심을 겸애로 규정하고 있으며, 梁啓超, 馮友蘭, 그리고 김학주, 박문현 등 수많은 묵자 연구자들이 이러한 관점을 따르고 있다. 김동철, 「묵자 윤리사상의 공리주의적 성격」, 경북대 석사논문, 1995, p.3 참조.

사회사상으로서의 진보적 특성을 드러내는 연구9) 및 동서양의 다른 사상과의 다양한 비교를 시도하는 연구10) 등 다양한 각도에서 이루어지고 있다. 그러나 노동이나 직업과 관련하여 묵자의 사상을 해석하거나 설명하고자 하는 본격적인 시도는 아직 발견하지 못했다. 『묵자』라는 책을 아무리 뒤져보아도 일과 직업에 대한 체계적이고 종합적인 서술을 찾을 수 없기 때문에 이러한 관점에서의 접근이 아직 이루어지지 않았다고 생각한다. 그러나 삶의 가장 중요하고 많은 부분을 차지하고 있는 것이 일과 직업이기 때문에, 묵자의 철학 전체 속에는 이와 유기적으로 연관된 수많은 생각들을 찾아낼 수 있을 것이다. 또한 『묵자』라는 책 속에는 묵자와 묵가의 제자들 스스로 직접 노동을 하고 직업활동에 종사한 구체적 경험이 직접적으로 반영되어 있을 것이다. 비록 단편적이기는 하지만 노동과 직업에 대해서 직접적으로 언급하는 부분이 적지 않기 때문에, 이를 재구성하고 재해석하는 방식을 통해서 묵자의 직업사상의 전모를 그려낼 수 있으리라고 생각한다. 필자는 묵자의 노동과 직업사상이라는 관점으로부터 묵자의 사상 전체를 체계적으로 조명

8) 馮友蘭, 勞思光 등의 연구자와 김동철의 앞의 논문; 김기현, 「묵가 윤리학에 대한 연구의 한계와 과제」, 『윤리교육연구』 12집, 2007; 김현주, 「묵자에 대한 량치차오의 이해」, 『대동문화연구』 73집, 2011 등이 이러한 관점의 연구라고 할 수 있다.

9) 송영배, 『중국사회사상사』, 한길사, 1988; 고재욱, 「묵자의 사회사상」, 『중국학보』 제43집, 2001; 김정호, 「묵자사상에 나타난 정치사회의식의 현대적 함의」, 『한국시민윤리학회보』 21집, 2008 및 「동양정치사상에서의 진보」, 『정치사상연구』 제15집 2호, 2009; 윤대식, 「묵자의 정치적 이상상은 민주적인가?」, 『비교민주주의연구』 제4집 1호, 2008 등의 연구가 있다.

10) 박영진, 「공자와 묵자의 교육관에 나타난 공통점 연구」, 『인문사회논총』 제15호, 2008; 최문형, 「공자와 묵자의 천개념 비교」, 『동양철학연구』 제43집, 2011; 황성규, 「공자와 묵자 의리관의 특성과 통합가능성에 대한 연구」, 『도덕윤리과교육』 제33호, 2011; 송기식, 「묵자와 Reinhold Niebuhr의 사회사상 비교연구」, 계명대 박사논문, 1990 등 다수의 연구가 있다.

해 봄으로써, 묵자사상의 종합적 면모를 총체적으로 드러내는 데 일조를 할 수 있고, 현대의 직업인들이 가져야 할 일과 직업에 대한 바람직한 태도 즉 현대사회의 직업윤리를 정립하는 데 있어서도 많은 시사점을 제공해 줄 수 있으리라 기대한다.

2. 일하는 존재로서의 인간

묵자는 인간이 다른 동물과 다르다고 말할 수 있는 가장 근본적인 차이점을 '노동하는 인간(homo laborans)'에서 찾는다. 이러한 인간관은 다른 동물에서는 볼 수 없는 인간만이 지닌 특징을 '생각하는 인간(homo sapience)'으로 규정하는 사상들과 크게 대조되는 점이다. '생각하는 존재'를 인간의 특징으로 보는 경우에는 인간만이 이성을 지니고 있고 사유할 수 있으며 말을 사용할 수 있다는 점을 강조한다. 이러한 관점은 주로 인간의 동물과 구별되는 탁월한 특성이 본래적으로 주어진 것이며 본질적으로 변치 않는 것이라고 보는 사고의 연장선상에 있다고 할 수 있다. 그러나 묵자는 인간의 인간다운 특징을 선천적으로 주어진 내면적인 특성에서 찾지 않는다. 인간이 주체적인 노력인 노동을 통해서 자신의 탁월성을 획득해 나갈 수밖에 없는 조건을 지니고 태어난다는 점에 주목한다. 동물은 그저 주어진 환경에 의존해서 살 수 있지만, 인간은 노동을 통해 환경을 자신의 삶에 적합하도록 바꾸어야만 생존이 가능하다. 그런 점에서 묵자는 인간과 동물의 본질적인 차이가 '노동'에 있다고 보는 것이다. 이러한 인간관은 공자나 맹자가 인간의 인간다운 본질적 특성을 '도덕성'에서 찾는 것과 크게 대비되는 관점이다.11)

---

11) 김동철, 앞의 논문, pp.23-24 참조.

사람은 본래 뿔 달린 사슴이나 날아다니는 새와 같은 금수라든지 벌과 나비 같은 벌레와는 다르다. 이것들은 깃털로 옷을 삼고 발굽으로 신발을 삼고 수초로 음식을 삼는다. 그러므로 수놈이 밭 갈고 씨 뿌리지 않고, 암놈이 실 잣고 길쌈하지 않는다. 걱정하지 않아도 하늘이 먹고 입을 것을 모두 마련해 주었다. 그러나 사람은 이들 짐승들과는 달리 노동을 해야만 살아갈 수 있으며 노동을 하지 않으면 살아갈 수 없는 존재이다.[12]

인간은 노동을 해야만 살 수 있다고 하는 점에서 묵자는 노동이 인간의 생존조건임과 동시에 삶의 필연이라고 말하고 있는 셈이다. 묵자에게 있어서 노동은 하지 않을 수 없는 것이요 해야만 되는 것이다. 인간이 노동을 통하여 자신의 환경에 적응해 나갈 뿐 아니라 환경을 변화시킴으로써 자신과 새로운 세계를 창조해 나가는 주체적 존재라는 점에서 인간다운 가치와 탁월성을 찾을 수 있다. 스스로 해야 되는 일을 함으로써, "굶주린 자가 먹을 수 없고, 헐벗은 자가 입을 수 없으며, 고달픈 자가 쉴 수 없는 것과 같은 백성의 큰 근심거리"를 해결하는 것은 가치 있는 행위(善)이다.[13] 묵자가 활동하던 당시 전통적인 정치질서는 물론 생산력의 발전에 따른 씨족질서가 해체됨에 따라 개인의 신분과 지위가 개인의 능동적인 노력여하에 따라 획득되는 것으로 바뀌었고, 이로 인해 개인의 주체적인 노력이 강조된 것은 당연한 결과로 보인다.[14] 이처럼 인간으로서의 가치가 주체적 노동을 통해서 창조된다고 보는 견해는 사고나 언어와 같은 인간의 다른 특징들도 노동과 더불어 노동의 지반 위에서 비로소 성립한다는 점에서 보다 구체적이고 포괄적인 인간이해라고 할 수 있다. 뿐만 아니라 인간의 노동을 지극히 긍

12) 『墨子』, 「非樂上」, 기세춘 역저, 바이북스, 2009, p.664.
13) 『墨子』, 「非樂上」, 기세춘, 앞의 책, pp.659-661.
14) 한지원, 「묵가사상에 나타난 민의 성격」, 『역사와 세계』 제37집, p.220.

정적으로 보는 묵자의 노동관은 고대의 그리스에 있어서나 조선시대 양반사회에서 노동을 천시했던 것과는 근본적으로 다른 시각이라 할 수 있다. 아리스토텔레스는 "공장(工匠)이나 노동의 생활을 영위하면서 덕성을 실천할 사람은 아무도 없다"고 말함으로써, 신체를 움직이는 활동으로서의 노동을 자유로운 인간이 할 짓이 못 된다고 하였다.15) 노동을 인간의 본질적 특성이요 선이라고 보는 묵자의 노동에 대한 가치부여와 긍정적 시각은 묵자사상의 전반에 핵심적으로 관통되고 있다. 묵자는 개인이나 국가를 막론하고 그 흥망성쇠는 모두 당사자가 열심히 일하느냐 아니면 일을 게을리하느냐에 따라 결정되는 것이지, 결코 어찌할 수 없는 운명에 의해서 그렇게 되는 것이 아니라고 역설한다.

(국가는) 임금과 대신이 힘써 노력하면 반드시 다스려지고 힘써 노력하지 않으면 반드시 어지러워지며, 힘써 노력하면 안녕하지만 힘써 노력하지 않으면 반드시 위태로워진다. … (공경대부들이) 운명을 믿지 않고 힘써 노력하면 귀해지고 힘써 노력하지 않으면 반드시 천해지며, 힘써 노력하면 반드시 영화롭고 그렇지 않으면 반드시 치욕스러워진다. … (농부가) 힘써 일하면 반드시 부유해지고 힘써 일하지 않으면 반드시 가난해진다. 힘써 일해야만 배부르고 힘써 일하지 않으면 굶주린다. … (부인이) 힘써 일하면 따뜻하게 입을 수 있고, 힘써 일하지 않으면 헐벗는다.16)

이처럼 묵자는 국가의 흥망과 치란뿐 아니라 개인의 귀하고 천함, 영광과 치욕, 부유함과 가난함, 배부름과 굶주림, 따뜻이 입음과 헐벗음 등 인간의 여러 가지 삶의 양상이 노동이라는 주체적 노력에 의해서 좌

---

15) 최정호, 김형국 편, 『일의 미래, 미래의 일』, 나남, 1989, pp.45-52 참조.
16) 『墨子』, 「非儒下」, 기세춘, 앞의 책, p.701.

우되는 것임을 누누이 강조한다. 자신이 자기 운명의 주인이기 때문에 스스로 열심히 일하는 것에 의해서 자신의 가치와 삶의 모습이 창조된다고 보는 견해는 천명이나 신에 의해서 타율적으로 인간의 삶이 결정된다고 보는 견해와 견주어 볼 때 한층 주체적이고 진보적인 사상이라고 할 수 있다. 묵자에 의하면 모든 가치는 노동에 의해서 창출되는 것이기 때문에 노동이 가해지지 않은 자연 상태나 인간 그 자체로는 가치 있는 존재로 평가할 수 없다고 한다. 생업을 천시하며 노동을 기피하고 게으름과 안일을 탐하는 유자(儒者)들에 대한 묵자의 신랄한 비판은 묵자가 노동이라는 관점으로부터 인간을 가치 매김하는 좋은 예라고 할 수 있다.

　예의와 음악을 번거롭게 꾸며 사람들을 어지럽히고, 오랫동안 상을 입고 거짓 슬픔으로 죽은 부모를 속이며, 운명을 내세우며 게으르고, 가난하면서도 고고한 척하며, 생산활동을 천시하고 오만하고 안일을 탐한다. 먹고 마시는 것을 탐내면서도 노동은 싫어하여, 헐벗고 굶주려 굶어 죽고 얼어 죽어도 거기서 벗어날 길이 없다. 이것은 마치 거지와도 같으니, 두더지처럼 훔쳐 감추고, 숫양처럼 눈을 번뜩여 먹을 것을 찾으며, 들키면 멧돼지처럼 튀어 나온다.17)

묵자가 유자들에 대해서 거지라든지 두더지, 멧돼지와 같은 원색적인 표현까지 사용하면서 인간으로서의 가치를 부정하는 것은 그들이 스스로 생산노동을 하지 않으며 노동을 천시하는 데서 그치지 않고, 다른 사람들의 노동력이나 노동시간을 빼앗아 노동을 불가능하게 만들기 때문이다. "마치 이사하는 것과 같이 많은 값비싼 재물을 죽은 이와 함께 매장하는 후장(厚葬)"18)의 장례제도나 "제대로 먹지도 않고 입지도

---

17) 『墨子』, 「非命下」, 기세춘, 앞의 책, pp.693-695.

않은 채 신체가 상하고 허약해지도록 오랜 시간 동안 무덤을 지키며 죽은 이를 애도하는 구장(久葬)"19)의 제도에 대하여 신랄한 비판을 퍼붓는 것도 노동이라는 가치생산의 토대와 연관된 것이다. 후한 장례는 노동의 결과물이라 할 수 있는 값비싼 재물을 헛되이 땅속에 묻어버리는 것이기 때문에 노동의 낭비라고 할 수 있고, 오랜 상례는 오랫동안 생업에 종사하는 것을 막을 뿐 아니라 심신을 허약하게 하여 후생들이 생산활동을 할 수 없게 하기 때문에 노동기회와 노동잠재력의 약화라는 차원에서 비난하지 않을 수 없는 것이다.20) 왕공대인들이 벌이는 음악 잔치에 대한 반대(非樂)나 재화의 사치스런 낭비를 반대하고 절약하는 삶을 강조하는(節用) 것도 모두 노동이라는 핵심 개념이 반대논리의 중심에 있음을 확인할 수 있다. 묵자와 묵가 집단이 온 힘을 쏟아 전쟁을 막고자 했던 것도 전쟁만큼 엄청난 규모로 노동인구의 감소와 노동결과물을 소모시키는 해악이 없기 때문이었다.21)

이상에서 살펴본 것처럼 묵자의 사상은 노동을 인간의 본질적 특성이요 선이라고 보는 가치관에서 출발한다. 따라서 인간이라는 존재의 가치와 인간이 영위하는 삶의 가치 역시 노동과 연계하여 가치 매김할 수 있는 것으로 판단한다. 따라서 묵자의 여러 가지 주장이나 사상들도 노동이라는 핵심 개념을 중심으로 이해한다면 보다 명료하고 일관된

---

18) 『墨子』, 「節葬下」, 기세춘, 앞의 책, p.572.
19) 『墨子』, 「節葬下」, 기세춘, 앞의 책, p.573.
20) 『墨子』, 「節葬下」, 기세춘, 앞의 책, p.574.
21) 묵자나 묵가집단은 전쟁방어운동에 평생을 바쳤다고 할 수 있다. 묵자는 방어전의 명인이었고, 묵자의 집단이 방어를 하면 그 방비가 대단히 강했기 때문에, 일반적으로 사물을 굳게 지키는 것을 묵수(墨守)라고 일컫게 되었다. 그들은 실제로 방어전을 수행할 수 있는 방어용 신무기와 군사조직을 가지고 있었기 때문에, 군주나 가문들로부터 방위임무를 전문적으로 위탁받아 수행하기도 하였다. 모리 미키사부로(임병덕 옮김), 『중국사상사』, 온누리, 2011, pp.78-81.

이해를 할 수 있으리라 생각한다.

3. 능력에 따른 직업의 배분

묵자는 인간의 본질적 특성을 노동하는 존재로 파악했기 때문에 인간의 가치를 실현하는 것도 노동하는 것에서 찾았다. 이러한 관점에서 보면 각 개인의 특성은 개인이 잘할 수 있는 일의 능력에 있다고 할 수 있으므로, 개인의 가치를 최대한 실현하기 위해서는 자신이 잘할 수 있는 일을 직업으로 삼아 수행하는 것이 바람직하다고 할 수 있다. 각 개인의 특성과 능력에 따라 일을 부담하게 하는 분업을 시행하는 것은 개인이나 국가 어떤 측면에서 보더라도 당연히 요청되는 것이다.

제자인 치도오와 현자석이 묵자에게 물었다. "인민을 이롭게 하는 의를 실천하려면 무엇을 가장 힘써야 할까요?" 묵자가 말했다. "비유를 들자면 담장을 쌓는 것과 같다. 흙을 잘 다지는 사람은 흙을 다지고, 흙을 잘 운반하는 사람은 흙을 나르게 하고, 흙을 잘 파는 사람에게는 삽질을 시켜 제각기 능한 일로 협동하게끔 한다면 담장을 쌓을 수 있다. 의로운 일을 행하는 것도 이와 같아서 변론을 잘하는 사람은 변론을 하고, 글을 잘 설하는 자는 글을 설하게 하고, 일을 잘 처리하는 자는 일을 관리토록 하여, 제각기 능한 일을 하게 되면 의로운 일이 이루어진다."22)

왕공대인은 일찍부터 저녁 늦게 퇴근하기까지 소송을 재판하고 정치를 하는 일이 그의 직분이고, 일반 관리들은 팔다리의 힘을 다하고 지혜를 다하여 안으로는 관청일을 잘 다스리고 밖으로는 시장이나 산림이나 어로의 세금을 거두어 곡물창고에는 곡식을, 또 다른 창고에는 재화를 가득 채우는 일이 그의 직분이다. 농부는 아침 일찍 들에 나가 저녁에

---

22) 『墨子』, 「耕柱」, 기세춘, 앞의 책, p.833.

돌아오기까지 밭 갈고 씨 뿌려 곡식을 많이 거두는 것이 그의 직분이다. 부인은 아침 일찍 일어나 밤에 잠들 때까지 길쌈일을 부지런히 하여 누에고치와 칡과 모시를 다듬어 베와 비단을 짜는 일이 그의 직분이다.23)

　　다양한 사람들이 각자 그 잘하는 일을 얻는다면 천하의 일은 합당하게 되고, 그 직분이 고르게 나누어지면 천하의 일은 이루어진다. 모두가 좋아하는 일을 하게 되면 천하의 일이 준비되고, 강한 사람과 약한 사람에 따라 분수에 맞게 하면 천하의 일은 갖추어진다.24)

사람은 누구나 자신만의 특성이 있고 잘할 수 있는 일이 있다. 마찬가지로 일에는 잘할 수 있는 사람과 적합하지 않은 사람이 있다. 그것을 잘 헤아려 일과 사람을 제대로 연결해 주는 것이 사람도 살리고 일을 효율적으로 수행할 수 있는 길이다. "(중국의 큰 산인) 태항산을 오를 때 황소를 타는 것보다는 천리마를 타고 가는 것이 바람직한 까닭은 천리마가 그 일을 잘 맡을 수 있기 때문이다."25) "소나 양을 잡는 것은 요리사에게 맡기고, 치마저고리를 재단하는 일은 바느질꾼에게 맡기며, 병든 말을 치료하는 것은 수의사에게 맡기고, 부서진 활을 고치는 것은 유능한 기술자에게 맡기는 것은 일을 능한 사람에게 맡기는 것(使能)이 도리이기 때문이다."26) 묵자는 "천하의 모든 공인들 즉 수레를 만드는 사람, 가죽을 다루는 사람, 그릇을 굽는 사람, 쇠를 다루고 나무를 다루는 사람들이 각각 자신이 능한 일을 할 수 있도록 해야 한다"27)고 역설한다. 여기서 묵자가 말하는 분업은 그 재능이 미치는 역량을 헤아려서

23) 『墨子』, 「非樂上」, 기세춘, 앞의 책, p.665.
24) 『墨子』, 「雜守」. 吳毓江, 『墨子校注』, 中華書局, 2000, p.961.
25) 『墨子』, 「耕柱」, 기세춘, 앞의 책, p.830.
26) 『墨子』, 「尙賢下」, 기세춘, 앞의 책, pp.445-446.
27) 『墨子』, 「節用中」, 기세춘, 앞의 책, pp.563-564.

각기 알맞은 일에 종사하게 하는 기능별 분업이라고 할 수 있는 것이고, 맹자가 정신적인 노동을 하는 사람(勞心者)과 육체적인 노동을 하는 사람(勞力者)을 구분하는 것28)과 같은 사회신분상의 인적인 분업과는 다른 것이다.29) 이처럼 묵자는 일체의 정치사회적 차별을 부정하고 각기 주어진 능력에 따른 역할수행을 통해서 사회공동체의 발전을 위해서 조화하고 협력하는 평등공동체를 지향했다는 측면에서 진보적 정치사상의 성격을 지니고 있다고 평가할 수 있다.30)

이와는 반대로 "골육을 나눈 부모자식이나 자기 노력 없이 상속으로 부귀하게 된 자나 용모가 예쁜 자라고 하더라도 그들이 능력이 없는 줄을 알면 그들에게 일을 맡기지 않는다. 왜냐하면 그들에게 일을 맡기는 것은 비유컨대 벙어리를 외국에 사신으로 보내고 귀머거리를 악사로 삼는 것과 같이 일을 망치게 될 것이 자명하기 때문이다."31)

일하는 사람을 일에 배치할 때는 인간적인 친소의 관계나 용모의 미추 그리고 부귀 및 빈천을 헤아리지 말고 철저하게 능력에 따라야 한다는 것이 묵자의 생각이다. "보잘것없는 풀뿌리도 약초로 활용되어 병자를 치료할 수 있다면 천자라도 그것을 먹어야 하듯이,"32) 아무리 천한 신분의 사람이라도 그 재능만 충분하다면 중용하여야 한다는 것이다.

옛날 성왕들은 어진 사람을 숭상하고 능력 있는 사람을 임명하여 일

---

28) 『孟子』, 「滕文公上」, "有大人之事 有小人之事, 勞心者治人 勞力者治於人, 治於人者食人 治人者食於人, 天下之通義也."
29) 이운구, 「묵자 경제사상과 환경문제」, 『동아시아 문화와 사상』 제2집, 1999, p.164.
30) 김정호, 「동양 정치사상에 있어서의 진보」, 『정치사상연구』 제15집, 2009, p.47.
31) 『墨子』, 「尙賢下」, 기세춘, 앞의 책, pp.446-447.
32) 『墨子』, 「貴義」, 기세춘, 앞의 책, p.853.

을 맡겼으니 부모와 형제라도 사사로움이 없었고, 부귀하다고 치우치지 않았으며, 아첨하는 자를 편애하지 않고 오직 어진 자라면 누구든지 등용하여 높여주며 부유하고 고귀하게 해주어 관장으로 삼았다.[33]

그러므로 이들 성왕의 시대에는 덕에 따라 벼슬을 주고, 관직에 따라 정사를 부여하며, 노력에 따라 상을 정했고, 공적을 헤아려 봉록을 차별했다. 따라서 관리라 해서 언제까지나 귀한 것이 아니고, 백성이라 해서 언제까지나 천하지는 않았다. 유능하면 곧 등용되며, 무능하면 곧 쫓겨났다.[34]

여기서 묵자는 능력에 따라 지위와 업무를 맡겨서 일할 기회를 제공한 다음에는 그 일을 얼마나 열심히 잘 수행하여 업적을 생산해 내는지를 잘 관찰함으로써 보상과 지위를 다르게 정하는 것, 다시 말해 일을 재배분하는 것이 필요하다고 주장한다. 관리라 할지라도 무능하여 일을 제대로 처리하지 못하면 파직시켜 그 지위를 끌어내리고, 천인이라도 유능하면 관리로 등용시켜야 한다고 말하는 것은, 인간은 본질적으로 평등하고 노동에 의해 가치의 차이가 생기게 된다고 보는 시각과 논리적으로 연관되어 있다. 묵자가 일하는 사람과 맡은 일이 적합하도록 하는 것이 올바름(義)이라고 말하는 것으로 볼 때, 능력에 따른 직업배분과 성과에 따른 재조정의 원칙은 사회의 올바른 질서의 확립을 위해서 반드시 지켜져야 하는 도리라고 보았음을 알 수 있다.

그러므로 묵자가 직업과 지위를 배분하는 원칙은 철저하게 능력주의 그리고 실적주의라고 할 수 있다. 이러한 원칙은 농부나 장인 및 상인 등 하층민에게만 적용되는 것이 아니라 국가의 모든 직업과 지위에도

33) 『墨子』, 「尙賢中」, 기세춘, 앞의 책, pp.424-425.
34) 『墨子』, 「尙賢中」, 기세춘, 앞의 책, p.422.

적용된다고 하는 점에서 매우 혁명적인 사상이라고 할 수 있다.35) "나라를 다스릴 능력이 있는 사람은 나라를 다스리게 하고, 장관이 될 만한 사람은 장관으로 삼고, 한 고을을 다스릴 만한 사람은 고을을 다스리게 해야 한다고 말함으로써,"36) 군주로부터 관청, 고을 등 국가의 모든 지위와 업무가 그 일에 적합한 능력 있는 사람으로 채워져야 한다고 역설한다.

만일 백 명도 다스릴 수 없는 자를 천 명을 다스리는 자리에 앉히고, 천 명을 감당할 능력도 없는 자를 만 명을 다스리는 자리에 앉히게 된다면 … 그 사람은 자기 능력의 열 배를 필요로 하는 직책을 맡게 되는 것이다. 정사는 매일 생기는 것이기 때문에 매일 돌봐야 하는데, 그런 사람을 위해서 하루의 길이가 열 배로 늘어날 수 없다. … 그렇게 되면 그 사람은 한 가지 일을 돌보고 아홉 가지 일은 소홀히 하는 결과를 낳을 것이다. 비록 그 사람이 자기 직책의 의무를 다하려고 밤낮을 가리지 않고 일한다 하더라도 그 일을 결코 잘 돌보지 못할 것이다.37)

묵자는 통치자의 행위를 도덕적 의무를 실천하는 것이라고 보는 유가의 견해를 부정하고, 통치를 일종의 기술이라고 함으로써 정치도 하나의 직업으로 보고 있다. 그래서 도덕적인 이상에 얼마만큼 다다랐는가 하는 정도보다는 일의 능력과 효율성을 따져서 통치자를 평가하는 냉정하면서도 사무적인 접근을 시도하고 있는데, 이처럼 통치를 평가하는 데 있어서 예외를 인정하지 않는 객관적 원칙과 양적인 요소를 도입하고 있다는 점에서 매우 혁신적인 사고라고 볼 수 있다.38) 유가에서도

---

35) 김진윤, 「묵자 정치사상에 있어서 利의 의미」, 영남대 박사논문, 1993, pp.58-59.
36) 『墨子』, 「尙賢中」, 기세춘, 앞의 책, pp.425-426.
37) 『墨子』, 「尙賢中」, 기세춘, 앞의 책, pp.433-434.

어진 사람을 존중하고 능력에 따라 일을 부리도록 하는 가르침이 있지만,39) 이는 어디까지나 봉건적 계급사회의 질서를 바탕으로 하는 것이다. 그렇지만 묵자가 주장하는 어진 사람을 높이고(尙賢) 능력 있는 사람을 쓰는 것은(使能) 권력의 세습이나 재산의 상속까지를 배제하는 것이기에 봉건적 계급질서를 전면적으로 부정하는 의미를 함축하고 있다. 그런 점에서 묵자의 상현사능의 사상은 당시의 종법적 봉건제도를 바탕으로 한 귀족정치와 전제정치에 전면적으로 반기를 들었다는 점에서 가히 혁명적 사상이라고 할 수 있겠다.40)

4. 노동의 가치와 의미

묵자는 인간이 노동을 해야만 살 수 있다고 하는 점에서 노동을 인간의 생존조건임과 동시에 삶의 필연이라고 말하고 있다. 인간이 노동을 통하여 자신의 환경에 적응해 나갈 뿐 아니라 환경을 변화시킴으로써 자신과 새로운 세계를 창조해 나가는 주체적 존재라는 점을 강조한 것이다. 묵자는 인간이 주체적으로 노동을 함으로써 인간다운 가치를 실현해 나간다고 하는데, 노동을 통해서 실현하고자 하는 가치는 구체적으로 무엇을 말하는 것일까 생각해 본다.

묵자에게서 수없이 강조되고 있는 노동의 일차적인 목표와 가치는 서민들의 기본생활의 안정 및 기본적인 욕구의 충족이다. 묵자는 "굶주린 자가 먹을 수 없고 헐벗은 자가 입을 수 없으며 고달픈 자가 쉴 수 없는 것과 같은 백성의 큰 근심거리를 해결하는 것이 무엇보다도 중요

---

38) V. A. 루빈(임철규 옮김), 『중국에서의 개인과 국가』, 현상과 인식, 1980, pp.87-89.
39) 『孟子』, 「公孫丑上」, "尊賢使能"
40) 김진윤, 앞의 논문, pp.61-62 참조.

한 노동의 목표라고 말한다."41) 이러한 목표는 농사짓고 물건을 만드는 일에서부터 나라를 다스리는 군주의 통치에 이르기까지 한결같이 지향해야 하고 잊지 말아야 하는 일차적인 목표이다. 묵자가 노동의 일차적인 목표를 기본적인 생활의 확보에 두고 이렇듯 강조하는 까닭은 그가 사회적으로 아래에 위치하고 있는 약자들의 입장에서 그들의 절실한 요구를 반영하고 있기 때문이라고 할 수 있다. 또 한편으로는 묵자가 노동의 가치와 의미를 개인적인 차원에서만 찾고 있지 않다는 것과도 연관해서 생각해 볼 수 있다. 인간은 사회적 존재이기 때문에 인간이 하는 행위는 항상 사회적인 의미를 갖기 마련이다. 따라서 인간행위의 핵심이라 할 수 있는 노동의 의미를 사회적 관계 속에서 찾는 것은 너무도 당연하다 할 수 있다.

묵자는 언제나 노동이 개인적인 이익을 추구하는 데서 그쳐서는 안 되고 공적인 이익이 되도록 해야 한다는 것을 강조한다. 묵자는 "어진 사람이 직분으로 삼는 것은 반드시 천하의 이익을 일으키고 천하의 폐해를 제거하는 것(必興天下之利 除去天下之害)"이라고 말한다.42) 묵자의 관심은 사회 구성원 전체의 이익의 확보 내지는 사회 구성원 전체가 공유할 수 있는 이익의 생산에 집중되고 있다. 그래서 묵자가 추구하는 가치는 개인의 사적인 이익(私利)이 아니라, '백성의 이익', '국가와 백성의 이익', '만인의 큰 이익', '천하의 큰 이익'에 있다.43) 그런 점에서 묵자사상의 중심은 천하의 이익을 산출해 내는 데 있다고 할 수 있으며(興天下之利), "어떻게 사회생활을 개선할 것인가?"라는 문제,

---

41) 『墨子』, 「非樂上」, 기세춘, 앞의 책, pp.659-661.

42) 『墨子』, 「兼愛中」, 기세춘, 앞의 책, p.498. 이 표현은 兼愛中, 兼愛下, 非攻下, 節葬下, 天志中, 明鬼下, 非樂上, 非命下 등 여러 편에 십여 차례나 등장하고 있다. 김동철, 앞의 논문, p.30 참조.

43) 김동철, 앞의 논문, p.30 참조.

즉 사회 전체의 이익을 생산해 내는 것이 가치 있는 노동의 출발점이자 목표가 된다고 할 수 있다.44)

공수자가 대와 나무를 깎아 까치를 만들어 하늘에 날려 보냈는데 사흘 동안이나 내려오지 않았다. 공수자는 스스로 지극히 훌륭한 기술이라 생각했다. 이때 묵자가 공수자에게 말했다. "그대가 까치를 만든 것은 공인이 수레의 굴대 빗장을 만든 것보다 못한 것입니다. 잠시 동안에 세 치의 나무를 깎아 굴대 빗장을 만들면 오십 석의 무거운 짐을 싣고 견딜 수 있습니다. 그러므로 사람의 공적이라 하는 것은 사람에게 이로운 것이어야 훌륭한 기술이라고 말하는 것이며 사람에게 이롭지 못한 것은 졸렬하다고 말하는 것입니다."45)

여기서 확인할 수 있는 것은 묵자가 노동의 가치와 의미를 평가하는 원칙과 기준이다. 즉 노동이나 기술이 아무리 정교하고 집약적으로 이루어진다 하더라도 별 가치가 없다고 보고, 어디까지나 사람들에게 이로운 쓰임새에서 노동의 가치와 의미를 찾으려고 하는 시각이다. 묵자가 노동의 가치나 의미를 노동 그 자체로서 평가하는 것이 아니라, 노동의 결과가 초래하는 공적인 효율성의 측면에서 평가하기 때문에 그의 사상은 흔히 공리주의와 비견된다. 호적은 "묵자가 말하는 이(利)는 이기적인 이가 아니라 '최대 다수의 최대 행복'을 뜻한다"고 서술하였고, 양계초는 "벤담이 주장한 낙리주의(樂利主義)는 '최대 다수의 최대 행복'을 도덕의 표준으로 삼는다. 묵자의 실리주의도 이것과 같다"고 하였다. 그 이후 묵자의 윤리학설을 거론하는 연구자들은 공통적으로 묵가의 윤리학을 '공리주의'로 규정해 오고 있다.46) 서양의 윤리학 전

---

44) 勞思光, 『中國哲學史』, 三民書局, 1981, pp.236-237 참조.

45) 『墨子』, 「魯問」, 기세춘, 앞의 책, pp.914-915.

46) 김기현, 「묵가 윤리학에 대한 연구의 한계와 과제」, 『윤리교육연구』 12집,

통에서 보면 누구의 이익을 추구하느냐에 따라 '나'의 이익을 추구하는 '이기주의(ethical egoism)', 나와는 관계없이 오직 '타인'의 이익을 추구하는 '이타주의(ethical altruism)', 그리고 '나를 포함한 모든 사람'의 이익을 추구하는 '공리주의(utilitarianism)'의 셋으로 구분할 수 있다. 이 분류에 따른다면 묵가의 윤리학은 공리주의(公利主義)를 지향한다고 말할 수 있다.47) 묵자가 "천하의 이익(公利)을 도모하여야 한다"고 하는 것은 개인의 이익을 무시하거나 개인의 희생을 전제로 하는 것이 아니라 개인의 이익을 포함하는 것이요 나아가 개인에게도 이로운 것이기 때문이다.

　인민을 사랑하는 것은 자기를 저버리는 것이 아니다. 자기도 그 사랑하는 인민 속에 있는 것이다. 자기가 사랑받는 속에 있다고 하는 것은 그 사랑이 자기에게도 이로운 것이다.48)

　지금 우리가 천하의 이익을 일으키고 그것을 옳게 취하려면 오직 평등하게 아우르는 길만이 바른 길이다. 이로써 귀 밝은 장님과 눈 밝은 귀머거리가 협동하면 장님도 볼 수 있고 귀머거리도 들을 수 있으며, 팔 없는 사람과 다리 없는 사람이 서로 협동하면 모든 동작을 온전하게 할 수 있을 것이다. 그리고 자기가 가진 도를 널리 펴서 서로서로 가르쳐주면 모두 깨우칠 수 있을 것이다. 이렇게 되면 처자가 없는 늙은이도 부양받을 수 있어 수명을 다할 수 있고, 부모가 없는 어리고 약한 고아들

2007, p.21 참조. 일반적으로 벤담의 공리주의(utilitarianism)를 한자로 '功利主義'로 표기한다. 馮友蘭, 勞思光 등의 학자가 대표적인 예라고 할 수 있다. 그렇지만 功은 힘들여 이룬 결과를 함축하고 公은 私에 대한 반대 개념이기 때문에 '公利主義'로 쓰는 것이 묵자사상의 특성을 더 잘 드러낼 수 있다고 생각한다. 김동철, 앞의 논문, p.3 참조.

47) 김기현, 앞의 논문, p.29 참조.
48) 『墨子』, 「大取」, 기세춘, 앞의 책, p.806.

도 의지하여 살 곳이 있어 장성할 수 있는 것이다. 지금 두루 사랑하는 것이 바르다고 하는 까닭은 이처럼 서로에게 두루 이롭기 때문이다.49)

묵자는 '천하의 해로움'이 생겨나는 원인에 대하여 "오직 저 자신만을 사랑하고 남을 사랑하지 않으며, 제 가족만을 사랑하고 남의 가족은 사랑하지 않으며, 제 나라만을 사랑하고 남의 나라를 사랑하지 않음으로써 거리낌 없이 온 힘을 다해 남을 해치게 된다"50)고 밝히고 있다. 자기만을 위하는 이기적 태도가 자기를 포함한 사회 전체의 커다란 해로움을 야기한다고 보기 때문에, '천하의 해로움을 제거하고 천하의 이익을 일으키기 위해서' 요청되는 태도 내지 마음가짐이 바로 '널리 두루 사랑하는 것(兼愛)'이라고 말하는 것이다. 묵자는 자신만을 사랑하고 자신의 이익에 대해서만 관심을 갖기 쉬운 인간들에게 자신만의 이익이 아니라 사회 전체의 이익을 도모하는 것이 자신에게도 이롭다는 것을 힘주어 설득한다. 묵자가 노동의 출발점과 지향점을 '천하의 이익'에 두어야 한다고 강조하는 이면에는 개인적 이기주의나 특정한 소집단의 이기주의로부터 천하의 해로움이 생기게 되었다는 인식으로부터 해악의 원인인 이기주의적 태도를 철저하게 배격하고자 하는 의도가 담겨 있다고 할 수 있다.

대체로 직업활동의 의미와 가치는 크게 세 가지 측면에서 찾을 수 있다고 설명한다. 첫째는 개인의 생계유지를 위한 수단으로서 경제적 가치를 얻는다고 하는 것이다. 둘째는 사회에 필요한 일을 함으로써 사회에 기여하고 그 대가로 개인은 사회적 지위와 명예를 얻는다고 하는 사회적 의미이다. 셋째로 일을 통해 자아를 실현하고 자신을 발전시켜 나간다고 하는 창조적 가치이다.51) 이상의 고찰에서 볼 때 묵자는 노동

49) 『墨子』, 「兼愛下」, 기세춘, 앞의 책, p.512.
50) 『墨子』, 「兼愛中」, 기세춘, 앞의 책, pp.498-499.

의 의미와 가치를 찾는 데 있어서 그 사회적 가치를 강조한다고 볼 수 있다. 다른 사람들에게 쓸모 있는 이익을 생산한다고 하는 사회적 의미의 추구가 묵자가 생각하는 노동의 출발점이자 목표가 되고 있다. 그렇다고 해서 개인의 생계를 유지하기 위한 경제적 수단이라는 일차적 의미를 배제하는 것이 아님은 말할 필요도 없다. 동시에 노동을 통해 자신의 자아를 실현하고 자기를 발전시켜 나간다고 하는 창조적 의미 역시 인간의 본질을 노동에서 찾는 인간관 속에 이미 함축되어 있다고 할 수 있다. 따라서 묵자의 경우 노동의 의미와 가치를 그 사회적 가치에 집중하고 있는 것은 강조점의 차이라고 보아야 할 것이다.

5. 이익의 분배와 복지

묵자에 있어서 노동의 목표와 가치는 사회 전체의 이익을 증진시키는 데 집중되고 있음을 확인하였다. 묵자가 사회 전체의 이익을 도모하도록 촉구하는 것에는 노동의 결과물로서의 이익을 최대화한다고 하는 의미뿐 아니라, 이익이 사회의 구성원 모두에게 적절히 분배되어야 한다는 생각이 담겨 있다. 각자의 능력과 이룩한 성과에 따른 공정한 분배뿐 아니라 소외되고 있는 사회적인 약자에 대한 복지까지 배려되도록 분배해야 한다는 것이 묵자의 생각이다. 묵자에게 있어서 이익이란 주로 사회에서 정립된 의로움을 따를 때 부수적으로 나누어져야 할 대가 혹은 타인을 이롭게 해주라는 당위의 의미로 쓰인다. 그런 점에서 묵자의 이익 개념은 개인과 개인 또는 국가와 개인의 나눔(분배)이란 의미와 철저히 연관되어 있다고 볼 수 있다.[52]

51) 김태길, 임희섭 등, 『삶과 일』, 정음사, 1986, pp.142-158 참조.
52) 이형준, 『묵자 정치철학 체계의 근본개념 연구』, 서울대 석사논문, 2010, p.1.

묵자는 "의로움은 이로움이다"53)라고 정의한다. 또한 "의로움(義)이 야말로 백성을 이롭게 하기 때문에 천하의 보물이다"54)라고 말하고, "천하에 의로움보다 더 귀한 것은 없다"55)고 역설한다. 여기에서 볼 때 묵자가 사용하는 의로움의 개념은 도덕적 의미의 옳고 그름의 문제 이전에 사람들의 욕구 혹은 이로움의 문제와 연결되어 있다고 할 수 있다.56) 다시 말해 묵자에 있어서 의로움에 관한 논의는 노동과 이를 통해 획득한 생산물의 소유라는 문제의 연속선상에 있으며 그런 점에서 분배의 문제와 무관하지 않다. 결론적으로 말해 의로움이란 전체사회의 이익의 증진에 대해 발휘할 수 있는 개인의 능력의 정도 또는 기여 정도에 따라 각자에게 합당한 몫이 주어지는 것 즉 공정한 분배의 문제라고 할 수 있다.57) 따라서 묵자에게 있어서 의로움이란 분배적 정의와 같은 것이며, 그것을 다른 무엇보다 중요한 것으로 내세우고 있다는 사실과 연관지어 생각해 보면, 묵자가 강조하는 천하의 이익이라는 것도 현대적 의미에서 사회 전체의 최대의 이익을 구현하는 생산주의라기보다는 오히려 국가에 의해 구현되는 분배적 정의를 내세우는 사고와 가깝다고 해야 할 것이다.58).

묵자는 통치를 잘하고 못하고의 문제를 분배를 합당하게 하느냐 아니냐는 문제로 생각한다. 각자의 능력을 잘 헤아려 직업을 배분하는 것

---

53) 『墨子』, 「經說上」, 기세춘, 앞의 책, p.718.
54) 『墨子』, 「耕柱」, 기세춘, 앞의 책, p.839.
55) 『墨子』, 「貴義」, 기세춘, 앞의 책, p.851.
56) 장원태, 『전국시대 인성론의 형성과 전개에 관한 연구』, 서울대 박사논문, 2005, p.19.
57) 장원태, 앞의 논문, pp.20-22 참조.
58) 이형준, 앞의 논문, pp.28-29 참조. 이형준은 이런 논지로 묵자의 사상을 공리주의로 해석하는 것을 비판한다. 그는 공리주의는 공정한 분배에 관심을 두기보다는 사회 전체의 이익을 증대하는 것에 더 비중을 둔다는 점에서 묵자의 사고는 반공리주의적인 측면이 강하다고 지적한다.

이 안으로는 굶주린 자를 먹여주고 피로한 사람을 쉬게 해주어 만민을 기르고 부양하는 정치의 법도라고 말하면서, 그것을 실행할 수 있는 세 가지 방책을 세워야 성공할 수 있다고 말한다.

> 반드시 세 가지 근본을 세워야 한다. 세 가지 근본이란 무엇인가?
> 첫째, 작위가 높지 않으면 백성은 공경하지 않고
> 둘째, 받는 녹이 많지 않으면 백성들이 믿지 않고
> 셋째, 정령이 한결같고 단호하지 않으면 백성들은 두려워하지 않는다.
> 그러므로 옛 성왕들은 작위를 높이 주었고, 녹을 크게 주었으며, 일을 맡기되 명령을 단호하게 결단할 수 있게 하였다.59)

여기서 묵자가 제시하고 있는 통치의 구체적인 방책은 모두 분배의 문제와 관련되어 있다. 직분이 최종적으로 일의 성과에 대한 평가에 의해서 재조정된다고 할 때, 사회 전체의 이익에 얼마나 기여하느냐에 따라서 사회적 지위와 그에 따른 권력 및 물질이나 경제적 보상 등의 분배가 적합하게 이루어지는 것이 통치의 요체라고 볼 수 있다. 상과 벌을 적절하게 시행하는 것이 통치자에게 주요하다고 하는 이야기도 같은 맥락에서 이해할 수 있다. 분배의 관점에서 보면 묵자의 상동(上同)과 상현(尙賢) 편은 공정한 분배를 정치적인 영역에서 다룬 것이고, 절용(節用)과 절장(節葬) 편은 경제적인 영역에서 공정한 분배를 역설한 것으로 이해할 수 있다. 능력에 따라 지위와 재산을 분배할 것을 요구하는 상현의 주장 그 자체는 분배적 정의의 구현을 위한 정치 프로그램이라 볼 수 있고, 절용이란 "물자를 절약해서 사회적인 부를 크게 한다"는 의미가 아니라, 통치자 계급에 의한 물자의 집중과 독점에 대한 비판이라고 해석할 수 있다.60) 묵자는 "썩어서 악취가 돌 만큼 남아도

---

59) 『墨子』, 「尙賢中」, 기세춘, 앞의 책, pp.426-428.

는 음식이 있어도 그것을 서로 나누어 먹을 줄 모르는 등 여러 가지 사회적 가치의 독점과 이에 따른 분배의 불균형상태가 굶주린 자와 헐벗은 자 및 피곤한 자를 양산하여 사회의 조화를 깨는 구조적 모순이라고 파악했다."61)

　　힘이 있으면 애써 인민을 돕고, 재물이 있으면 힘써 인민에게 나누어 주고, 도리가 있으면 권면하여 가르친다. 이렇게 되면 배고픈 자는 먹을 것을 얻을 것이요, 헐벗은 자는 옷을 얻을 것이며, 피로한 자는 쉴 수 있게 되어 어지러운 것이 다스려질 것이다. 이것을 안락한 삶이라고 한다.62)

　　여기에서 확인할 수 있는 것처럼 묵자가 분배에서 강조하는 것은 힘이나 재물 또는 지식 등 그것이 무엇이든 국가 또는 많이 가진 자들이 나누어 주는 데 앞장서야 한다는 것이다. 그것을 강조하는 목적은 배고프고 춥고 피곤한 인민들의 기본적 생활을 안정시키는 데 있다. 또한 묵자는 분배가 정상적인 노동을 할 수 없는 사회적인 약자에게도 예외없이 고르게 베풀어져야 한다고 주장한다. 두루 평등하게 사랑하고 이익 나눔을 두루 실천하면 "자식이 없는 늙은이도 부양을 받아 수명대로 잘 살 수 있고, 과부와 외톨이 및 형제가 없는 외로운 사람도 남들과 섞여 잘 지낼 수 있으며, 부모를 잃은 고아도 의지할 곳이 있어 잘 성장할 수 있게 된다."63) 이처럼 사회적 약자를 비롯한 사회 전체의 모든 구성원들에게 각자에게 합당한 몫을 적합하게 분배함으로써 분배적

---

60) 이형준, 앞의 논문, pp.29-32 참조.
61) 『墨子』, 「尙賢下」, 기세춘, 앞의 책, p.453. 이운구, 「묵자 경제사상과 환경 문제」, 『동아시아 문화와 사상』 제2집, 2001, p.166 참조.
62) 『墨子』, 「尙賢下」, 기세춘, 앞의 책, p.451.
63) 『墨子』, 「非命下」, 기세춘, 앞의 책, p.506.

정의를 실현하고, 소외된 사람 없이 기본적인 삶을 영위할 수 있는 복지사회를 구현하는 것이 서로에게 이로운 것이라고 묵자는 거듭 강조하고 있다. 그런 점에서 사회적 약자층에 대한 배려는 묵자사상 전체를 관통하는 핵심이론이라고도 볼 수 있다.64) 묵자가 이처럼 공정한 분배의 문제와 하층민의 삶에 관심을 집중한 것은 자신이 경험한 삶의 경험과 무관한 것이 아니라고 생각한다.

6. 이상적 사회의 모습

현실의 사회는 저마다 자기만을 사랑하고 자기 부모나 자기 자식만을 사랑하며 재물과 노동은 자기 자신만을 위한 것으로 생각하는 인간의 이기적 욕망이 난무하는 사회이다. 인간의 이기적 욕망은 남을 미워하고 해치는 방향으로 작동하여 강한 자가 약한 자를 겁탈하는 약육강식의 사회를 초래하게 된다.

오늘날 천하의 가장 큰 해는 무엇인가? 큰 나라가 작은 나라를 공격하고, 큰 가문이 작은 가문을 어지럽히며, 강자가 약자를 겁탈하고, 다수가 소수를 폭압하며, 지혜로운 자가 어리석은 자를 속이고, 귀한 자가 천한 자를 능멸하는 것이 천하의 큰 폐해다. 또한 임금된 자가 은혜롭지 않고 신하된 자가 충성스럽지 않고 아비된 자가 자애롭지 않고 자식된 자가 효성스럽지 않은 것이 또한 천하의 큰 폐해다. 오늘날 사람이 사람을 천하게 여겨 무기와 독약과 물과 불을 가지고 서로 해치는 것이 또한 천하의 큰 폐해다.65)

---

64) 고재욱, 「묵자의 사회사상」, 『중국학보』 제43집 1호, 2001, p.460.
65) 『墨子』, 「兼愛下」, 기세춘, 앞의 책, pp.508-509.

이처럼 힘의 논리가 지배하는 정글과 같은 사회에서는 권력이나 재화 등 사회의 모든 가치들이 특정 계층들에게 독점되는 현상이 일어나서, 힘이 없는 사회적 약자들은 '굶주려도 먹을 수 없고, 추워도 입을 수 없으며, 고달파도 쉴 수 없는' 비참한 처지에서 기본적인 생존마저 위협받는 상황에 처하게 된다. 묵자는 사회적 약자인 하층민들을 비참한 죽음으로 내모는 잔인한 상황은 강자가 자기와 남을 차별함으로 인해서 남의 이익을 덜어서 자신을 이롭게 하려는 데서 발생한다고 보고, 사회적 강자들에게 나와 남을 두루 사랑하고(겸애) 나와 남 모두에게 이롭게(교리) 행동할 것을 요구한다. 나와 남을 구별하지 않고 평등하게 아우르는 것이야말로 지배층인 왕공대인도 편안할 수 있고 사회적 약자인 천하의 만민들이 풍족한 의식주를 바탕으로 안정된 삶을 살 수 있는 방법이라고 호소한다.66) 묵자가 보건대 남을 사랑한다는 것은 남을 실질적으로 돕는 것이기 때문에, 정신적인 힘뿐 아니라 물질적인 힘이 있어야 가능한 것이다. 그러므로 두루 사랑하는 보편적인 사랑은 사회적인 강자들이 할 수 있고 앞장서 해야 하는 것이다.67) 두루 사랑하고 서로를 이롭게 하는 것은 "태항산을 끼고서 황허를 뛰어넘는 것처럼 실행하기 어려운 것"이 아니라, 옛 성왕들이 이미 실행했던 것이다.68) 그리고 보편적 사랑을 실천하는 것은 천하가 이롭게 되는 길이고, 그 결과 개인도 이롭게 되기 때문에 실천해야 하는 것이다. 여기서 말한 것처럼 겸애를 실천하면 강자와 약자 상호의 이익을 확보하게 한다는 묵자의 전망은 타인의 이익보존이 인간의 이기성을 벗어나지 않을 것이라는 경험적 통칙에 근거한 것이라고 할 수 있다.69)

---

66) 『墨子』, 「兼愛下」, 기세춘, 앞의 책, p.525.
67) 손영식, 「묵자의 '하느님 뜻'에 근거한 보편적 사랑(겸애)의 이론(I)」, 『동양고전연구』 제3호, 1994, p.687 참조.
68) 『墨子』, 「兼愛中」, 기세춘, 앞의 책, p.504.

군주와 왕공대인과 같은 사회적 강자로부터 시작해서 사회의 모든 구성원들이 나와 남을 구분하지 않고 두루 사랑하는 겸애의 태도로 전환하게 되면 잔혹한 현실사회를 이상적인 사회로 바꾸는 것이 가능하다. 사람들이 모두 '자기 나라를 보는 것처럼 남의 나라를 보고, 자기 집안을 보는 것처럼 남의 집안을 보고, 자기 자신을 보는 것처럼 남의 몸을 보아' 두루 사랑하는 태도를 가지고서, 자신의 능력에 맞는 직업을 가지고 사회 전체의 이익을 증대하기 위해 열심히 일한다면, 사람들은 힘이나 재물 및 지식 등 모든 면에서 서로 도와주고 나누어 주는 습속을 지니게 되어 모든 사회의 구성원들이 안락한 삶을 누릴 수 있게 된다. 이런 사회에서는 "자식이 없는 늙은이도 부양을 받아 수명대로 잘 살 수 있고, 과부와 외톨이 및 형제가 없는 외로운 사람도 남들과 섞여 잘 지낼 수 있고, 부모를 잃은 고아도 의지할 곳이 있어 잘 성장할 수 있는"[70] 복지사회가 실현될 것이다.

묵자가 이처럼 사회적 평등과 보편적 복지를 주장한다고 해서 묵자가 사회적 상하 차등의 질서를 부정하거나 실력과 능력의 차이까지를 부정한 획일적 평등주의를 주장하고 사회적 이익의 보편적 평등한 분배까지를 주장하는 것은 아니다. 묵자는 직업의 배분이나 인재등용에 있어서 사회정치적 차별이나 경제적 소유의 차별 및 친소와 같은 사적 관계의 차별을 배제할 것을 주장했을 뿐이다. 묵자가 역설한 평등은 오로지 능력과 실력의 차이에 입각해서 사회적 질서를 재구성할 것을 촉구한 것이기 때문에, 모든 사람들에게 동등한 기회가 제공된다고 하는 점에서 기회평등주의라고 할 수 있다.[71] 또한 묵자가 사회 전체의 공익

---

69) 윤대식, 「묵자의 정치적 이상상은 민주적인가?」, 『비교민주주의연구』 제4집 1호, 2008, p.20.

70) 『墨子』, 「非命下」, 기세춘, 앞의 책, p.506.

71) 정명숙, 『묵자 겸애의 정치적 사회질서 원리에 관한 연구』, 서울대 석사논문,

에 기여할 능력이 없는 사회적 약자들에게도 기본적 삶이 유지될 수 있도록 재화를 비롯한 사회적 가치가 분배되어야 한다는 보편적 복지를 역설하지만, 사회 전체의 이익을 똑같이 균등하게 분배하는 것이 바람직하다는 정도로 주장하는 것은 아니다. 묵자는 인간이 본질적으로 평등하다 할지라도 현실적으로는 일할 수 있는 능력의 차이와 일한 결과의 차이가 엄연히 존재하는 한, 그에 따른 분배의 차이가 인정되는 것이 합당하다고 생각한다. 그리고 분배가 각자에게 적합한 몫의 차이로 합당하게 이루어지는 것이 바로 의로움이라고 말하고, 분배적 정의의 실현이 곧 서로에게 이로운 것이라고 말한다. "의로움이 곧 이로움"이라는 묵자의 정의는 "의로움은 사회적 최대이익의 실현이다"라기보다는 "의로움은 (모두를) 이롭게 하는 것"이요 "의로워야 이로울 수 있다"는 의미에 가까운 것이라고 볼 수 있다.[72] 그리고 분배가 공정하게 이루어지는 것이 사회 구성원 모두에게 이로울 수 있는 것은 분배적 정의가 실현될 때 사회 구성원 간의 다툼이 발생하지 않고 모든 구성원이 만족한 삶을 살아갈 수 있기 때문이라고 유추해 볼 수 있다.

이렇게 볼 때 묵자에게 있어서 이상적인 사회의 모습은 다음과 같이 요약할 수 있다. 첫째, 모든 사회 구성원들에게 자신이 잘할 수 있는 직분에 종사할 수 있는 기회가 평등하게 주어지는 사회이다. 둘째, 구성원들이 각자의 능력과 노력에 따라 열심히 일하여 사회 전체의 이익을 증대함으로써, 사회 구성원 모두가 넉넉한 삶을 영위할 수 있을 만큼 풍요로운 사회이다. 셋째, 구성원들이 일을 통해 사회 전체의 이익에 기여한 정도에 따라 각자에게 합당한 몫을 공정하게 분배받는 정의로운 사회이다. 넷째, 사회적 공익을 산출할 수 없는 약자들도 기본적인 안정된 삶을 누릴 수 있도록 배려되는 복지사회이다. 다섯째, 구성원들

1995, p.94.

72) 이형준, 앞의 논문, pp.60-61.

이 서로를 사랑하고 서로를 이익 되게 하려는 생각과 태도로 다툼 없이 살아가는 평화로운 사회이다.

7. 나오는 말

이 연구는 노동이나 직업의 문제를 중심으로 묵자의 사상을 재구성하고 재해석해 보고자 하는 의도에서 출발한다. 삶의 가장 중요하고 많은 부분을 차지하고 있는 것이 일과 직업이기 때문에, 묵자의 철학 전체 속에는 이와 유기적으로 연관된 수많은 생각들을 찾아낼 수 있다. 더욱이 묵자는 노동과 직업의 문제에 대해서 그 어느 사상가보다도 많은 관심을 가지고 있었고, 그에 대한 많은 생각을 직접적으로 표현하여 강조하고 있다. 이는 묵자나 묵가의 집단이 하층계급에 속하고 직접적으로 노동을 하는 경험을 가지고 있다는 사실과 관련이 있다. 그렇기 때문에 노동과 직업을 중심으로 묵자사상을 체계적으로 이해하는 것이 가능하다고 생각한다. 또한 노동과 직업에 대한 묵자의 생각들은 단순히 사유를 통해서 구축된 것이 아니라, 생생한 삶의 직접적인 경험을 통해서 형성된 것이라는 점에서 더욱 주목할 가치가 있다고 생각한다.

묵자의 사상은 노동을 인간의 본질적 특성이요 선이라고 보는 가치관에서 출발한다. 따라서 인간이라는 존재의 가치와 인간이 영위하는 삶의 가치 역시 노동과 연계하여 가치 매김할 수 있는 것으로 판단한다. 이러한 인간관은 공자나 맹자가 인간의 인간다운 본질적 특성을 '도덕성'에서 찾는 것과 크게 대비되는 관점이다. 노동이 인간의 생존 조건임과 동시에 삶의 필연이라고 말하고 있는 셈이기 때문에, 묵자의 여러 가지 주장이나 사상들도 노동이라는 핵심 개념을 중심으로 이해한다면 보다 명료하고 일관된 이해를 할 수 있으리라 생각한다.

각 개인의 특성은 개인이 잘할 수 있는 일의 능력에 있다고 할 수 있으므로, 개인의 가치를 최대한 실현하기 위해서는 자신이 잘할 수 있는 일을 직업으로 삼아 수행하는 것이 바람직하다고 할 수 있다. 일하는 사람을 직업에 배치할 때는 인간적인 친소의 관계나 용모의 미추 그리고 부귀 및 빈천을 헤아리지 말고 오직 능력에 따라서 각자에게 적합한 직분이 주어져야 하고, 일의 성과에 따라 재조정되어야 한다는 것이 묵자의 생각이다. 그러므로 묵자가 직업과 지위를 배분하는 원칙은 철저하게 능력주의 그리고 실적주의라고 할 수 있다.

묵자에게서 수도 없이 강조되고 있는 노동의 일차적인 목표와 가치는 서민들의 기본생활의 안정 및 기본적인 욕구의 충족이다. 이를 위해서는 사회 전체의 이익이 최대한 확보되는 것이 필요하다. 그래서 묵자는 언제나 노동이 개인적인 이익을 추구하는 데서 그쳐서는 안 되고 공적인 이익이 되도록 해야 한다는 것을 강조한다. 그런 점에서 사회 전체의 이익을 생산해 냄으로써 사회에 기여한다는 것이 묵자가 생각하는 가치 있는 노동의 출발점이자 목표가 된다고 할 수 있다.

묵자가 사회 전체의 이익을 도모하도록 촉구하는 것에는 노동의 결과물로서의 이익을 최대화한다고 하는 의미뿐 아니라, 이익이 사회 구성원 모두에게 적절히 분배되어야 한다는 생각이 담겨 있다. 각자의 능력과 이룩한 성과에 따른 공정한 분배가 이루어지는 것이 사회 구성원 모두에게 이익이 된다는 점을 묵자는 강조한다. 공정한 분배는 사회 구성원들 간의 다툼을 종식시키고 모든 구성원들의 만족하는 삶을 가능케 하는 필수적인 요건이기 때문이다. 분배는 사회적 공익을 생산할 수 없는 사회적인 약자의 복지까지도 배려되어야 하며, 그들도 인간으로서의 기본적인 삶의 안정을 누릴 수 있도록 복지가 보장되어야 한다는 것이 묵자의 생각이다.

묵자에게 있어서 이상적인 사회의 모습은 첫째, 모든 사회 구성원들에게 각자 자신이 잘할 수 있는 직업에 종사할 수 있는 기회가 평등하게 주어지는 본질적으로 평등한 사회이다. 둘째, 구성원들이 각자의 능력과 노력에 따라 열심히 일하여 사회 전체의 이익을 증대함으로써, 사회 구성원 모두가 넉넉한 삶을 영위할 수 있을 만큼 풍요로운 사회이다. 셋째, 구성원들이 일을 통해 사회 전체의 이익에 기여한 정도에 따라 각자에게 합당한 몫을 공정하게 분배하는 정의로운 사회이다. 넷째, 사회적 공익을 산출할 수 없는 약자들도 기본적인 안정된 삶을 누릴 수 있도록 배려되는 복지사회이다. 다섯째, 구성원들이 서로를 사랑하고 서로를 이익 되게 하려는 생각과 태도로 다툼 없이 살아가는 평화로운 사회이다. 결론적으로 말해 사회의 구성원들이 모두를 사랑하는 마음으로부터 각자 자신에게 적합한 일을 하고, 능력과 성과에 따른 사회적 지위와 경제적 보상 등이 공정하게 분배되며, 구성원 모두가 기본적인 삶의 안정과 욕망을 충족시킬 수 있는 복지사회가 묵자가 꿈꾸는 이상 사회라고 할 수 있다.

이상에서 살펴본 바와 같이 필자는 노동과 직업이라는 개념을 핵심적인 개념으로 삼아 묵자의 사상 전체를 체계적으로 설명하고 일관되게 재해석해 보았다. 이러한 관점으로부터의 필자의 연구가 묵자사상의 전체적 면모를 총체적으로 드러내는 데 일조를 할 수 있고, 현대의 직업인들이 일과 직업에 대해 가져야 할 바람직한 태도 즉 직업윤리를 정립하는 데 있어서도 많은 시사점을 제공해 줄 수 있었으면 하는 바람을 가져본다.

3
부

숙련된 경지에서의 일에 대한
몰입을 말하다 _ 장자

숙련된 경지에서의 일에 대한 몰입을 말하다 _ 장자

1. 들어가는 말

『장자』라는 책 속에는 밭에 물을 대는 농부의 얘기나 소를 잡는 백정의 이야기, 목수 이야기 등 여러 가지 일과 직업에 대한 이야기들이 등장한다. 이들의 일하는 방식이나 일에 대한 생각 등을 잘 살펴서 정리함으로써 장자의 일과 직업에 사상을 재구성하고 재해석하는 것이 이 글의 목적이다.

장자에 대한 연구는 장자 그 자체의 사상을 체계화하고 그 속에 담겨 있는 의미 찾기의 차원에서 많은 연구가 이루어졌다. 무한한 절대자유를 구가하는 삶의 이상을 제시하는 철학으로 설명하기도 하였고, 유교사회의 허상과 문제점을 지적하고 예리하게 비판하는 정치철학으로 해석하기도 하였다. 또한 장자 속에서 환경과 생태문제에 대한 새로운 통찰과 대안을 찾는 연구도 이루어지고 있다. 최근에는 문명과 기술에 대한 비판과 성숙한 관점을 찾아 부각시키는 연구도 이루어지고 있다. 기술과 문명의 관점에서 장자의 사상을 다룬 논문으로는 심재룡의 「도가는 기술문명에 반대하는가: 기술문명에 대한 장자의 양가적 비판」이라는 논문1)과 오진탁의 「장자의 도를 통해서 바라보는 기술문명」2) 등의 글이 있다. 이 연구들에서 공통적으로 발견할 수 있는 것은 적어도 장자가 기술이나 문명의 진보에 대해서 부정하거나 반대하고 있지 않다는 점이다. 이 점은 연구자가 장자의 직업사상을 연구하는 데 있어서 활용할 수 있는 좋은 입각점이 되고 있다.

노동이나 직업과 관련하여 장자의 사상을 해석하거나 설명하고자 하는 본격적인 시도는 아직 발견하지 못했다. 『장자』라는 책을 아무리 뒤져보아도 일과 직업에 대한 체계적이고 종합적인 서술은 당연히 찾을 수 없다. 따라서 이와 연관된 여러 단편적인 생각들을 모아 재구성하고 재해석하는 방법을 통해서 그 전모를 그려낼 수밖에 없다. 삶의 가장 중요하고 많은 부분을 차지하고 있는 것이 일과 직업이기 때문에 직업사상은 단순히 일과 직업에 대한 단편적인 언급으로 다루어져서는 안된다고 본다. 그것은 삶에 대한 장자의 철학 전체 속에서 유기적 연관을 갖고 설명되어야 한다고 생각한다. 따라서 연구자는 장자의 직업사상에 대한 연구에 초점을 맞추어 논의를 전개해 나가겠지만, 항상 장자 전체의 철학을 염두에 두면서 그것을 구체적으로 뒷받침해 주는 하나의 작업을 한다는 생각을 가지고 연구를 진행해 나가려고 한다. 장자의 직업사상에 대한 연구는 『장자』 속에서 직업사상을 찾아 이론적으로

---

1) 심재룡, 「도가는 기술문명에 반대하는가: 기술문명에 대한 장자의 양가적 비판」, 『동양의 지혜와 선』, 세계사, 1990.
2) 오진탁, 「장자의 도를 통해서 바라보는 기술문명」, 『현대의 위기 동양철학의 모색』, 예문서원, 1997.

재구성하여 체계화해 보는 데서 한 걸음 더 나아가, 그것이 현대사회에서 직업인들이 가져야 할 바람직한 직업윤리의 하나로 정립될 수 있는 가능성을 구체적으로 찾아보기 위한 목적도 지니고 있다.

일반적으로 도가사상을 무위자연(無爲自然)으로 설명하면서 그 관조적 달관의 경지만을 강조해 왔다. 그러나 이러한 이해만으로는 삶 전체를 지도하는 철학으로서의 도가사상을 제대로 드러낼 수 없다고 생각한다. 무위(無爲)는 그냥 무위가 아니라 항상 무위이무불위(無爲而無不爲)로서 이해될 필요가 있다고 본다. 무불위(無不爲)의 측면을 잘 드러내 밝힘으로써 일과 삶에 대한 도교사상의 적극적 태도를 논증할 수 있으리라 생각한다. 현대 산업사회에서의 노동에서는 일로부터의 인간의 소외가 근본적으로 문제가 된다. 그중에서도 고용노동, 기계노동, 조직노동이라는 특징이 인간의 소외를 불러일으키는 구조적인 요인으로 지적되고 있다. 장자에서는 이러한 문제들에 대한 깊은 통찰을 발견할 수 있다. 인간을 일에 맞춤으로써 생기는 인간의 소외문제를 일의 인간화를 통하여 해소하고자 하는 생각들이 산재하고 있다. 이러한 생각들을 잘 추려내어 재구성하고 재해석한다면 무위이무불위(無爲而無不爲)의 직업윤리를 현대사회의 바람직한 직업윤리의 하나로 새롭게 제시할 수 있으리라 생각한다.

2. 만물의 원리에 대한 이해와 조화

도교는 아무것도 적극적으로 하는 일 없이(無爲) 자연 그대로 생활하는 것을 이상으로 가르치기 때문에, 고도로 발달한 과학과 기술문명의 혜택을 입으며 열심히 일하며 살아가는 현대의 산업사회와는 상극적인 것으로 간주하려는 사람들이 있다. 이러한 생각은 『장자』라는 책속에 등장하는 한 농부가 우물에서 물을 퍼 올리는 용두레라는 기구를 사용하기를 거부하는 모습에 의해서 강력하게 뒷받침되었다.

자공이 남쪽 초나라를 유람하고 진나라로 돌아오다가 한수 남쪽을 지나가게 되었다. 한 노인이 마침 채소밭을 손질하고 있는 것을 보았다. 그는 땅에 굴을 파서 만든 우물로 들어가 항아리에 물을 퍼 가지고 나와서 밭에 물을 주고 있었다. 끙끙거리면서 힘을 무척 많이 들이고 있었으나 효과는 적었다. 자공이 말을 걸었다. "기계를 이용하면 하루에 백 이랑의 밭에 물을 줄 수 있을 것입니다. 힘은 매우 적게 들면서도 효과는 큽니다. 한번 써보시지 않겠습니까?" 밭이랑에 물을 대던 노인이 자공을 쳐다보고 말하였다. "어떻게 하는 거요?" "그건 나무에 구멍을 뚫어 만든 기계인데 뒤는 무겁고 앞은 가볍습니다. 손쉽게 물을 푸는데 빠르기가 물이 끓어 넘치는 것 같습니다. 그것을 용두레라고 부르지요." 밭일하던 노인이 성난 듯 얼굴빛이 바뀌었지만 곧 웃으면서 말하였다. "내가 우리 선생님께 들은 얘기지만, 기계를 가진 자는 반드시 기계를 쓸 일이 있게 되고, 기계를 쓴 일이 있는 사람은 반드시 기계에 관한 마음 쓰임이 있게 됩니다. 기계에 대한 마음 쓰임이 가슴속에 차 있으면 순수함과 깨끗함이 갖추어지지 않게 되고, 순수함과 깨끗함이 갖추어지지 않게 되면 정신과 성격이 불안정하게 됩니다. 정신과 성격이 불안정한 사람에게는 도가 깃들지 않게 됩니다. 나는 알지 못해서가 아니라 부끄러워서 하지 않는 것입니다." 자공은 얼굴을 붉히며 부끄러워하고 몸을 굽힌 채 아무런 대답도 못했다.3)

인간의 노동을 극소화하려는 기계라는 장치가 있음으로써 인간은 꾀를 내어 일하게 되고, 결국 인간의 순박한 마음을 잃고 기계적 마음씨를 갖게 된다는 경고는 바로 산업화된 사회 속에서 인간이 기계화되어 가는 것에 대한 위험을 경계하는 것으로 해석되었다.4) 이 부분만을 따

---

3) 『장자』 제12편 天地, 김학주 옮김, 연암서가, 2010, pp.303-308.

로 떼어 생각하는 경우 장자가 기술문명에 대한 비판적 견해를 지니고 있다고 할 수 있을지 모르지만, 이것만이 장자의 유일한 입장은 아니라고 보아야 한다.5) 『장자』의 다른 부분들을 전체적으로 살펴보면 장자가 기술이나 문명 그 자체를 반대하는 것이 아니라 오히려 기술이 극에 달해 도의 경지에 이르는 모습을 이상적으로 그리고 있는 경우가 많다. 따라서 여기서 기계사용을 거부하는 속뜻도 기술과 문명에 대한 정면에서의 본격적인 비판이라기보다는 공로와 이익 내지는 얄팍한 기교 같은 천박한 생각에 휩싸여 온전한 도와 덕을 해치는 경우에 대한 경고 정도로 해석을 하는 것이 적절하다고 생각한다. 기계를 만들어 농사에 활용한다면 노동의 능률과 효율은 증가될 것이고 그 수확 또한 그만큼 증가될 것이지만, 수단에만 심신을 집중하게 되면 그것에 집착하게 되어 성취하려던 본래의 목적 즉 자아를 실현하는 일에는 멀어질 수 있다는 우려를 표명한 것으로 보아야 할 것이다.6)

도교의 사상이 소극적이고 반문명적인 것이라고 보는 것은 도교사상에 대한 근본적인 오해라고 할 수 있다. 도교는 기본적으로 인간을 자연의 한 부분으로 보기 때문에, 인간으로 하여금 하늘과 땅의 원리를 이해하고 통달하여 그것에 따를 것을 권한다. 자연의 모습과 변화에 대한 이해를 통해서 인간이 어떻게 행동하고 살아야 하느냐는 문제에 대한 해답의 단초를 찾고자 한다. 이러한 사상적 배경이 있기 때문에 도교적 전통 아래서 만물의 원리에 대한 과학적 탐구와 그것에 따르는 기

---

4) 스즈끼나 임어당 같은 사람은 장자 전편의 주제가 문명에 대한 항의라고 보고 있다. 심재룡, 앞의 논문, pp.295-297 참조.

5) 오진탁, 앞의 논문, p.333. 심재룡 역시 장자의 기술과 문명 친화적 발언들을 담고 있는 다른 부분들을 인용함으로써, 장자의 근본 입장이 반문명적인 것이 아님을 논증하고 있다.

6) 토마스 머튼(황낙주 옮김), 「장자연구」, 『장자』, 고려원, 1991, pp.19-21; 김만겸, 『장자철학의 세계』, 이문출판사, 2005, pp.280-290 참조.

술의 발전이 역사적으로 활발하게 이루어졌던 것이다. 조셉 니덤(Joseph Needham)은『중국의 과학과 문명』이라는 책에서 도교의 자연에 대한 태도와 접근방식은 과학적 관찰과 유사한 것이기 때문에 중국의 과학기술과 문명이 발전하는 데 긍정적으로 기여하였다고 기술하고 있다. 니덤은 도가의 자연세계에 대한 접근이 과학적 관찰에 기반하고 있고, 자연세계의 현상들을 합리적으로 설명함으로써 인간이 더욱 강해지고 자신감을 가지게 한다고 말한다. 이러한 맥락에서 도가의 중심사상인 무위(無爲)는 "아무것도 하지 않고 침묵을 지키는 무행동을 의미하는 것이 아니라, 자연의 본성을 거스르지 않으면서 자연스럽게 하는 것"이라고 해석한다.7) 자연의 모습과 변화를 잘 이해하고 이에 따라서 행동함으로써 행동의 과정과 결과가 모두 바람직하게 된다고 보는 사고는 "자연에 반하는 행동을 하지 않으면 잘 다스려지지 않을 것은 아무것도 없을 것이다"8)라는 노자의 말을 통해서도 분명히 확인할 수 있다.

공자가 여량에 구경을 갔다. 거기에는 30길 높이의 폭포가 있는데, 물방울을 40리나 튀기면서 급류로 흐르고 있어 큰 자라나 악어와 물고기도 헤엄칠 수 없는 곳이었다. 그런데 한 남자가 거기에서 헤엄치는 것을 보고서, 고민이 있어 죽으려는 사람인 줄로 생각하고는 제자들을 시켜 흐름을 따라 내려가 그를 구해 주도록 하였다. 그러나 그는 수백 보를 헤엄치고 나와서는 머리를 흩뜨린 채 노래를 부르며 언덕 아래를 거닐고 있었다. 공자가 그에게로 다가가서 물었다. "나는 선생이 귀신인 줄로 알았는데 아무리 보아도 사람이 틀림없군요. 물속을 헤엄치는 데에 특별한 방법이 있는 것인지요?" "없습니다. 나에게는 방법이란 없고 본

7) 조셉 니덤, 콜린 로넌 축약(김영식, 김제란 옮김),『중국의 과학과 문명』, 까치, 1998, pp.129-134.

8)『노자』, "無爲則無不治"

연의 그러함에서 시작하여 본성을 기르고, 스스로 그러함의 이치를 이루어 나갑니다. 나는 소용돌이와 함께 물속에 들어가고 솟아오르는 물길과 함께 물 위로 나옵니다. 물의 흐름을 따를 뿐이지 사사로운 힘을 쓰지 않습니다. 이것이 내가 여기에서 헤엄칠 수 있는 까닭입니다."[9]

한 백정이 문혜왕을 위하여 소를 잡은 일이 있었다. 그의 손이 닿는 곳이나 어깨를 기대는 곳이나 발로 밟는 곳이나 무릎으로 누르는 곳은 푸덕푸덕 살과 뼈가 떨어졌다. 칼이 지나갈 때마다 설겅설겅 소리가 나는데 모두가 음률에 들어맞았다. 그의 동작은 상림(탕임금이 만든 춤)의 춤과 같았으며, 그 절도는 경수(요임금의 음악)의 화음에 들어맞았다. 문혜왕이 말했다. "아아, 훌륭하다. 재주가 어찌해서 이런 경지에까지 이를 수가 있는가?" 백정이 칼을 놓고 대답하였다. "제가 좋아하는 것은 도로서, 기술보다 앞서는 것입니다. 처음 제가 소를 잡았을 적에는 보이는 것 모두가 소였습니다. 그러나 3년 뒤에는 완전한 소가 보이는 일이 없어졌습니다. 지금에 이르러서는 저는 신(神)으로 소를 대하지 눈으로는 보지 않습니다. 감각의 작용은 멈춰버리고 신(神)을 따라 움직입니다. 천연의 조리를 따라서 큰 틈을 쪼개고 큰 구멍을 따라 칼을 찌릅니다. 소의 본래의 구조에 따라 칼을 쓰므로 힘줄이나 질긴 근육에 부닥뜨리는 일이 없습니다. 하물며 큰 뼈에야 부딪치겠습니까? 훌륭한 백정은 일 년마다 칼을 바꾸는데 살을 자르기 때문입니다. 보통 백정들은 달마다 칼을 바꾸는데 뼈를 자르기 때문입니다. 지금 저의 칼은 19년이 되었으며 그 사이 잡은 소는 수천 마리나 됩니다. 그러나 칼날은 숫돌에 새로 갈아 내온 것과 같습니다. 소의 뼈엔 틈이 있는데 칼날에는 두께가 없습니다. 두께가 없는 것을 틈이 있는 곳에 넣기 때문에 휑하니 칼날을 움직이는데 언제나 반드시 여유가 있게 됩니다. 그래서 19년이 지나도 칼날은 새로 숫돌에 갈아놓은 것과 같은 것입니다."[10]

---

9) 『장자』 제19편 達生, 앞의 책, pp.456-457.
10) 『장자』 제3편 養生主, 앞의 책, pp.102-103.

수영의 달인은 물의 이치를 잘 파악하여 물의 소용돌이를 타고 들어가고 용솟음을 타고 나오는 등 물의 흐름에 순응함으로써 수영의 달인이 되었고, 숙련된 백정은 소의 몸이 생긴 이치에 따라 칼을 움직여 소를 잡음으로써 소 잡는 기술의 극치에 이르고 있다. 진정한 관찰은 사회적 신념들에 대한 집착과 편견으로부터 벗어나서 있는 그대로를 받아들이고자 하는 자유로움을 요구한다. 자연세계에 대한 이러한 접근방식은 자신이 주도적으로 지휘하는 활동성이 아니라 수용적인 수동성을 특징으로 한다.11) 자연을 유연하게 수용하면서 자연스럽게 일하는 모습은 모두 자연의 원리와 인간의 노동이 조화를 이루는 모습을 그린 것이라고 할 수 있다. 장자가 이상적인 일하는 모습으로 그리고 있는 것은 자연의 원리를 완전히 체득하고 그것에 완전히 순응하는 것 즉 따로 일삼음이 없이 하는 것(無爲)이다. 장자가 얘기하는 도를 터득하고 도에 따라 사는 사람 즉 지인(至人)이나 진인(眞人)은 일을 할 때 마치 귀신과 같아서 일을 하지 않는 것 같으나 모든 일을 완벽하게 처리하는 신묘함을 보여준다.

큰 덕을 지닌 사람은 모든 일에 통달한다. 근본적인 도에 입각하여 살고 있어서 그의 지혜는 신묘함으로 통하게 된다. 그러므로 그의 덕이 넓다는 것이다.12)

그러나 장자가 지향하는 무위의 경지는 아무런 의식적 노력이나 훈련 없이 저절로 주어지는 것은 아니다. 의식적인 노력과 부단한 훈련이라는 유위로부터 출발하여 점차 숙련되어 가는 과정을 통해서만 도달할 수 있는 것이다. 소 잡는 백정이 달인의 경지에 이르기까지에는 3년

---

11) 조셉 니덤, 앞의 책, p.129.
12) 『장자』 제12편 天地, 앞의 책, pp.287-288.

을 훨씬 넘는 의식적 노력의 과정이 자리하고 있다. 장자 역시 인위라든가 유위를 비판하고 있기는 하지만 그것을 무조건적으로 통째로 거부하는 것은 아닌 것임이 분명하다. 유위를 배제한 채 무위의 행(行)을 성취할 수 없기 때문이다. 따라서 장자의 무위란 유위를 포괄하는 것이며 유위를 한층 승화시킨 것이라고 말할 수 있다.13) 그런 점에서 무위가 유위의 궁극이라고 하는 것은14) 무위의 특징을 잘 표현한 것이라고 볼 수 있다. 기술이 한갓 기술의 수준에만 머물러서는 곤란하고 그것을 한층 승화시켜 기술의 극점 즉 도에 통할 만큼 되어야 한다는 것이 장자의 본뜻이다. 이렇게 볼 때 도교의 사상은 과학기술이나 문명과 배치되는 것이 아니라, 그것을 가능케 하고 그것의 계속적인 발전을 촉진하는 사상적 토양이라고 할 수 있다. 도교가 기본적으로 만물의 원리에 대한 추구를 강조하는 한 그 산물로서의 기계나 기술 자체를 전적으로 거부한 것은 결코 아니다. 도교는 기술의 습득이나 발휘를 무조건 거부한 것이 아니라, 그것에 갇혀 거기에만 머무르면서 인간다움과 도의 경지를 잃어버리는 도와 기술의 분리, 인간과 기술의 분리를 인정하지 않았을 뿐이다. 만물의 원리에 부합하는 지식 그리고 자연과 조화되는 기술은 바로 도교가 추구하는 목표인바 도의 내용을 이루는 것이라고 할 수 있다.

다만 자연의 원리를 탐구해서 그것을 이용하고 정복하려는 서구인들의 태도와는 판이하게 다른 입장에서 자연에 대한 탐구가 이루어지고 있다는 점은 주의할 필요가 있다. 목적의식에 사로잡혀서 이용하고 정복하려고 하는 순간 일은 객체화되고 수단화된다. 일이 다른 것의 수단으로서만 의미를 가진다면 일하는 주체는 일로부터 소외되고 일하는 자아는 분열되기 쉽다. 장자가 비판하는 노동의 공통된 현상은 목적과

---

13) 오진탁, 앞의 논문, p.321.
14) 大濱晧, 『莊子の哲學』, 勁草書房, 1978, pp.159-183.

수단의 넘을 수 없는 벽 때문에 노동이 그 자체의 고유한 본래 의미를 상실하고 있다는 점이다.15) 앞서 인용한 용두레 사용을 거부한 농부의 예는 바로 일의 능률과 효율을 위한 수단의 정교화에 집착함으로써 일상적 노동이 참다운 자아를 상실하게 할 우려가 있다는 뜻을 표현한 것이라고 해석할 수 있다. 이러한 취지는 "옛날 요임금이 천하를 다스릴 때는 백성들이 상이 없어도 선을 행하고 벌이 없어도 조심하였으나, 이제 그대가 상벌로써 백성들을 다스리는데도 백성들은 오히려 어질지 아니하니 덕이 이로부터 쇠락해졌다"16)고 말하는 곳에서도 잘 드러나고 있다. 백성을 잘 교화하기 위한 효과적인 방편인 형벌을 정교화하면 할수록 혼란이 가중되게 된다고 하는 장자의 우려는 오늘날 우리가 직면하고 있는 현실을 돌이켜 볼 때 그 의의가 더욱 분명해진다 하겠다.

3. 이익을 보는 관점

직업이라는 말은 경제적 보상을 받는 일을 일컫는다. 따라서 직업은 경제적 이익의 관념과 밀접하게 연결되어 있다. 이처럼 직업이라는 말이 이익을 추구하는 활동으로서의 특성을 가장 핵심적인 개념으로 갖고 있기에, 이익 내지 이익을 추구하는 활동에 대해서 어떻게 생각하느냐에 따라 직업에 대한 생각 즉 직업사상이 달라지는 것은 당연한 일이다. 그런데 『장자』에는 이익을 보는 새로운 관점이 등장한다.

---

15) 원정근은 『도가철학의 사유방식』(법인문화사, 1997, p.271)에서 "행위가 그 무엇에 대한 대상적 행위에 함몰되면 삶 그 자체가 수단화, 도구화되어 삶의 의미가 망각될 수 있기 때문에 도가철학이 인간의 유위적 행위를 문제 삼는다"고 지적한다. 김만겸, 앞의 책, p.283 참조.

16) 『장자』 제12편 天地, 앞의 책, p.296.

혜자가 장자에게 말하였다.

"나 있는 곳에 큰 나무가 있는데 사람들은 그것을 개똥나무라 부른다오. 그 큰 줄기에는 혹이 많이 붙어 있어서 먹줄을 칠 수가 없고, 그 작은 가지들은 뒤틀려 있어서 자를 댈 수도 없소. 길 가에 서 있지만 목수들도 거들떠보지 않소. 지금 당신의 말도 크기만 했지 쓸 곳은 없으니 모든 사람들이 상대도 안 할 것이오."

장자가 말하였다.

"당신은 홀로 살쾡이와 족제비를 보지 못했소? 몸을 낮추고 엎드려서 튀어나올 먹이를 노리지만, 동쪽 서쪽으로 뛰어다니며 높고 낮음을 꺼리지 않다가 덫이나 그물에 걸려 죽고 마오. 지금 리우란 소는 그 크기가 하늘에 드리운 구름과 같소. 이놈은 큰일은 할 수 있지만 쥐는 잡지 못하오. 지금 당신은 큰 나무를 가지고 그것이 쓸데가 없다고 근심하고 있소. 어째서 아무것도 없는 고장 광막한 들에다 그것을 심어놓고, 하는 일 없이 그 곁을 왔다 갔다 하거나 그 아래 어슬렁거리다가 드러누워 낮잠을 자지 않소? 그 나무는 도끼에 일찍 찍히지 않을 것이고 아무것도 그것을 해치지 않을 것이오. 쓸데가 없다고 하여 어찌 마음의 괴로움이 된단 말이오?"17)

책의 다른 곳에서 이 나무는 아무데도 쓸모가 없는 나무요 어느 곳에도 쓰임새가 없는 나무로 구체적으로 묘사되고 있다. 가지는 꾸불꾸불하여 서까래나 기둥으로 쓸 수 없고, 뿌리는 속이 비어 관을 만들 재목이 될 수가 없다. 이것으로 배를 만들면 가라앉고 그릇을 만들면 깨어져버리고 문짝을 만들면 나무진이 흐르는 등 어디에도 쓰일 곳이 없다.18) 이처럼 어느 곳에도 구체적인 쓰임이 없어서 목수들이 돌아보지 않는다고 해서 이 나무의 존재가 무의미한 것인가를 장자는 묻고 있다.

---

17) 『장자』 제1편 逍遙遊, 앞의 책, pp.53-55.
18) 『장자』 제4편 人間世, 앞의 책, pp.137-141.

장자는 혜자가 자신이 가치 있다고 보는 작은 쓰임이라는 잣대로 나무의 존재의미를 재단하는 것을 비판하고 있다. 장자는 너무 크고 펑퍼짐하기만 해서 무엇을 담는 데 쓸 수가 없는 박을 부숴버린 혜자에 대해서 큰 배로 쓸 생각은 하지 못한 점을 들어 혜자가 일방적이고 옹졸한 생각 때문에 큰 것을 쓸 줄 모른다고 나무란다.[19] 또한 손을 트지 않게 하는 약을 쓰는 것도 쓰기에 따라 겨우 몇 금을 벌기 위해서 손이 트는 일에 종사하는 사람에게 쓸 수도 있고 군대를 운용하는 데 씀으로써 나라의 땅을 봉토로 받는 차이가 있음을 들어 유용성은 쓰기에 따라 달라질 수 있음을 제시한다. 혜자가 '박은 물을 담는 데 쓰는 것'이라는 본질론적 견해를 가지고 있는 데 비해, 장자는 유용성을 여러 가지 시각과 차원에서 봐야지 어느 한쪽의 한 차원에서만 보고 판단해서는 안 된다고 보고 있다. 이로써 사물은 쓰기에 따라 쓸모 있기도 하고 쓸모없기도 하다는 비본질론적 견해를 장자는 가지고 있음을 알 수 있다.[20]

한편 장자는 이 나무가 언뜻 보기에 무용한 것처럼 보이지만, 실상 많은 사람들에게 그늘을 제공하는 더 큰 유용성을 지니고 있음을 깨우친다. 장자는 이것을 쓸모없는 것의 큰 쓰임(不用之大用)이라고 부름으로써, 눈앞의 구체적 이익만을 헤아리고 가시적인 현실적 유용성만을 따지는 사람들의 이익을 추구하는 천박함을 비판한다. 일반적이고 상식적인 유용성의 기준에서는 쓸모가 없어 보이지만, 보다 큰 시각과 전망을 가지고 더 높은 차원으로 보면 더할 수 없이 큰 쓰임을 지니고 있음을 알 수 있다는 것이다.

또 한편으로 장자는 이익을 추구함으로 인해서 세상에 쉽게 쓰임을 당하고 더욱 소중한 생명을 잃게 되는 것을 경고하고 있다. 쥐를 못 잡는 무능한 소와 쥐를 잘 잡는 살쾡이를 대조하고, 쥐를 잘 잡는 살쾡이

---

19) 『장자』 제1편 逍遙遊, 앞의 책, pp.51-52.
20) 오강남 풀이, 『장자』, 현암사, 2011, pp.54-55.

가 덫에 갇혀 죽게 될 가능성이 높음을 이야기함으로써 그것을 잘 보여주고 있다. 장자는 도처에서 세상 사람들이 이익에 눈이 미혹되어 이익을 보기만 하면 가벼이 자신을 파멸로 내몰고 있는 현실을 깨우친다.[21] 무엇이 진정 자신에게 중요한가, 그리고 어떻게 사는 것이 자신에게 좋은가를 근원적으로 묻고 있는 것이다.

"내가 듣건대 초나라에는 신령스런 거북이 있는데, 죽은 지 3천 년이나 되었다 합니다. 임금은 그것을 비단으로 싸서 상자에 넣어 묘당 위에 보관합니다. 이 거북의 입장이라면 그가 죽어서 뼈만 남겨 존귀하게 되겠소? 그렇지 않으면 살아서 진흙 속에 꼬리를 끌고 다니겠소?"
두 대부가 답하였다. "그야 살아서 진흙 속에 꼬리를 끌고 다니려 할 것입니다."[22]

여기서 장자는 세상의 명리나 지위 또는 권세 같은 나의 바깥에 있는 것(外物)에 이끌려 다니는 삶의 무의미와 위험에 대해서 스스로에게 돌이켜 성찰해 보라는 방식으로 일깨우고 있다. 쓸모없는 나무가 누구에게도 베어지지 않고 가지와 잎사귀가 무성한 아름드리나무로 자랄 수 있었던 것처럼, 무엇보다 소중한 것은 자신의 생명과 삶을 온전히 하는 것이라고 장자는 강조한다. 자신의 생명과 자신의 삶은 바로 자기 자신의 존재를 구성하는 핵심적인 것이기 때문에, 그것을 나 아닌 누구 혹은 무엇(외물)을 위해서 희생시키는 행위가 얼마나 어리석은 것인가를 역설하고 있는 것이다. 장자가 이렇게 이익만을 추구하는 삶의 무의미와 위험성을 강조한다고 해서, 장자가 이익을 전연 도외시하거나 세상의 쓰임에 대해서 아예 눈을 감고 관심조차 갖지 말라고 가르치는 것

---

21) 『장자』 제28편 讓王, 앞의 책, p.680.
22) 『장자』 제17편 秋水, 앞의 책, pp.417-418.

은 결코 아니다.

장자는 산으로부터 나와 친구의 집에 머물게 되었다. 친구는 기뻐하면서 하인에게 명하여 거위를 잡아서 요리를 만들도록 하였다. 하인이 물었다. "한 놈은 울 줄 알고 한 놈은 울 줄을 모르는데 어느 놈을 잡는 것이 좋겠습니까?" 주인이 말하였다. "울지 못하는 놈을 잡아라." 그 다음 날 제자가 장자에게 물었다. "어제 산속의 나무는 재목이 되지 못함으로써 타고난 수명을 다 누릴 수 있었는데, 오늘 주인의 거위는 재질이 없음으로써 죽었습니다. 선생님께서는 어떤 경지에 처신하겠습니까?" 장자가 웃으면서 말하였다. "나는 재목이 되는 것과 재목이 되지 않는 것의 중간에 처신하겠다."23)

장자가 울 줄 모르는 거위가 잡혀 죽는 이야기를 하는 것은 다시 쓸모없음으로 인해서 세상에 버려지는 모습을 환기시킨 것이다. 장자는 이렇게 한편에서는 쓸모없는 것의 큰 쓰임(無用之大用)을 이야기하면서 쓸모없음을 취하고, 또 한편으로는 쓸모 있음을 취하는 모습을 보여주면서 결국 쓸모 있음도 버리고 쓸모없음도 취하지 않겠다고 말한다. 장자의 이 말이 구체적으로 어떤 의미를 가지는지 파악하기는 쉽지 않다 그러나 이익 내지는 유용성, 나아가 삶에 대한 근본적인 질문을 던지고 있는 것만은 분명하다. 무엇이 이익인가? 사람들이 생각하는 이익은 과연 이익인 것인가? 또한 그 이익은 누구를 위한 이익인가? 세상의 이익을 좇으면서 사는 것은 진정 잘 사는 것인가? 그러면 이익이나 쓸모는 생각하지 말고 살아야 하는 것인가?

적어도 위의 장자 이야기에서 다음 두 가지 정도의 의미는 읽을 수 있겠다.

---

23) 『장자』 제20편 山木, 앞의 책, pp.467-468.

첫째, 스스로 자신의 삶의 주인이 되어라. 세상의 쓸모에 허겁지겁 맞추어 가지 말고, 자신의 내면의 소리와 리듬에 충실하여 자신의 삶을 온전히 하여라.

둘째, 외곬으로 결과의 이익을 추구하거나 무시하는 등 한 가지 방식으로만 살지 말고, 자연스럽고 큰 변화의 흐름에 따라 때와 장소에 맞춰 유연하게 대응하면서 조화롭게 살아가라.

일은 삶의 관점에서 그 의미를 헤아릴 필요가 있다는 메시지를 장자는 끊임없이 던지고 있다. 이익의 최대화를 위해서 그리고 일 그 자체를 위해서 삶이 이용되거나 희생되는 것에 대하여 진지하게 반성할 것을 장자는 거듭 촉구하고 있다. 그 무엇보다도 자신의 생명과 삶이 소중하기 때문에 그것을 온전히 보전하고 꽃피우는 것에 의미와 가치를 집중시키라고 하는 장자의 생각을 깊이 헤아릴 필요가 있다. 자칫 생각 없이 외면적 가치, 조직이나 법규 등 외물에 의해서 자신의 삶이 중심과 목적을 상실하지 않도록 근본적인 성찰을 촉구함으로써, 자신의 삶을 온전하게 하고 무엇엔가에 그리고 누군가에게 부림을 당하지 않는 자유인으로 사는 길을 장자가 제시하고 있다고 볼 수 있겠다.

4. 숙련된 경지에서의 일에 대한 몰입

장자는 기술에서 한 단계 더 나아간 차원을 그리고 있는데, 그것은 기술을 승화시켜 도에 합치시킨 경지이다. 도의 경지는 기술을 의식적으로 사용하는 입장(有爲)이 아니라, 마음속으로 아무 것도 헤아리지 않고 대상과 일체가 되어 기술을 자연의 이법에 맞게 부리는 경지(無爲)이다. 아무런 강박관념이나 목적의식에 지배되지 않고 현재 자신이 하는 일에만 집중하는 몰입의 경지가 바로 도의 경지라고 할 수 있다.

『장자』에는 도의 경지에서 일하는 수많은 장인들의 모습을 그리고 있는데, 이들은 모두 자신이 하는 일을 귀신처럼 처리하는 탁월함을 지니고 있다. 이 탁월함은 단순한 기술의 차원을 넘어선 도의 경지라고 할 수 있기 때문에, 장자는 이들을 단순한 기능인이 아니라 삶의 진실에 통달하여(達生) 지극한 경지에 다다른 사람(至人)이라고 부르고 있다. 『장자』에 등장하는 달인들의 모습과 아직 달인의 경지에 미치지 못한 기능인의 모습을 특징적으로 요약해 보면 장자가 생각하는 '일을 잘하는 모습'이 어떤 것인지 잘 알 수 있을 것이다.

① 백정 이야기
처음 3년 : 보이는 것 모두가 소
3년 뒤 : 소가 전체로 안 보임
지금 : 눈으로 보지 않고 정신으로 봄
　　　　감각의 작용이 멈추고 정신을 따라 움직임
　　　　자연적인 결을 따라 틈과 구멍을 가름
　　　　소의 본래 구조에 따라 칼을 씀
　　　　작업하는 소리가 음률에 맞고 동작이 춤과 같음

② 수영의 달인
버릇대로 헤엄을 침 → 성격 → 운명
물의 흐름을 따를 뿐 사사로운 힘을 쓰지 않음

③ 목수 이야기[24]
기운을 소모하지 않음

---

24) 『장자』 제19편 達生, 앞의 책, p.458.

마음을 고요하게 함

이익과 상, 벼슬과 녹을 생각하지 않음

비난이나 칭찬, 교묘함과 졸렬함을 잊음

안으로 기교만 있고 밖의 혼란이 없음

재목의 성질과 모양을 살핌

완전한 북틀이 떠오르면 작업을 시작함

자기의 천성과 나무의 천성을 합치시킴

④ 매미를 잡는 꼽추 이야기[25]

몸가짐이 나무 등걸 같고 팔놀림이 마른 나뭇가지 같음

오직 매미 날개만을 알게 됨

몸과 마음이 안정된 상태. 마음 쓰임이 헛갈리지 않고 순일함

⑤ 배를 다루는 사공 이야기[26]

깊은 물을 언덕처럼 보고 배의 전복을 수레의 뒷걸음질처럼 봄

온갖 상황에 마음이 개입하지 않음

밖의 물건을 소중히 여기면 속마음이 졸렬해짐

⑥ 도안을 그리는 공수 이야기[27]

손가락이 물건에 동화되어 마음으로 생각하지 않음

정신이 하나로 되어 아무 거리낌도 받지 않음

안으로 마음이 변하지 않고 밖으로 물건에 이끌리지 않음

사리에 알맞음에서 시작하여 알맞지 않은 일이 없음

---

25) 『장자』 제19편 達生, 앞의 책, pp.444-445.

26) 『장자』 제19편 達生, 앞의 책, pp.446-447.

27) 『장자』 제19편 達生, 앞의 책, pp.461.

알맞음에 대한 생각도 잊음

⑦ 세금을 거둬 석 달 만에 편종을 만든 북궁사 이야기[28)
아무런 의식도 없이 바보인 것처럼 행동함
가는 것을 보내고 오는 것을 마중함
사람들에게 따르고 스스로 힘을 다하도록 내버려둠

⑧ 무기를 만드는 사람 이야기[29)
무기가 아닌 다른 물건은 보지 않음
정신을 다른 데에는 쓰지 않고 기술을 사용함

⑨ 화공 이야기[30)
뒤늦게 유유히 와서 천천히 걷고 명령을 받고 그냥 돌아감
옷을 벗고 벌거숭이가 되어 두 발을 쭉 뻗고 앉아 있음(일체의 외적
권위를 버리고 마음을 비움)

⑩ 싸움닭 이야기[31)
교만하여 기운을 믿음 → 상대방에게 예민하게 반응 → 상대를 노려
보며 기운이 성함
상대방의 어떤 태도에도 아무런 태도의 변화가 없어 나무를 깎아 만
든 닭처럼 됨

28) 『장자』, 제20편 山木, 앞의 책, pp.473-474.
29) 『장자』, 제22편 知北遊, 앞의 책, p.541.
30) 『장자』, 제21편 田子方, 앞의 책, pp.506-507.
31) 『장자』, 제19편 達生, 앞의 책, pp.454-456.

⑪ 호랑이 사육사 이야기[32]

산 것이나 완전한 것을 주지 않음: 죽이고 찢는 사이에 생겨날 노여움 때문

호랑이의 굶주림과 배부름에 맞춰 먹이를 주어 그 노여운 마음을 트이게 함

호랑이의 성질을 따라 먹이를 줌

⑫ 수레꾼[33]

수레 모는 솜씨가 정교함

말의 힘이 다했는데도 계속 몰다가 넘어짐

⑬ 새 기르는 사람

소와 양과 돼지를 먹이고 구소(순임금의 음악)의 음악을 연주해 즐겁게 함 → 아무것도 먹고 마시지 못함: 자신을 기르는 방식으로 새를 길렀기 때문

⑭ 활쏘기의 실패

보통 때는 나무인형처럼 잘 쏨

기술적으로 쏘는 활쏘기일 뿐 기술을 쓰지 않는 활쏘기가 아님

치솟은 바위를 밟고 백 길의 낭떠러지에 매달려 쏘게 하면 실패함[34]

적은 것을 내기로 걸면 잘 쏘지만 황금을 걸면 눈이 가물거림[35]

기술은 같지만 아껴야 할 물건이 밖에 있으면 마음이 졸렬해짐

---

32) 『장자』, 제4편 人間世, 앞의 책, p.135.
33) 『장자』, 제19편 達生, 앞의 책, pp.454-456
34) 『장자』, 제21편 田子方, 앞의 책, pp.511-512.
35) 『장자』, 제19편 達生, 앞의 책, pp.446-447.

⑫, ⑬에서 그려지고 있는 실패는 대상을 전체적인 관점으로부터 그 자체로서 인식하지 않고(以道觀之), 색깔 있는 안경을 쓴 것처럼 자기 위주의 관점을 가지고 보는 데서(以物觀之) 비롯되는 것으로서, 대상의 본성이 그대로 발현되도록 하지 않고(以鳥養養鳥), 자의적으로 조종하려고 하는 데서(以己養養鳥) 오는 한계와 실패라고 할 수 있다.36) ⑭에서 그려지고 있는 것은 기술이 도의 경지에 이르지 못하고 기술적 차원에 머무르는 모습인데, 외물에 의하여 혼란되고 구속되는 데서 실패의 원인을 찾고 있다. 이와는 반대로 ①부터 ⑪까지 그려지고 있는 기술이 도의 경지에 이른 달인들의 모습은 어떤 특징을 가지고 있는지 추려보자.

첫째, 대상에 집중하여 대상을 있는 그대로 파악하고, 대상이 지니고 있는 결에 따라서 대상에 응할 뿐 의식적인 작용이나 노력을 가하지 않는다.

둘째, 일하는 대상 외의 다른 것들에 마음이 쏠리거나 흔들리지 않는다.

셋째, 마음을 비우고 안정시켜 순일하게 할 뿐, 일의 결과를 미리 헤아리지 않는다. 일의 성공으로부터 기대되는 이익이나 상, 일의 실패로 인해 감당해야 하는 비난 및 일 자체의 완성도에 대한 염려 등을 의식하지 않는다.

넷째, 일하는 자기 자신의 존재에 대한 의식뿐 아니라 일한다는 의식마저도 없이 대상과 일체가 되어 일한다. 이는 자아라는 주관이 따로 작용하지 않을 때 대상과 하나로 합치되어 무엇인가를 한다는 것이 없이 일을 원만하게 하는 것으로서 무위(無爲)의 활동이라고 할 수 있다.

---

36) 이강수, 「노장사상과 현대문명」, 『21세기의 도전, 동양윤리의 응답』, 아산사회복지사업단, pp.52-53.

이와 같은 달인의 경지에 이르는 데 특별한 도술이나 비법이나 방법이 있지 않다는 것이 달인들의 한결같은 대답이다. 하나의 원리가 있을 뿐인데, 그것은 의식이 하는 일과 분리되지 않고 일에 순수하게 몰입하는 것이다. 몰입은 마음을 집중하고 뜻을 한데 모으는 것(專心一志)이다. 몰입하게 되면 느끼는 것, 바라는 것, 생각하는 것이 하나로 어우러져서, 물 흐르듯 행동이 자연스럽게 이루어지게 된다.[37] 이처럼 일을 일삼음이 없이 함으로써 일을 완벽하게 처리하는 것이 달인의 경지이다. 활 쏘는 주체가 활을 쏜다는 의식이 없이 활을 쏘는 대상과 하나가 된 상태에서 활을 쏜다면 어떤 경우에도 과녁에서 벗어날 수 없는 것과 같은 이치이다. 도의 경지에서 일한다는 것은 어떤 특정한 목적이나 의도를 성취하기 위한 대상적이고 수단적인 행위를 하지 않는다는 측면에서는 하는 것이 따로 없지만(無爲), 그런 상태에서 만물이 저절로 그러하게 하고 변화할 수 있도록 해준다는 측면에서는 하지 않는 것이 없다(無不爲). 그러므로 무위는 자의적으로 하는 것이 따로 없지만 그로 인해 모든 것과 더불어 하나로 융합될 수 있는 통일적 행위라고 할 수 있다.[38] 도교의 무위는 가만히 앉아서 아무것도 하지 않는다는 뜻이 아니요, 전적으로 방관하고 수동적인 태도를 취한다는 것도 결코 아니다. 무위를 행한다(爲無爲)는 표현[39] 형식에서도 알 수 있듯이 무위는 자연질서에 능동적으로 대응하는 자발적 행위를 말한다.[40] 그렇기에 무위는 그냥 무위가 아니라 억지로 하지 않으면서 하지 않는 것이 아무것도 없는 것(無爲而無不爲)으로 설명되는 것이다. 여기에서 하지 않는 것이 아무것도 없이 완벽하게 하는 것을 의미하는 무불위는 아무런 노

---

37) 칙센트미하이(이희재 옮김), 『몰입의 즐거움』, 해냄, 2001, pp.44-45.

38) 원정근, 『도가철학의 사유방식』, 법인문화사, 1997, pp.274-275.

39) 『노자』 41장.

40) 원정근, 앞의 책, p.276.

력 없이 그냥 이루어지는 것이 아니라, 끊임없는 연구와 연마를 거친 후에야 가능한 것이라는 사실을 환기할 필요가 있다. 일을 완전히 이해하고 그것을 처리하는 기술에 숙련된 사람은 별로 힘들이지 않고 자연스럽게 일을 하지만 일은 완벽하게 처리하는 것을 볼 수 있다. 뛰어난 야구선수가 수비하기 매우 어려운 공을 힘들지 않게 자연스러운 동작으로 완벽하게 처리할 수 있는 것은 타구의 결과 방향을 미리 알고 위치를 잡아 대비하여 처리하는 법을 수없이 훈련하여 수비수로서 최고의 숙련된 경지에 이르렀기 때문에 가능한 것이다. 이처럼 몰입의 경지에서 기술의 극치에 도달하고, 기술을 부리는 차원이 아니라 모든 일이 저절로 자연스럽게 완벽하게 이루어지도록 하는 방식으로 일하는 모습에서 도교가 지향하는 무위이무불위의 직업정신을 찾을 수 있지 않을까 생각한다.

참된 사람이 되어야만 참된 앎이 있게 된다. 참된 사람이란 어떤 것을 말하는가? 옛날의 참된 사람은 적은 일에도 거스르지 않고, 성공을 뽐내지 않으며, 일을 꾀하지 않았다. 이러한 사람은 잘못되는 일이 있어도 후회하지 않으며, 잘되어도 스스로 만족하지 않는다. 이러한 사람은 높은 곳에 올라가도 떨리지 않고, 물에 빠져도 젖지 않고, 불 속으로 들어가도 뜨거워지지 않는다. 그의 앎이 도에까지 승화되면 이와 같이 되는 것이다.41)

장자에 있어서 도의 경지는 기술의 숙련만을 의미하는 것이 아니라, 그것을 부리는 사람의 내면의 성숙과 깊이 연관되어 있다. 참된 사람이 있은 다음에야 참된 앎도 있고 일도 제대로 할 수 있다. 일을 할 때에는 일 이외의 모든 것을 잊고 일하는 것에 자신의 존재 전체를 몰입해

---

41) 『장자』 제19편 達生, 앞의 책, p.458.

서 순일한 마음으로 하는 것이 바람직하다. 상을 받거나 칭찬을 받으려는 생각 및 기술이 교묘하다든가 졸렬하다는 세간의 평가를 잊고, 나아가 자신의 존재마저 잊은 상태에서 오로지 기술을 쓰는 데만 전념할 때 신기가 발휘된다. 헤엄을 잘 치는 사람이 물을 잊는 것과 마찬가지로, 모든 것을 잊고 모든 것에서 풀려나서 마음이 자유로운 상태에 있을 때 비로소 기술을 완벽하게 부릴 수 있는 것이다. 기술의 터득과 발휘는 단지 몸이나 손의 간단한 움직임이 아니라 마음의 문제이기도 하다는 사실을 여기서 확인할 수 있다.42) 확실히 일의 처리결과는 기술의 수준 여하에만 달려 있는 것이 아니라 일을 하는 사람의 마음상태와 태도에 밀접하게 관련되어 있다.

장자에게 있어서 내면의 성숙과 자기의 완성은 무엇인가로 자기를 채움으로써 가능해지는 것이 아니다. 내면의 성숙은 앞서 열거한 장인들의 마음가짐에서 보았듯이, 마음을 순일하게 하여 외물에 흔들리거나 사사로이 마음을 쓰지 않는 모습으로 그려져 있다. 한마디로 자기를 비움으로써 자기가 완성될 수 있다는 것이 장자의 생각이다. 장자는 이러한 생각을 제물론 편에서는 '상아(喪我)'로, 대종사 편에서는 '좌망(坐忘)'으로 그리고 인간세 편에서는 '심재(心齋)'로 표현하고 있다. 그리고 이것은 노자가 "진정으로 자기를 완성하려면 자기를 비워야 하지 않겠는가"라고 말한 뜻과 서로 잘 상통하고 있다.43)

마음을 비움으로써 도와 합치하게 되고, 그러한 경지에서 단순한 기술의 차원을 넘어선 도에 따라 일을 신묘하게 처리하는 모습이 달인들의 모습이다. 목수의 예를 가지고 살펴보기로 하자.

재경이란 목수가 나무를 깎아서 북틀을 만들었다. 북틀이 만들어지자

---

42) 오진탁, 앞의 논문, p.335.
43) 차경남, 『장자, 영혼의 치유자』, 미다스북스, 2011, pp.190-191.

그것을 본 사람들은 귀신의 솜씨 같다고 모두 놀랐다. 노나라 제후가 그것을 보고서 재경에게 물었다. "그대는 무슨 도술로써 이것을 만들었는가?" "저는 목수인데 무슨 도술이 있겠습니까? 그렇지만 한 가지 원리는 있습니다. 저는 북틀을 만들려 할 때에는 감히 기운을 소모하는 일이 없이 반드시 재계를 함으로써 마음을 고요하게 만듭니다. 사흘 동안 재계를 하면 감히 이익과 상이나 벼슬과 녹을 생각하지 않게 됩니다. 닷새 동안 재계를 하면 감히 비난과 칭찬이나 교묘함과 졸렬함을 생각하지 않게 됩니다. 이레 동안 재계를 하면 문득 제가 지닌 손발과 육체까지도 잊게 됩니다. 이렇게 되었을 적에는 나라의 조정도 안중에 없고 오로지 안으로 기교를 다하기만 하며 밖의 혼란 같은 것은 없어져버립니다. 그렇게 된 뒤에야 산림으로 들어가 재목의 성질을 살피고 모양도 완전한 것을 찾아냅니다. 그리고는 완전한 북틀이 마음속에 떠오르게 된 뒤에야 손을 대는 것입니다. 그렇게 되지 않을 적에는 그만둡니다. 곧 저의 천성을 나무의 천성과 합치시키는 것입니다. 제가 만든 기구가 신기에 가까운 이유는 여기에 있을 것입니다."44)

여기서 재계를 한다는 것은 몸을 씻고 육식을 하지 않음으로써 몸의 안과 밖을 모두 깨끗하게 한다는 뜻의 목욕재계를 의미하지 않는다. 재계는 마음을 비우는 것이요(心齋) 마음을 고요하게 만드는 것이다. '계'라는 글자의 본래 의미가 '굶다'는 뜻을 가지고 있으므로, 심재는 단식할 때 몸이 음식을 멀리하듯 마음에 온갖 사념들을 멀리하고 마음을 굶기는 '마음의 단식' 내지 '마음의 비움'을 의미한다.45)

그대는 그대의 뜻을 통일하여, 귀로 듣지 말고 마음으로 듣도록 해야 한다. 다음에는 마음으로도 듣지 않고 기(氣)로 듣도록 해야 한다. 귀란

---

44) 『장자』 제19편 達生, 앞의 책, p.458.
45) 차경남, 앞의 책, p.183.

(자기가 들으려고 하는 것을) 듣기만 할 뿐이며(聽止於耳), 마음은 자신의 마음에 맞는 것만 접수하는 데서(心止於符) 그친다. 기(氣)는 텅 빈 채 사물에 응하는 것이다. 도란 텅 빈 곳에 모이기 마련이다. 텅 비게 하는 것이 마음의 재계이다.46)

자기의 마음을 비운다는 것을 나를 잃어버리는 것(吾喪我) 내지 나를 잊어버리는 것(坐忘)이다. 좌망은 멍하게 넋을 놓고 앉아 있는 것이 아니다. 존재의 실상을 그대로 수용할 수 있는 거울 같은 마음의 작용인 허심을 이루어 존재의 연속적 유대를 회복하는 것을 지칭한다. 허심은 존재의 실상에 다가가는 필요조건이다. 어느 것에도 집착하지 않는 허심은 역설적으로 모든 것에 깊이 있는 관심과 소통을 가능하게 한다.47) 나를 비운다는 것은 비본래적인 자아 즉 작은 자아에서 벗어나 본래의 자아 즉 큰 자아가 되는 것이다. 꼭 막힌 자의식에서 탁 트인 우주의식으로 변하는 것이다.48) 완전히 잊어버리게 되면 새로운 의식이 생겨나 사물을 꿰뚫어보는 형안이 열리고(能朝撤) 주객미분의 하나를 체험(見獨)하게 된다.49) 이런 사람은 작은 자아에서 비롯되는 의식의 지향성이 사라지고 모든 의식이 내면으로 집중되어 있기 때문에, 밖에서 보면 마치 텅 비어 정신이 나간 사람처럼 보이고, 몸은 '마른 나무'와 같고 마음은 '불 꺼진 재'와 같이 보이는 것이다.50) 자기를 잊는다는 것은 의식적 '자아'의 상태로부터 벗어나 절대무의식인 무의식적 '자기'를 회복하는 것을 뜻한다. 의식적 자아는 의식의 특징인 분별성의 도움으로 주객이분의 관계에서 분별지를 쌓아가지만, 무의식적 자기

---

46) 『장자』 제4편 人間世, 앞의 책, pp.22-123.
47) 정용선, 『장자의 해체적 사유』, 사회평론, 2011, p.52.
48) 오강남, 앞의 책, pp.62-63.
49) 『장자』 제6편 大宗師, 앞의 책, p.184.
50) 『장자』 제4편 人間世, 앞의 책, p.122.

는 자아의 분별성을 초월한 전일성의 자기를 되찾아 주객의 구분이 사라진 주객일여(主客一如)의 체험 속에서 오직 진정한 현실만이 저절로 또렷이 드러나게 한다. 심리학자 융이 말하는 융합의 신비가 바로 이것이다.51) 이상의 설명들을 통해서 우리는 '마음 비우기(心齋)'가 작은 자아로부터 큰 자아로, 의식적 자아로부터 무의식적 자아로, 자의식으로부터 절대의식 내지는 우주의식으로 전환되는 자기존재의 변형임을 알 수 있다.

　마음을 비우게 되면 자신의 존재가 변형되어 참사람(眞人)이 되고, 참사람이 되면 '정신의 전일성'을 얻게 되어 모든 것을 꿰뚫어보는 참다운 앎을 얻게 되며, 일과 하나가 되어 의식적으로 기술을 부리거나 노력함이 없어도(無爲) 자연스럽게 일이 완벽하게 이루어지도록 한다(無不爲). 무불위는 마음을 비우고 정신을 집중하며 일에 몰입하여 일하는 모습을 특징짓는 말이며, 바로 '날개 없이 나는 것(以無翼飛)'52) 또는 '기술적인 활쏘기가 아닌 활쏘기(不射之射)'53)의 모습으로 묘사될 수 있다. 의식적으로 기술을 쓰지 않는데도 불구하고 완벽하게 기술이 구사되고, 일삼지 않고서도 일이 자연스럽게 이루어지는 경지는 바로 도의 경지라고 할 수 있다. 이처럼 장자에서 볼 수 있는 도의 경지에서 자유롭고 자발적으로 몰입하여 일하는 모습은 오늘날 우리가 지향해야 할 직업인의 바람직한 모습이라고도 볼 수 있지 않을까 생각한다.

51) 이죽내, 『융심리학과 동양사상』, 하나의학사, 2005, pp.251-267.
52) 『장자』 제4편 人間世, 앞의 책, p.124.
53) 『장자』 제21편 田子方, 앞의 책, p.511.

5. 일과 노니는 삶

장자는 일 또는 삶은 그 자체로서 소중한 것이고 목적인 것인데, 그것을 다른 무엇을 위한 수단으로 전도시키는 순간 그것이 소모되고 희생된다고 경고한다. 인간의 행위가 그 무엇에 대한 대상적 행위로 함몰되어 삶 그 자체가 수단화, 도구화되면서 삶의 진정한 의미가 망각될 수 있음54)을 수없이 일깨우고 있다. 이러한 장자의 생각은 용두레라는 효율적인 물 푸는 기계 사용하기를 거부하는 데서 또는 비단으로 싸서 묘당에 모셔지는 쓰임보다는 진흙에 꼬리를 끌며 살기를 원하는 거북의 이야기55) 등에서 확인할 수 있다. 세상 사람들은 대부분 실용적인 목적이나 가치의 추구에 몰두하여 그것에 자신을 맞추어감으로써, 자신을 구속하거나 희생시키는(喪己於物) 도치된 삶을 살고 있다.56) 그들은 대부분 자기 몸을 고달프게 하고 위태롭게 하며 생명을 버리면서까지 바깥 사물에 얽매이는 삶을 그만두지 않으니 슬프다고 탄식한다.57)

한 가지 눈에 보이는 능률이나 효과만을 추구할 때, 인간의 삶은 그것에 얽매이게 되고 일의 수단으로 떨어져 희생되고 만다. 일에 얽매여서 일을 하게 되면 일이 즐거울 수 없다. 일은 그 자체가 즐거운 삶의 과정이 되어야지 참고 견디는 것이 되어서는 안 된다. 『장자』에서 그려지고 있는 여러 가지 일하는 모습들 속에는 의무감이나 강요에 의해서 마지못해 일하는 모습은 어디에도 없다. 도교가 제시하는 일하는 모습은 힘들여 고통을 참고 하는 노동이 아니라, 자연 속을 자유롭게 산책하거나 한 편의 예술을 공연하는 것과 같이 기쁘고 흥겨운 것으로 그려

---

54) 원정근, 앞의 책, p.271.
55) 『장자』 제17편 秋水, 앞의 책, pp.417-418.
56) 『장자』 제16편 繕性, 앞의 책, pp.388-389.
57) 『장자』 제24편 徐無鬼, 앞의 책, pp.588-599.

져 있다. 백정이 소 잡는 모습을 보면 "소리는 척척 리듬에 맞아 교향곡을 연주하는 것과 같고 몸동작은 마치 음악에 맞춰 춤을 추듯 조화롭고 자연스럽다. 오직 행위에 몰입함으로써 일과 사람이 일체가 되어 있으므로, 무엇인가를 한다는 의식도 없이 그냥 행위하고 있다."58) 이러한 모습은 마치 예술적 공연을 하는 것과 같다. 예술적 행위는 그 자체로 어떤 현실적 목적을 지향하지 않는다. 예술은 목적을 지향하지 않는 그 자체 순수한 행위라는 점에서 수단으로 전락될 가능성이 없으며, 그 행위의 과정 자체가 즐거움이다. 장자가 꿈꾸는 노동은 노동 그 자체가 즐거움으로 그 자신을 소외시키지 않는 노동이라고 할 수 있다. 행위가 그 자체로서 의미 있는 것이고 따로 목적의식이 없이 즐겁다는 점에서 그것은 놀이와 같은 지평에 있다고 할 수 있다.59)

보통 '임무'는 수단과 목적이 분리된 행동이라고 정의할 수 있으며, 따라서 이것은 해야 하는 의무로서의 노동이라고 할 수 있다. 수단과 목적이 분리되었을 때, 우리의 삶은 불행, 우울, 슬픔으로 점철되기 마련이다. 물론 이 경우에도 목적이 달성되는 아주 짧은 순간에는 일말의 행복과 즐거움을 느낄 수는 있지만, 우리는 결코 지속적인 즐거움과 행복의 상태를 유지할 수 없다. 이와는 달리 놀이는 수단과 목적이 일치되는 자발적 행동이라고 할 수 있다. 예를 들어 바닷가에서 모래성을 쌓는 아이의 행위처럼 놀이는 즐거움의 수단이면서 동시에 목적이기 때문에, 놀이를 하는 동안 내내 지속적인 행복을 누릴 수 있는 것이다.60) 인간의 정신적 자유는 아무런 실용적인 목적이나 가치에 기준을 두지 않고 다만 그 자체를 즐기는 것에 있다. 이러한 정신적 즐김은 기본적으로 유희에 바탕을 두고 있다. 유희는 형태적으로 현실적 활동의

모방 내지 유사물로 나타나는 일이 많지만, 노동이나 기타 모든 실제 활동과는 달리 심신의 자기목적적인 자유활동이라는 점에서 특색을 가지며, 내면적으로는 순수하게 쾌감과 결합할 수 있는 것이다.[61] 독일의 미학자인 실러는 "인간은 놀이를 즐기고 있을 때만이 완전한 인간"이라고 하고, 요한 호이징거는 인간을 호모 사피엔스(지혜 있는 사람)가 아니라 '호모 루덴스(노는 사람)'라고 정의하기도 한다.[62]

장자는 자신의 저서 제1편에 소요유(逍遙遊)라는 이름을 붙였다. 책의 첫 장이란 사람의 얼굴과 같은 것이어서 그것으로 첫인상이 결정되기 때문에, 그 책을 통해서 말하려고 하는 중심적인 의미를 담는다. 장자는 소요유라는 말로써 존재의 얽매임과 부자유를 벗어나서 절대자유의 세계에서 마음껏 노니는 진인(眞人)의 경지를 표현하고자 한 것이다.[63] 소요유는 어떻게 살 것인가에 대한 장자의 대답이라고 할 수 있다. 장자는 인생을 하나의 소요 즉 산책처럼 즐겁게 노니는 것으로 보는데, 이는 삶을 어떤 목적을 위한 수단으로 보는 것이 아니라 그 자체가 목적이라고 보는 태도이다. 이 세상에서의 삶, 오직 하나밖에 없는 이 삶에는 그것을 즐기는 이외에 아무 목적이 없다는 것이 장자의 생각이다.[64] 장자는 우리 인생에 있어서 '일'을 권한 사람이 아니라 '소풍'을 권한 사람이다. 삶이라는 여행을 마치 무슨 목적지가 따로 있는 수단인 것처럼 기계적, 소모적으로 대해서는 안 된다는 것이다. 삶은 그 자체가 목적인 것이니, 이 여행 자체를 즐기라고 하는 것이 장자가 말한 소요유의 의미이다.[65] 소요유 편 외에도 『장자』에는 '노닐다(遊)'라

61) 김문환, 『미학의 이해』, 문예출판사, 1989, p.152; 신성열, 『노장의 예술철학』, 한국학술정보, 2010, p.121 참조.
62) 정용선, 앞의 책, p.57.
63) 차경남, 앞의 책, pp.26-27.
64) 박이문, 『노장사상』, 문학과 지성사, 2009, pp.177-180.

는 표현이 대단히 자주 등장한다. '노닐다(遊)'라는 개념은 장자철학의 독특성을 드러내주는 매우 중요한 개념이기 때문에 그 의미를 정확히 알아야 한다.

공자가 말하였다.
"그러한 경지에 노닌다(遊)는 말씀의 뜻을 여쭙고자 합니다."
노자가 말하였다.
"그런 경지로 들어가면 지극히 아름답고 지극히 즐겁습니다. 지극한 아름다움을 지니고서 지극한 즐거움에 노니는 이를 지극한 사람(至人)이라 부릅니다."[66]

마음이 사물의 흐름을 타고 유유히 노닐도록 하십시오(乘物以遊心). 부득이한 일은 그대로 두고 중심을 기르는 것이 최선입니다. 어찌 일부러 애써 일을 감당할 필요가 있겠습니까?[67]

여기 '노닐다(遊)'라는 표현 속에서 두 가지 개념을 찾을 수 있다. 하나는 즐거움이고 하나는 자유로움이다. 외적인 것들에 구속되어 있는 상태로부터 벗어나서 자신이 삶의 주인이 되어 외물에 구속되지 않고 그것을 타는 자유로운 상태가 노니는 경지이며 거기에 진정한 즐거움이 있다. 장자가 말하는 지극한 사람(至人)은 언제나 자연스럽게 행동하며 세상일에 구애됨이 없이, 일함이 없는 직업을 가지고 소요하면서 노닌다(逍遙乎無事之業).[68] 일을 힘든 노동 내지 하지 않으면 안 되는 의무로써 억지로 일삼아 하지 않고, 자유롭게 산책하는 것처럼 노니는

65) 같은 책, pp.67-69.
66) 『장자』 제21편 田子方, 앞의 책, p.501.
67) 『장자』 제4편 人間世, 앞의 책, p.131.
68) 『장자』 제19편 達生, 앞의 책, p.462.

모습으로 일하는 것이 참된 사람의 모습이라고 장자는 말한다. 이러한 모습 속에는 절대적인 자유가 있고 아름다움이 있으며 즐거움이 넘친다. 장자는 "편안하지 못하고 즐겁지 못한 것은 덕이 아니다"라고 말한다.[69] 장자가 말하는 편안함과 즐거움은 세상 사람들이 추구하는 일시적인 안락과는 다른 것이다. 세상일에 따라 일시적인 안락을 꾀하는 것은 돼지 몸에 붙은 이와 같아서 돼지를 잡을 때 돼지와 함께 타버릴 수 있는 것이기에, 장자는 이런 사람을 일시적인 안락을 꾀한다는 뜻의 유수(濡需)라고 부른다. 한편 세상일에 마음을 빼앗겨 자기 몸이 망가지도록 애쓰고 고생함으로써 꼽추처럼 되는 것도 참된 사람의 모습이 아니기에, 장자는 이런 사람을 권루(卷婁)라고 부른다.[70] 이런 사람들은 오래 살고 몸을 편안히 하고 뜻을 즐겁게 하는 도의 경지와는 거리가 먼 사람들이다.[71]

눈에 보이는 대로 귀에 들리는 대로 소리를 들으며, 마음은 본성으로 돌아가 자연스럽게 움직인다. 이러한 사람은 그의 마음은 먹줄 친 듯 평평하며, 그의 변화는 자연을 따르기만 한다. 이것이 옛날의 참된 사람이다. 자연스러움으로써 인간을 대하지 인위적인 행위로 자연의 변화에 참견하지 않는다(以天待人 不以人入天). 이것이 옛날의 참된 사람이다.[72]

장자가 말하는 참된 사람은 자기를 충실히 지니면서 자연스럽게 행동하고 마음은 거리낌이 없기 때문에 아이처럼 순진하다. 늘 사람들과 더불어 땅 위에 함께 어울려 즐겁게 살며, 자연과 완전히 조화가 되어 자연을 즐긴다. 자연스럽게 갔다가 아무 거리낌 없이 돌아오는 것(翛然

---

69) 『장자』 제11편 在宥, 앞의 책, p.259.
70) 『장자』 제24편 徐無鬼, 앞의 책, pp.607-608.
71) 『장자』 제29편 盜跖, 앞의 책, p.729.
72) 『장자』 제24편 徐無鬼, 앞의 책, p.608.

而往侗然而來)이 참된 사람이 자신의 삶을 보존하고 기르는 방법이라고 장자는 말하고 있다.73) 마치 산책하는 것처럼 즐겁게 노니는 것이 장자가 생각하는 바람직한 일하는 모습이요 삶을 온전하게 하는 방법이다. 장자가 보여주는 지극하고 참된 삶을 사는 사람은 일을 놀이처럼 자유로운 가운데 즐겁게 한다. 일을 할 때 놀이를 할 때의 자발성과 즐거움을 가지고 하는 것은 가장 이상적인 일하는 모습이고 그것이 행복의 구체적인 모습이라고 할 수 있다. 일은 의무로서 견디며 하고 놀 때만 즐거운 것은 삶의 분리이고 절반의 행복에 지나지 않는다. 일과 놀이의 통합된 모습을 우리는 『장자』에 나타난 일하는 모습에서 발견할 수 있다.

장자가 말하였다.
"쓸데가 없음을 알아야만 비로소 쓸 곳을 말할 수가 있는 것일세. 땅은 한없이 넓고 크지만, 사람에게 쓸모가 있는 땅은 발로 밟는 부분뿐일세. 그렇다고 발이 닿는 부분만 남겨놓고 그 밖의 땅은 황천에 이르기까지 깎아버린다면 사람들이 그대로 땅을 쓸 수가 있겠는가?"74)

장자는 여기서 직접적으로 쓸모가 없어 보이는 것이 이른바 쓸모가 있다는 것을 쓸모 있게 해준다고 말하고 있다. 다시 말하면 쓸모없어 보이는 것이 없으면 쓸모 있는 것이 쓸모 있는 것이 될 수 없다는 말이다.75) 장자가 "일부러 애써 일을 감당하려 하지 말고, 부득이한 일은 그대로 두는 것이 최선이라고 말하는"76) 뜻과 연관해서 이 말을 해석하고 일에 적용해 보면 새로운 의미를 찾을 수 있다. 여기서 우리는 일

---

73) 『장자』 제23편 庚桑楚, 앞의 책, pp.560-561.
74) 『장자』 제26편 外物, 앞의 책, p.656.
75) 오강남, 앞의 책, pp.411-412.
76) 『장자』 제4편 人間世. 주 67의 인용문.

을 통하여 유용한 가치를 생산해 내는 것만 중요한 것이 아니라, 일하지 않고 아무런 가치도 생산하지 않는 것 역시 일하는 것 못지않게 중요하다는 장자의 생각을 읽을 수 있다. 집을 짓거나 가구를 만드는 데는 아무런 쓸모가 없어 베어지지 않고 버려진 나무가 나중에 크게 자라서 많은 사람들이 그 그늘 밑에서 쉬고 일하게 되는 큰 쓰임을 제공하는 앞서의 나무 이야기를 통해서도, 장자가 역설하는 무용지대용(無用之大用)의 함축된 의미를 찾아볼 수 있다. 일을 통해 실용적 가치를 구체적으로 생산하는 것도 의미가 있지만, 아무런 가시적인 가치도 생산하지 않고 휴식을 취하거나 여가를 보내는 것 또한 삶을 더욱 풍성하게 하고 의미 있게 하는 것이다. 의미 있는 창조나 문명의 비약적인 발전은 즐겁게 일하는 가운데서 뿐만 아니라 아무 일도 하지 않고 노는 데서 이루어졌다는 사실은 역사를 통해 분명하게 확인할 수 있다. 필요 이상으로 일하여 과잉생산하는 것은 자연을 해치고 자신의 삶을 해치는 것이다. 장자에게 있어서 그 무엇보다도 중요한 것은 어떤 것에 의해서도 희생되거나 강요되지 않고 자신의 삶을 마음껏 펼치는 일이라고 할 수 있다.

6. 나오는 말

『장자』에는 농부, 목수, 백정, 뱃사공, 화공 등 기술이 달인의 경지에 이른 장인들이 등장하는데, 장자는 이들을 지극한 삶을 사는 사람 내지 참된 삶을 사는 사람이라고 부르고 있다. 이들이 일하고 사는 모습을 단순한 기술의 경지를 넘어선 도의 경지라고 묘사함으로써 추구하고 도달해야 할 삶의 이상으로 제시하고 있다.

수영의 달인은 물의 이치를 잘 파악하여 물의 소용돌이를 타고 들어가 용솟음을 타고 나오는 등 물의 흐름에 순응함으로써 수영의 달인이 되었고, 숙련된 백정은 소의 몸이 생긴 이치에 따라 칼을 움직여 소를 잡음으로써 소 잡는 기술의 극치에 이르고 있다. 자연을 유연하게 수용하면서 자연스럽게 일하는 모습은 모두 자연의 원리와 인간의 노동이 조화를 이루는 모습을 그린 것이라고 할 수 있다. 장자가 이상적인 일하는 모습으로 그리고 있는 것은 자연의 원리를 완전히 체득하고 그것에 완전히 순응하는 것 즉 따로 일삼음이 없이 하는 것(無爲)이다.

『장자』에는 이익을 보는 새로운 관점이 등장한다. 바가지로 쓸 수가 없는 박에서는 큰 배로 쓸 수 있는 또 다른 유용성을, 그리고 아무 데도 쓸모없다고 해서 목수들이 돌아보지 않는 나무에서는 많은 사람들에게 그늘과 휴식을 제공하는 더 큰 쓰임을 제시하고 있다. 또 한편으로 장자는 이익을 추구함으로 인해서 세상에 쉽게 쓰임을 당하고 더욱 소중한 생명을 잃게 되는 것을 경고하고 있다. 자신의 생명과 자신의 삶은 다른 무엇과도 바꿀 수 없는 중요한 것이기 때문에, 그것을 나 아닌 누구 혹은 무엇(외물)을 위해서 희생시키는 행위가 얼마나 어리석은 것인가를 역설하고 있는 것이다.

『장자』에 등장하는 기술의 달인들은 기술을 의식적으로 사용하는 입장(有爲)이 아니라, 마음속으로 아무것도 헤아리지 않고 대상과 일체가 되어 기술을 자연의 이법에 맞게 부리는 경지(無爲)에 도달해 있다. 아무런 강박관념이나 목적의식에 지배되지 않고 현재 자신이 하는 일에만 집중하는 몰입의 경지가 바로 도의 경지라고 할 수 있다. 의식이 하는 일과 분리되지 않고 일에 순수하게 몰입하게 되면 느끼는 것, 바라는 것, 생각하는 것이 하나로 어우러져서, 물 흐르듯 행동이 자연스럽게 이루어지게 된다. 이처럼 일을 일삼음이 없이 함으로써 일을 완벽하게 처리하는 것이 달인의 경지이다.

장자가 이상적으로 그리고 있는 일하는 모습은 힘들여 고통을 참고 하는 노동이 아니라, 자연 속을 자유롭게 산책하거나 한 편의 예술을 공연하는 것과 같이 기쁘고 흥겨운 것으로 그려져 있다. 예술적 행위는 그 자체로 어떤 현실적 목적을 지향하지 않는다. 예술은 목적을 지향하지 않는 그 자체 순수한 행위라는 점에서 수단으로 전락될 가능성이 없으며, 그 행위의 과정 자체가 즐거움이다. 장자가 꿈꾸는 노동은 노동 그 자체가 즐거움으로 그 자신을 소외시키지 않는 노동이라고 할 수 있다. 행위가 그 자체로서 의미 있는 것이고 따로 목적의식이 없이 즐겁다는 점에서 그것은 놀이와 같은 지평에 있다고 할 수 있다. 놀이는 수단과 목적이 일치되는 자발적 행동이기 때문에, 놀이를 하는 동안 내내 지속적인 행복을 누릴 수 있는 것이다. 이 세상에서의 삶, 오직 하나밖에 없는 이 삶에는 그것을 즐기는 이외에 아무 목적이 없다는 것이 장자의 생각이다.

『장자』라는 책을 아무리 뒤져보아도 일과 직업에 대한 체계적이고 종합적인 서술은 당연히 찾을 수 없다. 따라서 이와 연관된 여러 단편적인 생각들을 모아 재구성하고 재해석하는 방법을 통해서 그 전모를 그려낼 수밖에 없다. 여기에는 필연적으로 원뜻에 대한 왜곡과 확대해석이 이루어질 수 있음을 감안하여 주의하지 않으면 안 된다. 그렇다고 해서 직업에 초점을 맞추어 장자의 사상을 재구성하고 재해석하는 작업이 의미 없는 일은 아니라고 생각한다. 또한 이 연구는 사회적 구조나 역사적 사실에 대한 뒷받침이나 논증이 없이 『장자』라는 책에서 찾을 수 있는 직업사상에 대한 이론만의 고찰에 한정된 것이다. 따라서 이것은 하나의 가능한 해석일 수밖에 없고, 실제적으로 그것이 어떠한 기능을 수행했느냐 하는 것은 또 다른 문제로 남을 수밖에 없다.

하지만 이 글에서 필자가 수행한 장자의 직업사상에 대한 연구는 다음의 세 가지 점에서 의미를 가질 수 있다고 생각한다.

첫째, 장자의 사상을 전체적으로 이해하는 데 있어서 매우 중요하고 구체적인 근거가 되는 하나의 자료로서 활용될 수 있다. 장자의 철학이 삶 전체의 문제와 관련된 것이라면, 장자의 직업사상은 그 삶의 주요하고도 구체적인 부분을 포괄하고 있기 때문이다.

둘째, 이 연구를 통해서 동양의 전통사상 속에서도 의미 있는 직업윤리가 존재하고 있고 그것은 막스 베버가 제시하는 소명으로서의 금욕적 직업윤리와는 다른 차원으로 정립될 수 있는 가능성을 확인할 수 있다. 이러한 연구결과를 계속하여 축적해 나감으로써 동양의 직업사상이라는 책으로 묶어 낼 수 있기를 희망하고 있다.

셋째, 현대사회에 필요한 직업윤리와 직업정신은 무엇일까에 대한 하나의 대안으로 제시될 수 있다. 일에 대한 자발성, 자유롭게 일하는 것, 몰입해서 즐겁게 일하기 등은 오늘날에도 일하는 사람들의 바람직한 모습일 것이기 때문이다.

4부

부국강병을 이루기 위한 법가의 처방

1장

직업의 분업화와 전문화로 부국강병을 이룩하다 _ 관자

1. 들어가는 말

『관자』라는 책은 그 저자와 저술연대에 관해서 수많은 논란이 있지만, 종합해 보면 관중의 문인, 제자와 당시의 사관이 기록한 관중의 언행과 사적에 직하학궁을 중심으로 활동한 관중학파의 저작이 합쳐져서 이루어진 것으로 파악된다.1) 어쨌든 『관자』에는 춘추전국시대 제나라를 당대의 최강대국으로 발전시킨 관중(管仲)의 국가를 부강하게 만드는 구체적인 방책들이 담겨 있다. 그 방책들은 단순히 하나의 분절된 정책으로서만 이해할 것이 아니다. 그것은 인간에 대한 파악을 비롯해서 정치철학 및 경제의 운용 등에 대한 체계적이고 종합적인 통찰을 바

---

1) 장승구, 「관자의 철학사상 연구」, 『한국철학논집』 제45집, 2014, pp.155-156 참조.

탕에 두고서 국가를 부강하게 만들기 위해 유기적으로 작동하는 정책으로서 이해할 필요가 있다. 국가의 부강은 농업을 비롯한 국가의 제반 산업이 조화를 이루며 발전하고, 국가의 구성원들이 자신이 맡은 일과 직업에 충실히 종사하여 성공적인 결과를 산출할 때 가능한 것이다. 관중이 국가를 부강하게 만들기 위해서 유기적으로 구축한 일과 직업에 대한 관중의 생각과 정책들을 중심으로 재구성하면 관자의 직업에 관한 사상을 전체적으로 조명할 수 있을 것이다. 관자의 직업사상은 단순히 사유를 통해서 구축된 것이 아니라, 현실에서 직접적으로 응용한 정치 경험과 사례들을 통해서 성공적으로 확인된 것이라는 점에서 더욱 주목할 만한 가치가 있다고 생각한다.

『관자』는 국가경영이라는 큰 목적을 위해 정치, 경제, 행정, 법률, 철학, 군사, 자연과학 등 제반 분야에서 요구되는 지식을 집성해 놓은 국가경영의 백과전서라고 할 수 있다.2) 또한『관자』에는 유가와 도가, 법가, 병가 등 제자백가의 모든 사상이 녹아 있기 때문에 제자백가의 효시라고 일컬어지기도 한다.3) 이처럼『관자』에 담겨 있는 사상내용이 워낙 다양하기 때문에『관자』에 관한 기존의 연구도 여러 방면으로부터 다양하게 이루어졌다. 정치사상이나 경제사상의 측면에서 다루고 있는 연구가 가장 많고, 철학사상이나 법사상이나 또는 한의학의 관점으로부터 조명한 연구도 있다.4) 그렇지만 일과 직업이라는 관점을 가지고『관자』의 사상을 조명하는 연구는 아직까지 시도된 적이 없다. 부국강병을 이루고자 하는 국가경영의 핵심은 국가의 여러 조직과 산업의

---

2) 『관자』, 김필수, 고대혁, 장승구, 신창호 옮김, 소나무, 2015, p.13.

3) 신동준, 『상대가 이익을 얻게 하라 관자처럼』, 미다스북스, 2015, p.5.

4) 정치사상이나 경제사상 또는 철학사상의 측면에서 이루어진 연구는 워낙 많기 때문에 여기서 일일이 열거하지 않는다. 김지수, 「관자의 법사상 개관」, 『법사학연구』 11, 1990; 박현애 등, 「관자의 정치철학과 황제내경의 통합사상의 연관성에 대한 연구」, 『대한한의학원전학회지』 제25권 1호, 2012.

각 부분이 제대로 작동하고, 국가의 구성원들이 각자 자신의 역할을 충실히 수행하게 하는 데 있다. 이렇게 볼 때 국가경영의 백과사전으로서의 『관자』의 사상은 일과 직업이라는 키워드를 중심으로 재구성해서 조명해 볼 필요가 있고, 그때에 관자사상의 전모가 보다 명확히 밝혀질 수 있다고 생각한다.

『관자』에는 일과 직업에 관한 구체적이고 직접적인 언급들이 많이 포함되어 있다. 뿐만 아니라 『관자』에서 제시되고 있는 수많은 생각과 정책들 중에서도 일과 직업과의 유기적 관련 속에서 다루어질 수 있는 내용들이 많다. 이들을 모아 재구성하면 일과 직업에 대한 『관자』의 사상을 전체적으로 특징 있게 드러낼 수 있을 것이다. 일과 직업을 중심으로 『관자』의 사상 전체를 재구성함으로써 『관자』를 새롭게 이해하는 지평을 넓힐 수 있고, 나아가 『관자』의 사상 전체를 통일적으로 이해할 수 있는 단초를 제공할 수 있다고 생각한다. 필자는 오래전부터 일과 직업에 대한 사상에 관심을 가지고 동양의 전통사상 속에서 그것과 관련 있는 내용을 찾아 재구성하고 재해석하는 작업을 계속하고 있다. 필자가 이 논문에서 시도하고 있는 『관자』의 직업사상에 대한 연구 역시 지금까지 계속해 온 동양의 직업사상을 조명하고자 하는 지속적인 연구의 연장선상에 있다고 볼 수 있다.

2. 이익을 추구하는 인간의 본성과 이익을 주는 정치

모든 일의 성패는 그 일을 수행하는 인간에 의해서 좌우되기 때문에 인간으로 하여금 어떤 일에 전심전력 매진하게 하기 위해서는 인간을 정확하게 파악하는 것이 무엇보다도 중요하다. 국가의 부강은 백성들이 농사일을 하든 전쟁에 종사하든 각자 자신이 맡은 일에 대해서 자발적이고 적극적인 태도로 임하지 않고서는 불가능하다. 관자는 백성이 무엇을 좋아하고 무엇을 싫어하는지를 객관적인 시각으로 정확히 파악하여 민심의 좋아하고 싫어하는 성정에 맞춰 정치를 해야 한다고 말한다.

정치가 흥하는 것은 민심을 따르는 데 있고, 폐해지는 것은 민심을 거스르는 데 있다. 백성은 근심과 노고를 싫어하는 까닭에 군주는 그들을 평안하고 즐겁게 만들어야 하고, 빈천을 싫어하는 까닭에 그들을 부귀하게 만들어야 하고, 위험에 빠지는 것을 싫어하는 까닭에 군주는 그들을 잘 보호하여 안전하게 만들어야 하고, 후사가 끊어지는 것을 싫어하는 까닭에 그들을 잘 길러야 한다. … 백성이 바라는 네 가지 욕망을 따르면 먼 곳의 사람도 절로 다가와 친해지고, 백성이 싫어하는 네 가지 혐오를 행하면 좌우에 있는 사람조차 배반하게 된다.[5]

군주가 명령을 내리면 시행되고 금하면 중지되는 영행금지(令行禁止)는 반드시 백성들의 좋아하고 싫어함을 좇아서 명하거나 금하기 때문이다. 백성의 성정은 이승을 좋아하고 저승을 싫어하는 호생오사(好生惡死)와 이익을 좋아하고 손해를 싫어하는 호리오해(好利惡害)의 본성에서 벗어난 적이 없다. 군주가 백성을 살리고 이롭게 하는 것을 명하면 행해지고, 백성을 죽이고 손해를 끼치는 것을 금하면 중지되는 이유다. 명하면 행해지고 금하면 중지되기 위해서는 반드시 백성이 그 명령을 즐겁게 받아들여야 한다. 그래야 명령이 제대로 시행된다.[6]

백성의 성정은 처한 상황에 따라 달라지거나 부귀 등의 처지에 따라 변화하는 것이 아니라 언제나 변치 않는 일정한 경향성을 지니고 있다. 백성이 이익을 좇는 성정은 마치 물이 낮은 곳으로 흐를 때 동서남북을

---

5) 『관자』, 목민, 신동준 옮김, 인간사랑, 2015, pp.217-218 참조.
6) 『관자』, 형세해, 앞의 책, p.1120.

가리지 않는 것과 마찬가지다.7) 인간의 성정은 좋아하는 것을 얻으면 즐거워하고, 싫어하는 것을 만나면 근심하기 마련이다. 이는 귀한 사람이나 천한 사람이나 똑같이 지니고 있는 상정이다. 좋아하는 것이 다가오면 기뻐하지 않을 수 없고, 멀어지면 잊을 수 없는 것 또한 사람의 변하지 않는 성정(人之常情)이다.8) 관자가 이처럼 백성의 진실한 감정을, 삶을 좋아하고 죽음을 싫어하며 이익을 좋아하고 손해를 싫어하는 것으로 파악하는 것은 인성을 자연본성으로서 파악하는 것이고, 이는 추상적인 선의 단서(善端)로 파악하는 것과는 근본적으로 다르다고 할 수 있다.9) 관자가 자연적인 본성으로 인간의 본성을 인식한 것은 가장 현실적이고 실제적인 인식이라고 할 수 있는바, 관자는 이로부터 모든 정치의 원칙을 이끌어냈던 것이다.10) 관자가 인성을 자연본성으로 파악했다는 사실로부터 자연스럽게 귀결되는 정치의 방향은 인성을 만족시켜 주는 것을 가지고 정치의 관건을 삼은 것이다. 관자는 정치가 성공하기 위해서는 민심을 얻어야 하고 그렇지 못하고서 성공한 경우는 역사상 한 번도 없다는 사실을 잘 알고 있었다. 그래서 관자는 "민심을 얻는 데 힘쓰지 않으면 안 된다. 이는 천하의 여러 사안 가운데서도 가장 중요한 문제이다"11)라고 말한다. 민심을 얻는 방법은 간단하다. 그것은 바로 민심을 정확히 파악해서 그것을 충족시켜 주는 것이다.

　　무릇 백성은 이익을 좋아하고 손해를 싫어하는 호리오해에서 벗어난

---

7) 『관자』, 형세해, 앞의 책, p.1131.

8) 『관자』, 금장, 앞의 책, p.1025.

9) 정용미, 「관자의 정치관에 나타난 위민의식」, 『철학논총』 제59집, 2010, p.479.

10) 김태명, 「관자의 정치경제사상에 대한 고찰」, 『유라시아연구』 제5권, 2008, p.88.

11) 『관자』, 오보, 앞의 책, pp.368-369.

적이 없다. 천하의 백성과 더불어 이익을 향유코자 하는 자는 천하의 백성이 지지하고, 천하의 이익을 독점코자 하는 자는 천하의 백성이 제거하려 든다. 천하의 백성이 제거하려 들면 설령 잠시 성공할지라도 반드시 패망하고 만다. 천하의 백성이 지지하면 아무리 높은 자리에 앉아 있을지라도 결코 위태롭지 않다.12)

따라서 민심을 얻어 성공적인 정치를 하는 방법은 이익을 추구하는 백성의 성정에 부응해서 백성을 이롭게 해주는 것만큼 좋은 방법이 없다.13) 역사적으로 성공한 군주들은 모두 백성에게 이익을 주는 방법으로 성공한 정치를 할 수 있었다. 순임금은 자신은 이익을 취하지 않고 그 이익으로 백성을 가르치고 백성이 모든 이익을 가지도록 했으며, 주나라 무왕 역시 은나라를 정벌할 때 곡식 등을 백성에게 나누어 줌으로써 백성을 기쁘게 했다.14) 관자가 "백성에게 사랑을 베풀고, 이익을 주고, 재산을 늘려주고, 평안히 해줘야 한다. … 군주가 이 네 가지를 잘 운용해야 천하가 바로 다스려진다"15)고 말하는 것도 이러한 맥락에서 이해할 수 있다. 관자의 인간본성에 대한 파악은 단순히 인간의 본성 자체에 대한 지적 호기심이나 철학적인 논의의 차원에서 이뤄진 것이 아니다. 그것은 매우 실제적인 필요에서 비롯된 것이라고 할 수 있는바, 민심을 얻어 성공하는 정치를 하기 위한 기초적인 작업으로서 의미를 지닌다고 할 수 있다.

---

12) 『관자』, 판법해, 앞의 책, p.1196.
13) 『관자』, 오보, 앞의 책, p.370.
14) 『관자』, 판법해, 앞의 책, pp.1196-1197.
15) 『관자』, 추언, 앞의 책, p.414.

3. 부민과 부국

관자는 백성이 바라는 것을 얻게 해주어야 정치가 잘 펼쳐질 수 있다고 생각했다. 왜냐하면 백성들은 자신들이 바라는 것을 얻은 뒤에야 군주를 따를 것이기 때문이다.16) 관자는 정치가 흥하기 위해서 군주가 해주어야 하는 것 즉 백성들이 실제로 원하는 바를 6흥이라고 하여 구체적으로 제시한다.

첫째, 밭을 개간하고, 민가를 건설하고, 재배를 강구하고, 사민을 권장하고, 농사를 면려하고, 담장과 지붕을 수리하는 것이다. 이를 일컬어 백성의 생활물자를 풍부하게 하는 후생이라고 한다. 둘째, 잠재된 이익인 미개발 자원을 개발하고, 적체된 물건을 수송하고, 도로를 닦고, 관문과 시장을 편리하게 하고, 객상의 송영을 신중히 하는 것이다. 이를 일컬어 백성을 위해 재화를 수송하는 수재(輸財)라고 한다. 셋째, 고인 물을 터서 통하게 하고, 막혀 있는 도랑의 물을 트고, 범람하는 홍수를 막기 위해 제방을 터 흐르게 하고, 쌓여 있는 진흙을 준설하고, 막혀 있는 운하의 물을 소통시키고, 나루터의 다리를 수축한다. 이를 일컬어 백성에게 편리를 제공하는 유리(遺利)라고 한다. 넷째, 징세를 줄이고, 부역을 가볍게 하고, 형벌을 느슨히 하고, 이미 범한 죄를 사면하고, 작은 과실을 용서하는 것이다. 이를 일컬어 정사를 관대히 하는 관정이라고 한다. 다섯째, 어른과 노인을 봉양하고, 어린이와 고아를 자애롭게 대하고, 홀아비와 과부를 긍휼히 여기고, 병든 자를 문안하고, 재난과 초상을 당한 이를 위로하는 것이다. 이를 일컬어 백성의 위급상황을 구제하는 광급(匡急)이라고 한다. 여섯째, 얼고 추운 자를 입혀주고, 주리고 목마른 이를 먹이고, 빈한한 자를 구제하고, 피폐해진 자를 진휼하고, 막다른 길에 이른 자를 도와주는 것이다. 이를 일컬어 곤궁한 처지에 놓인 백성을 구

---

16) 『관자』, 오보, 앞의 책, p.373.

하는 진궁(賑窮)이라 한다.17)

여기에서 제시되고 있는 내용을 간추리면 농업을 진흥하고 의식주 문제를 적극 해결할 것, 자원의 개발 및 유통의 원활화와 상업시설의 정비를 통한 상공업의 진흥, 사회간접시설의 확충과 정비를 통한 사회적 재부의 증대, 부세의 부담 감소 및 형벌의 경감과 사면, 사회적 약자들에 대한 지원과 배려를 통한 사회복지의 실현이다.18) 관자는 이처럼 국가가 먼저 백성에게 베풀어주어야 백성도 군주의 명령을 따라 국가를 위해서 진력을 다하게 된다고 역설한다. 이것은 바로 "주는 것이 곧 얻는 것임을 아는 것이 다스림의 요체"19)라고 하는 관자 통치철학의 구체적인 적용이라고 할 수 있다. 관자는 군주가 국가를 유지하고 부강하게 만들기 위한 성공적인 정치의 요체가 이익을 좋아하는 백성의 욕망을 충족시켜 주기 위해서 '백성을 이롭게 하는' 데 있다고 파악했고, 그 출발점을 백성을 부유하게 하는 데서 찾았다.

무릇 치국의 도는 반드시 먼저 백성을 부유하게 만드는 이른바 필선부민(必先富民)에서 출발해야 한다. 백성이 부유하면 치국치민이 쉽고, 가난하면 어렵다. 어떻게 그렇다는 것을 알 수 있는가? 백성이 부유하면 향리에 안거하며 가정을 중시하는 안향중가(安鄕重家)의 성향을 보이고, 안향중가의 성향을 보이면 관원을 존경하고 범죄를 두려워하는 경상외죄(敬上畏罪)의 모습을 보인다. 경상외죄의 모습을 보이면 치국치민이 쉽다. 백성이 가난하면 향리에 안거하지 못하고 가정을 경시하는 위향경가(危鄕經家)의 성향을 보이고, 위향경가의 성향을 보이면 관원을 능멸

---

17) 『관자』, 오보, 앞의 책, p.373.

18) 김태명, 「관자의 경영전략에 관한 연구」, 『기업경영연구』 제15권 3호, 2008, p.237.

19) 『관자』, 목민, 앞의 책, p.218.

하고 금령을 어기는 능상범금(陵上犯禁)의 모습을 보인다. 능상범금의 모습을 보이면 치국치민이 어렵다. 다스려지는 나라는 늘 부유하나, 어지러운 나라는 반드시 가난한 이유다. 치국치민을 잘하는 자는 반드시 먼저 백성을 부유하게 하는 필선부민을 행한 뒤 치국치민에 임한다. 무릇 치국의 길은 반드시 백성을 잘살게 하는 데서 시작한다.[20]

백성이 부유하면 다스리는 것이 쉽고, 백성이 가난하면 다스리는 것이 어렵다. 따라서 백성을 잘 다스리기 위해서는 먼저 백성을 부유하게 하는 데서 출발해야 한다는 것이 관자의 일관된 생각이다. 백성이 풍족하지 못해 빈곤해지면 생존이 급급한 탓에 군주의 명령이 무시를 당하게 되고, 백성이 가뭄과 홍수 등의 재앙으로 고통을 받게 되면 군주의 명령은 아예 시행되지 않는다.[21] 따라서 정치가 가능하기 위한 최소한의 전제는 백성들이 자신의 생존에 대한 불안을 느끼지 않고 의식주 등의 기본적인 생활을 영위할 수 있는 경제적 안정이다.

백성을 다스리는 군주는 반드시 사계절에 맞춰 농경에 힘쓰고, 곡물을 비축해 놓은 창고를 잘 지켜야 한다. 국가의 재부가 풍부하면 먼 곳의 사람도 찾아오고, 땅이 개간되면 백성이 안정된 생업에 종사하며 머물 곳을 찾게 된다. 창고가 풍족해야 백성이 예절을 알고, 의식이 족해야 영욕을 알게 된다.[22]

경제적 안정이 정치가 작동할 수 있는 기본적인 토대라고 보는 관자의 사상은 "항산이 있어야 항심이 있다"[23]고 하여 백성의 생업과 기본

---

20) 『관자』, 치국, 앞의 책, pp.949-950.
21) 『관자』, 판법, 앞의 책, p.325.
22) 『관자』, 목민, 앞의 책, p.214.
23) 『맹자』, 「양혜왕하」, "有恒産 因有恒心."

적인 경제생활의 안정을 이야기한 맹자의 사상과는 근본적인 차이가 있다. 맹자의 항산은 어디까지나 백성들이 도덕을 따르도록 하기 위한 전제로서 말한 것이기 때문에, 맹자에게 있어서 항산의 근본 지향점은 도덕의 실현에 있다고 할 수 있다. 그러나 관자의 부민은 백성을 다스리고 백성의 힘을 이용함으로써 국가의 부강을 달성하려는 데 근본적인 지향점이 있다. 그런 점에서 관자의 부민은 부국강병을 실현하기 위한 방편적이고 실용적인 각도에서 요청하고 있는 것이라고 말할 수 있다. 관자는 "군주가 백성을 사랑하는 이유를 살펴보면 장차 그를 쓰기 위해서 그러는 것이다"24)라고 분명하게 말하고 있다. 군주가 백성을 사랑하고 백성을 부유하게 할 때에야 군주가 백성을 자신의 뜻에 따라 마음대로 쓸 수 있기 때문에 그렇게 하는 것이다. 이런 점에서 보면 관자의 부민은 군주의 정치목적 즉 국가의 부강을 실현하기 위해서 효율적으로 사용되는 하나의 방편적 수단에 불과한 것이라고 할 수도 있다. 그러나 관자의 부민을 백성 자체에 대한 관심은 배제한 채로 오직 국가의 부강에만 주안점을 두고 권모술수나 음모적 기술까지 동원하여 백성을 이용하려고 하는 법가사상과 똑같이 취급하는 것은 지나친 것이다. 비록 국가의 부강이라는 목적을 달성하기 위한 출발점으로서 부민을 강조하고 있기는 하지만, 애민이나 부민 그 자체의 의미나 가치가 배제되고 있는 것은 아니기 때문에 관자의 부민이 갖는 긍정적 의미를 폄하할 필요는 없다고 생각한다.25) 왜냐하면 관자가 추구하는 부강한 국가는 경제력이나 군사력만 강해서 천하에 군림하는 국가가 아니라, 백성이 예절을 알고 국가에서 예의염치가 실천되는 문화국가이기 때문이다. 그런 점에서 부민은 관자의 사상을 관통하는 최고의 이념이라 할 수 있고, 부민을 출발점으로 하여 부국강병을 달성코자 하는 관자의 사

---

24) 『관자』, 법법, 앞의 책, p.493.
25) 정용미, 앞의 논문, p.495 참조.

상은 상앙 등의 법가가 똑같이 부국강병을 역설했음에도 부민을 배제한 것과 근본적인 대조를 이룬다 하겠다.[26]

4. 중본억말의 정책과 균부의 실현

먼저 백성을 부유하게 만든다고 하는 '필선부민'은 부국강병을 이루기 위한 대전제이기 때문에 부민은 관자사상을 관통하는 최고의 이념이라 할 수 있다. 관자의 사상은 부민이 이뤄져야 부국이 가능하고, 부국이 이뤄져야 강병이 실현된다고 하는 지극히 간단한 이치에 기초해 있다.[27] 관자의 부민을 위한 방책은 여러 가지로 제시되고 있지만 관자는 농업을 비롯한 제조업 분야의 생산력을 증대하는 것이 무엇보다도 중요하다고 생각한다.

무릇 나라가 부유하고 곡물이 풍부한 국부속다(國富粟多)는 농업의 흥기에서 이루어진다. 선왕이 농업을 중시한 이유다. 무릇 치국의 급선무는 먼저 상공업의 흥기를 통한 사치품의 제작과 유통을 금하는 금말문교(禁末文巧)에 있다. 금말문교가 시행되면 놀고먹는 백성인 유식자(遊食者)가 사라지게 된다. 유식자가 사라지면 반드시 백성 모두 본업인 농사에 매진한다. 백성이 농사에 매진하면 농토가 개간되고, 농토가 개간되면 곡식이 많아지고, 곡식이 많아지면 나라가 부유해진다. 나라가 부유해지면 무력이 강해지고, 무력이 강해지면 전쟁에서 승리하고, 전쟁에서 승리하면 영토가 넓어진다. 성왕은 백성의 숫자를 늘리고, 무력을 강화하고, 영토를 넓히고, 나라를 부유하게 하는 것이 반드시 식량에서 비롯된다는 것을 통찰했다.[28]

---

26) 『관자』, 치국, 앞의 책, p.949.
27) 『관자』, 앞의 책, p.99.
28) 『관자』, 치국, 앞의 책, p.951.

배불리 먹는 것은 백성의 가장 기본적인 욕구라 할 수 있기 때문에 정치는 백성의 그 욕구를 우선적으로 충족시켜 주는 방향에서 시작해야 한다. 곡물이 풍족해서 백성들이 먹고사는 데 부족함이 없게 하는 것이 부민정책 가운데서 가장 우선시되어야 하는 구체적인 내용이고, 관자는 그것을 위해 중본억말(重本抑末)의 정책을 제시했다. 중본억말의 본(本)은 식재와 목축, 어염 등의 농축수산업을 의미하는 것으로 농업을 포함한 제2차 산업인 제조업 일반이 해당한다. 말(末)은 사치소비재의 생산 및 유통을 비롯해 고리대, 이식을 주업으로 하는 금융 서비스 산업이다.29) 그러므로 관자가 제시한 중본억말의 정책은 백성들에게 먹고사는 데 족할 정도의 경제적 기반을 만들어주고, 모두가 의욕을 가지고 자신의 생업에 종사하도록 하기 위한 조치이다. 사치품 생산과 유통을 통한 이익이 기형적으로 비대해지면 일부의 사람들만 배부르게 되고 백성들은 생산의욕을 잃고서 국가 전체의 생산력을 증가시키는 제조업에 종사하지 않을 것이기 때문이다. 여기서 주의할 것은 관자가 상업이나 공업 자체를 말(末)로 규정하고 그것을 억제해야 한다고 생각하지 않았다는 사실이다. 관자는 상업이나 공업의 활성화는 국가 전체의 재정을 증가시키고 물자를 풍부하게 하는 것으로서 장려되어야 하는 것으로 생각했다. 그러므로 관자의 중본억말은 상공업을 말로 규정하고 억제하는 중농억상과는 다른 것이고, 상공업의 합리적인 관리와 정비를 통해서 산업과 경제의 균형적 발전을 보장하려는 것이다.30)

---

29) 『관자』, 앞의 책, p.100.

30) 이처럼 관자의 본말관은 종래의 억상(抑商)을 뜻하는 억말(抑末)과 다르기 때문에 칙말(飭末)이라고 따로 명명하여 구분하기도 한다.
허명화, 김창섭, 「선진법가의 경제관 비교연구」, 『동북아문화연구』 제25호, 2010, p.484.

상인은 결코 국가에 대해 아무것도 도움을 주지 않는 자가 아니다. 그들은 특정 지역을 가리지 않고 두루 거처하며, 군주를 가리지 않고 영업을 한다. 또 물건을 내다 팔아 이익을 내야 하는 까닭에 사들인 재화를 쌓아두지도 않는다. 나라의 산림을 이용해 이익을 얻는 경우가 대표적이다. 이들 덕분에 시장의 세수가 2배 늘어난다. 상인으로 인한 혜택이 매우 많다. 먼저 국가에 대량소비의 풍속을 조장해 생산과 소비의 순환을 원활하게 만들고, 군신이 서로 협력토록 조장해 친하게 만들고, 군신들이 재물을 사적으로 은닉하지 않게 만들고, 빈민들이 노동으로 먹고살도록 만들어준다. 상인들로 하여금 도성과 시장 안에서 자유로이 오가며 영업할 수 있도록 배려하는 이유다. 이는 치국의 중요한 계책이다.31)

관자는 중농정책을 통해 농업을 발전시킴과 함께 상공업의 진흥에도 관심을 가지고 체계적인 관리와 육성을 하였다. 그것이 백성과 국가를 부유하게 하는 방책이기 때문이다. 다만 상공업을 통하여 지나친 부를 축적하여 부가 편중되는 현상이 벌어지는 것은 막아야 했다. 상공인과 농민 사이에 빈부차이가 심해지게 되면 의식주의 기본인 식량의 생산에 종사하는 농민이 줄어들 것이기 때문이다. 관자는 상공인과 농민 사이의 빈부차이를 해소하기 위하여 상공업에서 나오는 막대한 이윤에 대해 세금을 거두어들이거나 염철 등의 주요 산업을 국가가 공영하는 방식을 통해서 막대한 이윤을 국가재정으로 흡수하였다.32) 직업활동을 통해 얻게 되는 재화와 부를 공평하게 하여 분배의 공평성을 높이는 것은 백성들의 부를 고르게 하는 것임과 동시에 국가산업의 균형적인 발전을 도모하는 것이다.

무릇 백성이 지나치게 부유하면 군주는 백성을 녹봉으로 부릴 수 없

---

31) 『관자』, 치미, 앞의 책, p.822.
32) 김태명, 앞의 논문, p.93 참조.

고, 지나치게 가난하면 형벌로 위엄을 세울 수 없다. 법령이 행해지지 않고, 백성이 다스려지지 않는 것은 모두 빈부의 차이가 심해 균부(均富)를 이루지 못한 데 따른 것이다. … 백성이 기아에 허덕이며 먹지 못하는 것은 무슨 까닭인가? 부자들이 과도하게 곡식을 저장하고 있기 때문이다. … 백성이 일상적인 경비지출을 충족시키지 못하는 것은 무슨 까닭인가? 부상들이 동전과 비단 등의 전폐를 과도하게 쌓아두고 있기 때문이다. 군주는 과도하게 한곳에 비축된 곡물과 전폐를 분산시켜 식량의 과부족을 해소하고 재리의 취산을 조절해야 한다. 그러지 못하면 아무리 농사를 강조하고 생산을 독려하고 매일 쉬지 않고 전폐를 만들지라도 가난한 백성이 부호 밑에 들어가 노비처럼 일하게 되는 현상만 조장할 뿐이다.33)

좋은 정치는 백성을 이롭게 하는 데 관건이 있기 때문에 백성의 이익을 잘 조절하지 못하면 잘 다스린다고 할 수 없다. 군주는 재물과 화폐의 유통을 관리하고 조절하여 넘치고 모자라는 것을 고르게 하고, 부유한 상인들이 저장한 재물을 나누어 백성의 씀씀이를 조절해야 한다. 부자의 잉여 재화를 가져다가 빈자를 구휼할 수 있는 군주라야 능히 천하를 다스릴 수 있다.34) 빈부를 고르게 하는 데 있어서 가장 중요한 것은 농업과 상공업의 이익을 고르게 하는 것이기 때문에 관자는 과도한 상공업의 이익은 되도록 국가의 재정으로 흡수할 것을 주장하였다. 관자는 대상인과 부호들에 의한 재화와 부의 축적을 통제하고 빈부의 차이를 줄이고 물가를 안정되게 유지함으로써 일반 백성들의 일상생활의 안정과 충족을 도모하고자 했다. 이처럼 생산과 유통 및 소비의 조절을 뜻하는 말로서의 경중(輕重)은 관자의 정치경제학을 특징적으로 표현한 것이다. 그 구체적 내용은 국가 재정수입의 증대, 물가의 평준화, 빈

---

33) 『관자』, 국축, 앞의 책, pp.1274-1275.
34) 『관자』, 국축, 앞의 책, p.1269.

부격차의 해소 등을 통해서 균부를 실현하고자 하는 것이다. 이와 같이 관자가 단순한 부민이 아니라 균부를 바탕으로 한 부민을 치국의 요체로 삼았다는 점에서, 관자는 재화와 부의 증산을 통한 경제의 양적 성장과 분배 및 유통의 조절을 통한 경제의 질적 성장을 동시에 추구했다고 말할 수 있다.35) 관자는 생산, 유통, 소비가 상호 의존적이고 상호 촉진적인 관계에 있다는 것을 잘 알고 있었다. 관자는 소비가 시장을 개척하고 생산의 발전을 촉진하기 때문에 나쁜 것만은 아니라고 생각하였다. 그래서 춘추시대 대부분의 사상가들이 사치를 배격하고 검약을 훌륭한 가치로 생각한 것과는 달리, 관자는 사치품을 포함한 소비촉진을 통해 경제를 활성화시키고 민생을 안정시키는 방안을 제시했다. 이는 당대에서는 극히 이단적이며 사회변혁의 정신을 표현한 것이라고 평가할 수 있을 만큼 극히 이례적인 것이라고 말할 수 있다.36)

우선 부자의 분묘를 크고 아름답게 조성토록 합니다. 이는 빈자들의 일자리를 만들기 위한 계책입니다. 또 분묘를 아름답게 꾸미도록 합니다. 이는 화공과 조각공의 고용을 위한 계책입니다. 이어 관곽을 크게 짜도록 합니다. 이는 목공의 고용을 위한 계책입니다. 나아가 수의와 수금 등을 많이 장만토록 합니다. 이는 여공의 고용을 위한 계책입니다. 이것도 충분치 않습니다. 흙을 모아 담장을 쌓고 둘레에 울타리 나무를 심고 부장품을 대거 묻게 합니다. 후장(厚葬)을 통해 백성이 서로 먹고 살도록 조치한 것입니다. 연후에 비로소 백성이 서로를 이롭게 하고, 나라 또한 수비와 출정준비를 합당하게 할 수 있습니다.37)

35) 김태명, 앞의 논문, p.100 참조.
36) 이재권, 「춘추시대의 본말관: 관자의 경제적 본말사상을 중심으로」, 『동서철학연구』 제68호, 2013, p.30.
37) 『관자』, 치미, 앞의 책, p.801.

관자는 부자가 원하는 만큼 소비토록 하면, 덕분에 빈자도 일자리를 얻게 되는 것이니, 이것이 백성을 기르고 부자와 빈자가 서로 협력해 먹고살게 하는 길이라고 말한다.[38] 관자가 부자를 중심으로 왕성한 소비를 역설한 이유는 첫째, 경기가 좋지 않을수록 부자의 소비를 촉진시켜 민생을 안정시킬 수 있기 때문이고, 둘째, 부자와 빈자의 빈부격차를 해소하기 위해서 필요하고, 셋째, 농업발전을 위한 자금조달 방법으로서 소비확대와 유통촉진만큼 좋은 방안이 없기 때문이다.[39] 치미의 치(侈)가 크게 베푼다는 뜻이고, 미(靡)는 많이 소비한다는 의미이기 때문에 치미는 한마디로 사치스런 소비를 상징하는 것이다. 관자는 재리를 백성에게 나누어 주는 방법으로서 치미를 제안하고 있다. 이렇게 볼 때 관자에게 있어서 왕성한 소비를 의미하는 치미는 천하의 부를 백성에게 고르게 나누어 줌으로써 균부를 실현하고자 하는 방책이라고 말할 수 있다.[40]

5. 일의 배분과 직업의 전문화

관자는 백성을 이롭게 하고 부유하게 하는 부민과 백성의 이익을 고르게 하여 부의 편차가 크지 않게 분배하는 균부를 부국강병을 이룩하기 위해서 반드시 따라야 하는 중요한 통치이념으로 확립하고 있다. 부민과 균부를 관통하고 있는 핵심적인 가치는 경제적 가치이고 그것은 기본적으로 각자가 수행하는 직업을 통해서 얻을 수 있는 것이다. 관자가 왕성한 소비를 장려하는 까닭도 실은 여러 가지 직업적인 활동이 활발하게 이루어지도록 함으로써 백성의 균부를 실현하려는 데 있다. 균

38) 신동준, 『관자경제학』, 인간사랑, 2015, p.116.
39) 『관자』, 치미, 앞의 책, p.776.
40) 『관자』, 치미, 앞의 책, pp.776-779.

부는 여러 직업이 상호 협력하는 방식으로 작동하여 균형적인 발전을 이루게 함으로써 결국 국가의 부강을 성취하자는 데 목적이 있다. 국가의 부강은 국가 구성원이 일자리를 가지고 자신이 수행하는 직업에서 최선의 성과를 산출할 때 가능한 것이기 때문에 누가 어떤 일을 맡을 것인가 하는 일의 분배는 관자의 통치철학에서 매우 중요한 의미를 가진다.

백성 가운데 농사를 잘 짓는 자, 육축을 잘 기르는 자, 식목과 조림에 뛰어난 자, 채소와 과일을 잘 심어 번성케 하는 자, 의술에 뛰어나 백성의 질병을 잘 고치는 자, 천시에 밝아 풍흉과 해당 곡물의 생장 여부를 잘 예측하는 자, 양잠을 통해 누에를 병들지 않게 하는 자들은 모두 황금 1근 또는 이에 해당하는 곡물 8석을 상으로 내려줍니다. 국가는 그들의 지식과 경험을 소중히 여기고, 그들의 말을 잘 기록해 보존하고, 병역을 면제해 주어 전업에 더욱 매진토록 만듭니다. 이는 재정을 통한 치국계책의 근본입니다.41)

백성이 각자 자신의 능력을 마음껏 발휘하게 만들지 못하는 군주는 큰 공을 세울 수 없다. 성실한 상인이 아니면 장사로 먹고살 수 없고, 성실한 공인이 아니면 기술로 먹고살 수 없고, 성실한 농부가 아니면 농사로 먹고살 수 없고, 믿을 만한 선비가 아니면 조정에 설 수 없게 해야 한다.42)

백성에게 자신의 능력을 마음껏 발휘할 수 있는 일을 맡겨 각자 자신의 직업에서 모든 힘을 기울여 일하게 만들지 못하는 군주는 부국강병의 국가를 건설할 수 없다. 훌륭한 군주는 백성에게 재화를 잘 나누

---

41) 『관자』, 산권수, 앞의 책, p.1311.
42) 『관자』, 승마, 앞의 책, pp.296-297.

어 줌으로써 균부를 실천할 수 있어야 하고, 동시에 백성에게 산업을 제대로 맡길 줄 알아야 한다.43) 백성이 자신의 직업에서 최선의 노력을 다해 최대의 성과를 올리도록 하기 위해서는 맡아서 수행하는 일이 자신이 잘할 수 있는 일이어야 할 뿐만 아니라 그 일에 대한 보상이 공정하게 분배되어야 한다. 관자가 강조하는 부민과 균부는 국가의 구성원이 자발적으로 자신의 일을 열심히 수행하도록 하는 전제조건이자 동력이 된다고 할 수 있다. 관자는 백성에게 일을 맡길 때는 상대방이 가장 잘하는 분야의 일을 맡겨야만 재능을 충분히 발휘할 수 있다고 말한다.

현명한 군주는 만물을 다스리면서 장점만 취하고 단점은 취하지 않는 까닭에 이루지 못한 사업이 없고, 세우지 못한 공업이 없다. 어두운 군주는 만물 모두 장단점을 겸비하고 있다는 사실을 모르고 반드시 완전하게 갖추기를 요구한다. 무릇 사정을 감안해 시비를 판단하고 예의를 분명하게 밝히는 일은 인간에게는 장점이지만 원숭이에게는 단점이다. 높고 험한 곳을 오르는 일이 원숭이에게는 식은 죽 먹기처럼 쉬운 일이라 원숭이의 능력이 되지만, 사람에게는 어려운 일이기에 사람의 약점이된다. 그런데도 사람에게 원숭이와 똑같은 능력을 요구한다면, 그 명령은 쓸모없는 것이 되거나 실패로 돌아가기 마련이다.44)

관자는 여기서 인재를 기용할 때는 오직 그 일을 잘할 수 있는 능력만 가지고 판단하고 그와 관계없는 약점이나 다른 덕목까지를 문제 삼지 않아야 사람과 일의 배분이 제대로 이루어질 수 있음을 강조한다. 이처럼 일을 잘할 수 있는 기술적이고 전문적인 능력과 인격이나 덕행

---

43) 『관자』, 승마, 앞의 책, p.299.
44) 『관자』, 형세해, 앞의 책, p.299.

을 결부시키지 않으려는 관자의 생각은 인재를 효과적으로 활용하려는 매우 기능적이고 실용적인 견지에서 나온 것으로 볼 수 있다. 이는 유교문화권에서 일의 수행과 직접적 연관이 없는 덕망이나 도덕적 흠결을 인재 기용의 주요 고려사항으로 삼는 것과 크게 대조되는 특징이라 할 수 있다.

관자는 백성에게 각자의 능력에 맞는 직업을 배분하여 주고 또한 그 일에 전문적으로 종사하도록 관리, 지도해야 한다고 말한다. 관자는 국가의 주춧돌을 이루는 사농공상에 종사하는 사람을 섞어 살지 않도록 관리하라고 말하는데, 그 이유는 자신의 직업분야에서 필요한 전문적인 역량을 어려서부터 익혀서 그 일을 능하게 처리할 수 있을 뿐 아니라, 그 일을 마음에 편하게 여겨 다른 일에 뜻을 돌리지 않고 전념하도록 하기 위함이다. 같은 직업에 종사하는 사람들이 한곳에 모여 살게 되면 그 직업과 관련된 전문적인 정보나 기술 및 경험의 상호 교류를 통해 직업을 더욱 잘 수행할 수 있는 지식과 기술의 향상을 도모할 수 있다는 장점이 있다.45)

관자가 지향하는 궁극적인 목적은 국가의 부국강병을 이룩하는 것이고, 부국강병의 내용적인 요체는 국가의 구성원들을 각자 가장 잘할 수 있는 직업에 배치하여 전심전력으로 자신의 일에 매진하게 하는 데서 찾을 수 있다. 효율적으로 맡은 일을 수행하고 가시적인 성과를 산출하기 위해서는 그 일에 대한 전문적인 역량이 필요하다. 또한 일의 성과에 대한 공정한 평가나 보상이 제대로 이루어질 때 일을 자발적으로 수행하고자 하는 동력이 나올 수 있다. 그런 점에서 관자의 사상은 내적인 체계와 내용이 유기적으로 잘 짜여 있는 국가경영전략이라고 말할 수 있다. 그러나 관자의 직업사상은 사고와 가치의 중심이 국가의 부강

---

45) 『관자』, 소광, 앞의 책, pp.591-593.

에 치우쳐 있어서, 백성 개인이 자유롭게 직업을 선택하고 다양한 삶의 가치를 추구하는 등의 문제는 주요한 문제로 고려되지 않고 있다는 한계가 있다.

6. 직업의 수행에 대한 평가와 보상

직업의 배분이 일을 잘할 수 있는 능력을 기준으로 하여 이루어졌다 하더라도 능력에 대한 판단이 잘못되어 직업의 배분이 잘못된 경우도 있고, 당사자가 자신의 직업에 충실하고 노력하지 않아서 기대하는 성과를 산출하지 못하는 경우도 있다. 국가의 산업 중 어느 하나의 직업에서라도 직무수행이 제대로 이루어지지 않으면 국가 전체의 경영에 중대한 차질을 가져올 수 있다. "농부 1인이 밭을 갈지 않으면 굶주리는 자가 나타나고, 여인 1명이 길쌈하지 않으면 추위에 떠는 자가 나타난다. 백성이 굶주림과 추위로 헐벗는 것은 반드시 농사를 태만히 한 데서 비롯된다."[46] 따라서 국가 구성원이 자신의 책무를 게을리하지 않고 전심전력을 다해 수행하도록 만들기 위한 장치가 있어야 한다. 그것이 바로 법이고 법의 구체적인 시행은 상과 벌을 통해서 이루어진다. "열심히 경작하는 자를 보면 고기를 말린 포 2속과 술 1석을 주고, 여력이 충분한데도 방탕하게 지내며 일하지 않는 자가 있으면 노인은 꾸짖고 장정은 멀리 수자리를 보낸다."[47] 이와 같이 상벌은 자신이 맡은 책무를 어떻게 수행하느냐에 따라서 반드시 확실하고도 엄격하게 집행되어야 한다. "포상이 뒤따르지 않으면 백성을 격려할 수 없고, 형벌이 뒤따르지 않으면 백성을 그만두게 할 수 없다."[48] 현명한 군주는 그 일

---

46) 『관자』, 규탁, 앞의 책, p.1376.
47) 『관자』, 규탁, 앞의 책, p.1375.
48) 『관자』, 법법, 앞의 책, pp.491-492.

이 무엇이든 자신의 직업을 잘 수행하는 사람에게는 상(이익)을 주어서 장려하고, 직업을 잘 수행하지 못하는 사람에게는 벌(손해)을 주어 그러한 일이 재현되지 않게 관리해야 한다.

　　병마를 관장하는 사마가 직무를 제대로 이행하지 못했을 때는 곧바로 죽여 그 피를 전고에 바르고 전신에 제사를 지낸다. 농사를 관장하는 사농이 직무를 제대로 수행하지 못했을 때는 곧바로 죽여 그 피를 땅에 뿌리고 토지신에게 제사를 지낸다. 일반 관직을 자천한 자가 직무를 제대로 이행치 못했을 때는 곧바로 두 발꿈치를 잘라 문지기로 삼는다. … 능력이 없는데도 서로를 보증하며 천거하여 관직을 맡은 자를 위시하여 밤에 야경을 돌며 딱따기를 치는 문지기의 미관말직이라도 능력도 없이 자리를 차지하는 자는 응당 법에 따라 조치해야 한다.[49]

맡고 있는 일이 국가에서 차지하는 비중이 크고 직업수행의 성패가 국가 전체에 크게 영향력을 미치는 경우에는 거기에 따른 상과 벌도 크게 주어져야 한다. 전쟁을 수행하는 일이나 농사를 관장하는 일은 백성의 생명 및 생존과 밀접한 관련이 있는 중대한 일이므로 그러한 책무를 잘못 이행하는 경우에는 사형이라는 극형에 처한다. 현명한 군주가 시행하는 상벌의 원칙은 크게 세 가지이다. 첫째, 자신이 총애하는 자에게 사사로이 상벌을 내리지 않는 것(不私行賞)이다. 둘째, 싫어하는 자에게 사사로이 벌을 내리지 않는 것(不私行罰)이다. 셋째, 예제를 확립한 뒤 사실에 근거해 상벌을 판단하는 것(設法量斷)이다.[50] 결론적으로 말해서 상벌을 시행하는 기본원칙은 오직 객관적 사실에 입각하여 주관적 감정이나 사사로운 관계의 개입이 없이 법에 따라 공정하게 시

---

49) 『관자』, 규탁, 앞의 책, pp.1360-1361.
50) 『관자』, 임법, 앞의 책, p.930.

행하는 것이다. 일자리가 오직 그 일을 잘할 수 있는 능력에 근거해서 배분되어야 하듯이, 그 일을 처리하는 데 대한 평가와 보상도 오직 그 일의 수행에 따른 객관적이고 사실적인 성과에 입각해서 이루어지는 것이 마땅하다. 이렇게 법을 집행함에 있어서 공정의 원칙이 잘 지켜지게 되면 상을 줌으로써 잘하는 백성을 선도하고, 형벌을 엄격히 함으로써 잘못하는 백성들을 바로잡게 되어 모든 일이 원하는 대로 잘 이루어진다.

옛날 요임금은 천하를 다스릴 때 마치 도공이 진흙을 틀 위에 올려놓고 원하는 대로 그릇을 만들 듯이 하고, 대장장이가 무쇠를 도가니에 넣고 원하는 대로 야금하고 주조하듯이 했다. 당시의 백성은 당기면 오고, 밀면 갔다. 일을 시키면 반드시 이루고, 금하면 곧바로 그만둔 이유다.[51]

상과 벌은 법을 시행하는 치국의 구체적인 방편이다. 법은 상벌을 시행하기 위해서 기준으로 삼아야 하는 원칙이다. 따라서 군주가 국가를 통치하는 법은 하늘의 법칙이 만물에 대해서 차별이 없고 사사로움이 없듯이 누구에게나 적용될 수 있는 공평한 법이어야 하고, 동시에 현실에서 그대로 시행될 수 있는 것이어야 한다. 법은 이익을 추구하는 인간의 본성에 근거해서 만든 것이어야 백성을 움직일 수 있다. 또한 법은 백성이 지킬 수 있는 한도의 법이어야 백성이 따를 수 있다.[52] 관자 사상의 궁극적 지향은 국가의 부국강병을 이룩하는 것이고, 부국강병의 내용적인 요체는 국가의 구성원들을 각자 가장 잘할 수 있는 직업에 배치하여 전심전력으로 자신의 일에 매진하게 하는 데서 찾을 수 있다. 그리고 그것을 가능케 하는 제도적 장치로서 법이 존재하고, 상과 벌에

---

51) 『관자』, 임법, 앞의 책, p.926.
52) 김태명, 앞의 논문, pp.88-89 참조.

의해서 법을 공정하고 엄격하게 시행하는 것이 국가경영의 성패를 좌우하는 관건이라고 보는 점에서 관자의 사상은 기본적으로 법가사상의 범주에 속한다고 할 수 있다.

7. 나오는 말

『관자』라는 책에는 짧은 시일 안에 제나라를 당대의 최강대국으로 발전시킨 관중의 국가를 부강하게 만드는 구체적인 방책들이 담겨 있다. 국가의 부강은 국가의 구성원들에게 일과 직업이 적절하게 배분되어서 구성원들이 각자 자신이 맡은 역할을 성공적으로 수행할 때 가능하다. 그러므로 『관자』에는 일과 직업에 관한 구체적이고 직접적인 언급들이 많이 포함되어 있다. 뿐만 아니라 『관자』에서 제시되고 있는 수많은 생각과 정책들 중에서도 일과 직업과의 유기적 관련 속에서 다루어질 수 있는 내용들이 많다. 이것을 재구성하고 재해석함으로써 관자의 직업사상을 전체적으로 조명해 보았다.

관자는 정치가 성공하기 위해서는 민심을 얻어야 하고 그렇지 못하고서 성공한 경우는 역사상 한 번도 없다는 사실을 잘 알고 있었다. 그래서 관중은 백성의 기본적인 욕구가 무엇인지, 그리고 그들이 무엇을 원하는지를 사실대로 파악하고자 했다. 관중은 인간이 본성적으로 이익을 좋아하고 죽음을 싫어하는 성향이 있음을 간파하고, 백성에게 이익을 주고 백성의 생존을 보장하는 것을 정치의 출발점으로 삼았다. 관자는 백성들이 자신의 생존에 대한 불안을 느끼지 않고 의식주 등의 기본적인 생활을 영위할 수 있는 경제적 안정이 성공하는 정치를 가능하게 하는 토대라고 생각했다. 그런 점에서 관자의 인간본성에 대한 파악은 단순히 인간의 본성 자체에 관한 철학적 논의의 차원에서 이뤄진 것이 아니라, 실제적인 필요에서 비롯된 것이라고 할 수 있는바, 민심을 얻어 성공하는 정치를 하기 위한 기초적인 작업으로서 의미를 지닌다고 할 수 있다.

관자는 백성을 이롭게 하고 부유하게 하는 부민과 백성의 이익을 고르게 하여 부의 편차가 크지 않게 분배하는 균부를 부국강병을 이룩하기 위해서 반드시 따라야 하는 중요한 통치이념으로 확립하고 있다. 직업활동을 통해 얻게 되는 재화와 부를 공평하게 하여 분배의 공평성을 높이는 것은 백성들의 부를 고르게 하는 것임과 동시에 국가산업의 균형적인 발전을 도모하는 것이다. 그러므로 관자가 제시한 중본억말의 정책은 백성들에게 먹고사는 데 족할 정도의 경제적 기반을 만들어주고, 모두가 의욕을 가지고 자신의 생업에 종사하도록 하기 위한 전제조건으로서 균부를 실현하기 위한 조치라고 볼 수 있다.

관자가 지향하는 궁극적인 목적은 국가의 부국강병을 이룩하는 것이고, 부국강병의 내용적인 요체는 국가의 구성원들을 각자 가장 잘할 수 있는 직업에 배치하여 전심전력으로 자신의 일에 매진하게 하는 데서 찾을 수 있다. 그래서 관자는 인재를 기용할 때는 오직 그 일을 잘할 수 있는 능력만 가지고 판단하라고 했고, 직업수행의 결과에 대한 평가와 보상은 오직 그 일의 수행에 따른 객관적이고 사실적인 성과에 입각해서 이루어져야 한다고 말한다. 이러한 관자의 생각은 인재를 효과적으로 활용하려는 매우 기능적이고 실용적인 견지에서 나온 것으로 볼 수 있다.

관자는 또한 국가 구성원이 각자 맡은 책무를 게을리하지 않고 전심전력을 다해 수행하도록 만들기 위해서는 자신의 직업을 잘 수행하는 사람에게는 상(이익)을 주어서 장려하고, 직업을 잘 수행하지 못하는 사람에게는 벌(손해)을 주어 그러한 일이 재현되지 않게 법을 공정하게 시행해야 한다고 역설한다.

관자의 사상은 부민이 이뤄져야 부국이 가능하고, 부국이 이뤄져야 강병이 실현된다고 하는 지극히 간단한 이치에 기초해 있다. 백성에게 이익을 주고 백성을 부유하게 하는 구체적인 방법은 백성에게 적절한 일과 그에 따른 보상을 주는 것이다. 그러므로 관자사상의 궁극적 지향은 국가의 부국강병을 이룩하는 것이고, 부국강병의 내용적인 요체는 국가의 구성원들을 각자 가장 잘 할 수 있는 직업에 배치하여 전심전력으로 자신의 일에 매진하게 하는 것이라고 할 수 있다. 그리고 그것을 가능케 하는 제도적 장치로서 법이 존재하고, 상과 벌에 의해서 법을 공정하고 엄격하게 시행하는 것이 국가경영의 성패를 좌우하는 관건이라고 보는 점에서 관자의 사상은 내적인 체계와 내용이 유기적으로 잘 짜여 있는 국가경영전략이라고 말할 수 있다. 그러나 관자의 직업사상은 사고와 가치의 중심이 국가의 부강에 치우쳐 있어서, 백성 개인이 자유롭게 직업을 선택하고 다양한 삶의 가치를 추구하는 등의 문제는 주요한 문제로 고려되지 않고 있다는 한계가 있다.

관자의 직업사상은 인간의 본성과 시대적 상황을 잘 파악하여 이에 부합하는 일과 직업에 대한 생각을 구축하고, 국가를 부강하게 만들 수 있는 현실적인 직업정책을 일관된 논리적 체계로 제시하고 있다는 점에서 중요한 의미를 지닌다. 비록 백성을 사랑하고 백성의 뜻을 따르며 백성을 부유하게 하는 데 힘쓰는 것이 결국 백성을 잘 부림으로써 국가를 부강하게 하려는 목적을 가지고 있다고 하더라도, 백성의 생업과 일상생활을 안정시킨 점은 높게 평가할 필요가 있다. 무엇보다도 관자의 직업사상은 단순히 사유를 통해서 구축된 것이 아니라, 현실에서 직접적으로 응용한 정치경험과 사례들을 통해서 성공적으로 확인된 것이라는 점에서 더욱 주목할 만한 가치가 있다고 생각한다.

2장

공적에 따른 평가와 처우의 시스템을 마련하다 _ 한비자

1. 들어가는 말

오늘날 우리는 경제문제를 둘러싼 국가 간의 경쟁뿐 아니라 국내에서의 취업경쟁을 비롯한 살아남기 위한 치열한 경쟁에 직면하고 있다. 당면한 치열한 경쟁의 상황은 무력으로 약소국을 침탈하는 전쟁이 치열하게 전개되었던 2천여 년 전 중국의 전국시대에 비견할 만하다.

한비자는 전국 말기에 약소국인 한나라에서 태어나 적자생존의 전쟁 속에서 살아남기 위한 부국강병의 전략을 모색했다. 그가 모색한 부국강병의 전략은 구체적이고 그 시대상황에 적합한 것이었기에 실효성을 발휘했고 그의 전략을 가장 충실히 실천한 진나라는 최강국이 되어 천하를 통일했다. 물론 처한 시대나 상황이 똑같지는 않다 하더라도 한비자의 상황분석과 처방은 오늘날에도 참고하여 취사선택할 만한 내용이 대단히 많다. 필자는 이 논문에서 생존경쟁에서 살아남고 국가를 부강하게 하기 위해서 한비자가 내세운 지켜야 할 원칙과 취해야 할 전략 등을 경제적 성공 및 직업이라는 키워드를 중심으로 분석하고 재해석해 보고자 한다. 이러한 관점의 분석과 정리를 통해서 한비자의 사상에 대한 새로운 이해의 지평을 열 수도 있고, 한편으로 오늘날 우리가 직업 및 경제활동을 할 때 가져야 할 바람직한 태도를 정립하는 데도 일조할 수 있으리라 기대한다.

한비자의 사상에 대한 기존의 연구는 철학적, 정치적, 법학적, 교육학적 관점 등 여러 방면으로부터 이루어졌다. 철학적 관점에서는 인성론이나 법의 개념에 대한 연구 및 유교 내지 도교사상과 비교하는 논의 등이 중심을 이루었고, 정치적 관점으로부터는 홉스의 안전국가나 마키아벨리의 절대군주사상과의 비교 등을 통해서 한비자가 내세우는 법치의 성격을 규명하는 논의 등이 전개되었다. 법학적 관점에서는 자연법 및 실정법과 연관한 논의 등이 있으며, 교육학적으로는 도덕교육 및 교사의 역할 등을 비교해서 해석하는 연구 등이 이루어졌다. 최근에는 경영의 관점에서 한비자의 사상을 인간관리나 경영기법 등으로 재해석한 연구도 등장하고 있다.1) 그러나 직업 및 경제적 이익을 테마로 삼고 한비자의 사상을 분석하고 해석한 연구는 거의 찾아보지 못했다. 한비자는 인간을 이익을 추구하는 존재로 이해하고 역사를 재화나 생산관계의 변동으로 고찰하며 사회나 국가의 문제도 주로 물질적 풍요와 경제적 이익의 관점에서 해석해 나가는 등 사상내용의 많은 부분이 이익을

---

1) 이처럼 한비자에 대한 다양한 관점으로부터의 연구가 진행되고 있다는 사실은 그만큼 한비자의 사상내용이 인간의 삶과 사회현실에 대한 포괄적인 통찰과 처방을 함축하고 있기 때문이라고 생각한다. 기존 연구의 구체적인 목록과 내용에 대한 분석 및 평가는 그 자체가 하나의 연구테마로 정리되어야 할 사항이므로 여기서는 열거하지 않기로 한다.

중심으로 한 일과 직업의 문제들을 다루고 있다. 따라서 이러한 관점으로 한비자의 사상을 재구성하고 재해석하는 작업은 한비자의 사상을 총체적으로 이해하는 데 큰 몫을 할 수 있으리라고 생각한다. 필자는 동양의 전통사상 속에서 직업과 관련된 견해들을 모아 재구성하고 재해석해 보고자 작업을 계속하고 있다.2) 그러므로 필자가 이 논문에서 시도하고 있는 한비자의 직업사상에 대한 연구는 지금까지 계속해 온 동양의 직업사상을 조명하고자 하는 지속적인 연구의 연장선상에 있다고 볼 수 있다.

2. 냉철한 현실인식

병으로 고통 받고 있는 환자에 대한 처방은 고통의 증상에 대한 치밀한 진단으로부터 시작하여 그 원인을 추적하고 그 원인을 제거함으로써 병을 치료하는 방식으로 이루어져야 한다. 현재의 증상에 대한 진단이나 그것을 일으키는 원인에 대한 추적이 정확하지 않을 때에는 그 처방은 잘못된 것이어서 아무런 실효성을 거둘 수 없을 것이다. 자신이 당면하고 있는 현실 그리고 인간과 사물 및 역사와 사회의 존재와 변화 원리에 대한 올바른 인식이 선행하지 않고서는 현실의 문제를 제대로 풀어갈 수 없다. 한비자 스스로도 노자를 해설하면서 다음과 같이 말하고 있다. "사물의 이치를 알게 되면 반드시 일에 성공하게 된다."3) "대저 도리에 따라 일을 하는 자는 이루지 못할 것이 없다."4) "겉모양에

---

2) 지금까지 공자, 맹자, 순자, 장자, 묵자, 사기열전 등의 사상내용 속에서 직업의 문제와 연관하여 의미 있다고 생각되는 부분들을 모아 그들의 직업사상을 조명해 보는 연구 등을 진행하였다.
3) 『한비자』 20, 해로, 이운구 옮김, 한길사, 2002, p.286.
4) 『한비자』 20, 해로, 앞의 책, p.287.

따라 성급하게 근거 없이 제멋대로 헤아리는 억측을 버리고 내적 진실을 취해야 한다."5) 한비자는 인간과 사회 및 역사에 대한 정확한 관찰과 추론을 통해 거기에 내재하는 객관적 도리를 찾아낸다.

가. 본성적으로 이익을 추구하는 존재로서의 인간

한비자는 말한다. "천하를 다스리기 위해서는 인간의 감정을 따라야 한다. 인간의 감정에는 좋아하는 것과 싫어하는 것이 있다."6) 그런데 "이익을 좋아하고 손해를 싫어하는 성향은 모든 인간이 가지고 있다."7) "인간은 편안하고 이익이 있으면 그곳으로 나아가고 위태롭고 손해가 있으면 그것을 피하는 게 사람의 변치 않는 감정(人之常情)이다."8) 한비자가 이처럼 인간을 본성적으로 자신의 이익을 추구하는 존재로 파악하는 것은 그가 직접적으로 관찰하고 경험한 약육강식하는 전국시대를 살아가는 인간들의 실제 모습이기도 하려니와, 인간존재의 조건이나 생활방식으로부터 추론해 볼 때 명확하게 확인되는 것이기도 하다.

사람에게는 털이나 깃이 없다. 옷을 입지 않으면 추위를 견디지 못한다. 위로 하늘에 매달려 있지 못하고 아래로 땅에 붙어 있지 못한다. 장과 위를 뿌리로 삼아 무엇이든 먹지 않고서는 살아갈 수가 없다. 이런 까닭으로 이득을 구하는 욕망으로부터 벗어나지 못한다. 이득을 추구하는 마음을 물리칠 수 없는 것이 몸의 근심이다.9)

---

5) 『한비자』 20, 해로, 앞의 책, p.285.
6) 『한비자』 48, 팔경, 앞의 책, p.285.
7) 『한비자』 37, 난이, 앞의 책, p.752.
8) 『한비자』 14, 간겁시신, 앞의 책, p.206.
9) 『한비자』 20, 해로, 앞의 책, p.305.

인간이 본성적으로 이익을 추구하는 욕망을 지니고 있는 것은 타고
난 그대로의 자연적인 성향일 뿐 아니라, 육체를 가지고 태어나서 스스
로의 힘으로 의식주를 해결하며 살아가야 하는 인간의 피할 수 없는 조
건이기도 하다는 것이 한비자의 인간이해다. 한비자는 이처럼 인간을
언제나 자신의 이익이라는 욕망을 추구하고 이익이라는 목적에 견주어
그것에 도움이 되느냐의 여부를 계산하여 움직이는 이해타산적 존재로
파악하기 때문에, 인간들 사이의 애정이라든가 인의라든가 도덕이라는
것도 속임수나 공염불에 지나지 않으며 한 꺼풀만 벗기면 모두 이해관
계에 따라 좌우된다고 해석한다. 한비자는 모든 인간관계를 이기적 목
적으로 이익을 주고받는 관계로 해석하기 때문에 이해관계가 맞으면
낯선 사람이라도 서로 화목하게 지내고, 이해가 충돌하면 아버지와 자
식 사이라도 멀어지는 것으로 설명한다.10) 부부관계의 경우 옛날의 황
후나 왕비가 자식이 임금이 되는 것이 자기에게 이익이라고 생각하여
남편을 죽여 자식을 후사로 삼는 예를 든다.11) 부자관계에서도 아들을
낳으면 축하하고 딸을 낳으면 죽이는 것은 그 후의 이익을 계산하기 때
문이라고 설명한다.12) 이렇듯 가장 가까운 인관관계에서조차 자신에게
이익이냐 아니냐를 끊임없이 계산하며 행동하는 것이 인간이 모습인데,
부자지간과 같은 애정이 없는 관계는 더 말할 필요가 없다고 역설한다.
군신간의 관계는 "임금은 계산으로 신하를 기르며 신하는 계산으로 군
주를 섬기는" 철저히 계산을 가지고 맺어지는 관계다.13) 주인이 머슴을
잘 먹이고 머슴이 열심히 밭을 가는 것도 모두 자신의 이익을 헤아려서
그렇게 하는 것이다.14) 심지어 의사가 환자의 고름을 빨아 치료하는 것

10) 『한비자』 32, 외저설좌상, 앞의 책, p.572.
11) 『한비자』 17, 비내, 앞의 책, pp.246-147.
12) 『한비자』 46, 육반, 앞의 책, p.843.
13) 『한비자』 19, 식사, 앞의 책, p.275.

도 자신의 이익을 위해서 그렇게 하는 것이라고 설명한다.[15]

한비자는 인간이 본성적으로 자신의 이익을 추구하는 존재라는 사실은 자연적이고 어쩔 수 없는 객관적 상황이므로 그것을 바꾸려고 해서 바꿔지는 것도 아니고 바꾸려고 애쓸 필요도 없다고 생각한다. 오히려 인간이 이익을 추구하는 존재라는 사실을 냉철하게 직시하고 그 객관적 인식을 모든 인간관계나 정치 등 삶의 제 영역에서 제대로 운용함으로써 사람들의 행위를 잘 유도할 수 있는 계기 및 동인으로 활용해야 한다고 적극적으로 주장한다. 그리하여 한비자는 인간의 이익을 좋아하는 마음을 이용해서 국가에 바람직한 행위는 상으로 인도하고, 인간의 손해를 싫어하는 마음을 이용해서 국가에 해가 되는 행위를 형벌로 금지시킴으로써, 사회와 국가 안의 모든 인간들로 하여금 자기 역할을 제대로 수행하게끔 할 수 있다고 하는 법치사상을 전개한다.

나. 끊임없이 변화하는 역사와 사회

모든 일에서 도리를 발견하고 도리에 입각하여 일을 처리해야 그 일에서 성공할 수 있다고 생각하여, 실제와 부합하는 올바른 인식을 추구하고자 하는 한비자의 모색은 시대와 사회를 진단하는 데도 그대로 이어진다.

만물은 각각 이(理)를 달리하고 도가 만물의 이를 통괄하므로 변하지 않을 수 없다. 변하지 않을 수 없으므로 일정한 존재방식이 없다. 일정한 존재방식이 없는 까닭에 죽고 사는 기(氣)를 도에서 받고, 모든 지혜를 도에서 펼쳐내며, 모든 일의 흥성과 쇠퇴가 도에서 일어나게 된다.[16]

---

14) 『한비자』 32, 외저설좌상, 앞의 책, p.572.
15) 『한비자』 17, 비내, 앞의 책, p.248.

자연만물이 생성변화를 끊임없이 거듭하며 자연계를 형성하듯이, 사회도 역사도 끊임없는 변화를 통하여 새로운 사회와 새로운 역사를 형성하면서 발전해 나간다고 보는 것이[17] 한비자의 기본적인 인식이다. 한비자는 "옛날과 지금은 풍속이 다르고 새 시대와 구시대는 대비가 다르다"[18]고 말한다. 그리하여 역사를 상고, 중고, 근고, 당금으로 시대를 구분하고, 시대에 따라 사람들의 생활과 문명이 달라져 온 과정을 설명한다.[19] 또한 인구증가(적고 많음)와 경제적 토대의 변동(재화의 많고 적음)을 중심으로 각 시대의 본질과 역사의 발전하는 모습을 달리 설명하기도 한다.[20] 그리고 역사와 시대의 변화에 따라서 인간이 당면하는 사회적 상황과 인간관계의 양상이 달라졌음을 "상고에는 도덕을 다투었고, 중세에는 지모를 다투었으나 오늘날에는 기력을 다툰다"고 밝혀주고 있다.[21]

한비자가 이처럼 시대와 역사에 따라 생활방식과 문명 및 인구와 경제관계의 변동, 나아가 인간관계와 사회적 상황에 이르기까지 모든 것이 끊임없이 달라지는 모습을 자세하게 설명하는 까닭은 당면한 시대적 상황에 따라 대처하는 방법이 달라야 한다는 것을 역설하기 위해서다. 시대적 상황이 달라졌는데도 대처하는 방식에 변화가 없는 것은 "고삐나 채찍도 없이 사나운 말을 부리려는 것과 마찬가지로 현실을 알지 못하는 환란"이며,[22] 시대의 사정을 직시하고 문제에 대한 정확한

---

16) 『한비자』 20, 해로, 앞의 책, p.307.
17) 김예호, 「한비자 자연론과 법치의 객관성」, 『한중철학』 3집, 1997, p.262 참조.
18) 『한비자』 49, 오두, 앞의 책, p.891.
19) 『한비자』 49, 오두, 앞의 책, pp.885-886.
20) 『한비자』 49, 오두, 앞의 책, pp.887-889. 고재욱, 「한비자의 정치사상 연구」, 『강원인문논총』 12집, 2004, pp.417-418 참조.
21) 『한비자』 49 오두, 앞의 책, p.890.

대책을 세우지 않고 똑같은 대책을 고집하는 것은 "한때 우연히 나무 밑동에 걸려 죽은 토끼를 횡재한 사람이 농사일을 그만두고 계속 나무 밑동을 지키며 토끼 얻기를 기다리는 것(守株待兎)과 같은 어리석은 짓"[23]임을 보다 설득력 있게 주장하기 위한 것이다. 그리고 시대나 역사의 변화에 따른 일과 대책의 변화를 주장하는 것은 결국 시대나 사회의 변화에도 불구하고 여전히 인애의 정치를 주장하는 유가를 비판함으로써 지금의 시대상황에 맞는 효과적인 대처방식인 법에 의한 정치의 정당성을 확보하기 위한 전제라고 이해할 수 있다.

3. 시급하고 절실한 문제의 발견과 그 해결

한비자가 살았던 시대는 전국시대 말기 각국이 힘으로 다투는 약육강식의 시대로서 자국의 이익을 도모하기 위한 전쟁이 빈번히 일어나서 국가의 존망이 위태로운 시기였다. 특히 한나라와 같이 국력이 약한 약소국은 강한 나라에 조공을 바치고 군대파병 등 대국의 요구에 조건 없이 복종해야 하는 상황이었다. 이처럼 국력이 약하여 존망을 위협받고 강국에게 마음대로 유린당할 수밖에 없는 시대적 상황 속에서 백성들은 도탄에 빠져 굶주리고 죽임을 당하고 노예로 전락하는 등 참혹한 현실 속에서 신음하고 있었다. 이러한 참상을 벗어나기 위해서는 생산력의 증대와 군사력의 강화를 통해 국가의 힘을 기르는 길밖에 없었다. 그래서 한비자는 농사에 힘쓰고 전쟁에서의 승리를 위해 준비하는 것이야말로 당시의 시대상황에서는 무엇보다 시급하고 절실하게 요청되는 일이라고 생각했다. 심지어 "공자나 묵자와 같은 지혜와 변설이 있어도 직접 밭 갈고 김매지 않았으니 국가에 직접적인 이득이 없고, 증

---

22) 『한비자』 49, 오두, 앞의 책, p.891.
23) 『한비자』 49, 오두, 앞의 책, p.886.

자나 사추와 같은 효자라도 전쟁에 나아가 싸움을 하지 않았으니 국가가 그들에게서 얻은 이익이 없다"24)고 말할 정도로 근본이 되는 일(농사와 전쟁)과 말초의 일을 분명하게 구분함으로써 근본적인 일에 온 힘을 쏟았다.

농사짓는 일은 고달프지만 백성들이 그것을 하는 것은 (그것을 통해서) 부유해질 수 있기 때문이다. 전쟁하는 일은 위험한 일이지만 백성이 그것을 하는 것은 (그것을 통해서) 귀해질 수 있기 때문이다. 만약 학문을 닦고 말재주를 익혀서 농사짓는 고달픔 없이도 재부의 실리를 얻고, 전쟁의 위험을 겪지 않고도 귀하게 높아진다면 어느 누가 하지 않겠는가? 이런 까닭으로 백 사람이 지혜를 다듬고 한 사람만 일하게 된다. 지혜 다듬는 자가 많으면 법이 무너지고 일을 하는 자가 적으면 나라가 가난해진다.25)

그러나 한비자가 처한 현실적 상황은 일하지 않고 먹는 것을 유능하다고 칭찬하고 죽음이 두려워 도망치는 것을 생명을 소중히 한다고 말하며, 명령에 잘 따르고 법을 온전하게 지키는 사람을 고루하다고 하고 농사일에 힘써서 먹고사는 사람을 능력이 부족한 자라고 헐뜯는 등 가치가 전도되어 있었다.26) 한비자는 이처럼 근본적인 것과 말초적인 것이 전도되고 중요한 것과 가벼운 것이 뒤바뀌어 있는 구조적 모순을 척결하는 것이 문제해결의 열쇠라고 보았다. 그리하여 한비자는 국가에 직접적인 이익을 주는 공을 세운 사람에게는 사적인 이익으로써 보상을 하고 국가에 손해를 끼치는 자에게는 중한 형벌을 가하는 법을 엄격하게 세우고, 법에 의한 통치를 철저하게 시행하는 것이 당면한 현실의

---

24) 『한비자』 47, 팔설, 앞의 책, p.858.
25) 『한비자』 49, 오두, 앞의 책, p.903.
26) 『한비자』 46, 육반, 앞의 책, pp.840-841.

문제를 해결하는 가장 효과적인 방법이라고 제시했다. 법에 의한 통치를 효율적으로 시행하기 위해서 군권의 강화를 통한 통치질서의 확립이 필요했기 때문에 한비자는 군권을 강화하는 데 많은 힘을 쏟았다.

결과적으로 엄격한 법에 의한 통치는 군주의 통치권을 강화하는 것임에도 불구하고 군주의 사적인 법집행을 경계하기 위해서 군주의 구부러지고 치우친 마음을 바로잡으려 하기에 임금의 뜻과 반대되는 것이기도 하다.27) 따라서 그것이 국가의 이익 내지는 자신의 이익이 된다는 사실을 명확하게 인식하지 못하는 경우에는 군주의 지지를 받지 못한다. 더욱이 군주를 둘러싸고 있는 제후나 권신 같은 권세가들에게 법술의 정치는 그들이 누리는 권세와 이익을 빼앗아가는 원수와 같은 것이기에 결코 환영받을 수가 없다.28) 그러므로 법치를 당시의 현실 속에서 시행하는 것은 쉬운 일이 아니고 "몽매한 군주나 간사한 권세가들의 모함에 걸려 초나라의 오기처럼 사지가 찢기거나 진나라 상앙처럼 거열형을 당할 위험도 있다."29) 이러한 어려움과 위험이 있음에도 불구하고 법치를 현실에서 실천하려고 하는 것에 대하여 한비자는 "인민에게 이득을 주고 대중을 편안하게 하는 길이기 때문"이라고 분명하게 밝히고 있다.30) 또한 한비자는 "성인은 백성을 다스림에 있어 백성의 근본이익을 헤아려 그 욕망대로 하지 못하게 하고, 백성들에게 이롭게 하는 것을 바랄 따름이다. 따라서 형벌을 가함은 백성을 미워해서가 아니라 그것이 사랑의 근본이기 때문이다"31)라고 말한다. 이를 통해서 우

---

27) 『한비자』 11, 고분, 앞의 책, p.178.
28) 『한비자』 11, 고분, 앞의 책, p.178. 유정병, 「한비자 법사상에 대한 사회철학적 고찰」, 성균관대 석사논문, 1989, p.41 참조.
29) 『한비자』 42, 간전, 앞의 책, p.803.
30) 『한비자』 42, 간전, 앞의 책, p.804.
31) 『한비자』 54, 심도, 앞의 책, p.945.

리는 한비자 법치사상의 절실한 출발동기와 지향하는 목적을 동시에
확인할 수 있다.

4. 능력과 직분의 일치

국가의 부강은 국가의 생산성을 최대화함으로써 이루어질 수 있는데,
그 요체는 국가의 모든 구성원들이 각기 자신의 위치에서 자신의 능력
에 맞는 일을 제대로 수행할 때 가능할 것이다. 한비자는 상앙이 적의
머리를 베어 온 자에게 벼슬을 준다는 법을 시행한 것에 대하여, "무릇
목수는 손재주가 있어야 하고 의사는 약을 잘 지어야 하는데, 적의 머
리를 베어 온 공으로 목수와 의사를 삼으면 그 능력에 맞지 않게 관직
을 주는 것이다"[32]라고 비판하고, 각자의 능력에 맞는 일자리 배분의
중요성을 강조한다. 국가를 부강하게 하는 것이 한비자가 법치사상을
주창하는 목적이라고 한다면, 그 구체적인 방법과 내용은 국가의 모든
구성원에게 자신의 능력에 맞는 사회적 지위와 일을 배분하는 것이라
고 할 수 있다.

잘 다스려지는 나라의 신하는 나라에 공적을 올림으로써 자리에 나아
가게 되고, 벼슬에 상응하는 능력을 보임으로써 직책을 받으며, 법도에
따라 힘을 다함으로써 일을 맡게 된다. 신하된 자는 모두가 능력에 어울
리는 자리에 나아가 그 관직을 잘 지키며 그 임무를 가볍게 해내어 남는
여력을 마음에 두지 않아도 되며, 여러 가지 벼슬을 겸직하여 군주에게
책임을 느낄 일도 없다. 그러므로 안으로 (직책이 자기의 능력보다 낮다
는) 원망으로 인한 난이 없고, 밖으로 (직책이 능력보다 과도하여 참패
한) 마복[33] 같은 화를 당할 일도 없다. 현명한 군주는 임무를 각기 서로

---

32) 『한비자』 43, 정법, 앞의 책, pp.810-811.

충돌하지 않게 시키므로 분규가 없고, 관리로 하여금 여러 가지 관직을 겸직하게 하지 않으므로 개인의 (전문적) 기능이 발달하며, 사람들로 하여금 같은 공을 노리도록 시키지 않으므로 다투는 일이 없다. 분규 다툼이 그치고 기능이 발전을 하게 되면, 강한 자와 약한 자가 힘을 겨루어 다툴 일이 없고 얼음과 숯이 함께 섞이지 않아서 천하에 서로 해칠 일이 없게 될 것이니, 이를 가리켜 잘 다스려진 극치라고 한다.34)

한비자는 여기서 직책이나 직무를 배분함에 있어서 서로 간섭하거나 충돌하지 않게 하는 분업화와 전문화의 원칙을 제시하고 있다. 그렇게 함으로써 기능의 숙련도를 높일 수 있고 구성원 간의 다툼이나 불화를 줄일 뿐 아니라 업무의 중복으로 인한 비효율도 제거할 수 있다고 주장한다. 따라서 사람의 능력을 평가하여 직무나 지위를 제공함에 있어서도 그 사람의 종합적인 능력을 살피거나 인간성 전체를 살필 필요가 없다고 역설한다. 화를 잘 내고 심성이 나빠서 사람들이 좋아하지 않지만 음악에만 통달한 기라는 사람을 악정으로 등용하면서 "기는 한 가지만으로 충분하다(夔一足)"고 했다는 이야기35)는 이를 잘 설명해 준다. 설사 인격적인 결함이 있더라도 어떤 분야에서 특별한 능력을 가지고 있다면 그 장점만을 보고 그가 잘할 수 있는 일을 맡기면 된다는 것이 한비자의 생각이다. 세상에 완벽한 사람이란 있을 수 없기 때문에 어느 한 분야에서라도 특별한 재능을 가지고 있다면 그 장점을 정확히 판단해서 그 장점을 잘 발휘할 수 있는 직분을 제공하면 된다는 이러한 생각은 매우 합리적이고 실제적인 방안이라 볼 수 있다. 정나라 간공이 자산과의 대화에서 "자네가 맡은 직분이 있고 내가 맡은 직분이 있다.

33) 실전 경험이 부족하여 진나라에 참패한 조나라의 장수.
34) 『한비자』 27, 용인, 앞의 책, pp.419-420.
35) 『한비자』 33, 외저설좌하, 앞의 책, pp.612-613.

각각 그 직분을 지켜 나가자"라고 말하고 그대로 5년을 실천하니 나라가 잘 다스려졌다는 이야기36)나 "군주가 되어 백관이 하는 일을 자신이 직접 다 살피려 한다면 시간도 부족하고 능력도 미치지 못할 것이다"37)라는 얘기는 각자가 맡은 직분에만 충실하는 것이 국가부강의 길이라는 것을 역설하는 내용이라고 할 수 있다. 한나라의 소후는 자신이 술에 취하여 잠자는 사이에 옷을 덮어준 사람이 '관을 담당한 사람'이라는 사실을 알고 '옷을 담당하는 자'와 '관을 담당하는 자'를 함께 처벌하였다. '옷을 담당하는 자'를 처벌한 것은 그가 해야 할 일을 게을리하였기 때문이고, '관을 담당하는 자'를 처벌한 것은 자기 직분을 넘어서 분별없이 일을 하였다고 생각하였기 때문이다.38) 한비자가 이처럼 철저하게 각자의 직분에만 충실할 것을 강조하고 겸직이나 다른 일을 잠시 거드는 것까지 배격한 것은 아무리 뛰어난 사람이라 할지라도 체력이나 지력 등의 능력에 한계가 있다고 생각했기 때문만은 아니다. 직분을 넘나들 경우 생길 수 있는 갈등이나 다툼이 국력의 소모를 가져올 수 있고, 한편으로는 업무분담이나 책임소재가 불분명해져서 업무가 제대로 수행되지 않음으로써 국가의 생산력이 떨어질 것을 염려했기 때문이다.

단련된 주석을 볼 때 청황 빛깔만을 살핀다면 (도검의 명장인) 구야라도 능히 검을 판정할 수 없으나, 물속에서 기러기를 베고 땅에서 망아지를 자른다면 노예라도 둔하고 예리함을 가릴 수 있을 것이다. 이와 입술을 벌리고 생긴 모양만을 본다면 (말 감정의 대가인) 백락이라 할지라도 능히 말을 판정할 수 없으나, 수레를 끌게 하여 달리는 것을 본다면 노

---

36) 『한비자』 32, 외저설좌상, 앞의 책, p.587.
37) 『한비자』 6, 유도, 앞의 책, p.100.
38) 『한비자』 7, 이병, 앞의 책, p.110.

예라도 느린 말과 좋은 말을 가릴 수 있을 것이다. 용모와 복장을 보고 말솜씨만을 듣는다면 공자라도 능히 사람을 판정할 수 없으나, 관직으로 시험하고 공적을 매긴다면 보통사람일지라도 어리석음과 지혜로움을 분간할 수 있을 것이다.[39]

한비자는 어떤 사람의 능력이 어떤 직분에 맞는지를 판단하는 것은 외모나 언변만을 보고 판단해서는 안 되고 반드시 직책을 맡겨서 시험해 보고 실증된 결과에 따라야 한다고 누누이 강조한다. 어느 누구도 검증과 시험을 거치기 전에는 능력 여하를 정확히 알 수 없는 것이기 때문에, 마음대로 직분을 배치해서는 안 된다는 것이 한비자가 제시하는 인재등용의 원칙이다. 이는 "직접 시험해서 검증해 보지 않고 불가하다고 내치는 것은 어리석은 일이며, 잘할 수 있음을 직접 시험을 통해 검증해 보지도 않고 천거하는 것은 속이는 것이다"[40]라는 말을 통해서 확인할 수 있다. 능력의 검증방법에 대해서 한비자는 아무리 유능하다는 평판이 있는 사람이라 할지라도 쉬운 일부터 맨 밑자리에서부터 출발해야 한다고 주장한다. 드러난 평판이나 성가에 홀리고 변설에 현혹되어 곧바로 높은 직책을 맡기면 나라가 망하는 환란을 가져올 수 있다고 경고한다. 둔백(변경부대의 분대장) 자리로부터 시험해 보지 않고 곧 바로 송고를 장수로 삼아서 실패한 초나라의 예와 풍리를 주부(지방관청의 말단관리)를 거치지 않고 바로 재상으로 임명해서 나라를 망친 위나라의 예는 모두 이를 입증하기 위한 것이다.[41]

---

39) 『한비자』 50, 현학, 앞의 책, pp.918-919.
40) 『한비자』 50, 현학, 앞의 책, p.913.
41) 『한비자』 42, 문전, 앞의 책, p.802. 우홍준, 「한비자의 정치사상(시스템통치론)」, 『한국행정사학지』 27권, 2010, p.729 참조.

5. 공적에 따른 평가와 처우

각자의 역량에 꼭 맞게 직무와 직책을 적절히 배분하는 것은 국가의 구성원들이 자신의 능력을 최대한 발휘하여 국가의 생산력을 최대화할 수 있는 구조적인 여건을 갖추는 것이다. 구조를 잘 갖추었다고 해서 기능이 저절로 제대로 작동하는 것은 아니다. 한비자는 자신의 위치에서 자신이 맡은 일을 열심히 수행하도록 하기 위해서는 일을 제대로 수행하고 있는가를 끊임없이 체크해서 평가해야 하고, 그 결과에 따라 엄격하게 상벌로 보상해야 한다는 것을 강조한다. 인간은 본성적으로 자신의 이익을 계산하여 이익이 되는 쪽으로 행동하게 되어 있으므로, 업무를 제대로 수행하면 상을 주고 잘못하면 벌을 주는 것이야말로 사람들이 자신의 직분에 충실토록 만드는 관건이라고 역설한다.

> 현명한 군주가 상을 줄 때에는 포근함이 마치 알맞게 내리는 비와 같아서 백성들은 그 혜택을 좋아하며, 벌을 줄 때에는 그 무서운 것이 마치 천둥소리 같아서 신이나 성인일지라도 그 노여움을 달랠 수 없다. 그래서 군주는 상을 아무렇게나 주지 않으며 형벌을 아무렇게나 용서하지 않는다. 상을 아무렇게나 주면 공신도 그가 할 일을 게을리하게 되고, 형벌을 아무렇게나 용서하면 간신이 쉽게 잘못을 저지르게 될 것이다. 그런 까닭에 정말 공이 있다면 비록 멀고 낮은 신분의 사람이라 할지라도 반드시 상을 주어야 하며, 정말 허물이 있다면 비록 친근하고 총애하는 사람이라 할지라도 반드시 처벌해야 한다. 멀고 낮은 신분인 자가 반드시 상을 받게 되고, 친근하고 총애하는 자도 반드시 처벌당하게 된다면, 멀고 낮은 신분인 자가 일을 게을리하지 않을 것이며, 친근하고 총애하는 자도 방자하게 굴지 않을 것이다.[42]

---

42) 『한비자』 5, 주도, 앞의 책, p.88.

한비자는 이렇듯 신분의 높고 낮음이나 관계의 친하고 소원함을 막론하고 엄정하게 객관적인 공과만을 따져 상과 벌을 엄격하게 시행하는 것이 국가의 모든 기능이 제대로 작동하게 만드는 안정적인 방법이라고 말한다. 따라서 직무의 수행결과를 평가하는 공정한 평가기준을 마련하고 그것을 예외 없이 엄밀히 적용함으로써 공 있는 자는 반드시 상을 받고 죄지은 자는 반드시 처벌당하는 것을 확인할 수 있도록 해야 한다. 그렇게 되면 "사람들은 상과 벌이 모두 자신에게서 비롯된다는 것을 알게 되고, 자신의 일을 통해서 이익을 얻고자 애쓸 뿐 임금의 은혜를 입으려 하지 않을 것이다."[43] 만약 일 잘하는 사람에게 상이 내리는 것이 아니라 잘 보이는 사람에게 상이 내리고, 자신이 맡은 직무에 게으른 사람에게 벌이 내리는 것이 아니라 잘 보인 사람에게 벌이 내린다면, 사람들은 자신의 직무를 제대로 수행하는 것보다는 상사에게 잘 보이기 위해 온 힘을 쏟을 것이다. 이처럼 상벌이 잘못 시행되면 부정과 부패가 판을 치게 되어 모든 경제와 행정이 어지럽게 됨으로써, 국가의 모든 기능이 마비되고 국가의 생산성이 현저히 저하되어 결국 국가가 패망하는 데 이를 것이다.[44]

한비자는 모든 국가의 구성원이 자신이 맡은 직무를 올바로 수행하느냐의 여부가 국가의 흥망을 좌우하는 열쇠라고 보았기 때문에, 직책과 직무수행의 성과가 일치하느냐의 여부 내지는 업무수행과 연관하여 내세운 약속과 그 수행결과의 일치 여부를 확인하고 그에 따라 상벌을 시행할 것을 강력하게 주장한다.[45]

---

43) 『한비자』 38, 난삼, 앞의 책, p.762.
44) 최윤재, 『한비자가 나라를 살린다』, 청년사, 2000, pp.148-149 참조.
45) 이를 形名論이라고 하는데, 『한비자』에는 同合形名, 遇合形名, 審合形明, 形名參同 등의 표현을 통해서 명목과 성과의 일치를 계속하여 강조한다. 지정민, 「한비자의 정치이론과 교육이론」, 『도덕교육연구』 22권 1호, 2010, p.81 참조.

군주가 간신을 막기 위해 그 실적과 명목이 일치하는가를 살핀다는 것은 신하가 진술한 말과 실제 일한 성과를 가리킨다. 남의 신하된 자가 어떤 일에 대하여 자기 의견을 진술하면, 군주는 진술한 말에 걸맞은 일을 맡겨주고 오로지 그 일에 맞추어 성과를 요구한다. 성과가 그 일과 들어맞고 일이 그 말과 들어맞으면 상을 준다. 성과가 그 일과 들어맞지 않고 일이 그 말과 들어맞지 않으면 벌을 준다. 그러므로 의견은 크면서 성과가 작은 신하는 벌한다. 이는 성과가 작다고 벌하는 게 아니라 그 성과가 내건 명목과 맞지 않아서 벌하는 것이다. 또한 의견이 작으면서 성과가 큰 신하도 벌한다. 큰 성과가 기쁘지 않아서가 아니라 명목이 들어맞지 않아 생길 해가 그 성과가 갖는 이득보다 더 심하다고 생각하기 때문에 벌한다.46)

『한비자』에는 오기가 끈을 똑같은 것으로 만들어 달라고 부탁했는데 그의 처가 더 좋은 것을 만들어 왔다는 이유로 처를 쫓아 보낸 이야기가 등장하는데, 이 이야기를 통해서 한비자가 얼마나 명목과 실적의 일치가 중요하다고 생각했는가를 잘 알 수 있다. 이처럼 한비자가 인간의 선한 동기까지도 부정할 정도로 상과 벌의 엄격한 시행을 주장한 것은47) 그것이 국가와 사회를 지탱해 주고 부강하게 만드는 기본적인 원칙이기 때문이며, 원칙이 흔들리거나 분명하지 않을 때 초래될 수 있는 대규모의 혼란을 염려했기 때문이라고 할 수 있다. 결론적으로 말해서 국가 구성원 각자가 자신이 맡은 직책에 부합하는 성과를 생산하는 구조가 계속적으로 원활하게 작동하는 것, 그것은 바로 한비자가 확립한 법치사상의 핵심적인 내용이요 국가를 부강하게 만드는 구체적인 방법이라고 할 수 있다. 이는 공자가 정치의 요체로 정명(正名)을 내세우는

---

46) 『한비자』 7, 이병, 앞의 책, p.109.
47) 이승환, 「사회규범의 공공성에 관한 법가의 인식(1)」, 『시대와 철학』 14권 1호, 2003, p.324 참조.

것과 비교해 본다면, 공자의 명은 도덕적 역할, 기능, 직분 등을 의미하기 때문에 사실적 의미보다는 도덕가치적 의미가 강한 것이어서 정명 여부의 판단이 쉽지 않은 데 비해서, 한비자가 주장한 명은 국가의 목적이나 기능에 따르는 합목적적 국가직분에 해당한다고 볼 수 있기 때문에 실제 효과와 견주어 형명일치 여부의 판단이 분명하다.48) 따라서 한비자의 형명론의 내용이 보다 구체적이고 실질적인 것이며 그것의 의미파악이나 실천이 훨씬 용이하다고 말할 수 있겠다.

6. 공과 사의 문제

한비자는 인간을 본성적으로 자신의 이익을 추구하는 욕망을 지닌 존재로 이해했다. 이기적 본성을 지닌 인간들을 어떻게 하면 공적인 질서와 공적인 이익에 합치하는 방향으로 행동하도록 유도할 수 있을까를 한비자는 고민했다. 사람의 이기적인 본성은 스스로의 노력으로 제어될 수 있거나 교화될 수 있는 것이 아니기 때문에, 인간이 지닌 이기적 본성을 이용하여 공적인 질서를 확립하는 것이 현실적인 방안이라고 생각했다. 그것은 바로 공적 이익을 창출하는 사람에게 상이라는 사적 이익을 주고, 공적 이익에 반하는 사람에게 사적 손해인 벌을 가한다는 원칙 즉 법의 확립과 엄격한 시행이다. 사적인 이익은 공적인 절차를 통해서 이루어질 때만이 그 정당성을 보장받을 수 있도록 한다는 점에서, 법은 인간의 이기적인 본성의 상호 충돌을 조정하고 보장해 주는 공적인 장치라고 할 수 있다.49) 법이 사적인 이익을 조정하고 정당

---

48) 조천수, 「한비자의 법사상연구」, 『법철학연구』 제1권, 1998, pp.349-350 참조.

49) 김예호, 「한비자의 윤리사상」, 『시대와 철학』 8권 1호, 1997, pp.131-132 참조.

하게 보장해 주는 역할을 제대로 수행할 수 있기 위해서는 그 자체가 사적인 요소를 배제한 객관적이고 보편타당한 바탕 위에 서야 하고 법의 시행 역시 철저히 공정하게 이루어지지 않으면 안 된다.

대저 법령을 세우는 것은 사를 폐하기 위한 것이다. 법령이 행해지면 사도가 폐한다. 사라는 것은 법을 어지럽히는 근본이다. … 그러므로『본언』에 이르기를 "다스리는 근본이란 법이며, 어지럽히는 근본이란 사다. 법이 서면 사를 할 수 없게 된다"고 한다.[50]

여기서 알 수 있는 것처럼 법은 공적인 질서를 세우는 것으로서 철저히 사와는 상반된 것이며, 그 출발점과 지향하는 목표 그리고 제정과 시행의 모든 과정에서 철저하게 사를 배제하고자 한다. 법에 사적인 요소가 끼어들게 되면 법의 정당성과 권위가 사라지게 되어 법의 효력을 기대할 수 없기 때문이다. 법이 제대로 작동하지 않으면 공적인 질서가 무너지고 국가는 패망의 길로 치닫게 된다. 따라서 공과 사의 구분을 명확히 하는 것이야말로 한비자가 가장 강조하는 사회생활의 기본이 되는 원칙이다. 개인이나 군주를 비롯한 모든 국가의 구성원들이 이 원칙을 제대로 지키느냐 아니냐에 따라 자신의 위치와 생존이 보전될 수 있고, 국가의 존망도 좌우된다. 노나라의 재상 공의휴는 사적으로 생선을 즐겨 먹었지만 사람들이 생선을 사서 바치는 것을 결코 받지 않았는데, 그 이유에 대해서 "생선을 받는다면 반드시 남에게 낮추는 태도를 가지게 될 것이고, 그러면 곧 법을 굽히게 될 것이다. 법을 굽히게 되면 재상 자리를 면직당할 것이다"[51]라고 말한다. 해호는 개인적인 원수를 재상의 자리에 추천하면서 "자네를 추천한 것은 공적인 일이고, 자네에

---

50) 『한비자』 45, 궤사, 앞의 책, pp.837-838.
51) 『한비자』 35, 외저설우하, 앞의 책, p.691.

대한 원한은 사적인 것이다. 자네에 대한 원한은 처음과 마찬가지다"52) 라고 말한다. 이 외에도『한비자』라는 책 도처에는 공과 사의 구분을 강조하는 내용들로 가득 차 있다. 공적인 문제를 사적으로 처리하는 것의 잘못을 지적하는 수많은 사례들은 이루 다 열거할 수 없을 정도로 많다. 이로써 볼 때 공과 사의 문제는 한비자가 당시 인간과 국가의 상황을 진단하고 처방을 구해 나가는 데 있어서 시종 그의 머릿속에 자리하고 있는 키 콘셉트였다고 할 수 있다.

7. 나오는 말

이 논문은 생존경쟁에서 살아남고 국가를 부강하게 하기 위해서 한비자가 내세운 지켜야 할 원칙과 취해야 할 전략 등을 경제적 성공 및 직업이라는 키워드를 중심으로 분석하고 재해석해 본 것이다.

한비자는 인간을 이익을 추구하는 존재로 이해하고 역사를 재화나 생산관계의 변동으로 고찰하며 사회나 국가의 문제도 주로 물질적 풍요와 경제적 이익의 관점에서 해석해 나가는 등 사상내용의 많은 부분이 이익을 중심으로 한 일과 직업의 문제들을 다루고 있다. 그가 확립한 법치의 핵심은 자신이 맡은 직분에 상응하는 공적을 세웠느냐의 여부를 따져서 엄격하게 상과 벌로 보상해야 한다는 것이다. 따라서 그의 사상을 직업이라는 관점으로 재구성하고 재해석하는 작업은 의미 있는 일이며 한비자의 사상을 이해하는 새로운 지평이 될 수 있다고 생각한다.

국가의 부강은 국가의 구성원들이 자기의 위치에서 자기가 맡은 역할을 제대로 수행할 때 가능하다. 그래서 한비자는 국가의 모든 직분이

---

52)『한비자』33, 외저설좌하, 앞의 책, pp.630-631.

각자의 역량에 일치하도록 배분되어야 함을 강조한다. 동시에 자신이 맡은 역할에서 산출해 낸 성과 여부를 엄정하게 평가하여 상과 벌로 철저하게 보상할 것을 주장한다. 한비자의 법치사상의 핵심은 국가에 이익이 되는 일을 한 사람에게 사적으로 이익을 주는 시스템이 제대로 가동되게 함으로써 국가를 부강하게 하는 데 있다고 할 수 있다.

한비자의 직업사상은 철저하게 개인의 능력에 따라서 사회적 지위와 직업을 배분하고 자신의 일에서 이룩한 공과에 의해서 보상을 하는 등 일체의 사적인 요소들을 배제하는 데 그 초점이 맞추어져 있다고 할 수 있다. 그리고 이 점은 오늘날 우리 사회의 상황을 비추어 볼 때도 여전히 유효하다.

5부

현실의 유용성을 중시하는 실학적 사고

1장

이익을 보는 관점을 바꾸다 _ 박제가

1. 들어가는 말

박제가(1750-1805)는 18세기 후반 가장 개혁적인 실학사상을 제창한
사람이다. 박제가의 수많은 개혁적인 주장 가운데서, 당시로서는 특히
주목할 만한 사상이 있다. 유학자들과 일부 실학자들까지 당연시한 사
농공상이라는 신분적 직업구조를 철폐하라고 주장한 것과 '농자천하지
대본(農者天下之大本)'이라는 농업중심의 직업관을 파격적으로 비판하
고 상업중심의 직업관을 주장한 것이 그것이다. 유교가 지배하던 사회
에서 이처럼 파격적인 주장을 펼칠 수 있었던 바탕에는 이익을 보는 관
점의 근본적인 변화가 존재한다고 생각한다. 왜냐하면 유학사상은 공자
이래로 의리(義)와 이익(利)을 대조하면서 이익을 멀리하고 의리를 따
를 것을 강조해 왔기 때문이다.

직업이라는 말은 경제적 보상을 받는 일을 일컫는다.1) 따라서 직업은 경제적 이익의 관념과 밀접하게 연결되어 있다. 이처럼 직업이라는 말이 이익을 추구하는 활동으로서의 특성을 가장 핵심적인 개념으로 갖고 있기에, 이익 내지 이익을 추구하는 활동에 대해서 어떻게 생각하느냐에 따라 직업에 대한 생각 즉 직업사상이 달라지는 것은 당연한 일이다. 박제가는 직업의 핵심 개념인 이익을 보는 관점이 유학자들의 그것과 확연히 달랐다. 이익을 추구하는 행위를 부정하거나 천시하는 것이 아니라 매우 긍정적으로 보고 적극적으로 권장했다. 그래서 그의 직업사상이 이전의 그것과 파격적으로 다르게 전개된 것이다.

필자는 이익을 보는 관점의 변화가 직업사상과 갖는 관련성에 주목하면서 박제가의 직업사상의 내용을 추려 재구성하고 그 혁신적 의미를 재확인해 보고자 한다. 논의의 순서는 다음과 같다. 먼저 공자와 맹자 및 성리학의 사상 속에서 일관되게 전개되는 이익을 보는 관점을 검토하고 이에 따른 직업사상의 내용을 조명하고자 한다. 다음으로 이와는 다른 관점에서 이익을 보는 순자의 사상과 그 직업사상의 특징을 검토한다. 그리고 본론에서 박제가의 이익을 보는 관점을 분명하게 밝히고 이와 연관해서 제기된 그의 혁신적인 직업사상의 내용을 검토하여 정리해 보고자 한다.

지금까지 박제가의 사상에 관해서는 수많은 연구가 진행되었다. 기존의 연구는 주로 부국론(富國論)과 사회개혁론의 관점에서 진행되었고 그 혁신성과 시의성이 중점적으로 조명되었다. 필자는 동양의 전통사상 가운데서 직업사상을 찾아 재구성하고 그 의미를 찾아보는 데 관

---

1) 직업이라는 말은 인간이 하는 일 가운데서 경제적 보상을 받는 일, 계속적으로 수행하는 일, 사회적 효용성이 있는 일, 성인이 하는 일, 자기의 의사에 따라 하는 일에 대해서 사용한다. 직업윤리연구회 편, 『현대사회와 직업윤리』, 형설출판사, 1991, pp.5-6

심과 노력을 기울여 왔다.2) 이러한 관심과 노력은 신의 소명(Vocation)으로서 직업의 의미를 규정하고 신에 봉사하는 마음으로 직업에 헌신할 것을 주장하는 막스 베버(Max Weber)의 직업사상이 표준적이고 이상적인 직업사상이라고 생각하는 것에 대한 비판과 반성으로부터 출발한 것이다. 필자는 박제가의 직업사상 속에서 발견할 수 있는 이익을 보는 관점이나 직업사상의 내용이 서구의 근대적인 경제사상이나 직업관과 큰 차이가 없다는 것을 발견했다. 그래서 이 글을 통해서 그 점을 집중적으로 조명하고 이전의 유학사상과 획기적으로 다른 관점과 내용을 대조적으로 부각시켜 보고자 한다. 이로써 박제가의 사상이 갖는 근대성과 시의성을 밝히는 데 일조할 수 있기를 기대한다.

2. 정통유학의 이익을 보는 관점과 직업관

공자(B.C. 551-479)는 유교사상의 원형을 확립한 사람이다. 그는 가난 때문에 남의 집 창고나 정원을 관리하기도 하고, 가축을 돌보기도 했다. "나는 어렸을 때 미천했기 때문에 비천한 일들을 많이 할 줄 안다"3)고 말할 만큼 어려운 생활을 했다. 이렇듯 공자는 어려운 형편으로 인해 육체노동을 두루 경험했다. 그래서 일하는 것의 중요성에 대하여 잘 알고 있었고 일의 결과로 생산되는 가치의 소중함에 대한 인식도 있었다. 그러나 공자의 관심은 일로 인해 생기는 결과의 이득보다는 일하는 과정이나 방법의 정당성에 비중이 있었다. 그래서 "의롭지 못한 부귀는 아무런 가치도 없을 뿐만 아니라 오히려 부끄러운 것"4)이고 "부

---

2) 정영근, 「동양적 직업윤리의 재해석 I, II」, 『공업기술교육』 제43호, 제45호, 1987.

3) 『논어』, 「子罕」, "吾小也賤 故多能鄙事."

4) 『논어』, 「述而」, "不義而富且貴 於我如浮雲."

귀함은 사람들이 원하는 것이지만 정당한 방법으로 얻지 않으면 받아들이지 않아야 한다"[5]고 가르쳤다. 그리고 결과의 이익과 과정의 정당성 가운데 무엇을 중요시하느냐는 태도의 차이에 따라 군자와 소인을 구별했다. 소인은 결과의 이익만을 생각하고 그것을 추구하는 데 혈안이 되지만, 군자는 늘 도의를 생각하며,[6] 이익을 보았을 때는 그것이 도리에 맞는 정당한 것인가를 생각하는[7] 점에서 다르다고 구별한다.

　공자는 이처럼 결과의 이익을 그 자체로서 의미 있는 것이 아니라 도덕적 표준과 일치할 때만 가치가 있는 것이라고 본다. 공자는 도덕성을 무시하고 맹목적으로 추구되는 이익 및 이익만을 추구하는 경제행위를 철저히 천시하고 배격한다. 개인의 경제행위가 자신이나 사회 전체 구성원들의 궁극적인 이익과 행복으로 연결되지 않는다면, 그것은 무의미하거나 해로운 것이라고 보는 것이 공자의 생각이다. 따라서 공자는 이익을 산출하는 전문적인 지식이나 기술의 습득도 그 자체만으로는 문제가 있다고 보았다. 그래서 말단적인 일기일예(一技一藝)나 부분 전문가적인 직능공이 되어서는 안 된다고 가르쳤다.[8] 공자의 이러한 사상이 전문적인 기술이나 지식이 발달하는 것을 막았고, 자기의 일에만 몰두하는 직업정신이 자라나지 못하게 만들었다고 막스 베버는 비판한다. 현대사회의 특징이 전문적인 지식과 기술을 요하는 직업의 종류와 전문직업인의 비중이 커졌다는 데 있다고 볼 때, 공자의 사상을 전근대적인 것으로 보는 이러한 평가와 해석은 당연한 것처럼 여길 수 있다.[9] 그러나 전문적인 지식이나 기술도 그것이 자신이나 사회 전체

---

5) 『논어』, 「理仁」, "富與貴 是人之所好也 不以其道得之 不處也."
6) 『논어』, 「理仁」, "君子喩於義 小人喩於利."
7) 『논어』, 「憲問」, "見利思義"
8) 『논어』, 「爲政」, "君子不器"
9) 정영근, 「동양사상과 직업윤리」, 직업윤리연구회 편, 『현대사회와 직업윤리』,

구성원들의 궁극적인 이익과 행복으로 연결되어야 가치가 있는 것이지, 자신의 삶이나 사회 전체와 통합되지 않는다면 개인적으로나 사회적으로 큰 불행을 낳을 수 있다는 점을 상기할 필요가 있다. 한편 공자의 이러한 사상은 인간의 기계화 내지는 부품화에 반대한 것으로 생각할 수도 있다. 일이 세분화되면 일의 효율성은 커지지만 인간의 삶은 소외되고 희생된다. 이러한 각도에서 본다면 군자불기(君子不器)는 일로 인해 인간이 소외되는 것을 막고자 하는 중국적인 인도주의의 한 모습이라고 할 수도 있을 것이다.10)

이처럼 공자의 직업사상에 대한 평가와 해석이 크게 갈릴 수 있지만, 분명한 것은 공자가 이익과 의리를 대조하면서 의리에 절대적인 가치와 의미를 부여하고 있는 반면, 의리와 단절된 이익 그 자체의 의미와 가치를 철저히 부정하고 있다는 점이다. 공자의 이러한 생각은 이후 유학사상의 주류를 관통하면서 꾸준히 변치 않고 계승되고 있다.

맹자(B.C. 372-289)는 공자의 사상을 철학적으로 체계화하고 다른 사상가들과의 수많은 논쟁을 통해서 유학사상을 확실하게 정초한 사람이다. 맹자는 이익과 의리를 대조하면서 의리와 결부되지 않는 이익의 무의미와 유해성을 강조하는 공자의 견해를 한 걸음 더 진전시킨다. 그래서 이익을 철저하게 배제하고 의리만을 따를 것을 강조한다. 다음의 대화는 맹자의 이러한 입장을 선명하게 보여준다.

맹자가 양나라 혜왕을 만나러 오자 왕이 물었다.
혜왕: "선생께서 천리를 멀다 하지 않으시고 우리나라까지 오셨으니, 우리나라를 이롭게 해줄 말이 있습니까?"

형설출판사, 1991, pp.55-56.
10) 같은 논문, p.56.

맹자: "왕은 어찌 이익을 말씀하십니까? 사랑과 옳음이 있을 뿐입니다. 왕이 어떻게 내 나라를 이롭게 할까 한다면, 고급 관리는 어떻게 내 집안을 이롭게 할까 할 것이고, 하급 관리와 서민들은 어떻게 내 몸을 이롭게 할까 할 것입니다. 윗사람이나 아랫사람이나 서로 이익을 다툰다면 나라는 위태롭게 될 것입니다. 큰 나라에서 임금을 죽이는 자도 반드시 높은 벼슬에 있는 사람이고, 작은 나라에서 임금을 죽이는 자도 반드시 높은 벼슬에 있는 사람입니다. 만 가지 가운데 천 가지를 차지하고, 천 가지에서 백 가지를 차지하는 것이 적지 않은데도, 옳은 것은 제쳐두고 이익을 앞세운다면 빼앗지 않고서는 만족하지 않을 것입니다. 사랑하면서 부모를 버리는 사람은 없고, 옳음을 추구하면서 임금을 뒤로하는 사람은 없습니다. 왕은 사랑과 옳음을 말씀하실 것이지 어찌 이익을 말씀하십니까?"11)

초나라와 진나라가 전쟁을 하려고 하는 것을 말리기 위해 송경이라는 사람이 "전쟁을 하는 것이 이익이 되지 않는다"는 말로 설득하러 간다는 말을 듣고서, 맹자는 전쟁을 말리고자 하는 뜻은 옳지만 이익으로 설득하는 방법이 틀렸다고 지적한다.

선생의 뜻은 크지만 선생의 방법은 틀렸습니다. 선생이 이익으로 진나라와 초나라의 왕을 설득한다면 진나라와 초나라의 왕이 이익을 기뻐하여 군대를 해산할 것입니다. 그러면 군사들은 해산한 것을 즐거워하고 이익을 기뻐할 것입니다. 신하가 이익이 된다는 생각을 품고 임금을 섬기고, 자녀가 이익이 된다는 생각을 품고 부모를 섬기고, 아우가 이익이 된다는 생각을 품고 형을 섬기면, 임금과 신하, 부모와 자녀, 형과 아우가 끝내는 사랑과 옳음을 버리고 이익이 된다는 생각을 품고 서로 만나게 될 것입니다. 그러고서도 망하지 않는 경우는 없습니다.

---

11) 『맹자』, 「양혜왕장구상」.

선생이 사랑과 옳음으로 진나라와 초나라의 왕을 설득한다면 진나라와 초나라의 왕이 사랑과 옳음을 기뻐하여 군대를 해산할 것입니다. 그러면 군사들은 해산한 것을 즐거워하고 사랑과 옳음을 기뻐할 것입니다. 신하가 사랑과 옳음을 품고 임금을 섬기고, 자녀가 사랑과 옳음을 품고 부모를 섬기고, 아우가 사랑과 옳음을 품고 형을 섬기면, 임금과 신하, 부모와 자녀, 형과 아우가 끝내는 이익을 버리고 사랑과 옳음을 품고 서로 만나게 될 것입니다. 그러고서도 왕 노릇을 하지 못하는 경우는 없습니다. 어찌 이익을 말씀하십니까?[12]

"어찌 이익을 말하느냐(何必曰利)"는 질책 속에 명백히 드러나 있는 것처럼 맹자는 어떠한 경우에도 결과의 이익을 추구하거나 이익을 앞세우는 일체의 행위를 철저히 배격한다. 그 이유는 그로 인해 다툼이 있게 되고 다툼의 끝은 패망에 이르게 할 것이기 때문이다. 맹자에게 중요한 것은 오직 사랑이라는 동기와 목적 그리고 과정의 정당성과 명분의 올바름뿐이다. 심지어 사는 것과 올바름 가운데 하나를 버리고 하나를 취해야 할 경우에도 사는 것을 버리고 의리를 취해야 한다[13]고 말할 정도로 맹자의 생각은 견고하다.

이처럼 맹자는 인간의 모든 행위는 도덕성(인의)에 바탕해야 의미와 가치가 있는 것이라는 일관된 주장을 펼친다. 직업선택의 중요성을 애기하는 맹자의 다음과 같은 발언은 이익의 개입을 철저히 배격하고 인의만을 추구하는 가치관이 아니면 나올 수 없는 맹자의 독특한 직업관을 담고 있다.

화살 만드는 사람이 어찌 갑옷 만드는 사람보다 다른 사람을 사랑하

---

12) 『맹자』, 「고자장구하」.
13) 『맹자』, 「고자장구상」, "生亦我所欲也 義亦我所欲也 二者不可得兼 舍生而 取義者也."

지 않겠습니까? 그러나 화살 만드는 사람은 혹시나 사람을 상하게 하지 못할까 걱정하고, 갑옷 만드는 사람은 혹시나 사람을 상하게 할까 두려워하니, 관 만드는 목수와 무당도 또한 그러합니다. 그러므로 직업을 선택함에 삼가지 않으면 안 되는 것입니다.

여기에서 맹자는 사람을 상하게 하고 죽는 것을 이롭게 여기는 화살 만드는 직업과 관 만드는 목수의 직업을 인의에 반하는 좋지 않은 직업으로 평가하고, 사람을 상하지 않도록 하고 살리는 것을 이롭게 여기는 갑옷 만드는 직업과 무당에 대해서는 인의에 부합하는 좋은 직업이라는 평가를 내리고 있다.

그러나 맹자가 무조건적으로 인간에게 인의에 바탕한 도덕적 행위를 요구한 것은 아니다. 생계유지가 우선적으로 보장되지 않고서는 인간에게 윤리를 기대할 수 없다는 사실을 맹자는 잘 알고 있었다. "일정한 생활근거가 없으면 일정한 마음도 없게 된다"[14]고 하여 맹자는 도덕적 삶을 가능케 하는 기본적인 조건을 마련해 주는 것에 관심을 가지고 온 힘을 쏟았다. 기회 있을 때마다 위정자에게 백성들이 굶주리지 않고 춥지 않게 살도록 하기 위하여 생업에 종사할 수 있는 기회와 조건을 마련해 주어야 한다고 역설했다. 또한 백성의 기본생활을 보장하기 위한 구체적 방안으로써 농업, 어업, 잠업, 임업, 축산 등 여러 방면에 관하여 구체적인 제도와 정책을 건의했다.[15]

맹자에게 있어서 직업은 생계를 유지하기 위한 생업으로서의 일차적 의미만을 지니는 것은 아니다. 공동생활을 영위해야 하는 사회적 존재로서 사회적 역할을 분담한다는 의미를 또한 지니고 있다. 맹자는 사회생활에 있어서 분업의 필요성을 다음과 같이 말한다.

---

14) 『맹자』, 「양혜왕장구상」, "若民則無恒産 因無恒心."
15) 정영근, 앞의 논문, pp.58-59.

대인이 해야 할 일이 있고 소인이 해야 할 일이 있다. 한 사람의 몸으로 모든 장인들이 하는 기술을 모두 지녀서 반드시 자기가 만든 연후에야 쓴다면, 그것은 온 천하의 사람들을 끌어다가 지쳐빠지게 만드는 것이다. 그래서 어떤 사람들은 마음을 수고롭게 하고(勞心者), 어떤 사람은 몸을 수고롭게 한다(勞力者). 마음을 수고롭게 하는 사람은 남을 다스리고, 몸을 수고롭게 하는 사람은 남에게 다스림을 받으며, 남에게 다스림을 받는 사람은 남을 먹여주고, 남을 다스리는 사람은 남에게 먹여지는 것이 온 천하에 통용되는 원리이다.16)

이러한 맹자의 분업이론은 직업과 직업 사이의 귀천이나 우열을 말하기 위한 것이 아니라, 직업 간의 상호 보충적 역할을 천명함으로써, 직업이 가지는 사회적 역할분담이라는 측면을 드러낸 것이라 할 수 있다.17) 맹자는 한편 분담하고 있는 일의 종류와 질에 따라 주어지는 사회적 보상의 차이가 있어야 한다는 점을 분명히 한다. 맹자가 노동의 양과 질에 따른 차등보상을 주장한 것은 결과적으로 주어지는 보상의 크기 즉 이익을 가지고 사람들을 경쟁시킴으로써 생산을 증대하고자 하는 목적을 가지고 있는 것이 아니다. 그것은 차이를 바르게 인식하고 차이에 따른 올바른 차이매김을 하는 것이 옳다고 하는 배분적 정의의 차원에서 이해해야 할 것이다. 이렇게 배분적 정의를 실현함으로써 개인 노동의 질을 향상시키고 사회적 풍요를 가져올 수 있기 때문이다.18)

맹자에 의해서 분명하게 확립된 견해 즉 이익을 배격하고 의리만을 추구하는 입장은 이후 송대 성리학을 거치면서 조선의 유학에까지 그

---

16) 『맹자』, 「등문공장구상」.

17) 정영근, 앞의 논문, p.60.

18) 유인희, 「원시유가의 근로사상」, 『철학사상의 제 문제(III)』, 한국정신문화연구원, 1985, pp.357-360 참조.

대로 계승된다. 맹자가 그랬듯이 주자 역시 이익을 추구하는 마음과 의리는 양립할 수 없음을 분명히 한다. 주자에 의하면 인간의 마음속에는 의리의 마음(義理之心)과 이욕의 마음(利慾之心)이 끊임없이 대립하고 있다. 이 둘의 관계는 완전히 상극적이어서 양자가 섞여 있는 경우도 없고 양자의 중간에서 이것도 아니고 저것도 아닌 경우도 없다. 이 둘은 "이것이 이기면 저것이 물러나고 저것이 이기면 이것이 물러나는"[19] 완전한 모순관계로 있다. 천리를 보존하면 인욕이 사라지고 인욕이 이기면 천리는 없어진다. 따라서 의리의 마음을 잘 보존하여 인욕이 자라는 것을 철저히 막아야 한다(存天理 去人慾)고 강조한다. 의리의 마음은 마음의 본래의 상태이기 때문에, 그 마음을 잘 보존하고 양성하기만 하면(存養) 이욕의 마음이 자라나는 것을 막을 수 있다. 마음을 하나의 일에 집중하여 흩어지지 않게 하는(主一無適) 경(敬) 공부가 바로 마음을 잡아 천리를 보존하는 방법이다. 경은 단순한 정신집중이나 마음의 안정 등으로 설명될 수 없고, 항상 깨어 있으면서(常惺惺) 도리나 의리를 지켜 나가는 것이다. 그러므로 마음을 하나의 일에 집중하는 경(敬)은 내가 해야 하는 일을 항상 도리에 맞게 하는 것과 밀접하게 연관되어 있다.[20] 따라서 의리의 마음과 도리를 지키면서 모든 일에 임하라고 하는 것이 바로 성리학의 직업윤리라고 할 수 있다.

조선의 대표적 유학자라고 할 수 있는 율곡의 경우도 맹자나 주자와 마찬가지의 견해를 가지고 있는데, 그는 남헌 장씨(南軒張氏)의 말을 빌려서 다음과 같이 말한다.

---

19) 『주자어류』 13:26, "人只有箇天理人慾 此勝則彼退 彼勝則此退 無中立不進退之理." 이상돈, 『주희의 수양론』, 서울대 박사학위논문, 2010, pp.117-118 참조.

20) 이상돈, 앞의 논문, p.56.

배우는 사람은 의와 이를 가장 먼저 구별해야 한다. 의는 바라는 것 없이 하는 것이다. 바라는 것이 있어서 하는 것은 다 사적인 욕심이고, 공평한 이치가 아니다. 이것이 의와 이가 구별되는 점이다. 스스로 분명하게 의와 이가 하늘과 땅만큼 차이가 있다는 것을 살펴서 생각을 가다듬고 힘써 행해서 밤낮없이 노력하지 않는다면 의롭게 될 수 없다. 그 하는 일이 비록 착하다 하더라도 사람 좋다는 소리를 듣고 싶어서 한 일이거나, 자기가 중요하다는 생각으로 하거나, 명예를 원하거나, 또는 비난하는 원성을 듣기 싫다는 생각 때문에 착하게 행동한 것이라면, 이것도 역시 이익을 좇는 것일 뿐이다.21)

율곡 역시 행동할 때 조금이라도 이익에 대한 고려가 끼어들어서는 의리에서 멀어진다고 하면서 의리와 이익을 분명하게 변별할 것을 역설하고 있다. 그리하여 의리와 사리사욕을 분별하고, 검소하게 생활하고, 재물을 생산하여 백성의 직업을 만들어주고 국방을 튼튼히 해야만 백성을 편안하게 하는 도를 갖출 수 있다고 건의한다.22)

이상에서 살펴본 것처럼 공자-맹자-주자-율곡으로 이어지는 정통유학의 사상은 가치의 중심이 항상 의리에 놓여 있기 때문에, 이익을 의리에 배치되는 것으로 보아 항상 멀리하고 생각에서 적극적으로 배제해 나가야 하는 것으로 규정하고 있다. 이처럼 이익을 부정적으로 보고 경계하는 시각은 적극적으로 영리를 추구하는 경제행위를 무의미하거나 해로운 것으로 평가하기 쉽게 만든다. 따라서 생산의 극대화를 통해 풍요로운 물질적 기반을 적극적으로 확립하는 일에 장애요인으로 작용할 여지가 있다.

---

21) 이이, 『성학집요』, 六.
22) 이이, 『성학집요』, 七, 安民.

3. 순자의 이익을 보는 관점과 직업사상

순자는 진나라가 천하를 통일하기 반세기 전의 전국시대를 살았다. 이런 상황 속에서 순자는 명분보다는 실리를 이상보다는 현실을 우선적으로 고려하는 사상을 확립했다. 인간을 보는 시각에서부터 인간의 본성을 선하다고 주장하는 맹자-주자로 이어지는 유학의 정통적 입장과 견해를 달리한다. 순자는 배워서 되는 것도 아니고 해서 되는 것도 아닌 인간의 타고난 그대로의 성품인 본성을 현미경처럼 냉정하게 관찰하여 욕구적 존재로 파악한다.

사람은 나면서부터 욕망을 가지고 있고, 그 욕망을 채우지 못하면 추구하지 않을 수 없다.[23]

귀로는 아름다운 소리를 들으려 하고 눈으로는 아름다운 것을 보려는 욕망이 있다.[24]

배고프면 먹고 싶고 추우면 따뜻하게 입고 싶고, 고단하면 쉬고 싶은 것이 인간의 본래적 성격이다.[25]

사람은 나면서부터 이익을 추구하기 마련이다.[26]

인간이 욕망을 얻으려고 추구하는 것은 인정의 피치 못할 자연이고, 인간에게 본성적으로 존재하는 물질적 욕구를 없앨 수는 없으므로, 욕

---

23) 『순자』, 예론편.
24) 『순자』, 성악편.
25) 『순자』, 성악편.
26) 『순자』, 성악편.

242

망을 없애려고 하거나 줄이려고 하는 것은 바람직하지 않고, 가능한 한 최대의 욕망을 채우게 하는 것이 바람직하다고[27] 순자는 생각한다. 이처럼 순자는 인간을 현실적인 시각으로부터 욕구적 존재로 파악함으로써 인간의 욕망충족을 긍정하고 있다. 이는 춥고 배고프고 피곤에 지친 상황에서까지 욕망을 부정하면서 개인의 도덕적 삶과 질서 잡힌 사회를 역설하는 이상에 치우친 사상과는 크게 다르다. 인간의 욕망충족을 긍정하게 되면 생산을 늘리는 것과 같은 외면적 노력이 뒤따른다. 그러므로 순자가 인간의 욕망 및 이익을 추구하는 행위를 인간의 본성적 차원에서 긍정하는 것은 많은 재화와 이익의 생산을 유발시키고 그것을 정당화하는 이론적 토대를 마련한 것으로 평가할 수 있다.[28] 한편 인간의 욕망은 끝이 없는 것이어서, 아무리 뛰어난 사람이라 할지라도 그것을 다 채울 수가 없다.[29] 뿐만 아니라 물질적 욕망을 무조건적으로 따르게 되면 도리어 욕망의 충족을 느끼지 못하게 되는 등 개인적으로 불행하게 될 뿐만 아니라,[30] 사회적으로 서로 싸우고 빼앗는 무질서한 상태가 도래하는 부작용이 뒤따른다.[31] 그래서 순자는 욕망의 본질과 이치를 잘 헤아려 합리적으로 추구할 것을 가르친다.

욕망을 합리적으로 추구하기 위해서는 욕망을 그대로 따라서는 안 되고, 욕망을 추구하는 데 있어서 제한과 절도를 가해야 할 필요가 있는데, 그것이 바로 예(禮)이다. 예는 일차적으로는 인간의 욕망추구를 규제하는 것이지만, 궁극적으로는 인간의 여러 욕망을 길러주는 것이다. 그래서 순자는 예란 사람의 욕망을 기르고 만족시켜 주면서도, 물

---

27) 『순자』, 정명편.
28) 정영근, 앞의 논문, p.63.
29) 『순자』, 정명편.
30) 『순자』, 정명편.
31) 『순자』, 성악편.

욕을 끝까지 추구하여 물욕의 노예가 되거나 물질이 탕진되지 않도록 하며, 물질과 욕망 모두를 길러주기 위해 시작된 것이라고 설명한다.32) 이처럼 욕망과 물질의 생산을 키우려고 하는 점에서 순자의 사상은 절용주의(節用主義)를 부르짖어 물질을 생산하려는 동기까지 끊어지게 만드는 묵자(墨子)의 소극적 검약과는 근본적으로 다르다 할 수 있다.33)

인간의 욕구를 충족하기 위해서는 부족한 재화를 생산해야 하고, 물질생산에 있어서는 노동이 필수요건이기 때문에, 순자는 노동을 모든 사람의 중요한 임무라고 생각하여 강조한다. 그는 일을 가까이하지 않고 나태하거나, 염치없이 일하지 않고 먹으면서 "군자는 진실로 힘쓰지 않는다"고 말하는 사람들을 맹렬히 비난한다.34) 또한 순자는 재화를 많이 생산하여 사람들의 여러 욕구를 최대한 충족시켜 주기 위해서는 사회적 분업이 필요하다고 본다. 분업은 사회 전체의 생산을 늘리는 데 효과적인 방법일 뿐 아니라, 같은 것을 원하고 같은 것을 싫어해서 생기는 다툼을 방지하여 사회의 질서를 유지시켜 주는 중요한 원리가 된다. 이때 "어떤 일을 누가 맡을 것인가?"라는 일을 분담하는 방식이 새로운 문제로 등장한다. 순자는 이러한 일의 분담의 문제를 해결하여 주는 것이 바로 예라고 대답한다. 즉 인간의 적성과 능력에 따라 일을 하게 함으로써, 효율적으로 재화를 생산하고 인간의 욕망을 충족시켜 주도록 하는 것이 예라는 것이다. 인간은 욕망은 같지만 그 추구하는 방법과 지능이 같지 않기 때문에, 인간의 능력에 따라 일을 맡기는 것이 바람직하다고 주장한다. 그래야 그 일을 잘 해낼 수 있고 또한 이익을 많이 낼 수 있어, 전체사회가 풍요로워진다는 것이다.35)

---

32) 『순자』, 예론편.

33) 정영근, 앞의 논문, p.64.

34) 『순자』, 비십이자편.

순자는 이처럼 일과 지위를 구분하는 데 있어서 능력을 본위로 하는 것이 천하를 부유케 하는 길임을 밝혔다. 나아가 능력(재능과 기술)본위로 직업을 구분하는 것이 사회정의에도 합치하며 사회를 화평하게 하는 길임을 확신했다.36) 이러한 순자의 직업사상 즉 사회적 신분의 귀천을 불문하고 개인의 적성과 능력에 따라 맡는 일과 지위를 다르게 하는 것이 사회질서를 유지하고 사회 전체의 부를 증진시켜 인간의 욕구를 최대한 충족시키는 길이라고 하는 순자의 생각은 매우 근대적이고 합리적인 직업사상이라고 볼 수 있다. 순자처럼 개인의 욕구와 이익의 추구에 바탕을 둔 현실적 직업사상과 막스 베버의 직업을 통하여 하나님께 봉사하고 구원을 받는다고 하는 종교적 직업사상(프로테스탄티즘의 직업윤리)을 비교해 보자. 자신의 직업에 헌신하게 하여 물질적 풍요를 추구하고 국가의 경제발전을 이룩하는 데 있어서 어떤 직업사상이 이론적 적합성과 실제적 설득력을 더 지니고 있다고 말할 수 있을까? 한마디로 단언하기 힘든 일이라 생각한다.

4. 박제가의 직업사상

공자-맹자-주자로 이어지는 정통유학의 근본적인 관심은 인의를 중심으로 하는 도덕실현에 있었다. 유학이 경제문제를 무시한 것은 아니었지만, 그것은 어디까지나 경제안정이라는 기본적인 조건이 확보된 다음에야 도덕실현이 가능하다는 생각에서의 관심이었다. 따라서 적극적인 이재(利財)의 추구는 도덕을 손상하는 것으로서 경계해야 하는 것이었다. 인욕(人欲)은 천리와 인성의 선함을 가리는 요인이므로, 의리를 실현하기 위해서는 물욕 내지 사리(私利)의 추구를 억제해야 한다고 역

---

35) 『순자』, 부국편.
36) 『순자』, 왕제편.

설하는 것이 정통유학의 일관된 사상이다. 이처럼 물욕과 이익추구에 대한 부정적 관념이 강하게 작용하는 곳에서는 경제적 동기가 약화될 수밖에 없으므로 경제적 합리주의가 발달할 수 없었다.37)

이와 같이 의리를 절대시하고 이익추구를 부정적으로 인식하던 정통유학의 풍조는 실학자들에 의해서 조금씩 변화하기 시작한다. 홍대용은 의리학이 없으면 경세학은 공리에 빠지고 경세학이 없으면 의리학이 구현될 수 없다고 보아, 의리학에 근본적 의의를 부여하면서 경세학의 의미도 부각하였으며, 나아가 경세학이 예학보다 중요하다고 생각하기에 이르렀다.38) 홍대용의 경우 공리에 대한 경계관념을 표명하기도 하지만, 사실상 의리와 조화를 이룬 공리를 추구한 셈이다. 박지원 역시 공리주의를 적극 표명하였는데 그렇다고 해서 유교윤리를 결코 경시하지 않았다. 박제가는 경제활동에 대한 유교도덕의 제약을 사실상 제거하여 유교도덕을 구현해야 할 양반까지도 이익을 적극 추구하게 하자고 주장하였다.39) 이처럼 이익추구라는 경제적 동기를 그 누구보다도 강하게 긍정하고 적극 주장하는 점으로부터 박제가 사상의 혁신성이 비롯된다 할 수 있다.

가. 이익을 보는 관점

"무슨 이익이 있겠느냐"고 묻는 양혜왕의 질문에 대하여, 맹자는 "어찌 이익을 말하느냐"고 대꾸하였다. 이익을 앞세우면 인의를 해치고 도

37) 이헌창, 「박제가 경제사상의 구조와 성격(I)」, 『한국실학연구』 10, 2008, p.139.
38) 유봉학, 『연암일파북학사상연구』, 일지사, 1995, pp.100-106.
39) 이헌창, 「박제가 경제사상의 구조와 성격(II)」, 『한국실학연구』 11, 2009, p.187.

덕이 사라진다고 보는 맹자의 견해는 정통유학에서 일관되게 유지하고 있는 생각이었다. 그러나 박제가는 이익을 보는 관점이 이들과는 완전히 달랐다. 박제가가 『북학의』에서 적극적으로 선진 문물과 제도를 배우고 받아들여야 한다고 주장하는 논거가 바로 이익이었다. 모든 것을 이익의 관점에서 보고 이익을 가지고 옳고 그름을 논한다고 할 수 있을 정도로 이익을 중시하였다. 그래서 그는 "얼마나 이익이 되겠느냐"를 누누이 역설한다. 그의 이러한 입장은 결과의 이익을 가지고 옳고 그름을 판단하는 공리주의나 실용주의에 비견할 수도 있는 것이다. 청나라의 발전된 문물을 배우는 것에 대하여 그것이 오랑캐의 것이라고 하여 반대하는 사람들을 향한 다음의 발언 속에서 그의 생각이 명확히 표명되고 있다.

> 만약 백성들에게 이익을 가져다준다면 그 법이 오랑캐에서 나온 것이라 할지라도 성인은 그 법을 따를 것이다. … 중국의 법 하나를 배우려고 하지 않고 중국의 학자 한 사람도 사귀려 하지 않음으로써 우리 백성들로 하여금 고생만 숱하게 겪을 뿐 아무 효과도 보지 못하게 하고 궁핍에 찌들어 굶어죽고 스스로 쓰러지게 만들었다. 그리고 백 배의 이익이 될 것을 버리고 결코 행하지를 않았다.[40]

박제가의 관심은 백성과 국가를 부유하게 만드는 데 집중되고 있고, 따라서 백성과 국가에 이익이 되느냐 아니냐의 관점에서 모든 것을 판단하고 있다. 그렇기 때문에 중화와 오랑캐를 구분하여 관계맺음의 의리를 따지는 화이론(華夷論) 같은 것은 아예 안중에도 없었다. 그에게는 중화니 오랑캐니 하는 경직된 개념 규정보다는 현실적으로 배워서 도움이 될 만한 것이 있느냐 없느냐는 것이 관심의 전부였다. 그의 이

---

40) 박제가(안대회 옮김), 『북학의』, 존주론, 돌베개, 2003, pp.188-189.

러한 생각은 인의의 도덕을 구현해야 할 사회적 책임을 맡고 있다고 생각해 온 사족들에게도 이익을 추구하게 해야 한다고 주장하기까지 나아가고 있다.

저 놀고먹는 자들은 나라의 큰 좀벌레입니다. 놀고먹는 자가 날이 갈수록 늘어나는 이유는 사족(士族)이 날로 번성하는 데 있습니다. 이 무리들이 나라에 온통 깔려 있어서 한 가닥 벼슬로는 모두 옭아낼 방법이 없습니다. 그들을 처리할 방법이 반드시 마련되어야 합니다. 그런 뒤에야 근거 없는 소문을 날조하는 무리가 사라지고 국가의 통치가 제대로 시행될 것입니다. 신은 수륙의 교통요지에서 장사하고 무역하는 일을 사족에게 허락하여 입적할 것을 요청합니다. 밑천을 마련하여 빌려주기도 하고 점포를 설치하여 장사하게 하고, 그중에서 인재를 발탁함으로써 그들을 권장합니다. 그들로 하여금 날마다 이익을 추구하게 하여 점차로 놀고먹는 추세를 줄입니다. 생업을 즐기는 마음을 갖도록 유도하며 그들이 가진 지나치게 강한 권한을 축소시킵니다. 이것이 현재의 사태를 바꾸는 데 일조할 것입니다.[41]

사족들에게 장사를 시켜 이익을 추구하게 만들고 생업에 종사하게 만들어야 한다는 박제가의 주장은 당시 유교사회에서는 엄청나게 파격적인 주장이었다. 이익추구는 인성을 해치고 천리를 가리기 때문에 억제되어야 한다고 가르쳤던 정통유학의 사상을 정면으로 뒤집은 것이기 때문이다. 그것도 의리를 밝히는 데 힘을 쏟아야 할 사족들에게 사리(私利)추구를 목표로 하는 상업에 종사케 하여 날마다 이익을 추구하게 하여야 한다는 박제가의 주장은 기존의 유교적 가치관과 질서를 통째로 흔드는 것이었다. 박제가가 이렇듯 파격적인 주장을 펼친 데에는 국가의 이익을 증진하여 국가를 부강하게 만들고 백성들의 삶을 풍요롭

---

41) 박제가, 『북학의』, 병오소회, 앞의 책, pp.202-203.

게 만들고자 하는 것이 무엇보다도 우선되는 절대적인 명제라고 생각하였기 때문이다.

박제가는 국가를 부강하게 만들기 위한 여러 가지 개혁적인 제안을 하고 있는데, 자신의 제안을 정당화하는 논리는 "그것이 이익이다"라는 것이다. 나라가 벽돌을 구워 보급해야 한다는 주장을 펴면서도 "발생하는 이익이 얼마나 되겠는가"를 따지고,[42] 농기구의 사용을 권장하면서도 "한 사람이 사용한다면 그 이익은 열 배가 될 것이고, 온 나라가 사용한다면 그 이익은 백 배가 될 것이다. 이 도구를 10년을 사용한다면 그 이익은 이루 다 쓸 수 없을 것이다"[43]라고 말하고 있다. 결과의 이익을 중심으로 모든 것을 판단하는 박제가의 관점은 서구의 공리주의와 유사한 점을 지니고 있지만 그 구체적인 관련성을 밝힐 수는 없다. 어쨌든 이익을 앞세우고 이익을 계산하여 "얼마나 이익인가"를 말하는 박제가와 인의를 해친다고 하여 "어찌 이익을 말하느냐"고 질책하던 맹자를 대조해 보면 박제가 사상이 정통유학의 그것과 얼마나 다른가를 알 수 있고, 여기에서 그의 사상이 갖는 혁신성을 극명하게 확인할 수 있다.

나. 상업중심의 직업관

정통유학의 입장에서 볼 때 여러 직업에 대한 평가는 너무나도 분명하고 수직적인 방식으로 서열화한다. 도덕의 실현을 담당하는 사(士)가 가장 귀하고 중요한 역할을 담당하고 있다고 생각한다. 의식주의 생필품을 생산하는 직업이 그 다음이고 그중에서도 검소와 순박의 미풍을 기르는 농업이 생업 가운데 가장 근본이 되는 것이라고 하여 '농자천하

---

42) 박제가, 『북학의』, 벽돌, 앞의 책, p.49.
43) 박제가, 『북학의』, 농잠총론, 앞의 책, p.145.

지대본'이라 하였다. 그리고 사리추구를 목표로 하는 상업은 비천한 직업이기 때문에 직업 중에서 말(末)이라고 판단하였다. 그래서 사농공상이라는 직업적 서열이 절대로 흐트릴 수 없는 것으로 확고하게 자리하게 되었다.

실학자들은 상업의 활성화를 바라기는 했지만 농본주의적 직업관과 사농공상의 계층적 서열화를 무너뜨리지는 않았다. 이덕무는 여전히 농업을 '대본'이라 하였고, 박지원 역시 중농 내지 농본의 입장에서 크게 벗어나지 않았다. 기존의 사농공상제에 대해서도 제도의 개혁과 양반층에 대한 비판은 있었지만, 사농공상제의 근본적 해체를 적극적으로 주장하는 데까지 미치지는 않았다. 홍대용은 인품의 고하와 재주의 장단점에 따라 적재적소에 사농공상의 직업을 부여하자고 주장하였다. 박지원은 사농공상을 신분에 따른 구분이 아닌 도덕과 기능에 따른 구분으로 보았고, 사가 주도적으로 실학에 종사하여 농업, 공업, 상업을 진흥해야 한다고 주장하였다.[44]

박제가는 다른 실학자들의 소극적인 개혁론과는 달리 적극적으로 상업중심의 직업관을 역설하였고, 사농공상제의 수직적 신분관의 해체를 주장하였다.

우리나라 사람들은 중국의 시장이 번성한 모습을 보고 "중국인들은 오로지 말단의 이익만을 좋아한다"고 흉보곤 합니다. 이는 하나만 알고 둘은 모르는 소리입니다. 상인은 사농공상의 사민(四民) 가운데 한 부류에 속합니다. 그러나 이 하나가 나머지 세 부류의 백성을 소통시키기 때문에, 전체 백성 가운데 상업에 종사하는 사람이 열 사람 중에 셋 정도는 되어야 합니다.[45] … 만약 모든 백성들이 농업에만 종사한다면 백성

---

44) 이헌창, 앞의 논문, pp.188-189.
45) 박제가, 『북학의』, 시정, 앞의 책, p.93.

들은 생업을 잃을 뿐 아니라 농사도 날로 더욱 황폐해질 것입니다.46) …
사람들이 상업을 천시할뿐더러 장사를 해도 이익이 없다 보니 상인들은
생업을 포기해야 할 지경입니다. 사정이 이렇다 보니 사농공상 할 것 없
이 모두 가난해져서 서로 돕고자 해도 도울 방도가 없는 것입니다. 그러
니 남들이 나날이 부유해지는 데 반해 우리는 갈수록 가난해지는 것이
너무나 당연한 일입니다.47)

국가와 백성을 부유케 하는 것이 최우선의 가치요 목표라고 생각하
는 박제가는 그 구체적 방법을 상업을 진흥하는 데서 찾고 있다. 상업
이 활성화되어야 모든 산업과 직업활동이 원활히 이루어져 국가가 부
강해진다고 하는 논리이다. 국가와 백성의 넉넉한 삶은 기본적으로 생
산이 많아야 가능하게 되는 것이다. 분업의 형태로 이루어지는 각종 재
화의 생산은 그것이 원활하게 교환되고 유통된다는 전제 하에서만 촉
진될 수 있다. 그러므로 상업은 전체 산업의 흥망을 좌우하는 중심에
있다고 보는 것이 박제가의 생각이다. 이렇게 국가의 이익을 중심으로
생각하는 상업중심의 직업관은 도덕적 가치관을 앞세운 기존의 농업중
심의 직업관과는 완전히 배치되는 것이라 할 수 있다. 이러한 생각의
차이는 바로 도덕을 중심에 놓고 보느냐 아니면 이익을 중심으로 생각
하느냐의 관점의 차이에서 비롯되는 것이라고 할 수 있다.
　박제가는 놀고먹는 사족들에게 장사를 시켜, 그중에서 인재를 발탁
함으로써 날마다 이익을 추구하게 해야 한다고 주장했다.48) 또한 기술
을 천시하는 풍토가 심함을 개탄하고 뛰어난 기술자를 기술자라고 천
시할 것이 아니라 사(士)로서 대접해야 하며, 그래야 기예가 발전할 수

46) 박제가, 『북학의』, 말리, 앞의 책, p.248.
47) 박제가, 『북학의』, 시정, 앞의 책, p.95.
48) 박제가, 『북학의』, 병오소회, 앞의 책, pp.202-203.

있다고 주장하였다. 여기서 한 걸음 더 나아가 박제가는 양반만이 관직을 독점하는 폐단을 제거하기 위해서 재주와 덕이 뛰어나거나 한 가지 기예라도 있는 사람을 천거하여 하류계층의 인재도 조정에 들어오게 하자고 주장하였다.49) 박제가의 이러한 주장은 사농공상이라는 직분에 따라 신분적 계층을 나누고 관료는 사계급의 전유물로 생각하던 수직적 신분제의 전면적 해체를 함축하고 있다. 선비와 농민 간의 상호 이동은 도덕적으로 문제될 것이 없기 때문에 성리학자들도 대체로 인정하였지만, 사리를 추구하는 상인이 관리로 진출하거나 양반이 이익을 추구하는 상인이 되는 직분이동은 도덕을 우선시하는 성리학 위주의 당시 유교사회에서는 도저히 받아들여질 수 없는 파격적인 주장이었다. 이러한 파격적인 주장을 당당하게 펼쳐간 점에서 박제가 사상의 혁신성과 진보성이 극명하게 두드러진다.

박제가가 『북학의』의 맨 처음을 수레와 배에 대한 언급으로부터 시작하는 것도 그의 상업중심관과 밀접한 관련이 있다고 생각한다. 상업의 활성화는 통상과 교역의 활성화를 의미하고 그것을 가능케 하는 유통망의 확충과 유통수단의 개선이 필요하기 때문이다. 모든 재화가 한 곳에서 넉넉하게 산출될 수는 없으므로, 자기 땅에서 나는 물건으로 다른 데서 나는 물건을 통상하여 가져와야만 재화가 가득하고 풍족하게 살 수 있다. 따라서 국내의 여러 지역 간의 유통을 활성화시켜야 할 뿐 아니라, 중국이나 일본 등 다른 나라와의 교역을 늘려야 상업이 번창하고 나라가 부강해질 수 있다고 박제가는 적극 주장한다.

상업이 진흥되어야 생산이 촉진되어 나라가 부강해질 수 있다는 박제가의 생각은 절약하고 검소한 것(節儉)이 국가를 쇠약하게 만드는 원인이고, 소비가 생산을 자극하여 국가를 부유케 한다고 하는 새로운 주

---

49) 이헌창, 앞의 논문, pp.150-151.

장을 펼치는 데까지 나아간다.

현재 국사를 논하는 사람들 중에는 사치가 날로 심해진다고 말하지 않는 자가 없습니다. 신의 관점으로는 그들은 근본을 모르는 자들입니다. 다른 나라는 정말 사치로 인해 망한다고 해야겠지만 우리나라는 반드시 검소함으로 인해 쇠퇴하게 될 것입니다.[50]

재물이 있음에도 불구하고 쓰지 않는 것을 검소함이라고 하는 것이지, 자기에게 없어서 쓰지 못하는 것을 말하는 것이 아니다. 현재 나라에는 진주를 캐는 집이 없고 시장에는 산호의 물건값이 정해져 있지 않다. 금이나 은을 가지고 점포에 들어가 떡과 엿을 사먹을 수가 없다. 이런 현실이 우리의 풍속이 정녕 검소함을 좋아해서 그런 것이겠는가? 그 재물을 사용할 방법을 알지 못하는 데 불과하다. 재물을 사용할 방법을 알지 못하므로 재물을 만들어낼 방법을 알지 못하고, 재물을 만들어낼 방법을 알지 못하므로 백성들의 생활은 날로 궁핍해진다.[51]

재물이란 우물에 비유할 수가 있다. 퍼내면 물이 가득하지만 길어내기를 그만두면 물이 말라버림과 같다. 따라서 화려한 비단 옷을 입지 않으므로 나라에는 비단을 짜는 사람이 없고 그로 인해 여인의 기술이 피폐해졌다. 이지러진 그릇을 사용하기를 꺼리지 않고 기교를 부려 물건 만드는 것을 숭상하지 않아 나라에는 공장(工匠)과 목축과 도공의 기술이 형편없고 그 기술이 사라졌다.[52]

여기서 박제가는 생산과 소비와의 유기적 관계를 해명함으로써 양자 간에 매개적 역할을 하는 상업의 중요성을 간접적으로 천명하고 있

50) 박제가, 『북학의』, 병오소회, 앞의 책, p.205.
51) 박제가, 『북학의』, 시정, 앞의 책, p.94.
52) 박제가, 『북학의』, 시정, 앞의 책, pp.94-95.

다.53) 소비에 대한 박제가의 긍정적 의미부여는 물질적 욕망에서 비롯되는 사치와 소비를 억제하고, 절약하고 검소한 생활을 하는 것이 미덕이라고 가르쳐 온 성리학의 견해와는 백팔십도 다른 주장이다. 박제가는 인간이 지니고 있는 물질적 욕구를 자연스러운 것으로 긍정하고 그것을 적극 추구하는 것이 오히려 재화의 생산을 촉진하여 경제의 발전과 국가의 부강에 긍정적으로 기여한다고 보고 있는 것이다. 인간의 물질적 욕구를 긍정하고 그것을 최대한 충족시켜 주는 방향으로 사고를 전개시키고 있는 점은 유학의 이단이라 할 수 있는 순자의 사상과도 유사하다. 하지만 그 구체적인 연관성을 밝힐 수는 없다.

다. 공업과 농업생산의 증대

박제가는 상업이 활성화되어야 농업과 공업도 아울러 발달할 수 있다는 상업중심의 직업관을 가지고 있다. 그러나 한편 상업의 활성화는 농업과 공업 등의 영역에서 생산되는 재화가 풍족할 경우에 가능하기 때문에, 박제가는 재화의 생산을 극대화하는 것에 커다란 관심과 노력을 기울이고 있다. 그의 이러한 노력은 물질의 풍요로움과 유통의 활성화는 곧 백성들의 윤택한 삶 및 국가의 부강함과 직결되는 것이라는 데서 비롯되는 것임은 두말할 필요도 없다.

재화의 생산을 늘리기 위해서는 발달된 선진 기술과 도구, 제도 등을 적극 도입하여 활용하여야 한다. 박제가가 『북학의』에서 언급하고 있는 대부분의 것은 선진화된 중국의 문물을 배워야 한다는 것이다. 그는 벽돌이나 수레, 배 등을 선진적인 방식으로 제작하고 활용하는 것이 얼마나 큰 이익을 가져오는가에 대하여 누누이 설명한다. 또한 효율적 생

---

53) 이성무, 「박제가의 경제사상」, 『이해남화갑기념사학논총』, 1970, p.167.

산을 위해서는 국가가 주도적으로 제품규격을 통일하거나 대량생산체제를 갖추는 것이 필요하다고 권고하기도 한다. 그러나 이러한 외면적인 개혁과 변화만으로 생산이 촉진되는 것이 아님을 잘 알고 있었다. 재화를 생산하는 일과 그 기술에 대한 긍정적 가치부여와 합당한 처우가 이루어지지 않으면 생산이 촉진될 수 없다는 점에 대해서도 충분히 인식하고 있었다. 그는 생산직과 기술자에 대한 사회적 인식의 근본적 전환이 필요하다는 것을 역설하고 있다.

어떤 사람이 자기 굽는 기술을 배워가지고 정성과 힘을 다하여 그릇을 만들었다고 치자. 그런데 나라에서 그 그릇을 사 주기는커녕 도리에 세금을 무겁게 매긴다면, 기술 배운 것을 후회하고 버리지 않을 기술자가 어디 있을까? 일본의 풍속은 온갖 기예에서 천하제일이라는 호칭을 얻은 사람이 있으면 비록 그의 기술이 자기보다 꼭 낫지 않다는 점을 분명히 알고 있다 하더라도 반드시 그를 찾아가 스승으로 모신다. 그리고 그가 평하는 좋다 나쁘다는 말 한마디를 가지고 자기 기술의 경중을 판단한다. 이것이 기예를 권장하고 백성들을 한 가지 기예에 집중하게 하는 방법이 아닐까?54)

박제가는 농업에 대해서도 발전적 견해를 가지고 있었다. 그는 자급자족적 농업생산에 만족하지 않고, 농업기술과 농기구를 개량하여 이윤을 목적으로 하는 농업 즉 상업적 농업이 이루어져야 한다고 생각하였다. 이러한 목적을 달성하기 위하여 서울 근교에 농업시험장을 둘 것을 제안하고, 그곳에서 농업기술자를 양성하고 그들을 통하여 농업기술을 전국적으로 보급하여 농업생산을 늘리고자 하였다.55) 농사는 그냥 열

---

54) 박제가, 『북학의』, 자기, 앞의 책, pp.262-263.
55) 이성무, 앞의 논문, pp.172-173.

심히 힘써 노력한다고 해서 생산이 커지는 것이 아니기 때문에[56] 식견을 가지고 있는 사람의 지도에 따라 적절한 농사법을 사용해야 생산이 극대화될 수 있다고 생각했다. 이렇게 박제가는 지식인 양반의 상공업 참여를 허가하고 농업 참여를 적극 권장하고 있다.[57]

기물을 편리하게 사용하지 못하여 남들이 하루에 할 일을 나는 한두 달 걸려 한다면 이것은 천시를 잃는 것이다 밭 갈고 씨 뿌리는 방법이 잘못되어 비용은 많이 들었는데 수확은 적다면 이것은 지리적 이점을 놓치는 것이다. … 남들은 곡식을 세 줄로 심을 때 우리는 두 줄로 심는다. 그렇게 하면 1천 리의 땅을 6백 리의 땅으로 줄여서 사용하는 것이다. … 남들은 곡식을 5푼 파종한다면 우리는 10푼 파종하는데 그럴 경우 1년 동안의 종자를 잃는 셈이다. 사정이 이런데다가 또 배나 수레, 목축, 가옥, 기물을 쓸모 있게 사용하는 방법을 폐하고 강구하지 않는다. 이런 것을 전국적으로 계산하면 백 배의 이익을 잃는 셈이다.[58]

이것은 중국의 발달된 문물과 지식을 배워 농사에 직접 활용하지 않음으로써 백 배의 이익이 될 것을 버리고 있는 현실에 대한 박제가의 예리한 비판이다. 생산을 증대하기 위해서는 개량된 농기구와 도구를 도입하여 적절히 사용하고 농사법을 잘 알고 익혀서 농사를 효율적으로 지어야 할 필요성을 역설하고 있는 것이다.

박제가는 또 농업을 진흥시키는 데 가장 큰 장해가 되는 것이 유생이라고 지적하여 유생을 도태시킬 것을 임금에게 맨 처음 권유한다. 인구의 과반수가 넘는 많은 유생들이 과거에 매달리고 농업에 종사하지 않을 뿐 아니라 농민 위에 군림하여 농민을 부리려고 하는 것이 농업을

56) 박제가, 『북학의』, 노농, 앞의 책, p.244.
57) 이헌창, 앞의 논문, pp.146-147.
58) 박제가, 『북학의』, 재부, 앞의 책, pp.171-172.

경시하고 과거를 중시하는 풍조가 만연하게 만드는 심각한 요인이라고 지적하고 있는 것이다.[59] 농업생산자에 비하여 소비자가 많은 구조적인 문제 또 농업생산자가 사회적으로 천시되는 사회적인 풍조를 고치지 않고서는 농업생산의 증대를 통한 빈곤의 퇴치는 불가능하다는 것이 박제가의 생각이다. 유학이 국가의 이데올로기로서 굳건하게 자리하고 있고, 또한 유학자들이 국가를 운영하는 핵심관료의 역할을 도맡아하고 있던 당시 조선사회에서 유생을 도태시켜야 한다는 박제가의 주장은 그야말로 파격적인 것이었다. 그것은 기존의 사회질서를 근본적으로 바꾸어야 가능한 혁명적인 내용을 담고 있기 때문에 당시로서 쉽게 받아들여질 수 없었던 것은 너무나 당연한 결과라고 할 수 있겠다.

5. 나오는 말

박제가는 여러 실학자들 중에서도 가장 급진적이고 혁신적인 개혁사상을 제시했다. 그중에서도 사농공상이라는 신분적 직업구조와 농업중심의 직업관을 파격적으로 비판하고 상업중심의 직업관을 주장한 것은 가장 주목할 만한 핵심적인 주장이라고 할 수 있다. 유교가 지배하던 사회에서 이처럼 파격적인 주장을 펼칠 수 있었던 바탕에는 이익을 보는 관점의 근본적인 변화가 존재한다고 생각한다.

필자는 이러한 생각을 전제로 하고 공자-맹자-주자로 이어지는 정통유학의 이익을 보는 관점과 이에 따른 직업사상을 정리해 보았다. 또한 이와는 상반되는 관점을 지니고 있는 순자의 이익관과 직업사상을 살펴보았다. 이러한 예비적 고찰을 바탕으로 박제가의 관점과 사상이 기존 정통유학의 그것과 얼마나 다른가를 대조적으로 검토하여 보았다.

---

59) 박제가, 『북학의』, 응지진북학의소, 앞의 책, pp.215-216.

정통유학의 근본적인 관심은 인의를 중심으로 하는 도덕실현에 있었다. 따라서 적극적인 이재(利財)의 추구는 도덕을 손상하는 것으로서 경계해야 하는 것이었다. 박제가는 국가와 백성을 부유케 하는 것이 최우선의 목표였다. 그래서 인간의 이익추구를 긍정할 뿐 아니라 이익의 관점에서 모든 것을 헤아릴 정도로 이익의 문제를 중요하게 생각했다. 이러한 관점의 차이가 상업중심의 혁신적 직업관을 낳았고, 사농공상이라는 수직적 신분제를 폐지하고자 하는 주장을 낳았다고 할 수 있다. 그의 개혁적인 모든 주장의 논리와 그 혁신성 역시 이익을 보는 관점의 파격성에서 비롯된다고 보아 일관되게 정리하여 보았다.

박제가가 이익추구라는 경제적 동기를 긍정적으로 본 계기가 어디에 있는지는 정확히 알 수 없다. 그것이 순자의 시각과 비슷하다 할지라도 순자사상과의 관련성을 밝힐 수도 없다. 박제가의 직업사상 속에서 발견할 수 있는 이익을 보는 관점이나 직업사상의 내용이 서구의 근대적인 경제사상이나 직업관과 큰 차이가 없다는 것을 발견할 수 있다. 그러나 양자의 연관성은 역시 추적할 수 없다. 어쨌든 그의 생각이 정통유학의 시각과 정면으로 대조된다는 사실만은 분명하고, 이를 중심으로 그의 직업사상을 설명할 때 그 혁신성이 총체적으로 보다 극명하게 밝혀질 수 있다는 사실을 확인할 수 있었다.

2장

직업의 공공성과 백성을 위하는 목표를
명확히 하다 _ 정약용

1. 들어가는 말

다산 정약용의 삶과 학문의 내용 속에는 실제의 사회생활을 구성하는 온갖 영역의 일들에 대한 직접적인 관심과 구체적인 생각들이 담겨 있다. 다산은 자신이 직접 경험한 공직생활의 원칙을 구체적으로 제시하기도 했고, 농업이나 상업, 광업 등 국가산업의 주요한 분야를 개혁하기 위한 제도와 정책을 제안하기도 했으며, 과학기술이나 의학 등 백성들의 실제적인 삶과 관련되어 있는 다방면의 직업에 대한 전문적 지식과 생각을 직접적으로 적용하거나 표출하고 있다. 따라서 일과 직업이라는 핵심적인 개념을 중심으로 이와 상호 유기적 연관을 지으면서 다양한 생각들을 종합적으로 정리해 보면 다산의 학문과 삶을 전체적으로 보다 선명하게 이해할 수 있다고 생각한다. 이 논문은 일과 직업이라는 키워드를 중심으로 다산의 사상을 재구성하고 재해석해 보려는 목적에서 쓴 것이다. 필자는 동양의 전통사상 속에서 직업과 관련된 견해들을 모아 재구성하고 재해석해 보는 작업을 계속하고 있으며, 이 논문에서 시도하고 있는 다산의 직업사상에 대한 연구는 지금까지 계속해 온 동양의 직업사상을 조명하고자 하는 지속적인 연구의 연장선상에 있다고 볼 수 있다. 다산 사상의 핵심은 일에 있다고 할 수 있다. 일은 다산의 경세학에서 뿐 아니라 그의 경학에 대한 논의에 있어서도 핵심적인 위치에 있다. 다산은 도덕적 가치와 인격수양의 문제를 다루면서 일을 중심으로 논의를 진행하고 있고,[1] 경세학에서 다루는 다방면의 논의는 모두 사회의 여러 일들이 어떻게 진행되어야 하느냐에 대한 고민과 처방들로 구성되어 있다. 필자는 이 논문에서 일과 직업을 중심으로 다산의 사상을 재구성하고 재해석해 보고자 한다. 일을 중심에 놓고 다산의 사상을 전체적으로 조망할 때 그의 경학과 경세학이 유기적 관련성을 가지고 있는 종합적 사상체계로서 보다 잘 해명될 수 있고, 경세학과 관련된 그의 다양한 생각들이 단편적인 제안이 아니라 종합적인 시대의 처방으로서의 의미를 갖는다는 사실을 보다 설득력 있게 밝혀줄 수 있다고 생각한다.

다산에 대한 기존의 연구는 크게 그의 경학을 중심으로 한 연구와 경세학에 대한 연구로 나누어 이루어졌다. 물론 그의 경학과 경세학의 관련성을 밝히고 일관된 체계로서 해명하는 연구가 없는 것은 아니다. 그의 경세학을 다루는 연구는 정치, 경제, 법 등 국가의 중요한 제도의 개혁에 대한 논의를 비롯하여 농업, 상업, 광업 등 국가의 주요 산업에 대한 견해를 다루는 연구 및 과학기술이나 의학 등 특수분야의 정책이

---

1) 다산은 도덕적으로 마음을 수양하는 공부가 구체적인 일을 하면서(行事) 이루어지는 것이기 때문에 일을 떠나서 이루어져서는 안 된다고 하였다. 이에 대해서는 본론에서 상세히 다시 논의한다.

나 생각을 정리하는 연구 등이 다양하고 활발하게 이루어지고 있다.2) 이러한 연구들은 연구대상이 특별한 분야의 직업을 개별적으로 다루면서 이러한 직업들에 대한 생각과 일에 임하는 태도 등을 논의하기 때문에 특수직업의 윤리라고 할 수 있다.3) 필자가 이 논문에서 시도하고자 하는 것은 다산의 학문과 사상을 관통하고 있는 일과 직업에 대한 전체적인 생각을 경학과 경세학의 제 분야를 망라해서 종합적으로 해명하는 일이다. 한 사람의 삶과 사상은 한 인격체의 소산이기 때문에 이를 관통하는 일관된 생각이 있다고 생각한다. 일과 직업을 중심으로 한 일관된 다산의 생각을 통해서 다산의 전체적인 삶과 사상을 조망하는 작업은 다산의 사상을 총체적으로 이해하는 데 새로운 지평을 열 수 있으리라고 생각한다.

2. 가치의 근원으로서의 일

유학은 흔히 수기치인의 학문이라고 말한다. 다산은 개인의 수양과 나라를 다스리고 백성을 편안하게 하는 일이 별개의 일이 아니라고 생각했다. 치인이 구체적인 일을 통해서 실현해야 하는 가치라는 것은 말할 필요도 없지만, 수기라는 개인의 수양에 대해서도 다산은 구체적인

---

2) 이처럼 다양한 관점으로부터의 연구가 진행되고 있다는 사실은 그만큼 다산의 사상내용이 인간의 삶과 사회현실의 실제에 대한 포괄적인 통찰과 처방을 함축하고 있기 때문이며, 여기에서 다루어지고 있는 내용들은 구체적인 일과 직업에 직접적으로 관련된 것이라고 할 수 있다.

3) 직업윤리는 특정한 직업에 관한 구체적인 생각과 태도 등을 논의하는 특수 직업의 윤리와 직업일반에 대한 기본적인 생각과 태도를 다루는 직업일반의 윤리로 구분해 볼 수 있다. 공직윤리나 의료윤리에 대한 연구 및 농업, 상업, 법, 교육의 문제 등을 따로 논의하는 것은 모두 특수직업의 윤리에 해당하는 것이다.

일을 통해서 실현되는 가치라고 명백히 말함으로써 다산은 이 양자가 상호 동질적으로 밀접하게 결합된 것이라고 밝히고 있다.

옛날의 학자는 집에 들어가서는 부형을 섬기고 밖에 나가서는 어른과 윗사람을 섬기며, 천 승(乘)의 나라에서는 재화와 공부(貢賦)를 다스리고, 법관이 되어서는 한마디 말로 옥사를 판결하며, 종묘의 제사와 제후의 회동 시에는 현단복(玄端服)과 장보관(章甫冠)으로 임금을 도우며, 군사의 일에는 창과 방패를 휘둘러 적을 궤멸시키는 것이다. … 옛날의 학문을 힘쓰는 것이 일을 행하는 데 있어서(行事), 일을 행함으로써 마음을 다스렸는데(治心), 오늘날의 학문은 힘쓰는 것이 마음을 기르는 데(養心) 있어, 마음을 기르다가 일을 폐하는(廢事) 지경에 이르렀기 때문이다. 자신만 착하게(獨善基身) 하려는 자는 오늘날의 학문도 좋지만, 세상을 다스리려는(兼濟天下) 자는 옛날의 학문이라야 가능하다. 이 점을 몰라서는 안 된다.4)

여기서 다산은 일과 관계없거나 일을 폐하고서 정태적으로 마음을 닦는 당시의 잘못된 학문풍토를 비판하고, 일을 하면서(行事) 마음을 수양하는 것이 마땅히 해야 할 바른 학문이라고 주장한다. 또한 인의예지라는 네 가지 덕이 일상생활에서의 구체적인 일을 행함으로써 이루어진다는 사실을 알아야 한다고 역설했고,5) 마음수양의 핵심인 경(敬)에 대해서도 반드시 실제의 일에 대응하고 사물에 접촉한 다음에 시행할 수 있다고 하여, 아무 일이 없거나 지향하는 바가 없다면 경도 있을 이유가 없다고 말한다.6)

---

4) 『맹자요의』 권6, 『여유당전서 2』, 민족문화추진회, 2002, p.141.
5) 『맹자요의』 권1, 『여유당전서 2』, 앞의 책, p.139.
6) 『심경밀험』, 『여유당전서 2』, 앞의 책, p.30. 송재소, 「다산 경세론의 인문학적 기초」, 『다산 정약용 연구』, 사람의무늬, 2012, p.41 참조.

이처럼 일이라고 하는 실천행위(行事)를 통하지 않고서는 개인의 인격적 수양도 불가능하다고 보면서, 도덕적 가치의 실현이 일상생활에서 자신이 맡은 구체적인 일을 통하여 실현된다고 하는 것은 다산이 경전을 해석하는 독특한 방식이다. 다산경학이 지니는 이러한 실천적 특성은 유학의 중심사상인 인(仁)을 사람이 원래부터 지니고 있는 이치(理)가 아니라 사람 사이에서 자기의 도리를 극진히 다하는 것이라고 풀이하는 데서도 확인할 수 있다.[7] 다산은 인을 다른 사람을 사랑하는 실천적 행위로서 사람 사이에서 자신의 직분을 다하는 것(盡其分)으로 해석하기 때문에,[8] 그 핵심적이고 일관된 실천원리를 일을 통해서 사랑을 베푸는 것(恕)에서 찾고 있다.[9] 이는 주자가 충(忠)과 서(恕)를 체(體)와 용(用)으로 구분하고 충을 중심으로 해석하는 것과는 근본적으로 다른 것이다. 다산은 충을 '진실되게' 혹은 '극진히' 정도의 부사로 해석함으로써 충서(忠恕)를 '진실되게 서를 행하는 것'으로 해석하고,[10] 사랑을 실천하는 일관된 도는 서(恕) 한 글자에 있다고 단언한다.[11] 다른 사람을 사랑하는 실천(仁)의 원리는 상대가 바라지 않는 것을 행하지 않고 상대가 바라는 것을 능동적으로 행하는 것(恕)에 있다고 하는 것이 다산이 유학의 도리를 이해하는 일관된 사유방식이다.

다산은 수기라는 개인의 도덕적 수양이 일이라는 구체적 실천행위를 통해서 실현된다고 말하고, 서(恕)가 수기와 치인에 일관된 실천원리라고 해석하고 있다. 이를 통해서 볼 때 다산은 자신의 위치에서 자기가

---

7) 『논어고금주』 권1, 『여유당전서 2』, 앞의 책, p.159.

8) 『논어고금주』 권8, 『여유당전서 2』, 앞의 책, p.325.

9) 『논어고금주』 권2, 『여유당전서 2』, 앞의 책, p.191.

10) 장승구, 「다산 정약용의 윤리사상 연구」, 『한국철학논집』 제21권, 2007, pp.173-175 참조.

11) 『논어고금주』 권2, 『여유당전서 2』, 앞의 책, p.191.

해야 할 역할 내지는 본분(일)을 다하는 것이 모든 가치를 실현하는 근원이라고 생각하고 있음을 확인할 수 있다. 그것이 도덕적 가치이든 경제적 가치 내지 사회적 가치이든 관계없이 모든 가치는 정지된 사유가 아니라 구체적인 실천행위로서의 일을 통해서 발현된다고 보는 것이 다산의 독특한 생각이다. 다산의 사유가 일을 중심으로 펼쳐지고 있다는 사실에 입각해서 다산의 다양한 사상과 삶을 재구성하고 재해석해 보면 그것이 보다 일관되고 밀접히 상호 연관되어 있다는 것도 종합적으로 밝힐 수 있을 것이다.

3. 일의 궁극적 목적

다산은 모든 가치가 사회적 관계 속에서 수행하는 역할 가운데서 실현되는 것으로 보았다. 사람과의 관계 속에서 수행하는 역할(일)은 자기를 사랑하듯이 다른 사람을 사랑하는 방식으로 실천되어야 한다는 것이 다산의 일관된 생각이다. 보다 구체적으로 말하면 다른 사람에게 피해를 끼치지 않고 나아가 다른 사람을 이롭게 하는 방식으로 모든 행위가 이루어져야 한다는 것이다. 이렇게 볼 때 개인의 수양이든 사회적 활동이든 관계없이 모든 가치 있는 행위는 일을 통해서 다른 사람을 이롭게 하는 동일한 목적을 지니는 것으로 추론할 수 있다. 실제로 다산이 자신의 사상과 삶을 통해서 궁극적으로 이루고자 지향하는 목표는 많은 사람들(백성)의 편안한 삶이었음을 확인할 수 있다. 그가 펼치는 경학사상 및 그가 제안하는 모든 경세사상은 모두 백성의 삶을 윤택하게 하는 동일한 목표를 지니고 있다.

다산은 "항상 만백성에게 혜택을 베풀고 만물을 육성하겠다는 생각을 마음에 둔 연후라야 바야흐로 독서한 군자가 될 수 있다"[12]고 아들에게 가르친다. 개인의 인격수양도 백성의 삶에 도움을 주겠다는 궁극적인 목표를 마음에 두고 항상 잊지 않는 가운데서 진행되어야 한다는 사실을 깨우친 것이다. 『논어』에는 개인적 수양(修己)에 그치지 않고 사람들을 편안케 하고 궁극적으로는 백성을 편안케 하여야 참다운 군자라고 할 수 있다는 이야기가 나온다.13) 다산은 공자의 이러한 생각을 그대로 계승하여 경세론을 전개하는데, 그가 지향하는 궁극적인 목표역시 백성들의 삶을 평안케 한다는 데로 모아진다. 다산은 바람직한 정치를 설명하면서 "백성들이 각기 원하는 바를 얻게 함으로써 천하를 평안하게 하는 것"이라고 말한다.14) 다산은 백성들이 편안하게 윤택한 삶을 영위하는 모습을 남이 원하는 바를 이루어주는 실천원리인 서(恕)가 온전히 실현되는 경지로 그리고 있다. 그래서 다산은 본인이 제시하는 공직자론이나 형정론 내지 토지개혁론, 상업진흥론 및 과학기술 발전론 등 모든 정책적, 제도적 개선책이 지향하는 궁극적인 목표가 모두 국가를 부강하게 하고 백성을 편안하게 하는 데 있음을 명백히 밝히고 있다.15)

다산의 학문과 삶을 구축하고 있는 전체적인 구도를 살펴보면 백성들의 삶이 항상 사유의 중심에 있고 그들의 삶을 편안하게 하는 것이 모든 가치 있는 행위와 일의 궁극적인 목표라고 분명하게 인식하고 있었음을 확인할 수 있다. 이러한 특징은 다산 자신의 실존적 삶의 경험과 연관시켜 보면 더 잘 이해할 수 있다. 다산이 살았던 조선 후기 시대와 사회는 정치적으로는 정쟁의 심화와 관리들의 무능과 부패로 방향성을 잃고 있었고, 경제적으로는 생산력의 향상에도 불구하고 심화된

---

12) 「寄二兒」, 『여유당전서 1』, 앞의 책, p.450. 송재소, 앞의 책, p.47 참조.

13) 『논어』, 「헌문」.

14) 『대학공의』 권1, 『여유당전서 2』, 앞의 책, p.14.

15) 「기예론」, 『여유당전서 1』, 앞의 책, p.237. 송낙선, 「다산 정약용의 경세사상과 민권론적 인식론에 관한 연구」, 『한국행정사학지』 제23호, 2008, pp.10-11 참조.

토지정책의 모순과 경제적 불평등으로 백성들의 생활은 곤궁하기 짝이 없었다. 여기에 삼정의 문란이 겹쳐 어려운 백성들의 삶은 더욱 피폐해 있었다.16) 다산은 부친의 임지에 따라가서 생활하기도 하고 암행어사로 전국을 시찰하기도 하였으며 지방관리로서 몸소 봉직한 경험도 있다. 또한 경상도 장기와 전라도 강진에 유배 가서 생활하는 동안 피폐해진 백성들의 삶의 현장을 직접 체험할 수 있었다. 백성들의 비참한 삶의 현장을 직접 목도한 다산이었기에 이들의 고통을 치유하는 방책을 강구하는 데 진력하지 않을 수 없었을 것이다. 그래서 다산은 백성들의 삶이 막강한 권한을 행사하는 목민관에 의해서 크게 좌우되기 때문에 목민관의 올바른 복무지침서로서『목민심서』를 지었고, 억울하게 죽는 사람이 없도록 하기 위해서 형벌을 다루는 공정한 절차와 방법을 정리한『흠흠신서』를 지었으며, 토지, 상업, 기술발전 등 국가의 총체적인 개혁방안으로서『경세유표』를 지었다. 여기서 제시되는 모든 정책과 제도가 궁극적으로 지향하는 목표가 국가의 부강과 백성의 편안한 삶에 있다고 하는 것은 지극히 당연한 것이라고 할 수 있다.

4. 사회적 역할분담으로서의 직업

국가의 부강은 국가의 생산성을 최대화함으로써 이루어질 수 있는데, 그 요체는 국가의 모든 구성원들이 각자 자신의 위치에서 자신의 능력에 맞는 일을 제대로 수행할 때 가능할 것이다. 개인의 편안한 삶은 자신에게 적합한 일을 하면서 자신이 하는 일에 걸맞은 평가와 보상을 받는 것이 기본적인 요건이다. 다산은 백성에게 각자의 능력에 따라 일할 수 있는 기회를 제공해서 사회적 역할을 담당하게 하고, 그 공적에 따

---

16) 장승희,「다산 정약용의 공직윤리 연구」,『동양철학연구』제30집, 2008, pp.83-84 참조.

라 소득을 분배함으로써 국가의 부강과 민생의 안정을 도모할 수 있다고 생각했다. 그래서 국가의 구성원들은 누구나 무슨 일을 통해서든 사회에 공헌할 수 있는 사회적 역할을 분담해서 생산활동에 종사해야 한다고 주장했다. 아무런 역할도 분담하지 않고 놀고먹으면서 무위도식하는 것은 개인적으로나 국가적으로 없어져야 하는 불행한 모습이다.

　농사짓는 사람은 전지를 얻게 되고 농사짓지 않는 사람은 전지를 얻지 못하게 되며, 농사짓는 사람은 곡량을 얻게 되고 농사를 짓지 않는 사람은 곡량을 얻지 못하게 된다. 공장(工匠)은 기구(器具)로써 곡식을 바꾸고 상인은 물화(物貨)로써 곡식을 바꾸는 것은 해로울 것이 없다. … 선비는 어찌하여 손발을 움직이지도 않으면서 남의 토지를 빼앗아 차지하고 남의 힘으로 먹고사는가? 대저 그것은 노는 선비가 있기 때문이며 전지에서 나오는 이익이 모두 개척되지 못하게 된다. 선비가 놀고서는 곡식을 얻을 수 없음을 알게 되면 장차 농사를 짓게 될 것이다. 선비가 직업을 바꾸어 농사일을 하게 되면 전지의 이익이 개척되고 풍속이 순후해지며, 질서를 어지럽히는 사람도 없어질 것이다. … 선비 중에는 반드시 직업을 바꾸어 농사일을 할 수 없는 사람이 있다면 장차 어찌하겠는가? 직업을 바꾸어 공업이나 상업을 하는 사람도 있을 것이고 아침에는 들에 나가서 밭을 갈고 밤에는 돌아와서 옛사람의 글을 읽는 사람도 있을 것이다. 부유한 자의 자제들을 가르치는 것으로써 살길을 모색하는 사람도 있을 것이다. 실업의 이치를 강구하고 토지의 적성을 분별하고 수리를 일으키고 도구를 만들어서 인력을 줄이고, 곡식을 심고 가꾸는 일과 가축을 기르는 방법을 가르쳐서 농사를 돕는 사람도 있을 것이다. 이러한 사람들의 공이 어찌 팔을 걷어붙이고 힘들여 일하는 사람과 견줄 수 있겠는가? 이런 사람의 1일 노역은 10일로 기록하고 10일에 한 노역은 100일로 기록하여 양곡을 분배하는 것이 좋다. 선비에게 어찌 분배가 없을 수 있겠는가?[17]

다산은 여기서 아무 일도 하지 않고 놀고먹는 사람이 있어서는 안 되고, 무엇이든지 할 수 있는 일을 해서 사회에 기여하는 생산적인 활동을 해야 한다고 강조한다. 타고날 때부터 정해진 직업이 있는 것이 아니기 때문에 사회의 변화와 필요에 따라서 자신이 할 수 있는 일을 하게 하고 그로부터 얻은 정당한 소득으로 자신의 생계를 책임지게 하는 것이 민생안정과 사회질서를 유지하는 요건이라고 생각했다.

선왕의 천하 백성에게 모두 고르게 전지를 얻도록 하려는 것이 아니라, 천하 백성에게 모두 고르게 직(職)을 받도록 하려는 것이다. 직을 농사로 받은 자는 전지를 다스리고, 수공업으로 받은 자는 기구를 다스리며, 상업으로 받은 자는 물화를 다스리고 목축업으로 받은 자는 짐승을 다스리며, 산림업으로 받은 자는 나무를 다스리고 여인들은 베를 짜서 각각 그 직으로써 먹고살 수 있게 한다.18) … 밥이 비록 귀한 것이나 천하 백성을 모두 농사로 돌리면 곤란해져서 죽게 될 뿐이다. 장인이 쇠, 나무, 질그릇, 기와, 벽돌을 다듬어서 기구를 만들지 않으면 백성은 죽게 되고, 상인이 재화를 유통시켜 있고 없는 것을 옮겨서 부족한 것을 보충하지 않으면 백성은 죽게 된다. 우인(虞人)이 산택의 재목을 키우지 않고 목자가 새나 짐승을 번식시키지 않으며, 여인들이 명주실, 삼, 칡, 모시의 실을 다듬어서 의복을 돕지 않으면 백성은 죽게 된다. 이런 일을 하는 자는 모두 농사를 지을 수 없으며, 농사지을 수 없는 자에게는 전지도 줄 수 없는 것이다.19)

다산은 사회의 구성원들이 수행하는 농업, 수공업, 상업, 목축업, 산림업, 목축업, 직조업 등 그 맡은 바 직업이 무엇이든 모두가 사회 전체

---

17) 「전론 5」, 『여유당전서 1』 권11, 앞의 책, pp.233-234.
18) 『경세유표』, 「전제」 5, 이익성 옮김, 한길사, p.539.
19) 『경세유표』, 「전제」 1, 앞의 책, p.401.

의 원활한 운영을 위해서 꼭 필요한 일이기 때문에 어떤 일이든 제대로 수행되지 않으면 사회 구성원 모두의 삶이 원만하게 영위될 수 없다는 사실을 강조한다. 어떤 직업이든 중요하지 않은 직업이 없다고 하여 모든 직업을 중요시하고 각자가 수행하는 사회적 역할을 중요시하는 다산의 이러한 생각은 직업의 귀천을 따져서 특정한 직업을 천시하는 기존의 직업관과는 크게 구별되는 것이다. 사회의 구성원들이 이처럼 사회적 역할을 분담하여 그 직을 수행함으로써 얻는 정당한 소득으로 먹고사는 것은 민생안정뿐 아니라 국가의 부강을 위한 필수적인 일이라고 할 수 있다. 다산은 또한 여기서 사회의 구성원들이 사회적 역할을 분담함에 있어서 서로 간섭하거나 충돌하지 않게 하는 분업화와 전문화의 원칙을 제시하고 있다고 할 수 있다. 이는 "오로지 하는 공부가 없기 때문에 일을 익힘이 정밀하지 못하고, 오래 맡겨 이룩하도록 하는 법이 폐기되었기 때문에 공적이 이룩되지 않는다"[20]고 하여 다산이 분업론을 역설하는 것과 같은 맥락에서 이해할 필요가 있다. 분업을 통해 한 가지 일에 전업하게 함으로써 사회의 구성원들이 모두 직업을 가지고 일할 수 있는 기회를 가지게 되고, 또 한 사람이 여러 가지 일을 겸행함으로 인하여 한 가지 일도 제대로 못하는 비효율도 제거할 수 있다고 생각했기 때문이다.[21]

구체적으로 다산은 삼대의 제도를 따라 전국의 만백성을 아홉 가지의 전업직종으로 분업시킬 것을 제안한다. 『경세유표』에서는 사(士), 농(農), 공(工), 상(商), 원예(圃), 목축(牧), 산림(虞), 양잠(嬪), 임금노동(走)의 9직을 제시했고,[22] 『목민심서』에서는 전농(田農, 9곡생산), 원전(園廛, 과일생산), 포휴(圃畦, 채소재배), 빈공(嬪功, 포백직조), 우

20) 「인재책」, 『여유당전서 1』 권8. 앞의 책, p.179.
21) 『경세유표』 권8. 「전제」 10, 앞의 책, pp.692-693.
22) 『경세유표』 권8. 「전제」 12, 앞의 책, p.402.

형(虞衡, 목재생산), 축목(畜牧, 가축사육), 공(工), 상(商), 신첩(臣妾, 임금노동)의 9직을 거론하였다.23) 이처럼 만백성이 각자 자신에 맞는 직종에 전업적으로 종사하면서 생산과정에서의 협업과 생산물의 교환 등으로 서로 돕고 이바지하면서 먹고살도록 한 선왕의 제도를 채용할 것을 주장한다.24) 다산이 제안하고 있는 토지제도는 농사를 짓는 사람만이 농지를 소유할 수 있도록 하고 그들에게 농사지을 수 있도록 전지를 마련해 주기 위해서 제안된 것이었다. 모든 산업분야를 진흥시키고 구성원들을 분업적으로 한 직업에 전적으로 종사하도록 한 것은 백성들 모두가 직업을 가지고 생산적인 일을 할 수 있는 기회를 제공함과 동시에 국가 전체의 생산력을 증대하기 위해서 꼭 필요한 조치라고 할 수 있다.

5. 공적에 따른 평가와 처우

각자의 역량에 꼭 맞게 직무와 직책을 적절히 배분함으로써 국가의 구성원들이 자신의 능력을 최대한 발휘하게 하는 것은 개인의 행복한 삶을 위한 조건일 뿐 아니라 국가의 생산력을 최대화할 수 있는 구조적인 여건을 갖추는 것이다. 이러한 구조를 잘 갖추고 구성원들이 자신의 위치에서 자신이 맡은 일을 열심히 수행하도록 하기 위해서는 자신의 직업에 자발적으로 열심히 종사할 수 있는 사회적 여건이 갖추어져야 한다. 다산은 사회적 역할분담으로서의 직업적 활동이 제대로 작동되기 위한 제도적, 정책적 장치를 갖추는 것에 큰 관심을 가지고 있었다.

---

23) 『목민심서』 권7, 「호전 6조」. 김태영, 「다산의 정전제론」, 『다산 정약용 연구』, 앞의 책, pp.101-102 참조.
24) 『경세유표』 권6. 「전제」 5, 앞의 책, p.539.

신이 삼가 생각하건대 농사가 다른 것과 같지 않은 세 가지 점이 있습니다. 높기는 선비보다 못하고 이익으로는 상인보다 못하고 편하기는 장인보다 못합니다. 대체로 지금의 인정 세태는 낮은 것을 부끄러워하고 해로운 것을 기피하며 수고로운 것을 꺼리는데, 농사는 다른 것보다 못한 것이 세 가지나 되니 이 세 가지 부족한 점을 없애지 않으면 비록 날마다 매를 때리면서 농사일을 권장하여도 백성은 끝내 권면하지 않을 것입니다. 대저 농사의 이치는 지극히 정밀한 것인데 거칠게 농사를 지으니 노력을 많이 들여도 소출이 적은 것입니다. 노력을 많이 들여도 소출이 적은 까닭에 농업을 하는 자의 신분이 날로 낮아지고, 농업을 하는 자가 날로 신분이 낮아지기 때문에 농업은 더욱 거칠어지게 되니, 이런 일이 얽혀서 반복되어 농정도 소홀하게 된 것입니다. … 신은 현재 지방 수령으로서 두렵고 감격하여 삼가 세 조항의 억설(臆說)을 가지고 전하에게 상주하고자 합니다. 첫째 편농은 장차 편하게 농사짓게 하려는 것이고, 둘째 후농은 장차 농업의 이익이 있게 하려는 것이며, 셋째 상농은 장차 농업의 지위를 높이려는 것입니다.25)

다산은 농업이 진흥되지 못하는 사회적 여건을 찾아서 그것을 시정함으로써 농업이 부흥할 수 있는 환경을 조성하고자 하였다. 상업에 대해서도 장사는 이익이 후하지만 위험한 일이기 때문에 토지세와 같이 10분의 1세를 부과하면 상인이 이윤을 속이지 않을 수 없게 만들 뿐 아니라 결과적으로 상업발전을 저해하게 될 것이라고 지적한다.26) 수공업과 기술발전이 이루어지지 못한 이유도 공인들이 심한 천대를 받기 때문에 애써 그 일을 하기를 피하게 되어 결과적으로 백성이 궁핍하고 나라가 빈곤하게 되는 것이라고 분석한다. 하는 일의 특성에 따라 그 일을 하는 사람이 거기에 적합한 사회적 평가와 대우를 받게 해주는 것

25) 「응지논농정소」, 『여유당전서 1』 권9, 앞의 책, pp.204-208.
26) 『경세유표』 권10, 「지관수제」, 앞의 책, p.945.

은 일하는 사람이 자신의 직분을 의욕적으로 수행할 수 있게 만드는 요건이 된다는 사실을 다산은 강조하고 있다. 특정한 직종이 상대적으로 천대받거나 하는 일에 비해 보상이 적게 주어진다면 그 분야에 종사하는 사람은 자신이 맡은 직분에 열심히 종사하면서 안정된 삶을 살 수 없게 되어 그 분야는 발전할 수 없게 되고, 국가의 산업이 균형 있게 발전하지 못하게 되면 민생의 안정과 국가의 부강을 기약할 수 없다고 생각한 것이다.

한 직종 내에서도 열심히 맡은 일을 수행함으로써 많은 성과를 내는 사람과 그렇지 않은 사람에 대한 공정한 평가와 보상이 이루어져야 사람들이 자신의 맡은 직분을 충실히 수행할 것이라고 다산은 생각했다. 그래서 다산은 수행한 일의 성과를 정확히 헤아려서 거기에 걸맞은 평가와 보상이 이루어질 수 있는 구체적인 체계를 마련하는 데 많은 노력을 기울였다. 농업에 있어서는 여장(閭長)으로 하여금 노역한 일수를 정확하게 기록하도록 하여 노력을 많이 한 사람은 양곡을 많이 얻고 노력이 많지 않은 사람은 양곡을 적게 얻도록 함으로써 농민 모두가 힘을 다해 열심히 일하도록 하였다.27) 과일농사나 채소재배 등의 경우에도 철저하게 이룩한 실적을 살펴서 보상을 달리하는 시스템을 제안하고 있다.28) 공직자의 경우에는 관리들로 하여금 자신의 업적을 직접 보고하게 함으로써 그 진술내용의 사실 여부를 확인하고 상벌을 내리는 고적법(考積法)의 시행을 적극 주창하였다.29) 다산은 사람들에게 귀하게

---

27) 「전론 1」, 『여유당전서 1』 권11, 앞의 책, p.402.

28) 『목민심서』 권7-13, 「호전 6조」.

29) 『경세유표』 권4, 「천관수제」. 다산의 고적법은 수령의 행정활동을 크게 농사, 재화, 교육, 형무, 병무, 공업 등 여섯 분야로 나누고 각각의 분야를 다시 4영역으로 나누어 총 24항목에 대해서 수령이 자신의 실적을 보고하게 하고, 감사가 보고된 실적의 사실 여부를 검증하여 실적에 따라 9등급으로 차등 평가함으로써 수령을 승진이나 좌천 또는 유임시키도록 하는 제도이다.

되려는 욕망과 부하게 되려는 욕망이 현실적으로 존재한다는 사실을 잘 알고 있었다.30) 다산은 사람들이 가지고 있는 이러한 현실적인 욕망을 생산적으로 실현할 수 있도록 일의 성과와 보상을 연계시켜 자신이 맡은 직분에 최선을 다하도록 고양시킨 것이다. 일의 성과에 따른 평가와 보상이 제대로 이루어지느냐 아니냐의 여부는 사람들로 하여금 자신의 일에 자발적으로 전념케 만드는 열쇠일 뿐 아니라, 국가와 사회를 지탱해 주고 부강하게 만드는 기본적인 원칙이라고 할 수 있다. 원칙이 흔들리거나 분명하지 않을 때 초래될 수 있는 대규모의 혼란을 염려했기 때문에 다산은 공정한 분배의 시스템을 확립하는 데 힘을 쏟았던 것이다. 결론적으로 말해서 다산은 국가 구성원 각자가 자신이 맡은 직업활동에 자율적으로 열심히 종사하고 자신이 맡은 일을 충실하게 수행하는 것이 민생을 넉넉하게 하고 국가를 부강하게 만드는 구체적인 방법이라고 생각했음을 확인할 수 있다.

6. 직업의 공공성

다산은 항상 만백성에게 혜택을 베풀고 만물을 육성하겠다는 생각을 마음에 두어야 한다고 가르쳤다.31) 9직론을 거론하면서는 만백성이 각자 자신에 맞는 직종에 전업적으로 종사하면서 서로 돕고 이바지하면서 먹고살도록 권장했다.32) 개인이 수행하는 직업적 활동이 비단 개인의 재산(부)에 대한 욕구와 사회적 지위(귀)에 대한 욕구를 충족하는 수단이기만 한 것이 아니라, 사회 구성원 모두에게 도움을 주고 기여하는 일이라는 생각을 표현한 것이다. 다산이 생각하기에 참으로 가치 있는

---

30) 「대학공의」권1, 『여유당전서 2』권1, 앞의 책, p.21.
31) 주 12 참조.
32) 주 23 참조.

일은 한 개인이나 집단에만 이익을 가져다주는 것이 아니라 구성원 모두에게 이익이 되는 일이다. 모든 가치는 자신이 맡은 구체적, 사회적 역할로서의 일을 수행함으로써 실현되는 것이고, 그 일을 통해서 사회 구성원 모두의 삶에 도움을 줄 수 있을 때 개인의 민생안정과 국가의 부강이 동시에 이룩될 수 있다는 것이 다산의 생각이다. 그런 점에서 다산이 직업과 관련하여 생각을 할 때 항상 사고의 중심에 두고 있었던 것은 공공성을 확보하는 것이었다고 볼 수 있다. 공공성 확보의 결과는 백성들의 안정되고 넉넉한 삶이기 때문이다.

> 재산을 균등하게 해서 다함께 잘살게 하는 사람은 임금과 수령 노릇을 제대로 한 사람이고, 그 재산을 균등하게 하지 못하여 다 함께 잘살 수 없게 하는 사람은 임금과 수령의 임무를 저버린 것이다.[33]

다산은 국가의 모든 직업구조가 백성들의 삶이 안정화되고 넉넉하게 영위될 수 있도록 균형 있게 짜이고 운영되게 하는 것이 국가경영의 요체라고 생각했다. 경제활동의 기회나 결과로 얻는 소득이 특정한 계층에게만 집중됨으로써 부유한 사람이 더욱 부유하게 되고 가난한 사람은 더욱 가난하게 만드는 사회적 모순현상을 해결하려면 통치자가 적극적으로 "부유한 사람의 재산을 덜어내어 가난한 사람에게 보태줄 수 있도록 함으로써 그 재산을 고르게 해야 한다(均制其産)"[34]는 생각을 가지고 있었다. 다산이 역설하고 있는 여전제(閭田制)는 생산력 발전에 질곡이 되고 국가재정의 궁핍과 농민생활의 파탄의 원인으로 파악한 토지소유관계의 재편을 통해서 봉건적인 생산관계인 지주전호제를 타

---

33) 「전론 1」, 『여유당전서 1』 권11.
34) 「전론 1」, 『여유당전서 1』 권11. 최희남, 『정다산의 경제윤리사상』, 김영사, 2007, p.230 참조.

파하고 농민경제의 균산화(均産化)와 안정을 도모하려는 토지개혁론이라 할 수 있다.35) 다산은 많은 토지가 사유화되고 사적으로 과다한 조세를 거둠으로써 사적인 이익이 비대화되고 상대적으로 수많은 농민들의 삶이 형편없이 피폐해지는 것을 막기 위한 처방으로 토지공유제를 기초로 하는 여전제를 제시한 것이다. 토지는 원래 백성들의 것으로 국가가 관리하는 것이기 때문에36) 농사를 짓는 농부에게 토지를 고르게 분배하여 경작하게 하고 국가경영에 필요한 정도의 세금을 바치도록 하면 농민들의 삶도 넉넉해지고 국가도 부강해질 수 있을 것이라고 다산은 생각했다.37) 생산수단의 독점으로 인한 빈부격차의 심화는 공공의 이익을 해치는 것이고 분배의 정의를 파괴하는 것이기 때문에 다산이 이를 시정하려 적극 노력했던 것이다. 다산은 상인에게 어느 정도의 이익을 보장해 주어야 한다고 했지만, 소수의 부유층이 갖는 기호품은 국가가 독점할 것을 권고했고, 백성의 일상생활에서 꼭 필요한 소금, 술, 차 등 필수품은 백성이 쉽게 구할 수 있도록 하고 국가의 이익만을 위해 백성들을 착취해서는 안 된다고 주장했다.38) 다산의 광업정책은 광산경영에 있어 민간자본의 존재를 배제하고 광업생산을 국가재정과 직접 연결시키려는 경제정책이었다. 민영광업은 생산량이 풍부해도 사적인 치부만 심화시킬 뿐 광세수입은 보잘것없고 광업생산물이 중국으로 대량 유출되어 국가재정이나 국가경제에 도움이 되지 않기 때문에

---

35) 임병훈, 「다산 정약용의 국영광업정책·경영론」, 『동방학지』 5권, 1987, p.651.

36) 「원목」, 『여유당전서 1』 권10-4. 김태영, 앞의 논문, p.232 참조.

37) 다산은 국가 공유의 토지에서 20분의 1세를 내다가 그것이 사전화되어 10분의 5세를 넘으로써 백성이 곤궁하고 국가가 빈약하게 된 현실이 초래되었다고 지적한다.
  『여유당전서 1』 권9-60. 김태영, 앞의 논문, p.233 참조.

38) 『경세유표』 권11. 최희남, 앞의 책. p.294 참조.

생산수단을 국유화하여 국가경제를 충실하게 하려는 것이 다산의 구상이었다.39) 이로써 볼 때 다산은 생산의 측면에서 효율적인 제도의 시행이나 과학기술의 발전 등을 통해서 국가의 생산력을 증대시키는 것이 공공의 이익을 최대화하는 길이라고 생각했을 뿐 아니라, 한편으로 분배의 측면에서 생산수단과 소득을 균등하게 분배함으로써 경제적 소유가 한편에 편중되지 않고 고르게 분산되도록 하는 것이 민생안정을 기하는 데 중요한 방법이라고 생각했다는 사실을 확인할 수 있다.

다산은 목민관의 역할이 백성들의 삶에 절대적인 영향력을 미치기 때문에 공직자의 올바른 복무자세에 대하여 매우 구체적이고 상세한 복무지침을 제시했는데, 그 지침의 가장 핵심적인 점은 사적인 이익을 탐해서 공공의 이익을 해치지 않는 것이라고 할 수 있다. 다산은 "목민관의 노릇을 잘하려면 자애로워야 하고, 자애로우려면 반드시 청렴해야 하며, 청렴하려면 반드시 재정을 절약해야 할 것이니, 재정의 절약은 목민관의 으뜸가는 임무다"라고 말한다.40) 또한 "청렴하다는 것은 목민관 본연의 의무로서, 모든 선의 근원이며 모든 덕의 뿌리이다. 따라서 청렴하지 않고서 제대로 다스리는 자는 아직 없었다"고 말한다.41) 백성을 사랑하는 것은 공직자의 기본적인 마음가짐이기 때문에, 백성을 사랑하는 구체적 노력은 청렴에서부터 시작된다는 것이다. 그런데 청렴이라고 하는 것의 핵심은 부정한 이익을 탐하지 않는 것을 말하며, 부정이나 부패라고 하는 것은 공공의 이익을 갈취하여 사유화하는 것을 의미한다. 다산은 세금을 거두거나 부역동원 및 환상제를 시행하면서 백성으로부터 부당하게 재물을 취하는 것을 강력히 경계했고, 관청에 소속된 기술자 등의 인력을 사적으로 부리는 것도 금했으며,42) 공유재

---

39) 임병훈, 앞의 논문, pp.651-652 참조.
40) 『목민심서』 권4, 「율기 6조」.
41) 『목민심서』 권4, 「율기 6조」.

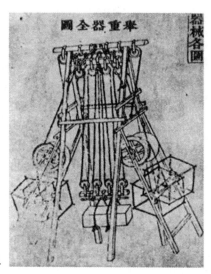

정약용이 설계한 거중기의 모형도

산으로 가난한 사람들을 돌보아주는 일도 도리가 아니라고 비판했다.43) 다산이 이렇게까지 철저하게 공과 사를 구분하는 이유는 모든 직업이 그렇지만 특히 공직의 경우에는 부당하게 사적인 이익을 취하지 않고 공공의 이익을 증대하여 백성의 삶을 편안하게 하고자 하는 공공정신이 중요하다고 생각했기 때문이다.

7. 나오는 말

이 연구는 일과 직업의 문제를 중심으로 하여 다산 정약용의 사상을 재구성하고 재해석해 본 것이다. 다산에 있어서 일은 모든 내적, 외적 가치가 실현되는 근원으로 자리하고 있고, 다산사상의 많은 부분이 사

---

42) 『목민심서』 권36, 「공전 6조」.
43) 『목민심서』 권4, 「율기 6조」.

회적 역할분담으로서의 일이 어떻게 진행되는 것이 바람직한가라는 내용으로 구성되어 있다. 다산의 사상은 일을 중심으로 해서 개인의 삶의 의미와 가치가 구체적으로 발현될 수 있다는 이론적 사상체계를 확립함과 더불어 그것을 가능하게 하는 안정된 사회적 장치를 구체적으로 제시했다는 점에서 보다 완성된 종합적인 직업사상으로서의 체계를 갖추었다고 볼 수 있다.

다산은 직업으로서 수행하는 일뿐 아니라 도덕적인 수양까지도 궁극적으로는 백성들의 삶을 편안하게 하고자 하는 구체적 목표를 지니고 있다는 사실을 강조한다. 사회를 개혁하기 위해서 그가 제시하는 정책이나 제도 역시 최종적인 목표는 백성들의 삶을 개선하려는 구체적인 방법으로서 제시된 것이라고 할 수 있다. 다산은 모든 구성원이 일하지 않고 노는 사람이 없이 일에 태만하지 않을 것과 더불어, 직업을 수행함에 있어서 사적인 욕망에 사로잡혀 공적인 이익을 침해하지 않도록 끊임없이 경계하였다. 개인이 자신의 직업에 충실하면서 공익을 침해하지 않도록 하기 위해서는 개인들의 투철한 직업의식도 중요하지만 동시에 사회적 여건의 조성과 정책 및 제도의 뒷받침이 있어야 한다고 다산은 생각했다. 그래서 다산은 국가를 부강하게 하고 개인이 자신의 직업에서 충실하게 일할 수 있도록 하는 구체적인 정책과 제도를 여러 방면으로부터 제시했던 것이다.

일과 직업을 중심으로 다산의 사상을 해석해 볼 때 가장 두드러진 특성은 공공성의 강조라고 할 수 있다. 다산은 항상 만백성에게 혜택을 베풀고 만물을 육성하겠다는 생각을 마음에 두어야 한다고 가르쳤다. 다산이 생각하기에 참으로 가치 있는 일은 한 개인이나 집단에만 이익을 가져다주는 것이 아니라 구성원 모두에게 이익이 되는 일이다. 모든 가치는 자신이 맡은 구체적 사회적 역할로서의 일을 수행함으로써 실현되는 것이고, 그 일을 통해서 사회 구성원 모두의 삶에 도움을 줄 수 있을 때 개인의 민생안정과 국가의 부강이 동시에 이룩될 수 있다는 것이 다산의 생각이다.

일과 직업에만 초점을 맞추어 다산의 사상내용 전체를 검토하고 정리하는 것이 다산사상에 담긴 의미를 지나치게 축소할 여지는 다분히 있다. 그러나 일과 직업이라는 새로운 관점을 가지고 다산의 사상을 재구성하고 재해석하는 이 연구가 기존의 다산에 대한 이해의 지평을 어느 정도 넓혀줄 수 있으리라는 기대는 해볼 수 있지 않을까 생각한다. 아울러 현대의 직업인들이 가져야 할 일과 직업에 임하는 바람직한 자세 즉 직업윤리를 정립하는 데 있어서도 적지 않은 시사점을 제공해 줄 수 있기를 기대해 본다.

6부

부

불교와 일과 직업의 문제

1장

수행으로서의 직업의 의미를 밝히다

1. 들어가는 말

불교의 가르침을 의미하는 법(Dhamma)이라는 개념 속에는 "눈앞에 보이는 실제적이고 현실적인 이익"이라는 의미가 제1의 특성으로 명시되어 있다.[1] 여기에서 우리는 불교라는 가르침이 단순히 명상을 통한 내면적이고 철학적인 깨침을 제시하는 형이상학이 아니라, 많은 사람들이 현실적으로 직면하고 체감하는 고통의 문제에 대한 구체적이고 직접적인 처방을 제시하는 효과적인 지침으로 제시되고 있음을 확인할 수 있다. 불교가 추구하고 있는 고통으로부터의 해탈이라는 목적은 단순히 개인적이며 심리적인 성질의 것이 아니라, 보다 깊이 사회적이며

---

1) SN I, 각묵스님 옮김, 『쌍윳따니까야』 I, pp.164-177.
   김재영, 『초기불교의 사회적 실천』, 민족사, 2012, p.138 참조.

대중적인 문제와 관련되어 있다.2) 불교는 처음부터 현실적이고 구체적인 인간들의 삶의 문제와 그로부터 발생하는 고통의 문제에 대하여 깊은 관심을 가지고 있었다. 붓다가 처음 출가하게 된 동기도 성문을 나가서 본 일하는 농부들의 참혹한 모습과 참혹하게 죽는 여러 생명들의 고통스런 모습이었다.3) 붓다가 깨달은 후에 그의 가르침을 사회적으로 펼치면서 "세상 사람들의 이익을 위하여, 많은 사람들의 행복을 위하여 전법하러 떠나라"4)고 말한 전법정신을 통해서도 이 사실을 확인할 수 있다.

불교가 출가자의 생산활동을 금지한 것을 가지고 불교가 노동의 가치를 전적으로 부정하는 것으로 해석하는 것은 커다란 잘못이다. 붓다는 출가자가 종교적, 정신적 수행에 전념해야 하기 때문에 그에 방해가 되는 모든 행위를 금지한 것이다. 율장에서는 땅을 파거나 장사를 하는 것 등의 노동을 못하게 하고 있다. 율장의 금지사항 자체만 보면 수행자는 물질적인 생산노동을 할 수 없게 되어 있지만, 계율의 제정 동기나 그 정신은 결코 노동을 천하게 여기거나 나쁘게 보기 때문은 아니었다.5) 출가자들과는 달리 재가자들에게는 적극적인 생산활동과 경제적

---

2) 김재영, 앞의 책, p.112.

3) AN I 145, 대림스님 옮김, 『앙굿따라니까야』 I, pp.380-381.

4) "비구들이여 이제 전법하러 떠나가라. 많은 사람들의 이익을 위하여 많은 사람들의 행복을 위하여 세상에 대한 자비심으로 신들과 인간들의 이익과 복지 행복을 위하여 두 사람이 한 길로 가지 마라."
Vinaya-pitaka, "Mahavagga," 『잡아함경』 제3권, 『한글대장경』, pp.154-155.

5) 땅을 파거나 나무를 못하게 하는 것은 그 과정에서 생물을 죽일 위험이 있기 때문이고, 길쌈을 하거나 짐을 지는 일은 수행자의 품위를 떨어뜨려 재가자의 조롱을 받을 염려가 있기 때문이며, 상업을 금지하는 것은 장사에서 생기는 이익 때문에 탐욕이 생겨 수행생활에 장애가 될 수 있기 때문이었다. 호진, 「불교의 노동문제」, 송암지원 엮음, 『노동의 가치 불교에 묻는다』, 도피안사, 2007, pp.35-37.

삶을 권장한다. 비록 재화에 대한 지나친 욕망은 경계하지만 정당한 방법으로 적극적으로 부를 축적하여 올바른 가정생활과 사회생활을 영위하도록 적극 권장하고 있다. 붓다는 "속인이 집에 있으면서 현재에 편안하고 즐거운 생활을 얻기 위해서는 무엇보다 먼저 그 방편으로서 여러 가지 직업을 가지고 스스로 생활을 잘 영위해야 한다"6)고 말한다.

불교가 이처럼 현실적이고 구체적인 삶과 그 근저를 이루는 경제의 문제에 대해서 적극적인 관심과 의미를 부여하고 있기 때문에, 불교경전에는 현실적인 삶을 영위하는 구체적인 일과 직업의 문제에 관해서 직접적으로 언급하는 경우가 상당히 많다. 불교의 경전에는 놀라울 만큼 많은 구체적인 직업들이 등장할 뿐만 아니라 그 일을 어떻게 수행해야 하는지에 관해서 세부적인 지침까지 제시되고 있다. 경전에서 산발적이고 다양하게 제시되고 있는 불교의 일과 직업에 대한 생각들을 모아 종합적으로 재구성하여 분석하고 정리해 봄으로써, 그 속에 함축되어 있는 불교 직업사상의 특징과 의미를 새롭게 해석해 보고자 하는 것이 본 연구의 목적이다.

불교에 관한 연구는 헤아릴 수 없을 만큼 많지만, 일과 직업의 관점에서 불교사상을 연구한 경우는 손으로 꼽을 수 있을 정도이다. 기존의 연구는 초기불교 및 선불교 등 불교사상사의 특정한 맥락 속에서 단편적이고 부분적으로 언급되고 있는 일과 직업의 문제를 추출하여 종합함으로써 불교가 이 문제에 대하여 어떠한 생각을 하고 있는가를 각각의 관점에서 잘 정리해 주고 있다.7) 연구자는 불교사상사의 어느 한 부

---

6) 『장아함경』 권3, 「유행경」(대정장 I, p.23).

7) 호진(浩眞)의 「불교사상에 있어서 노동철학의 의미발견」(1985)은 초기불교의 경전 속에서 노동의 문제를 어떻게 언급하고 있는가를 모아 정리한 것이고, 정성본의 「선불교의 노동문제」(1999)는 선불교사상사에서 표출된 노동에 관한 생각들을 정리한 것이며, 송암지원 편, 『노동의 가치를 불교에게 묻는다』(2000)는 불교의 사상 속에서 노동과 연관된 여러 측면을 여러 가지

분을 집중적으로 조명하면서 그 속에서 표명되고 있는 일과 직업에 대한 생각의 체계를 단편적으로 밝히는 데서 한 걸음 더 나아가, 불교에서 일과 직업의 문제가 총체적으로 어떻게 다루어지고 있는가를 종합적으로 재구성해 정리하고자 한다. 삶의 가장 중요하고 많은 부분을 차지하고 있는 것이 일과 직업이기 때문에 직업사상은 단순히 일과 직업에 대한 단편적인 언급으로 다루어져서는 안 된다고 생각한다. 그것은 삶에 대한 불교의 철학 전체 속에서 상호 유기적 연관을 맺으면서 설명되어야 할 것이다. 필자는 또한 직업이라는 개념을 중심에 두고 이에 대한 동양과 서양의 다른 사상들과의 비교를 통해서 불교의 직업사상이 갖는 특징과 의미를 조명하는 방식으로 논의를 전개해 나가고자 한다. 불교사상 내부로부터 조명함과 동시에 보편사상이라는 외부적 관점으로부터 불교 직업사상의 특징과 의미를 찾는 작업을 함께 수행함으로써 균형 잡힌 설득력 있는 논의가 가능하다고 생각한다.

각도에서 개관한 것이고, 박경준의 『불교사회경제사상』(2010)은 불교의 경제사상을 총정리하는 가운데 불교의 노동관과 직업관을 개략적으로 다루고 있다. 윤성식의 「시장자본주의 대안으로서의 불교자본주의 연구」(2010)는 시장자본주의의 문제점을 극복하는 대안으로서 불교경제윤리의 가정과 구조를 광범위하게 분석 정리한 것이다. 이들의 연구는 본인의 연구에 많은 시사점을 제공하여 주었고 좋은 안내서의 역할을 하였다. 이 밖에 이광우의 「초기불교의 직업윤리에 관한 연구」(2001)는 초기불교경전 속에서 직업과 직업 수행태도에 대해서 언급한 부분을 모아 정리한 것이고, 박선임의 「불교의 직업윤리에 관한 연구」는 직업별 윤리를 중심으로 직업관을 정리한 것이다. 조수동의 「대승불교의 경제사상」(2003)이라는 논문은 대승불교의 경전과 사상 속에서 경제와 관련된 부분을 모아 재해석한 것이며, 김광식의 「용성선사의 선농불교」(1999)라는 글은 선농일치를 주장하는 용성선사의 사상을 조명한 것이고, 유승무의 「한국불교 노동관의 탈현대적 함의」(2009)라는 논문은 한국불교에서의 노동과 수행의 관계를 조명한 것이다.

2. 직능적 상호 연대로서의 출가와 재가

경전에는 어떻게 살아야 하느냐는 문제에 대하여 얘기할 때, 출가자냐 재가자냐에 따라서 다르게 설하고 있다. 출가자가 어떤 삶을 살아야 하느냐에 대해서는 출가자의 생활지침을 담고 있는 『사분율』 등의 자료에 잘 나타나 있다. 그 내용은 주로 출가자가 직접 생산적인 노동을 하는 것에 대한 부정적인 언급들이 주류를 이루고 있다.8) 하지만 이러한 말들은 출가자가 맡은 종교적 역할과 본분에 충실하라는 맥락에서 이해해야 하는 것이지, 생산적인 일 그 자체에 대한 부정으로 해석될 수는 없다. 재가자가 어떤 일을 어떻게 해야 하는가에 대해서는 『선생경』 등의 초기경전 여러 곳에 산발적으로 서술되어 있다. 주로 자신이 맡은 일과 직업활동에 헌신적으로 임하는 것이 삶을 행복으로 인도해 주는 구체적인 방편이라고 하여 열심히 일할 것을 강조하는 내용이다.

불교가 생산활동의 문제에 대해서 출가자와 재가자에게 다른 태도로 임할 것을 요구한다고 해서, 출가자의 수행공동체를 재가자의 세계와 단절된 초월의 세계로 간주해서 이원적으로 분리해서 논의하는 것은 적절치 않다. 기존의 연구들은 대부분 출가자와 재가자의 차이에 주목해서 따로 논의하거나 어느 한쪽만을 분리해서 논의하고 있다. 한 걸음 더 나아가 출가공동체에서 수행에 전념하는 사문 즉 출가수행자를 일체의 현실적인 계급과 직업을 초월한 것으로 서술하기도 한다.9)

---

8) "청정한 계율을 지닌 사람은 물건을 사고팔거나 무역을 하지 말고, 집이나 논밭을 소유하지 말며 하인을 부리거나 짐승을 기르지 마라. 일체의 생산활동과 재보를 멀리하기를 불구덩이 피하듯 해야 한다. 초목을 베거나 땅을 개간하지 말며, 탕약을 만들거나 사람의 길흉을 점치는 일, 하늘의 별로 점치는 일, 수를 놓아 맞추는 일을 하지 마라. 모두 옳지 못한 일이다. 몸은 근검히 하고 식사 때에만 먹으며 청정하게 자신의 삶을 살아라."
『불교유경』, 대정장 12권, p.1110.

재가자는 출가자에게 물질적, 재정적 기반을 제공하여 주고, 출가수행자는 재가자에게 정신적, 종교적 가르침을 제공한다. 재가자가 생산활동을 통해 획득한 재화를 출가자에게 제공해 주지 않는다면 수행자가 출가하여 수행에만 전념하는 것이 불가능하다. 출가수행자의 가르침에 도움을 받지 않고서는 생산활동에 전념해야 하는 재가자는 현실세계의 고통을 넘어서 종교적 목표를 지향해 가는 것이 어렵다. 인간은 밥만 먹고는 살지 않는, 의미를 먹고 사는 존재라고 할 수 있다. 육체의 양식으로서의 밥과 마음의 양식으로서의 법 이 두 가지는 인간의 삶에서 그 어느 것 하나 빠져서는 안 되는 절대적으로 필요한 요소이다.[10] 따라서 생산노동을 통해 밥을 생산하여 제공하는 재가자와 정신적 수행을 통해 법을 생산하는 출가자는 상호 의존하는 불가분의 관계에 있으며 직능적으로 상호 보완하는 관계로 존재한다고 볼 수 있다.

그래서 경전에는 출가자가 담당하고 있는 수행을 마음의 밭을 가는 농부에 비유하여 재가자가 담당하고 있는 육체노동과 다르지 않은 것이라고 말한다.

한 바라문이 탁발을 나온 붓다에게 "사문 고타마께서도 역시 밭을 갈고 씨를 뿌려 그것으로 살아가야 합니다"라고 말한다. 붓다는 자신도 '밭 갈고 씨 뿌리는 농부'라고 하면서, 다음과 같은 게송으로 답했다. "내가 뿌리는 씨앗은 믿음이고, 내 보습은 지혜, 김매는 작업은 매일 악업을 제어하는 것, 내 소는 정진으로서, 이 소는 한 걸음 한 걸음 착실히 나아가 물러서지 않는다. 이것이 내 농사이고 그 수확은 감로의 열매다."[11]

9) 미야사까 유쇼(편집부 옮김), 『불교에서 본 경제사상』, 여래, 1991, p.185.
10) 유승무, 『불교의 사회학』, 박종철출판사, pp.139-140 참조.
11) 『잡아함경』 제4권, 「경전경」, 『한글대장경』, pp.108-109.

이처럼 붓다가 자신을 농부로 자처하면서 흙 밭을 가꾸는 것이 아니라 마음 밭을 가꾸는 것이 다를 뿐이라고 말한 것은 출가자의 수행도 사회적 역할을 분담하는 하나의 직업으로서 직업노동의 결과를 서로 나누어 가질 자격이 있음을 당당하게 천명한 것이라고 해석할 수 있다. 그래서 경전에는 재가자는 출가자를 행동과 말과 사랑으로 받들어야 하고, 출가자의 생활에 필요한 물질적인 것을 제공해야 한다고 말한다.12) 한편으로 출가자는 재가자의 삶을 지도하고 종교적으로 인도해 주어야 한다고 말한다.13) 재가자와 출가자는 서로의 노동의 결과를 주고받는 일종의 거래관계에 의해 상호 의존적으로 결합되어 있다고 할 수 있다.14)

비구들이여, 재가자들은 여러분에게 의복, 음식, 침대, 약 등을 주면서 크게 도움이 된다. 여러분도 역시 그들에게 선법과 청정한 생활을 가르쳐주면서 크게 도움이 된다. 이렇게 해서 여러분들은 서로 도우면서 종교생활을 영위할 수 있게 되고, 윤회의 강을 건너 고통을 끝내게 된다.

---

12) 『장아함경』 제11권 제2분, 「선생경」, 『한글대장경』, p.268.
13) 같은 곳.
14) 호진, 앞의 논문, p.41.

재가자와 출가자는 서로 의지하면서 선업을 번창하게 한다. 출가자는 의복 등을 재가자들로부터 받음으로써 궁핍을 모르고 살 수 있고, 재가자들은 출가자들로부터 좋은 세계로 가는 길을 배우고 닦아서 다음 생에 천상에 태어나서 많은 즐거움을 누리게 된다.15)

초기경전에는 여섯 개의 직업을 열거하면서 출가수행에 전념하는 사문도 하나의 직업으로 서술하고 있는 경우도 있고,16) 하는 일에 따라서 명칭이 달라지는 여덟 가지 경우를 열거하면서 사제직을 그중 하나로 들고 있는 경우도 있다.17) 석가모니 당시의 인도사회에서는 출가집단을 '사문'이라고 부르고 있는데, 사문이라는 말은 정려자, 근로자라는 의미를 가진다. 이 말을 통해 출가수행자가 정신의 세계에서 열심히 노력하고 일하는 사람들임을 나타내고 있다.18) 이것을 보더라도 출가수행이 재가자의 직업과 분리되거나 속세의 직업과는 질적으로 다른 초월적인 것으로 간주되고 있지 않음을 알 수 있다. 오늘날에도 승려를 직업의 하나로 간주하고 있는 것과 마찬가지로, 붓다 역시 출가수행자를 직능적으로 사회에 필요한 하나의 역할을 담당하는 직업으로 서술하고 있다. 직업이라고 할 때는 일반적으로 노력이 소요되는 일, 성인이 자유로운 의사에 따라서 사회적으로 효용성이 있는 일을 경제적 보상을 받으면서 계속적으로 수행하는 일을 의미한다.19) 이러한 직업의 정의에 입각해서 판단해 보더라도 출가수행자를 직업의 하나로 간주하여 직업의 테두리 안에서 함께 논의하는 것이 마땅하다고 생각한다.20)

---

15) 「여시어경, Itivuttaka」, p.111. 호진, 앞의 논문, p.41 참조.
16) 왕족, 사제, 농민, 상인, 천민, 도살자 등 여섯 가지 직업을 열거한다.
17) 농부, 직인, 상인, 노복, 도적, 무사, 사제자, 국왕을 열거한다.
    Suttanipata, pp.612-619. 미야사까 유쇼, 앞의 책, p.186 참조.
18) 미야사까 유쇼, 앞의 책, p.59.
19) 직업윤리연구회, 『현대사회와 직업윤리』, 형설출판사, 1991, pp.5-6.

3. 직업의 종류와 바른 직업

붓다가 살았던 기원전 5, 6세기 인도에서는 세습적인 계급으로서의
네 개의 바르나(varna)[21]가 존재했다. 이러한 계급제도는 본래 타고난
혈통에 의해서 사회적 신분에 엄격한 차별을 두는 것이지만, 이는 곧바
로 직업의 차별과 연결되는 것이었다. 그러나 붓다는 태어남에 의해서
인간의 존재와 가치가 결정된다는 것을 부정하고, 행위에 의해서 인간
의 존재와 가치가 달라진다는 새로운 관점을 제시했다.

태어남에 의해 천민이 되는 것도 아니고, 태어남에 의해 바라문이 되
는 것도 아니다. 행위에 의해 천민이 되고, 행위에 의해 바라문이 되는
것이다.[22]

어떤 종족인가 그것을 묻지 말고 어떤 일을 하느냐고 물어라. 나무를
베어 비비고 비비면 거기에서 불이 나듯이, 천하고 낮은 종족에서도 숭
고한 성자가 나온다.[23]

붓다는 혈통에 의해서 사회적 계급과 신분의 차별을 고착화시키는
전통적인 카스트제도를 부정했다. 카스트제도는 원칙적으로 직업의 세
습을 전제로 하는 것이기 때문에 카스트의 차별은 동시에 직업의 차별

---

20) 경제적 보상이라는 측면에서 이의를 제기할 수도 있으나, 수행자는 실제로
   재가자로부터 물질적, 경제적 지원을 받고 있으므로 출가사문을 직업으로 간
   주하는 데 하등 문제될 것이 없다.
21) 피부의 색(varna)에 의해서 계급을 나누는 제도로서, 사제계급(브라만), 전사
   계급(크샤트리아), 서민계급(바이샤), 예속인(수드라)이 그것이다.
22) 『잡아함경』 제44권, p.102.
23) 『잡아함경』 제44권, p.1184.

을 의미하는 것이었다. 그러나 붓다는 이러한 카스트제도를 전적으로 부정하는 입장에 있으므로, 직업에 의한 상하나 귀천의 차별을 당연히 부정하였던 것이다.24) 붓다는 직업의 차이를 기능적 행위의 차이에 지나지 않는다고 보았다. 다시 말해 여러 가지 직업의 차이는 단지 하는 일 내지 담당하는 역할의 다름에 따라 다르게 붙여지는 이름에 불과할 뿐25)이라고 보았다. 그의 이러한 입장 속에는 인간 모두가 평등하게 깨달음의 가능성을 가지고 이를 실현할 수 있다는 절대적 신념이 전제되어 있다.26) 붓다는 인간에게 어떤 본질적인 차이가 있다는 것을 부정했듯이, 직업에 따른 어떤 본질적인 차이도 인정하지 않았다. 붓다가 만년에 당시 천한 직종이었던 대장장이 춘다의 공양을 받았다는 사실이나, 세간에서는 천한 직종인 이발사 우바리가 붓다의 십대 제자의 하나로 추앙받기도 하였다27)는 사실 등에서도 이를 확인할 수 있다.

경전에는 놀라울 만큼 많고 다양한 직종들이 등장한다. 대략 헤아려 보더라도 백 가지가 훨씬 넘는 구체적인 직종들을 열거하고 있다.28) 경전에 이렇게 많은 직업이 등장하는 것은 붓다가 현실 속에서 인간들이 다양한 방법으로 살아가는 모습 하나하나에 대해서 깊은 관심을 가지고 그들에게 다가가고 있음을 알게 하는 확실한 증거라고 볼 수 있다.

붓다는 현실 가운데 존재하는 여러 가지 살아가는 방식을 주목하고 있기는 하지만 그것들을 모두 바람직한 직업으로 인정한 것은 아니었다. 붓다가 모든 직업의 본질적인 차이를 인정하지 않고 귀천의 차별을 두지 않았다고 해서 모든 직업의 가치를 똑같이 평가한 것은 아니다.

---

24) 박선임, 「불교의 직업윤리에 관한 연구」, 동아대 석사논문, 2001, p.27.
25) *Suttanipata*, 611.
26) 안옥선, 『불교윤리의 현대적 이해』, 불교시대사, 2002, pp.153-154.
27) 박선임, 앞의 논문, pp.20-21 참조.
28) 미야사까 유쇼, 앞의 책, pp.186-195 참조.

농업, 상업, 목축업, 금전 대부업, 건축업, 관리업, 무술, 서예, 계산, 회화 등 대부분의 생산적인 활동은 다 바람직한 직업으로서 평등하게 평가하고 있다.[29] 여기서 주목할 것은 이자를 인정하면서 임대업과 금융업을 허용하는 매우 유연한 직업관을 가지고 있다는 점이다. 불교의 이러한 유연한 직업관은 오늘날 사회에서 찾아볼 수 있는 거의 대부분의 직업을 정당한 것으로 수용하는 열린 자세라고 할 수 있다.[30]

바르지 못한 직업으로는 어부, 사냥꾼, 도살자, 사형 집행인, 도적 등 살생과 관련된 직업과 무기의 판매, 생물의 매매, 육류의 매매, 주류의 매매 그리고 독의 매매 등 사회에 해악을 끼칠 수 있는 물건의 거래행위를 들고 있다.[31] 바람직하지 못한 직업의 예로 들고 있는 도적은 다른 사람에게 피해를 주는 행위로서 일반적인 법에도 저촉되는 범법행위이다. 일반적으로 직업이라고 하는 개념은 사회적 유용성을 가진 일에 대해서 사용하는 개념이기 때문에, 사회적인 해악을 끼치는 범법행위는 직업의 틀 안에서 논의하는 것보다는 법의 틀 안에서 논의하는 것이 적절하다고 생각한다. 또한 도살업이나 어부 및 육류나 주류 매매 등을 바람직하지 못한 천한 직업으로 언급하고 있는데, 이러한 직업들은 사회에서 금지되는 불법적인 것은 아니고 사회가 유지되기 위해서 누군가는 수행해야 할 필요한 일이라고 볼 수 있다. 그런데도 그런 직업을 나쁜 직업이라고 보는 것은 불교에서 일반적으로 해서는 안 되는 행위로 들고 있는 불살생계나 불음주계를 범하는 것이고 그것이 정신을 해치기 때문이었다. 이 점에서 불교의 직업관에는 살생이나 음주의

---

29) 『잡아함경』, 대정장 2, p.23.

30) 윤경식, 「시장자본주의 대안으로서의 불교자본주의 연구」, 동국대 박사논문, 2010, p.121.

31) AN III, p.208. 박경준, 『불교사회경제사상』, 동국대출판부, 2010, pp.192-193 참조.

문제를 바라보는 불교의 독특한 윤리적 가치관이 투영되고 있다고 볼 수 있다. 이러한 직업관은 개인의 선한 성품을 해치고 사회적 부작용을 생산할 우려가 있는 일을 금지한다는 측면에서 의미를 찾을 수 있다. 그러나 살생의 문제나 음주의 문제에 대한 견해와 평가는 사람에 따라 또는 종교적 신념에 따라 여러 가지로 갈릴 수 있다는 점에서 불교의 직업관을 오늘의 사회에서 일반화하는 것은 무리가 있다고 생각한다.

4. 직업수행의 목적과 원칙

불교의 궁극적인 목표는 현실적인 고통으로부터 벗어나서 고통이 없는 경지인 열반을 성취하는 것이다. 이러한 목표는 출가자에게 뿐 아니라 재가자에게도 궁극적인 과제라고 할 수 있다. 따라서 인간의 모든 행위와 노력은 그것이 출가자의 수행이든 재가자의 생산적 활동이든 막론하고 다 같이 열반을 얻는 데 도움이 되는 것이어야 한다.

> 붓다의 모든 가르침(법과 율)은 마치 바다가 한 가지 맛 즉 짠맛만 가지고 있는 것처럼 한 가지로 열반과 해탈을 위한 것이다.32)

> 갠지스강이 바다 쪽으로 쏠리고 기울고 향하는 것처럼, 출가 재가를 포함한 붓다의 승가도 열반으로 쏠리고 기울고 향한다.33)

모든 직업수행의 궁극적 목적이 열반과 해탈을 위한 것이라 할지라도 현실적으로는 모든 사람이 열반을 얻는 일에 직접 참여하여 출가수행자가 될 수는 없다. 일반 재가자는 자신의 생업에 종사하면서 출가자

---

32) AN IV, p.203.
33) MN I, p.493.

를 도와 그들이 수행을 완성하는 것을 돕고 수행자의 수행의 결과를 도움을 받아야 한다.[34] 재가자의 직업노동의 목표는 일차적으로 재화의 생산을 통해 현세에서의 안락한 삶을 영위하고 이웃을 도우며 수행자를 공양하는 것이고, 이차적으로 열반과 해탈을 구하는 것이라고 할 수 있다. 그렇지만 궁극적으로 추구하는 것은 현세의 안락한 삶을 넘어선 정신적 안정과 행복이기 때문에, 재가자의 노동 역시 종교적 의미를 지니고 있다.[35] 수행에 전념하는 출가수행자의 수행목표 역시 개인적인 차원의 열반에만 머무를 수는 없다. 재가자의 삶을 지도하고 종교적으로 인도해 주어야 한다. 다른 사람에게 이익을 받으면 반드시 그에 상응하는 보답을 해야 한다는 것[36]이 불교의 기본적인 행위규칙이기 때문이다. 또한 불교의 근본적인 사고방식이라 할 수 있는 연기법에 비추어 생각해 보더라도, 개인은 타자 또는 사회와 분리되어서 홀로 존재하는 것이 아니기 때문에 혼자만의 열반은 바람직하지도 않고 가능하지도 않다. 그래서 경전에서는 어떠한 생명체이든지 예외 없이 모든 존재가 다 행복하기를 기원하고 있는 것이다.[37] 그러므로 출가자의 수행의 일차적인 목표는 자신의 열반과 해탈을 지향하고 있지만, 이차적으로는 재가자에게 법을 가르치고 종교적으로 잘 인도함으로써 모든 사람을 고통으로부터 벗어난 열반의 경지에 이르게 하는 데 있다고 할 수 있다. 이렇게 볼 때 재가자와 출가자의 직업활동은 열반이라는 공통적인 목표를 지니고 있다는 점에서는 같지만, 그 출발점과 일차적으로 추구하는 목표와 가치의 측면에서는 다르다고 할 수 있다. 따라서 직업에 임하는 태도와 행위의 원칙에 있어서도 공통되는 면과 다른 점이 있게

---

34) 호진, 앞의 논문, pp.40-41 참조.
35) 정미경, 『상좌부불교와 경제발전』, 라이프앤라이프, 2009, p.34.
36) 『잡아함경』 권48, 대정장 2, p.352.
37) *Suttanipata*, pp.146-147.

된다.

출가자와 재가자 모두의 궁극적 목표가 괴로움을 떠난 열반의 성취에 있다고 한다면 모든 행위는 그것을 성취하는 데 기여하고 장애가 되지 않도록 이루어져야 한다. 직업적인 활동은 인간의 행위 가운데 핵심을 이루는 것이기 때문에 더욱 이러한 원칙에 따르지 않으면 안 된다. 따라서 모든 직업적인 활동 역시 불교가 괴로움을 끊고 열반에 도달하는 올바른 방법으로 제시한 팔정도(八正道)[38]에 부합하도록 해야 한다는 것이 대원칙이라 할 수 있다. 불교에서 바르다고 하는 것은 기본적으로 극단을 떠난 중도를 의미한다. 붓다는 "거문고의 줄을 너무 죄거나 너무 늦추면 그 소리가 아름답지 못하다"는 비유를 들어, 수행자가 수행을 할 때 나태하거나 극단적인 정진을 피하도록 권유한다.[39] 또한 지나치게 욕망에 탐닉하거나 지나치게 고행을 추구하는 것은 몸과 마음을 괴롭힐 뿐 이루는 바가 없다고 말한다.[40] 재가자의 생활 역시 지나치게 사치하거나 지나치게 절약하지 말고 중도적으로 영위할 것을 가르친다.

어떤 사람은 재산이 없는데도 낭비적인 생활을 하는데, 사람들은 그를 어리석고 탐욕이 많은 사람이라고 하며 열매를 맺지 못하는 우담바라 꽃에 비유한다. 또한 어떤 사람은 재물이 풍부하면서도 그것을 쓰지 않는데, 사람들은 그를 어리석은 사람이라고 하며 굶어죽는 개와 같다고 한다. 그러므로 착한 남자는 가진 재물을 잘 헤아려 수입과 지출을 알맞

---

38) 팔정도는 열반에 이르는 방법으로서 바르게 보고(正見), 바르게 생각하고(正思惟), 바르게 말하고(正語), 바르게 행동하고(正業), 바르게 생활하고(正命), 바르게 노력하고(正精進), 바르게 마음수행하고(正念), 바르게 집중하는(正定) 것을 말한다.

39) 『증일아함경』 권13, 대정장 2, p.612.

40) 『사분율』, 대정장 1, p.701.

게 하나니, 이것이 바른 생활을 경영하는 것이다.41)

지나친 절약은 개인과 조직의 효율성을 저해하고, 장기적인 관점에서 생산력을 훼손하기 때문에 사회 전체에도 결코 유익하지 않다. 이는 지나친 보시를 바람직하지 않게 여겨 자신의 능력에 맞는 중도적 보시를 해야 한다고 가르치는 것42)과 일맥상통한다.43) 팔정도 가운데서 정명은 타인들에게 해를 끼치는 직업 이를테면 무기와 중독성 음료, 독, 동물 도축, 사기 등을 통하여 생계를 꾸리는 것을 삼가고, 정직하고 부끄러움 없고 타인들에게 해를 끼치지 않는 직업으로 살아야 한다는 것을 의미한다.44) 여기서 우리는 바르다고 하는 뜻이 정직하고 부끄럼이 없고 타인들에게 해를 끼치는 직업활동을 해서는 안 된다고 하는 사회 일반의 도덕적인 원칙과 부합하는 것임을 알 수 있다.

직업을 성공적으로 수행하기 위해서 가장 기본적으로 지켜야 할 태도는 자신의 일에 전념하여 열심히 하려는 노력이다. 이것은 수행에서 요구되는 정진이고 생산활동에 있어서는 부지런함이다. 붓다는 모든 직업에서 성실하고 부지런히 행하라고 가르친다.45) 팔정도의 정정진(또는 정근)은 자신이 수행하는 직업활동에 어떤 어려움이 있더라도 그 일을 버리지 않고 그 일을 성취하기 위하여 애써 나가는 것을 가리키는 말이다.46)

비구들이여, 번뇌를 끊기 위해서 노력하여라. 비구들이여, 설사 피와

41) 『잡아함경』 권4, 대정장 2, p.23.
42) 『증일아함경』 권21, 대정장 2, p.655.
43) 윤성식, 앞의 논문, pp.133-134.
44) W. Rahula, "What the Buddha Thought," p.47.
45) 『잡아함경』, 대정장, p.23.
46) 『별역잡아함경』, 대정장, p.404. 박경준, 앞의 책, p.197 참조.

살이 말라빠질지라도 가죽과 힘줄과 뼈가 남아 있는 한, 남자다운 정신과 노력을 다하여 도달해야 할 곳에 도달하지 않고서는 결코 노력을 그만두지 않으리라는 결심을 해야 한다. 이러한 결심을 통하여 그대들은 머지않아 출가하여 사문이 된 목적을 이루고 청정한 행을 이 세상에서 성취하게 될 것이다.47)

만약 추위와 더위를 가리지 않고 아침저녁으로 힘써 열심히 하면 어느 사업이고 안 될 것이 없다.48)

재가자로서 정진하면 의식이 풍족하고 생업도 잘되어 멀고 가까운 사람들로부터 칭찬을 들으며, 출가자로서 정진하면 온갖 수행이 성취된다. 37조도품과 모든 선정의 삼매와 불도의 법장을 구족해 얻어서 생사윤회의 흐름을 끊고 열반 언덕에 이르러 무위안락을 얻고자 한다면 마땅히 부지런히 정진하고 부지런히 수행하는 것을 근본으로 삼아야만 한다.49)

출가자가 수행을 완성하는 것이나 재가자가 사업에서 성취를 이루는 것이나 그 관건은 부지런함에 있다고 생각하기 때문에, 불교에서는 나태하거나 다른 일에 노력을 흩뜨리는 것을 지극히 경계한다. 출가수행자에게 엄격히 금지되는 모든 사항들은 결국 자신의 수행에 온 힘을 다해 정진하도록 하기 위한 조치라고 할 수 있다. 재가자가 자신의 사업에 벌처럼 열심히 임한다면 재화가 개미둑처럼 높게 축적될 수 있다.50) 재화를 축적하게 되면 죽음보다 괴로운 빈궁의 문제51)를 해결하여 안정적으로 생계를 유지하고 원만한 인간관계를 유지함으로써 현세에서

---

47) 『증지부경』, 남전대장경, 제17, p.2.
48) 『장아함경』, 대정장 1, p.71.
49) 『보살본행경』, 대정장 3, p.108.
50) 『별역잡아함경』, 대정장 2, p.471.
51) 『중아함경』, 대정장 2, p.125.

의 행복을 누릴 수 있다.52) 이를 통해서 볼 때, 불교가 문제로 삼고 있는 고통의 핵심에 현실적이고 구체적인 빈궁의 고통이 자리하고 있고, 빈궁이라는 고통의 구체적인 해결방법을 생산적인 직업활동에 열심히 헌신하는 데서 찾고 있다는 사실을 확인할 수 있다.

많이 배워라. 기술을 익히고 몸을 삼가라. 잘 실천하고 고상한 말을 행하라. 그것이 최고의 행복이다. 부모를 봉양하고 처자를 보호해서 편안한 마음으로 일을 계속하라. 그것이 최고의 행복이다.53)

붓다는 또한 직업활동을 성공적으로 수행하기 위해서는 전문적인 지식이나 기술이 필요하다고 생각했다. 그래서 먼저 기술을 배우고 직업에 종사하라고 말했고, 기술을 배우지 않아서 결국 사업에 실패하고 빈궁하게 된 예를 들고 있다.54) 여기서 기술(sirepa)이라는 말은 특정한 직업에서 전문적인 능력을 발휘하기 위해 필요한 일체의 것(지식과 기술 및 노하우 등)을 말하는데, 7세기경 인도에 유학한 현장은 이를 공교(工巧) 또는 공업(工業)이라고 번역했다.55) 이런 점에서 볼 때 불교가 강조하는 근면은 단순히 많은 시간과 노력을 투입한다는 의미의 양적인 개념이 아니라, 그 일을 성공적으로 완수해 낼 수 있는 현명한 노

---

52) 『중아함경』, 대정장 1, p.642.

53) *Suttanipata*, 대길상경. 미야사까 유쇼, 앞의 책, p.35.

54) Jataka 4.

55) 『유가사지론』 제15에는 보살이 배워야 할 생산활동에 필요한 여러 가지 기술들을 공교명처(工巧明處) 또는 공업명처(工業明處)라고 하여 열거하고 있다. 여기에는 농업, 상업, 회계업, 정치기법(事王工業), 점술업, 주술업, 제조업, 가축사육법(生成工業), 직조업(防邪工業), 재판하는 법(和合工業), 요리법(成熟工業), 음악 하는 법(音樂法) 등이 있다.
박선임, 「불교의 직업윤리에 관한 연구」, 동아대 석사논문, 2001, pp.14-15 참조.

력으로서 질적인 개념이라 할 수 있을 것이다.56)

건전한 직업에 의해 재물을 획득하더라도 그 과정은 도덕적으로 타당해야 한다. 아무리 빈궁하더라도 비법으로써 남을 속여서는 안 되며, 남을 속이는 것을 보고 좋아해서도 안 된다. 사람들을 속여 이득을 취하는 것은 도둑질과 같은 행위이기 때문이다.57)

여기서 제시하고 있는 직업수행의 또 하나의 원칙은 행위 자체와 과정의 도덕적 정당성이다. 불교에서는 팔정도에 따르는 생활양식을 사람들이 지켜야 할 보다 구체적인 행위규칙으로서 제시하는데 이것이 바로 계율이다. 계율에는 소극적으로 회피해야 할(하지 말아야 할) 도덕규칙도 있고, 긍정적으로 실천해야 할(해야 하는) 도덕규칙도 있다.58) 출가자와 재가자는 생활하는 양식이 다르기 때문에 각각 지켜야 하는 계율이 다르고 출가자에게 훨씬 엄격한 계율이 요구되는 것도 당연하다. 그러나 출가공동체의 계율이 재가자들을 완전히 배제하고 있는 것이라고 볼 수 없고, 간접적인 방식으로 영향을 미칠 수밖에 없다는 점에서 재가자를 포용하고 있다는 해석이 가능하다.59) 출가자가 수행에서 철저하게 계율을 지켜야 하는 것처럼, 모든 직업활동은 불교에서 정하는 도덕규칙에 부합(如法)되게, 다시 말해서 정당하게 이루어져야 한다. 만약 부당한 방법으로 사업에 성공해서 부를 축적하는 사람이 있더라도 그런 사람은 한 눈을 잃은 사람(一眼人)으로서 지옥에 떨어진다고 말한다. 노동의 결과만이 아니라 그 과정에서의 정당성을 가진 사람

56) 윤성식, 앞의 논문, p.118.
57) 『정법염처경』 제29, 대정장 17, p.169.
58) 안옥선, 앞의 책, p.125.
59) 박병기, 『의미의 시대와 불교윤리』, 씨아이알, 2013, p.150.

이 올바른 직업생활을 하는 두 눈을 가진 사람이라고[60] 경전은 설하고 있다. 직업에서의 도덕성은 개인이나 조직의 발전에 필수적인 하나의 자본으로 볼 수 있고, 나아가 한 사회의 도덕성은 그 사회의 지속적인 경제성장의 중요한 요소로서 경제학들이 내세우는 소위 '사회자본'이 되는 것이다.[61]

이상에서 논의한 것처럼 불교의 모든 직업활동은 열반이라는 궁극적 목적에 도달하는 데 도움이 되는 방향에서 이루어져야 한다는 점에서 목적론적인 윤리의 특성을 지니고 있다. 한편 도덕규칙에 부합되는 정당한 방식으로 직업활동이 이루어져야 한다는 점에서는 법칙론적 윤리의 특성이 있다고 볼 수 있다.[62] 불교에서는 정당한 방법으로 일을 수행하는 경우에는 그 결과도 좋다는 논리를 전개한다. 도덕규칙(계율)에 따라서 사업을 하는 것이 바로 그 사업에 성공하게 되는 길이며 여러 가지 좋은 결과를 얻게 된다고 말한다.[63] 부도덕하거나 진지하지 못한 태도는 그 자체로 불이익을 초래할 수 있고 종교적으로도 좋지 않다는 것이 불교의 생각이다.

5. 수행으로서의 직업

출가자의 수행은 수행공동체라는 고립된 세계 속에서 이루어질 수 없고, 수행공동체 안에만 머물러서도 안 된다. 수행을 통해서 얻고자 하는 것은 연기법에 대한 통찰이고, 그 통찰을 통해서 수행자는 '나'의

---

60) 『증지부경』, 남전대장경 제3, p.29.
61) 이관춘, 『직업은 직업이고 윤리는 윤리인가』, 학지사, 2006, p.16.
62) 안옥선, 앞의 책, pp.106-140 참조. 안옥선은 불교 덕윤리라는 개념으로 불교 윤리의 다양한 측면을 포괄적으로 설명하고자 한다.
63) 『장아함경』 권2, 대정장 1, p.12.

존재와 '나'의 삶의 활동이 개체독립적으로 성립하지 못하고 타인과의 연계 속에서만 가능하다는 것을 체인한다. 따라서 '나'의 존재의 보존과 존중을 위해서는 필연적으로 나와 공존적 관계 속에서 유기적으로 연계된 타인의 존재에 대한 존중과 배려 즉 자비행으로 이어지지 않으면 안 되기 때문이다.64) 한편 재가자의 삶도 비록 생활양식이 출가자의 그것과는 다를 수밖에 없더라도 출가자가 지향하는 궁극적인 목표와 수행의 정신을 공유하지 않으면 안 된다. 이런 점에서 볼 때 출가와 재가의 관계는 단절되고 넘나들 수 없는 것이 아니라 상호 의지하면서 상호 침투하고 있다고 할 수 있다.

『반야경』은 모든 것의 실체성을 부정하는 공관에 의거하여, 진과 속이 다르지 않음을 역설한다. 『유마경』에 등장하는 유마거사는 처자를 거느리고 재가에 있으면서 생업을 경영하고 세속적인 이익을 얻지만, 삼계에 물들지 않아 문수보살 등 어떤 출가수행자보다 청정한 범행을 나타내 보인다.65) 『유마경』의 이러한 내용은 재가자의 삶이 출가자의 그것과 질적으로 다르다거나 열등하다고 보는 고착화된 견해를 깨뜨리는 의미가 함축되어 있다. 이와 같이 출가와 재가의 의미가 재해석되고 그 차별성이 희석화되는 것과 궤를 같이하여 출가자의 수행과 재가자의 생산적인 직업활동이 다른 것이 아니라는 선언이 등장하게 된다.

> 그가 설하는 모든 법은 그 뜻을 따라가면 다 실상과 같아서 서로 어긋나지 않는다. 만약에 세간의 경서나 세상을 다스리는 말이나 생업을 돕는 산업 등을 설할지라도 모두 정법에 따르게 된다.66)

---

64) 안옥선, 앞의 책, pp.1448-150 참조.

65) 『유마경』, 방편품.

66) 『법화경』, 「법사공덕품」, 대정장 권6, p.50.

생계를 위해서 일하는 모든 직업과 산업이 곧 불법의 실상과 서로 어긋나지 않는다(治生産業皆與實相不相違背).[67]

여기서 표현되고 있는 내용은 지금까지 서로 다른 영역으로 차별화되었던 불법과 세간법이 서로 다른 것이 아니고 부처의 경계와 세간의 경계도 다르지 않다는 것이다. 따라서 불법 속에서 세간법을 분별하지 말고, 세간법 속에서 불법을 분별하지 말라는 것이 핵심적인 메시지다.[68] 출가자의 불법수행과 재가자의 직업활동이 따로 존재하는 것이 아니며 직업활동이 곧 불법이기 때문에, 직업활동을 제대로 하는 것은 수행을 완성하는 것과 다른 것이 아니다. 이처럼 부처와 세간의 공간적 거리를 무화시키고 불법과 세간법의 가치차별을 무의미하게 보는 견해는 초기불교의 사상과 단절된 새로운 해석이 아니라, 붓다가 설한 연기법 속에 함축되어 있는 존재자 사이의 상호 침투와 상호 일치라는 의미를 새롭게 이끌어낸 것이라고 볼 수 있다.

옷을 입을 때는 모든 공덕을 입는다 생각하고 항상 참회해야 합니다. 양치질을 할 때는 마음에 진리를 얻어 저절로 깨끗하게 되도록 원해야 합니다. 길을 갈 때는 청정한 법계를 딛고 마음속의 번뇌에서 벗어나야 합니다. 높은 산을 보면 최고의 깨달음을 목표로 불법의 정상에 오르고자 합니다. 다리를 보면 법의 다리를 놓아 많은 사람이 머뭇거림 없이 건너게 해야 합니다.[69]

『화엄경』에서는 일상생활의 전반에 걸쳐 모든 행위 속에서 불법을 실천할 수 있음을 위와 같이 분명하게 설하고 있다. 생활이 곧 불법이

---

67) 『법화현의』 제5, 대정장 제33, p.733.
68) 中村元(차차석 옮김), 『불교의 정치사회학』, 불교시대사, 1993, p.310.
69) 『화엄경』, 「정행품」.

라고 설한 화엄경의 가르침은 후에 선종으로 이어져 보다 설득력 있는 형태로 표현된다. 초기불교에서 생산적인 노동활동은 출가자에게 본업인 정신적 수행에 전념하는 것을 방해하는 행위로서 금지되었다. 그러나 대승불교에서 출가와 재가의 의미가 재해석됨으로써 출가자의 수행과 재가자의 직업활동 사이에 본질적인 차이가 있는 것이 아니라는 생각이 널리 보급되었다. 한편 중국에서 성립된 선종의 교단은 인도처럼 걸식이나 탁발로써 수행자의 의식주 문제를 해결할 수 있는 입장이 아니었고, 사찰의 경제규모도 엄청나게 커져서 독자적으로 그것을 운영해 나가야 할 현실적이 필요가 생겨났다.[70] 그래서 선종교단에서는 출가자의 수행을 방해하는 것으로 계율에서 금지하고 있는 세속적인 노동을 점차 허용하게 되었고, 나아가 "노동 속에 참된 수행이 있다"는 보다 적극적인 생각으로 전환하게 되었다. 백장선사는 계율에서 금지하고 있는 출가수행자의 생산노동이 계율에 어긋나지 않을 수 있다고 말한다.

어떤 스님이 물었다. "풀을 베고 나무를 자르며 땅을 개간하는 일은 죄가 되지 않습니까?" 백장선사가 대답했다. "반드시 죄가 된다고 말할 수도 없고, 또한 반드시 죄가 안 된다고도 말할 수 없다. 유죄와 무죄는 각자 사람에 달려 있는 것이다. 만약 모든 유무의 법에 탐착하여 취사의 마음이 있고, 삼구를 투과하지 못한다면 이 사람은 반드시 죄가 있다고 말할 수 있다. 만일 삼구를 투과하여 마음이 허공과 같이 되고, 또한 허공과 같다는 생각도 없다면 이 사람은 결정코 무죄라고 말할 수 있다. 죄를 짓고 죄가 없다고 하면 말이 안 되고, 죄를 짓지 않았는데 죄가 있다고 하면 그것도 말이 안 된다. 율장에서 말하기를 '본래 미혹하여 살인을 하거나 나아가 살인한다 해도 살생죄가 되지 않는다.' 하였는데, 하

---

70) 정성본, 「선불교의 노동문제」, 대각사상 2, 1999, p.108.

물며 선종의 문하에서 그럴 수가 있겠는가? 마음이 허공과 같아서 그 어디에도 집착하지 않으며, 허공과 같다는 생각조차 없는데, 죄가 어디에 자리 잡을 수 있겠는가?"[71]

계율에 어긋나느냐 아니냐의 문제는 행위 그 자체에 있지 않고, 행위하는 사람이 그 일을 할 때의 마음에 집착이 있느냐 없느냐에 따라 달라진다고 보는 것이 백장의 생각이다. 백장은 집착이 없는 마음으로 행한다면 그 어떤 일을 해도 유죄냐 무죄냐의 판단으로부터 자유로울 수 있다고 말함으로써, 좁은 소견으로 사소한 계율 조목에 얽매여 시비를 따질 필요가 없음을 분명히 하였다. 백장은 여기서 한 걸음 더 나아가 매일 대중보다 앞장서 나가 노동을 하였고, 노동을 말리는 제자가 도구를 감춰 일을 못하게 되자 그날 식사를 하지 않았다. 이런 까닭에 "하루 일하지 않으면 하루 먹지 않는다"라는 말이 천하에 유행하게 되었다.[72] 이로부터 선종교단에서는 출가자의 생산노동이 피해야 할 계율 위반 사항이 아니라 오히려 마땅히 해야 하는 수행생활로서 점차 자리 잡게 되었다. 그래서 선종의 노동은 단순히 자급자족의 경제생활만을 추구하기 위한 세속적인 노동과 같은 것이 아니라, 노동이 좌선수행과 똑같이 일상생활 속에서 깨달음의 본래심(평상심)을 전개하는 수행으로 전개된 것이다.[73] 중요한 것은 일을 할 때나 좌선을 할 때나 동정의 두 모습이 여일하게 같아야 하며, 당사자의 마음이 일체의 상대적인 분별로부터 벗어나 초연해야 하는 것이다. 비록 종일 노동을 하였지만 아직 노동하지 않은 것과 같이 해야 하는 것이다.[74] 마조도일의 "평상심

---

71) 『백장광록』(宇井伯壽, 『第二禪宗史硏究』, p.402). 정성본, 앞의 논문, p.117에서 재인용.
72) 『조당집』 1권, 「변정론」, 선장 52, p.724.
73) 정성본, 앞의 논문, p.130.
74) 『환주청규』, 속장경 111, p.499.

이 바로 도"라는 선언은 모든 일상생활 하나하나에 한결같이 상대적 분별과 집착이 없는 마음으로 임하는 것이 바로 불법이라는 뜻을 표현한 것이다. 대혜종고도 이러한 취지를 이어 받아서 "부처님이 어찌 사람들에게 세간의 실상을 부수고 출세간의 법을 구하도록 했겠는가? 불법은 원래 오직 중생의 일용생활 가운데 있다"[75]고 말한다. 여기에서 일반 속인과 수행자의 구별은 무의미한 것이 되고, 수행한다는 행위도 다리를 틀고 앉아 좌선하는 모습이 아니라, 일상생활의 삶을 충실하게 살아가는 모습 그 자체가 수행하는 모습으로 묘사하기에 이르렀다.

　　물 길어 오고 나무 해 오는 일상사가 불도가 아님이 없으니, 밭 매고 씨 뿌리는 것이 모두 선기인 것이다. 하루 종일 다리를 틀고 앉아야 비로소 공부하고 도를 닦는 것은 아니다.[76]

　　행주좌와가 모두 도량이고, 삼업을 모두 불사로 삼았다. 고요함과 어지러움이 둘이 아니며, 말함과 침묵함이 항상 하나였다.[77]

　선종에서의 불법에 대한 생각은 여기서 한 걸음 더 나아간다. 좌선을 하거나 밭 매는 등의 일을 하는 경우뿐 아니라, 배고프면 식사하고 잠이 오면 잠자는 등의 일상생활에서 이루어지는 일체의 활동 즉 행주좌와 모든 곳에 불법이 있다고 하는 것이 선종의 일관된 생각이다. 운문선사는 이러한 생각을 "나날이 좋은 날"이라고 표현했고, 임제선사는 "서는 곳이 모두 참된 곳"이라고 말했다. 이들의 표현이 조금씩 다르긴 하지만, 관통하고 있는 핵심적인 메시지는 불교의 수행이 일상생활과

---

75) 대혜종고, 『卍正藏經』 95冊, p.396.
76) 『참선요지』, 여시아문, p.64.
77) 『능가사자기』, 대정장 85, p.1289.

동떨어진 곳에 따로 있지 않고 일상생활에서 하는 일거수일투족을 바르게 하는 데 있다는 뜻을 표현하고 있다. 무엇을 하든지 모든 시간이 참된 것이고 의미 있는 시간이라는 것은 하루하루 순간순간을 헛되이 보내서는 안 되며, '지금-여기'에서의 삶에 몰입하여 투철히 임하라는 강력한 메시지를 함축하고 있다고 볼 수 있다.

6. 일과 여가의 통합

초기불교 이래로 수행자는 오직 수행에 전념할 뿐 수행과 동떨어진 일시적인 여가의 즐거움에 빠져 가무나 오락을 보고 듣는 등의 행위를 해서는 안 된다고 계율에서 금지해 왔다. 음주를 하거나 풍류에 빠지는 것 등은 출가수행자뿐 아니라 사업을 하는 재가자에게 있어서도 사업의 성공을 해치는 것으로 피해야 할 사항으로 규정하고 있다.[78] 그러나 선불교에서는 먹고 잠자고 쉬는 등의 일상적인 활동 일체가 다 불법으로서 수행의 의미를 가지고 있다고 본다. 우리 삶의 일상이 모두 의미 있는 시간이기 때문에, 가치 있는 노동시간과 구분되는 그런 시간은 존재하지 않는다고 본다. 따라서 불교적 삶의 구성은 온통 수행으로 가득 채워져 있고 그런 의미에서 '의무적인 활동으로부터 벗어난 해야 할 일이 없는 자유로운 여유시간'이라는 상식적인 의미에서의 여가가 들어설 여지는 없다고 할 수 있다. 그러나 이러한 생각은 여가의 개념을 시간이라는 형식적인 개념으로 정의하거나 여가를 노동과 반대되는 것으로 이해하는 소극적인 시각으로부터 나온 것이다. 여가를 존재상태나 심리상태와 같은 맥락에서 정의하거나 여가를 관통하고 있는 정신과 태도 등의 포괄적인 관점으로부터 볼 때[79]는 불교의 수행과 여가는 밀

---

78) 『중아함경』 제33권, 「선생경」 제19.
79) 여가를 보는 다양한 시각은 제프리 갓베이(권두승 외 옮김), 『여가학으로의

접한 관련이 있음을 알 수 있다.

여가학자 카플란은 여가의 기본적 속성으로서 "심리적으로 자유를 느낄 수 있는 것"이라는 항목을 들고 있는데,[80] '자유로움'은 여가의 본질적 속성 가운데서도 가장 중요한 요소라고 할 수 있다. 선불교에서는 마음이 모든 집착과 일체의 상대적인 분별로부터 벗어나 허공처럼 초연한 상태로 있을 것을 강조하여 그것을 본래심이라고 한다. 하택신회는 인간 마음의 본래적인 모습에 대한 질문에 대하여, "마음은 머무름이 없다(心無所住)"고 답한다.[81] 아무것에도 집착하지 않는 자유로운 마음은 어디에도 머무름이 없는 태도를 낳는다. 불교의 수행은 우리가 열심히 정진해야 하는 것으로 제시되지만, 수행에 임하는 태도와 그로부터 느끼는 수행자의 상태는 어디에도 머무름이 없는 자유로운 것이다.[82] 심리학자 뉴렁거는 여가가 갖추어야 하는 필수적인 기준에 대하여 "자유의지에 의해 그리고 우리 자신의 선택에 의해 활동에 참여하는 것"이라고 말한다.[83] 여기서 강조되는 것은 자율성과 주체성이라 할 수 있는데, 임제선의 종지인 "처하는 곳마다 주인이 된다(隨處作主)"는 문구 속에는 이러한 정신이 압축적으로 표명되고 있다. 이상에서 살펴본 것처럼 여가의 본질적 속성인 '자유로움'과 '주체성'이라는 특징은 불교의 '걸림이 없는 마음' 및 '수처작주'의 정신 속에 내면적으로 관통하고 있다고 할 수 있다.

초대』, 학지사, 2005, pp.25-34 및 오상훈, 임화순, 고미영, 『현대여가론』, 백산출판사, 2006, pp.15-25 등에서 찾아볼 수 있다.

80) 오상훈, 임화순, 고미영, 앞의 책, pp.24-25.

81) 야나기다 세이잔(안영길, 추만호 옮김), 『선의 사상과 역사』, 민족사, 1989, p.104.

82) 정영근, 「여가에 대한 불교적 이해와 함의」, 『한국학논집』 32집, 2005, p.360.

83) 갓베이, 앞의 책, p.29.

불교에서는 가치를 생산하는 일뿐 아니라 잠자고 쉬는 등의 휴식이나 놀면서 여가를 즐기는 등 일상생활의 모든 활동이 다 수행이라고 본다. 어디에서 무엇을 하든 그것은 모두 수행의 연장이며 불법으로 통하는 길이라고 한다. 이러한 통찰적 인식이 함축하고 있는 메시지는 하루하루 순간순간을 헛되이 보내서는 안 되며, '지금-여기'에서의 삶에 투철하라는 것이다. 이러한 가르침의 한편에는 일상생활에서 이루어지는 모든 활동에 몰입하여 살 것을 요구하는 치열함이 있지만, 다른 한편에는 "배고프면 밥 먹고 졸리면 잔다"고 하는 자연스러움과 편안함이 있다. 생활 전체가 일체화되어 있어서 일할 때는 놀 때의 주체성과 자유로움이 있어야 하고, 놀 때는 일할 때의 몰입과 투철함이 있어야 삶 전체가 충실한 삶이라고 보는 점에서 일과 여가의 완전한 통합을 지향하고 있다고 할 수 있다.84)

7. 나오는 말

지금까지 불교의 직업사상에 대한 논의는 대부분 출가와 재가를 분리하여 주로 재가자의 직업과 노동에 대해서만 집중적으로 다루었다. 그래서 출가자의 수행은 직업을 초월한 것으로 간주하거나 직업과는 다른 차원에서 논의하였다. 이 논문에서 필자는 출가자의 수행과 재가자의 직업이 그 어느 하나 홀로 설 수 없는 직능적으로 상호 의존하는 관계에 있다는 점에 착안해서 두 직업의 상호 교차하고 상호 침투하는 점을 부각시키고자 노력하였다.

이 논문을 통해서 필자는 첫째, 불교가 지금-여기에서의 일에 대한 몰입을 강조하는 측면을 집중 조명했다. 초기불교 이래로 불교에서는

---

84) 정영근, 앞의 논문, p.44.

늘 자기가 현재 수행하고 있는 일에 전념하여 그 일에 몰입함으로써 일과 하나가 될 것을 강조해 왔다. 일에 대한 몰입과 일과 혼연일체가 되는 경지는 일이 객관화되고 도구화됨으로써 초래하게 되는 '일로부터의 소외'가 발생할 여지가 없다고 할 수 있다.

둘째, 모든 노동 속에 함축되어 있는 수행적 의미를 초기불교에서부터 선종에 이르기까지 일관되게 드러내 밝혔다. 불교는 일을 통해서 자기 자신이 질적으로 완전히 다른 차원의 사람이 되고 또 다른 차원의 삶을 성취하고자 한다. 이런 점에서 불교에서의 일은 그것이 재가자의 생산노동이건 출가자의 수행이건 관계없이 궁극적으로 다른 삶을 지향하는 것이며 일종의 구도행위라고 볼 수 있다.

불교의 직업노동 속에서 일관되게 강조되는 수행적 의미는 지금까지 동서양의 여러 직업사상들 속에서는 찾아볼 수 없는 특징적인 것이다. 생계유지의 수단으로서의 경제적 의미, 사회적 역할분담이라는 사회적 의미, 자기발전 내지 자아실현이라는 창조적 의미가 대체로 직업의 의미로서 논의되어 온 것이다. 수행적 의미를 자아실현적 의미로 해석해 볼 수는 있겠으나 불교가 기본적으로 무아의 입장을 견지한다는 점 등을 감안하면 보다 신중한 논의가 필요하다고 생각한다. 불교가 일의 양이나 결과의 이익만이 아니라 일하는 과정의 도덕성 내지 일의 질을 중시하며, 일하는 사람의 마음가짐 내지 태도까지 중시한다는 점에서 볼 때, 직업을 보는 불교의 사고방식은 보다 총체적인 측면을 가진다 하겠다.

일과 직업에만 초점을 맞추어 불교의 사상내용을 정리함으로써 불교사상이 갖는 의미를 지나치게 축소할 여지는 다분히 있다. 그러나 일과 직업이라는 새로운 관점을 가지고 불교의 사상을 재구성하고 재해석하는 이 연구가 기존의 불교에 대한 이해의 지평을 어느 정도 넓혀줄 수 있으리라는 기대는 해볼 수 있지 않을까 한다.

2장

일과 여가의 통합을 말하다

1. 들어가는 말

인간의 삶은 크게 세 부분으로 구성되어 있다. 첫째, 일을 통해서 필요한 가치를 생산하는 시간, 둘째, 먹고 잠자고 생리적인 문제를 해결하는 시간, 셋째, 위의 두 시간을 제한 나머지 시간 즉 여가시간이 그것이다. 일하는 시간은 우리 삶에서 가장 많은 비중을 차지하고 있고 삶의 의미와 가치를 집중적으로 추구하는 시간이다. 두 번째의 시간은 생존을 유지하기 위해서 필요한 자연적인 시간이라고 할 수 있다. 여가시간은 모든 의무로부터 벗어나서 휴식, 기분전환, 자기개발 등을 완전히 자유롭게 행하는 시간이다.

사회의 변화에 따라 대다수가 여가를 즐길 수 있는 대중여가사회가 도래하였고 주 5일제 근무제가 시행됨에 따라 여가시간도 크게 증대되었다. 이에 따라 여가에 대한 논의도 여러 각도에서 활발하게 전개되었다. 여가는 처음에는 일과 생활 전체에서 비롯되는 피로와 구속으로부터 벗어나서 마음대로 보내는 시간, 다시 말해 일로부터 비롯되는 피로와 스트레스를 풀고 보상하는 시간 정도로 다분히 소극적으로 인식되었다. 그러나 노동시간의 단축 등으로 생활에서 차지하는 여가의 비중이 커지면서 여가가 지닌 가치와 역할에 대한 인식이 확대되었다. 그래서 여가는 자기를 충실하게 하고 자기를 실현시키는 중요한 기회와 활동으로 인식되었다. 이에 따라 여가의 개념에 대해서도 '잉여시간'으로 정의하기도 하고, '필요의 압박에서 벗어난 진지한 활동'으로 정의하기도 하며, '필요에 의해 마음을 빼앗기지 않은 상태'로 정의하기도 하는 등 다양한 논의가 전개되고 있다.1) 여가와 노동의 관계에 대해서 이야기할 때도 여가를 노동의 반대되는 것으로 이해하는 시각으로부터 상호 보완적인 관계로 이해하는 등의 다양한 시각이 제시되고 있다.2)

그러나 종교와의 관계 속에서 여가문제를 다룰 때는 대부분 기독교의 관점에서만 논의가 이루어지고 있을 뿐, 다른 종교의 관점은 거의 배제되고 있고 특히 불교와 관련지어 여가의 문제를 다루는 논의는 찾아보기 힘든 실정이다. 필자는 불교의 관점에서 여가의 문제를 생각해 볼 때 기존의 여가에 대한 논의와는 전혀 다른 차원의 접근이 가능하다고 생각한다. 그중에서 일과 여가의 관계를 통합적으로 보는 시각이 보

---

1) 제프리 갓베이(권두승 외 옮김), 『여가학으로의 초대』, 학지사, 2005, pp.25-34 참조.
   이 밖에도 여가의 본질을 노동, 결혼, 교육, 정치, 경제 등 사회제도의 상태나 가치패턴과의 관련성을 검토해서 의미를 규정하는 제도적 정의나, 이 모든 측면을 통합하는 포괄적 정의도 있다. 오상훈, 임화순, 고미영, 『현대여가론』, 백산출판사, 2006, pp.15-25 참조.
2) 스탠리 파커(이연택, 민창기 옮김), 『현대사회와 여가』, 일신사, 1995, pp.87-109 참조.

다 선명하게 드러날 수 있다는 점을 밝히고자 하는 것이 이 글의 목적이다. 필자는 이 글에서 노동과 여가의 관계를 통합적으로 보는 시각을 보다 설득력 있게 제시하고, 여기에서 한 걸음 더 나아가 일과 여가가 완전히 일치된 형태를 불교가 보여주고 있다는 관점에서 논의를 전개해 보고자 한다. 이를 통해 기존 여가의 개념을 비롯한 여가에 관한 논의의 지평을 한 단계 넓히고, 불교에 대한 새로운 인식의 가능성을 제시할 수 있으리라 기대한다.

2. 여가와 노동의 통합

여가를 시간적인 관점에서 "노동이나 그 밖의 의무적인 활동으로부터 벗어난 자유로운 시간"을 의미하는 것으로 정의하는 것이 여가에 대한 가장 상식적인 이해라고 할 수 있다. 이러한 여가의 정의에 따르게 되면, 여가의 성격이나 여가에 임하는 태도에 있어서도 여가를 노동과 정반대되는 것으로 이해하게 된다. 우리 사회에서 사람들이 흔히 사용하는 "일할 때는 일하고 놀 때는 논다"는 표현이 여가와 노동을 상반된 것으로 이해하는 시각을 잘 대변해 주고 있다. 이처럼 노동과 여가 활동 사이에 명확한 경계선을 긋고 양자를 상호 대립적인 것으로 보는 시각은 광부와 같은 육체노동자들과 비숙련노동자들에게서 볼 수 있다. 이러한 사람들은 노동 이외의 활동에서 만족감을 얻고자 하며, 여가활동을 통해서 노동에 대한 보상을 받으려는 경향이 있다.[3]

그러나 사회사업가, 성공한 사업가, 의사, 교사, 기술자들에게서는 노동과 여가의 관계를 대립이 아니라 연장으로 보는 시각이 나타나는데, 노동환경에 자율성이 높고 노동이 여가활동으로 확장된 경우라고 할

---

3) 오상훈, 임화순, 고미영, 앞의 책, p.190.

수 있다.4) 이처럼 여가와 노동의 관계를 양자가 모순되고 분리된 것이 아니라, 밀접하게 상호 연관되어 있고 연속되어 있는 것으로 보는 시각은 소외된 노동이 아니라 자율적인 노동형태로부터 비롯되는 것이기 때문에, 우리가 지향해야 할 관점이기도 하다. 필자는 여기서 한 걸음 더 나아가 여가와 노동의 관계가 연장의 관계를 넘어 통합의 관계로 재정립되어야 할 필요가 있다고 생각한다.

생활은 연속적인 것이기 때문에 한 영역에서의 태도와 행동이 다른 영역에 영향을 미치게 된다. 노동의 만족감이 여가를 의미 있게 하고 충실한 여가향수가 노동의 성취감을 늘리게 한다. "일할 때는 일하고 놀 때는 논다"는 식으로 노동과 여가를 분리해서는 충실한 노동, 즐거운 여가는 물론 전체로서의 만족스러운 삶은 불가능하다. 여가와 노동의 분열은 생활의 분열이고 인격의 분열이기 때문이다. 할 일을 제대로 했을 때 마음껏 놀 수가 있고, 마음껏 놀고 난 연후에야 일에 전적으로 몰입할 수 있다. 여가와 노동이 상호 보완적, 상호 촉진적으로 통합될 때 생활에 대한 충실과 만족의 정도가 높아질 것이다. 노동하는 가운데 여가의 즐거움을 경험하고, 여가 속에서 노동에 버금가는 가치를 실현하는 것이야말로 바람직한 통합의 모습이라 할 수 있다. 이를 위해서는 노동의 방식과 생산성을 여가에 도입하고, 여가의 기능과 가치를 노동에 되돌려 흡수할 필요가 있다. 즉 노동이 지닌 목표의식과 질서와 규칙 등을 여가에 적용할 때, 개성의 발휘와 자기실현, 자발적인 사회참여, 인간적인 유대의 확보, 창조성의 발휘와 문화창조 등 노동이 갖는 것과 일맥상통하는 기능과 가치가 실현될 수 있다. 또한 여가가 지닌 자율성과 즐거움을 노동에 흡수할 때, 필연에 쫓겨 어쩔 수 없이 꾹 참고서 하는 고역으로서가 아니라 놀이처럼 자발적으로 즐겁게 하는 자

---

4) 같은 곳.

아실현으로서의 일을 할 수 있다. '노는 것처럼 일하고 일하는 것처럼 노는 것'이야말로 일과 여가를 포괄하는 전체 생활영역을 충실하고 만족스럽게 보낼 수 있는 중요한 키포인트라고 할 수 있을 것이다.5)

3. 불교에서의 삶의 목표설정과 여가

불교는 모든 인간의 현실은 괴로움으로 가득 차 있다고 보고, 그것을 해결하는 것이 다른 어떤 것보다도 시급하고 중요한 문제라고 생각한다. 그러나 많은 사람들은 그것을 인간 모두의 문제로 보지도 않고 또 그렇게 심각한 것으로 생각하지도 않는다. 경전은 이를 어리석은 나그네가 광야를 헤매다 코끼리에 쫓겨 우물 속으로 뻗은 칡넝쿨에 매달려 있는 상황으로 비유하고 있다. 우물 아래서는 독룡이 기다리고 있고 사방에는 독사가 혀를 내밀고 있으며 두 마리의 쥐가 칡넝쿨을 갉아먹고 있는데, 칡넝쿨 위의 벌통으로부터 한두 방울씩 떨어지는 꿀을 받아 마시는 즐거움에 취해서, 자신의 상황이 심각함을 알지 못하고 있는 모습으로 그리고 있다.6) 또한 독화살의 비유는 독이 묻은 화살을 맞아 그 독이 온몸에 퍼져나가 죽어가는 데도 불구하고, 쓸데없는 것에 대한 호기심에 빠져드는 상황으로 인간의 현실을 그리고 있다.7)

이와 같은 현실인식으로부터 출발하기 때문에 불교에서 가장 절박하고 시급하게 해결해야 할 것으로 설정하고 있는 목표는 당연히 당면하고 있는 괴로움의 해결이 될 수밖에 없다. 그래서 당면하는 괴로움의 문제를 해결하는 데 모든 관심과 노력을 집중할 것을 요청한다. 괴로움

---

5) 직업윤리연구회 편, 『현대사회와 직업윤리』, 형설출판사, 1991, pp.21-23.

6) 불설비유경, 『아함경』. 이중표, 『불교의 이해와 실천』, 대원정사, 1995, pp.19-21에서 재인용.

7) 불설전유경, 『아함경』(『대정신수대장경』 권1, pp.804-805).

의 해결이라는 근본적인 문제해결과 직접적인 연관이 없는 활동에 여유롭게 한가로이 시간을 보내는 것은 상황인식을 제대로 하지 못하는 무지에서 비롯되는 것으로 간주될 수밖에 없다. 따라서 불교 수행자에게는 이 괴로움의 문제를 해결하기 위한 치열한 수행만이 있을 뿐, 따로 해야 할 일로부터 벗어나 남는 시간으로서의 여가가 들어설 여지가 없다고 할 수 있다. 원칙적으로 수행과 동떨어진 여가의 즐거움에 빠지는 것은 나태한 수행자의 모습이라 볼 수 있다. 초기불교 이래로 괴로움뿐만 아니라 즐거움까지도 끝내 괴로움을 낳게 하는 감수작용이라고 보는 것도 이러한 현실인식과 연관이 있다고 보인다. 그때그때 자신이 하고 싶은 것을 하면서 찾는 즐거움은 일시적인 것이어서 결국 공허함과 괴로움을 벗어날 수 없다. 일시적인 즐거움을 추구하는 일체의 오락을 멀리하도록 계율에서 규정하고 있는 것이나,8) 승단의 생활 일정이 수행으로 꽉 짜여 있는 것도 이런 이유에서 말미암은 것이다.

이러한 관점에서 보면 불교적인 삶의 구성은 여가시간이 전혀 배제되어 있고 수행으로 가득 채워져 있기 때문에, 보통 사람이 감당하기에 무척 버거운 것으로 느껴질 수 있다. 우리에게는 해야 할 일이 있고 하고 싶은 일이 있다. 해야 할 일은 마땅히 해야 하는 것이지만 해야 할 일만 하고서 산다는 것은 '감당하기 힘든 존재의 무거움'이라고 생각할 수도 있다. 그러나 이러한 시각은 불교의 수행을 '하지 않으면 안 되는' 강요되는 의무라고만 피상적으로 생각할 때 가능한 오해일 뿐이다. 불교의 수행은 어디까지나 자율적으로 이루어지는 것이고, 수행에 임하는 태도나 정신은 여가의 그것과 다르지 않다는 점을 생각하면, 불교의 수행에서 일과 여가가 완벽하게 통합된 모습을 발견할 수 있다고 본다.

---

8) 수행자의 길을 가고자 하는 첫걸음을 내딛는 사미가 받는 10계 가운데도 가무나 오락을 보고 듣는 것을 금하고 있다(離歌舞伎樂觀廳).

4. 불교적 삶의 태도와 여가

현실이 괴로움으로 가득 차 있다고 하는 인식과 그로부터 벗어나는 것을 시급하고 당면한 목표로 설정하고 있는 불교에서는 '필요한 일을 해야 하는 의무적인 활동으로부터 벗어난 남는 시간'으로서의 여가는 들어설 여지가 없다. 그러나 이는 여가를 시간이라는 형식적인 면에서 정의할 때 그렇게 보일 뿐이다. 만약 여가를 존재상태나 심리상태와 같은 맥락에서 정의하거나 포괄적인 관점에서 정의하게 되면, 불교와 밀접하게 상통하는 면을 발견할 수 있다. 불교적 수행을 내면적으로 관통하고 있는 정신과 태도를 찾아서 여가의 상태와 비교해 보면, 양자 사이에 큰 차이가 없다는 사실을 확인할 수 있을 것이다.

여가의 개념을 포괄적으로 정의하고 있는 여가학자 카플란(Kaplan)은 여가의 일곱 가지 기본적 속성을 제시하고 있는데, 그 가운데 중요한 것을 추리면 다음과 같다.9)

① 원칙적으로 경제적 기능을 하는 일과 반대되는 것
② 즐거움을 가질 수 있다고 기대되거나 즐거운 것으로 회상될 수 있는 것
③ 비자발적으로 사회적 역할을 수행해야 하는 의무성이 최소한인 것
④ 심리적으로 자유를 느낄 수 있는 것

---

9) 카플란은 이 네 가지 외에 ⑤ 문화적 가치에 위배되지 않는 것, ⑥ 중요성과 심각성의 정도가 다양한 것, ⑦ 반드시는 아니지만 가끔 놀이의 요소를 포함하고 있는 것을 제시하고 있다. 오상훈, 임화순, 고미영, 앞의 책, pp.24-25 참조.

이러한 정의를 염두에 두면서 불교적 삶의 태도가 무엇인가를 밝혀, 그것이 내면적으로 얼마나 여가의 그것과 상통하고 있는지 확인해 보는 방식으로 논의를 진행하기로 한다.

가. 무아(無我)와 무주(無住)

불교에서의 기본적인 진리가 연기라고 한다면 그로부터 비롯되는 핵심적인 사상 가운데 불교적인 특성을 가장 잘 나타내주는 사상이 무아라고 할 수 있다. 무아는 영원히 존속되는 나의 본체를 부정할 뿐만 아니라 '나의 것'이라고 하는 항구적이고 고정적인 소유에 대한 집착을 부정하는 뜻을 지니고 있다. 무아의 가르침에 의해서 인도되는 삶의 태도는 어떤 것에도 집착하지 말라고 하는 것이다. 무아의 이치를 깨친 사람이라면 자신의 신체나 물질적인 소유뿐 아니라 견해나 생각에도 집착하지 않게 될 것이다. 집착을 버리게 되면 자기 자신이나 소유에 대한 욕망이 없으므로 결과나 경제적 이해득실을 헤아리는 계산이 작용하지 않는다. 따라서 모든 행동에서 자유로움을 느낄 수 있고 망설임이 없게 될 것이다. 집착을 버림으로써 얻게 되는 자유로움 그것은 바로 여가의 본질적 속성 가운데서도 가장 중요한 요소라고 할 수 있는 것이다. 이는 앞서 카플란이 제시하고 있는 '심리적으로 자유를 느낄 수 있는 것'이라는 항목에 비추어 볼 때, 불교는 어떤 상태보다도 완벽한 자유로움을 느낄 수 있는 경지를 보여주고 있다고 할 수 있겠다.

아무것에도 집착하지 않는 자유로운 마음은 어디에도 머무름이 없는 태도를 낳는다. 선종의 신회는 인간 마음의 본래적인 모습에 관한 제자의 질문에 대하여, 마음은 머무름이 없다(心無所住)고 답한다.[10] 어디

---

10) 야나기다 세이잔(안영길, 추만호 옮김), 『선의 사상과 역사』, 민족사, 1989, p.104에서 재인용.

에도 머무름이 없는 마음을 강조하는 무주(無住)는 비단 선종의 신회뿐이 아니라 초기불교를 비롯해 『금강반야경』, 『유마경』 등 대승불교의 정신을 담고 있는 경전에서도 한결같이 강조하고 있는 내용이다. 중생의 괴로움을 덜어주고 그들을 이롭게 하는 보살행을 하는 경우에도 그에 머물고 집착해서는 안 된다고 하는 것이 초기불교 이래로 한결같이 어어 온 불교의 가르침이다. 원효스님은 심지어 불교의 목표인 괴로움의 소멸이라고 할 수 있는 열반에도 머물러서는 안 된다고 가르쳤다.[11]

무아와 무주는 경쾌한 삶의 태도라고 할 수 있다. 지금 여기에서 해야 할 일에 진지하고 투철하게 임하면서도 일삼지 않고 무심히 행하는 정신이 무아와 무주라고 할 수 있다. 불교의 수행은 우리가 열심히 정진해야 하는 것으로 제시되지만, 수행에 임하는 태도와 그로부터 느끼는 수행자의 상태는 무아와 무주의 태도에서 보듯이 의무감에 짓눌리지 않는 지극히 자유로운 것이다.

일반적으로 해야 하는 일에 대해서 우리는 부담감을 갖는다. 의무감이나 책임감 등이 우리를 짓눌러 마음을 무겁게 한다. 그러나 여가에 대해서는 아무런 부담이 없이 가볍고 즐거운 느낌이 따른다. 스스로 자유롭게 임하게 되고 결과에 대한 부담이나 집착이 따르지 않거나 적기 때문이다. 일반인들이 삶을 고역으로 느끼는 것은 해야 할 일을 마지못해 끌려가면서 억지로 하기 때문이다. 그렇다고 해야 할 일은 제대로 하지 않고, 하고 싶은 것만 하는 여가에 빠져드는 것은 '참을 수 없는 존재의 가벼움'이다. 아무것에도 얽매이거나 짓눌리는 느낌이 없이 완전히 자유로운 상태에서 해야 할 일을 기꺼이 즐겁게 할 수 있다면 더 이상 바랄 수 없을 것이다.

---

11) 은정희는 원효의 걸림 없이 자유로운 생각과 행동(無碍行)의 바탕에 부주열반사상(不住涅槃思想)이 자리하고 있다고 말한다. 은정희, 「원효의 不住涅槃思想」, 『민족불교』 2, 청년사, 1992, pp.100-192.

나. 자등명(自燈明)과 수처작주(隨處作主)

무아와 무주의 태도로부터 비롯되는 자유로움은 강제나 강요에 의해서 수행되지 않고 자유롭게 수행된다는 전제 위에서 참된 의미가 살아난다. 그것은 바로 자발성에 따라서 이루어지는 활동일 때 진정으로 자유로움을 느낄 수 있다는 뜻이다. 심리학자 노이링거(Neulinger)는 여가가 지니고 있어야 하는 필수적인 기준에 대해서 "자유의지에 의해 그리고 우리 자신의 선택에 의해 활동에 참여하는 것"이라고 말한다.[12]

이처럼 여가라고 말할 수 있는 필수적인 기준이 자발성과 주체성에 있다고 한다면, 이러한 '자발성과 주체성'은 불교사상의 시작에서부터 끝까지 철두철미 관통하고 있다는 점에서 내적인 긴밀한 연관성을 찾을 수 있다. 타력 신앙인 다른 종교와 가장 극명하게 구별되는 점을 불교의 자력적인 특징에서 찾는 사람이 많다. 붓다가 태어나 첫걸음을 떼면서 외쳤다고 하는 '천상천하유아독존'이라는 말은 자신의 문제를 해결할 수 있는 자는 자기 자신밖에 없다고 하는 주체의식의 표현일 것이다. 또한 죽음을 앞두고 제자에게 남겼다고 하는 "너희는 자기 자신을 의지처로 삼아라(自燈明)"[13]라는 말도 자기가 자기의 주인이며 자기에게 의존할 수밖에 없다는 주체성을 환기한 것으로 볼 수 있다.

대승불교의 정신을 감동적으로 전하고 있는『유마경』을 보면, 주인공 유마거사는 세속에 머물며 도박이나 놀이, 음주, 여자 등이 있는 수행자가 피하고 싶어 하는 장소까지 가리지 않고 어디에든 들러서 자유롭게 행동하면서 사람이 살아가는 모습을 보여주고 있다. 유마거사의 이러한 모습이 후세 가장 활달한 선풍을 일으켜 그 전통이 오늘날까지 한국불교의 주요한 흐름을 형성하고 있는 임제선에 영향을 주었다고

---

12) 갓베이, 앞의 책, p.29.
13) 『법구경』 160, 김달진 역해, 현암사, 1962, p.212.

한다. 유마거사의 자유로우면서 주체적인 모습은 바로 임제선의 종풍을 압축적으로 표현하고 있는 "처하는 곳마다 주인이 된다(隨處作主)"라는 문구 속에 잘 표현되어 있다.[14]

파커(Parker)는 여가와 종교의 유사성을 논하면서, 여가와 종교가 자유의지를 행사할 기회를 마련해 주며 우리의 내적 요구를 표현할 수 있는 기회를 준다는 점을 들고 있다.[15] 이러한 관점에서 달(Gorden Dahl)은 "오늘날 사람들이 필요로 하는 여가는 자유시간이 아니라 자유정신이다"라고 말한다.[16] 필자는 이 말 속에 여가의 본질에 대한 통찰이 담겨 있다고 생각한다. 이처럼 여가의 본질적 의미가 시간이 아닌 자유정신이라고 보는 관점에서 보게 되면, 불교는 시종일관 자유정신으로 관통하고 있다는 점에서 불교의 내면에 여가의 정신이 면면히 흐르고 있다고 볼 수 있겠다.

다. 팔정도(八正道)와 평상심시도(平常心是道)

불교적 삶이 수행으로 꽉 채워져 있다는 점에서 볼 때 시간적인 의미에서의 여가시간은 없지만, 그 수행이 내면적으로 철두철미 자유정신으로 관통하고 있다는 점에서 보면 여가의 자유정신과 일맥상통하고 있다고 할 수 있다. 그런데 불교의 수행은 일상적인 삶을 의미하는 것이지, 그것을 벗어난 특별한 것을 의미하지 않는다. 이처럼 불교의 수행은 먹고 자고 휴식하는 것을 포함한 일상생활에서 이루어지는 일체의 활동을 지칭하는 것이기 때문에, 노동이니 여가니 하는 개념상의 구

---

14) 타가미 타이슈, 아베 초이치(최현각 옮김), 『인도의 선 중국의 선』, 민족사, 1990, pp.68-70.
15) 파커, 앞의 책, p.153.
16) 같은 곳에서 재인용.

분이 원래 존재하지 않는다.

불교에서는 괴로움이라는 문제를 해결하는 여덟 가지 바른 길을 제시하고 있는데, 그 길을 가는 것이 불교의 수행이라 할 수 있다. 팔정도는 바르게 알고, 바르게 생각하고, 바르게 말하고, 바르게 행동하고, 바르게 생활하고, 바르게 노력하고, 바르게 기억하고, 바르게 집중하는 것이다. 팔정도로 제시되어 있는 괴로움을 해결하는 길 가운데 무엇 하나 특별한 것이 없다. 하루하루 매 순간 바르게 생각하고 행동하는 것이 불교의 수행이지, 달리 특별히 일삼아 하는 것을 수행이라 하지 않는다.

조주선사는 "평상심이 곧 도(平常心是道)"라고 말하고, 운문선사는 "나날이 좋은 날(日日是好日)"이라고 말하며, 임제는 "서는 곳이 모두 참되다(立處皆眞)"라고 말한다. 이들의 표현은 조금씩 다르지만 관통하고 있는 메시지는 불교의 수행이 일상생활과 서로 별개의 것이 아니라는 뜻을 담고 있다. 어디에서 무엇을 하건 그건 모두 수행의 연장이며 문제해결의 길로 통하는 것임을 알라고 하는 것이다. 따라서 하루하루 순간순간을 헛되이 보내서는 안 되며 '지금' '여기'의 삶에 충실하고 투철하라는 것이 이들의 가르침이다. 이러한 가르침은 한편에는 일상생활에서 이루어지는 모든 활동에 전적으로 몰입하여 살 것을 요구하는 치열함이 있지만, 다른 한편에는 "배고프면 밥 먹고 졸리면 잠잔다"고 하는 자연스러움과 편안함이 있다.

일반인의 경우 일할 때와 놀 때가 나누어져 있고, 일할 때의 태도와 느낌은 놀 때의 태도와 느낌과 전혀 상반되는 것이다. 그러나 불교에서는 생활 전체가 일체화되어 있어서 일과 여가의 구분 자체가 존재하지 않는다. 일할 때 노는 것처럼 자발적으로 즐겁게 일하고, 놀 때 일하는 것처럼 짜임새 있고 밀도 있게 노는 것이 일과 여가의 통합을 통한 만족하고 충실한 삶이라고 할 수 있다. 불교의 경우에는 심지어 밥 먹고 잠자고 생리적인 문제를 해결하는 것까지가 모두 수행이라고 보기 때문에, 삶 전체가 수행 하나로 통합되어 있다. 그리고 그 수행은 매 순간에 몰입하여 편안하고 자연스럽게 그리고 자유로운 정신으로 투철하게 사는 것이다. 따라서 불교적 삶은 일과 여가의 정신과 태도가 하나로 일체화되어 무르녹아 있다고 할 수 있겠다.

5. 나오는 말

어떤 심리학자는 일과 놀이와 휴식이 균형 있게 적절하게 조합되어 있는 삶이 건강한 삶이라고 한다. 보통 사람들은 위에서 얘기한 바에 따라 삶의 서로 다른 부분에서 서로 다른 가치들을 추구하면서 만족을 얻고자 한다. 이를테면 일에서는 가치를 추구하고 놀이에서는 즐거움을 추구하는 것과 같은 것이다. 이러한 삶의 태도는 삶의 여러 부분에서 크고 작은 가치와 즐거움을 추구하는 것이기 때문에, 이른바 작은 행복을 추구하는 삶의 태도라고 할 수 있다.[17) 이처럼 생활을 여러 부분으로 구분하게 되면 각 부분의 의미가 다르게 정의되고, 거기에 임하는 태도와 느낌에 차이가 있기 마련이다. 일과 여가를 대립적인 것으로 보는 시각은 바로 이러한 삶의 태도로부터 비롯된다고 할 수 있다.

불교 수행자의 경우는 모든 중생의 괴로움을 해결하고자 하는 목표를 지향하고 있기 때문에, 이른바 커다란 성취를 지향하는 삶의 태도라고 할 수 있다.[18) 불교 수행자는 삶 전체가 온통 수행으로 일관되어 있을 뿐, 그것과 동떨어진 어떤 활동에도 한눈을 팔지 않는다. 그렇지만

---

17) 김태길은 추구하는 가치에 따라서 삶의 유형을 네 가지로 구분하는데, 쾌락을 추구하는 삶, 사회적 우월을 추구하는 삶, 작은 행복을 추구하는 삶, 큰 업적을 지향하는 삶으로 구분하고 있다. 김태길 외, 『삶과 일』, 정음사, 1986, pp.34-47 참조.

18) 같은 곳.

불교의 수행은 특별한 것이 아니라 일상적 삶을 의미하는 것이고, 거기에 임하는 태도는 자연스럽고 자유로우며 아무것에도 걸림이 없고 머무름이 없는 것이다. 불교의 수행에는 화끈한 즐거움은 없지만 덤덤하게 행하는 가운데 수행을 쌓아가며 그것이 깊어지는 것을 느끼는 내밀한 기쁨이 있기 마련이다.

흔히 주식투자의 황금률 가운데 "계란을 한 바구니에 담지 말라"는 말이 있다. 여러 가능성을 열어두어야 어디에선가 만족할 만한 결과가 다가올 수 있을 뿐 아니라, 모든 것을 한꺼번에 잃어버릴 수 있는 위험을 없앨 수 있기 때문이리라. 그러나 마크 트웨인은 이렇게 말한다. "모든 계란을 한 바구니에 넣고 그 바구니를 잘 지켜라."

우리는 여가의 개념을 형식적으로 정의하여 '일하고 남는 시간'으로 생각하지 않고, 내용적으로 파악하여 '자유정신'으로 이해할 필요가 있다. 여가를 이렇게 이해할 때, 아무것에도 얽매이거나 짓눌리는 느낌이 없이 완전히 자유로운 상태에서 자발적으로 즐겁게 행하는 불교의 수행에서 일과 여가가 완전히 통합된 형태를 발견할 수 있다고 생각한다.

일반인의 경우 일할 때와 놀 때가 나누어져 있고, 일할 때의 태도와 느낌은 놀 때의 태도와 느낌과 전혀 상반되는 것이다. 그러나 불교에서는 삶 전체가 수행 하나로 통합되어 있다. 그 수행은 매 순간에 몰입하여 편안하고 자연스럽게 그리고 자유로운 정신으로 투철하게 사는 것이다. 불교 수행자는 자신의 모든 에너지를 한데 집중시키는 삶을 살면서 그 과정이나 성취 어느 것에도 머무르지 않는 사람이다. 따라서 불교적 삶은 일과 여가의 정신과 태도가 하나로 일체화되어 무르녹아 있다고 할 수 있을 것이다.

7부

『사기열전』을 통해 본 일과 직업에 대한 통찰:
성공의 의미와 가치 있는 삶을 논하다

『사기열전』을 통해 본 일과 직업에 대한 통찰:
성공의 의미와 가치 있는 삶을 논하다

1. 들어가는 말

『사기열전』에는 사상가, 문신, 장수, 거상, 자객, 예능인, 의사, 세무사 등 여러 직업을 가진 인물들의 활약상이 등장한다. 사마천은 이들의 모습을 역사적인 사건이나 일화들을 통해서 구체적으로 그리고 있을 뿐, 이들이 지니고 있는 전체적인 직업관이나 인생관을 직접적으로 언급하고 있지는 않다. 그러나 각각의 인물들의 특징을 잡아내는 방식이나 이들에 대한 평가적인 견해 등을 찾아서 재구성하고 재해석해 본다면 직업과 관련한 전체적인 생각을 그려낼 수 있을 것이다.

필자는 동양의 전통사상 속에서 직업과 관련된 견해들을 모아 재구성하고 재해석해 보고자 작업을 계속하고 있다.1) 필자가 이 논문에서 시도하고 있는 『사기열전』의 직업사상에 대한 연구는 지금까지 계속해 온 동양의 직업사상을 조명하고자 하는 지속적인 연구의 연장선상에 있다고 볼 수 있다.

『사기열전』에 대한 기존의 연구는 사학적, 문학적, 사상적 관점 등 개별적인 관점으로부터 진행되었다. 이들 연구들은 주로 『사기열전』의 특정 편을 중심으로 특정한 관점으로부터 이루어졌다.2) 그러나 노동이나 직업과 관련하여 사마천의 사상을 직접적으로 해석하거나 설명하고자 하는 본격적인 시도는 아직 발견하지 못했다. 『사기열전』이라는 책을 아무리 뒤져보아도 일과 직업에 대한 체계적이고 종합적인 서술을 찾을 수 없기 때문에 이러한 관점에서의 접근이 아직 이루어지지 않았다고 생각한다. 그러나 삶의 가장 중요하고 많은 부분을 차지하고 있는 것이 일과 직업이기 때문에, 『사기열전』의 여러 인물들의 삶 전체 속에서는 이와 유기적으로 연관된 수많은 생각들을 찾아낼 수 있을 것이다. 또한 『사기열전』이라는 책 속에는 여러 분야의 직업을 가지고 있는 인물들이 구체적인 상황 속에서 어떻게 자신에게 주어진 일을 처리하는

---

1) 지금까지 공자, 맹자, 순자, 장자, 묵자 등의 사상 속에서 직업의 문제와 연관하여 의미 있다고 생각되는 부분들을 모아 그들의 직업사상을 조명해 보는 연구 등을 진행하였다. 정영근, 「동양적 직업윤리의 재해석 I, II」, 『공업기술교육』 제43호, 제45호, 공업교육연구소, 1987; 「장자의 직업사상」, 『한국의 사상과 문화』 제60집, 2011; 「묵자의 직업사상」, 『한국의 사상과 문화』 제65집, 2012.

2) 김성일, 「사기열전인물묘사소고」, 『중국인문과학』 11, 1992; 「사기열전의 附傳에 대한 검토」, 『중국인문과학』 13, 1994.
   이인호, 「문사철론: 사기백이열전」, 『중국어문논총』 제24권, 2003; 「사기의 허구성과 사마천의 인생관: 소진, 장의열전을 중심으로」, 『중국어문논총』 제28권, 2005.
   이한조, 「백이와 사마천: 사기총서로서의 백이열전」, 『대동문화연구』 제8집, 1971.
   김이식, 「사기 위기무안후열전 석론」, 『중국문학』 제57집, 2008.
   양중석, 「사기 골계열전에 대한 제평가」, 『중국문학』 제50집, 2007.

가에 대한 수많은 사례들이 담겨 있고, 비록 단편적이기는 하지만 노동과 직업에 대해서 직접적으로 언급하는 부분이 적지 않기 때문에, 이를 재구성하고 재해석하는 방식을 통해서 『사기열전』의 직업사상의 전모를 그려낼 수 있으리라고 생각한다. 필자는 이 글이 노동과 직업사상이라는 관점으로부터 『사기열전』의 사상 전체를 체계적으로 조명해 봄으로써 사마천 사상의 종합적 면모를 총체적으로 드러내는 데 일조를 할 수 있고, 현대의 직업인들이 가져야 할 일과 직업에 대한 바람직한 태도 즉 현대사회의 직업윤리를 정립하는 데 있어서도 많은 시사점을 제공해 줄 수 있으리라 기대한다.

2. 역사적 현실과 천도

사마천은 『사기열전』의 맨 첫 편인 백이열전에서 "하늘은 공정하여 착한 사람에게 복을 준다"는 혹자의 견해에 대해 강한 의문을 제기한다.

백이와 숙제는 어진 덕망을 쌓고 행실을 깨끗이 했어도 굶어 죽었고, 안회는 배움을 좋아한다고 공자로부터 칭찬을 받았지만 양식이 끊겨 술지게미와 쌀겨 같은 거친 음식조차 배불리 먹지 못하고 젊은 나이에 죽고 말았다. 도적 도척은 날마다 죄 없는 사람을 죽이고 그들의 간을 먹는 등 잔인한 짓을 하며 수천 명씩 무리를 지어 제멋대로 천하를 횡행했는데도 천수를 누리고 편안하게 죽었다. 최근의 사례를 보더라도 못된 짓만 저지르고 범행을 골라 하면서도 한평생을 호강하며 즐겁게 살고 부귀영화가 자손까지 이어지는 사람들이 있다. 반면에 조심스럽게 발걸음을 내딛고 말을 할 때도 알맞은 때를 기다려 하며 길을 걸어도 샛길로 가지 않고 공평하고 바른 일이 아니면 분발하지 않는 정직하고 순수한 사람들이 화를 입는 경우도 수없이 많다. 나는 정말 혼란스럽다. 만약 이러한 것이 하늘의 도리라고 한다면 그것은 옳은 것인가, 그른 것인가?3)

백이와 숙제처럼 착한 사람이 곤궁하게 살고 비참하게 죽는 경우라든지, 도척 같은 악한 사람이 부귀영화를 누리고 수명대로 살다가 편히 죽는 경우가 현실에서는 수도 없이 경험할 수 있는데 어떻게 이런 경우가 있을 수 있느냐고 사마천은 하늘에 대고 항변하고 있다. 하늘에 도리가 있다면 '착한 사람이 복을 받는' 방식으로 역사가 전개되어야 마땅한 것이지만, 현실은 그렇지 않은 것에 대해서 안타까운 심정을 토로하고 있는 것이다. "착한 사람이 복을 받는다"는 것은 인간 내면의 도덕감정이 투영된 하늘의 도리라고 볼 수 있는데, 역사의 현실은 반드시 그와 일치되는 방식으로 전개되지 않는 것에 대한 안타까움이라 할 수 있다. 사마천이 『사기열전』을 지은 목적을 "정의를 지지하여 세상에 얽매이지 않으며, 재능이 뛰어나서 시기를 놓치지 않고 천하에 공명을 세운 사람들에 대하여 70열전을 지었다"4)고 말하는 것을 보면, 사마천이 현실적으로 행복하게 살았느냐 불행하게 살았느냐와 관계없이 각 방면에서 특출한 사람들의 삶과 공적을 후세에 전하여 알려주고자 하는 뜻을 지니고 있었음을 알 수 있다. 착하고 열심히 사는 삶이 현실에서 평가받거나 보상받지 못하는 경우가 많은 것이 엄연한 사회적 현실이지만, 그것을 기록으로 남겨 영원히 기리도록 함으로써, 그 자체로서 충분히 가치 있는 삶의 의미를 생생하게 살려내고자 하는 것이 역사를 기록하는 사마천의 충정이라고 할 수 있다. 사마천은 수많은 걸출한 인물들 가운데서 백이열전을 열전의 첫 편으로 삼고 있는데, 그렇게 저술

3) 『사기열전』 제1편 백이열전, 김원중 옮김, 『사기열전』①, 민음사, 2012, pp.64-65.
4) 『사기열전』 제70편 태사공자서, 김원중 옮김, 『사기열전』②, 민음사, 2012, p,910.

한 숨은 뜻을 찾아보면 사마천이 역사를 보는 전체적인 생각과 저술의 도를 분명히 알 수 있다.

말세에는 모두 이익을 다투지만 저들(백이와 숙제)만은 의로움을 지키느라 전력을 다했다. 나라를 양보하고 굶어 죽으니 천하가 그들을 칭송했다. 그래서 백이열전 제1을 지었다.[5]

군자는 의를 위해서는 어려운 일을 하다 죽는 것도 마다하지 않으며, 죽는 것을 자기 집으로 돌아가는 것처럼 쉽게 여기고, 살아서 치욕을 겪는 것보다 죽어서 영예로운 편이 낫다고 생각했소.[6]

백이와 숙제는 의롭고 깨끗한 삶을 살았지만 그것에 마땅히 상응해야 하는 행복한 삶을 현세에서 살지 못하고 거꾸로 지극히 불행하게 살다가 비참하게 생을 마감한 전형적인 인물이라 할 수 있다. 그러나 자기의 뜻에 따라 삶으로써 영원한 영예로움을 얻었으니 이는 "한때의 이익에 끌려서 백 대의 이익을 돌보지 않는"[7] 것과 비교할 수 없는 것이라 할 수 있다. 이런 점에서 사마천은 눈으로 확인할 수 있는 결과의 행복한 삶보다는 삶의 과정에서 자신의 뜻을 굽히지 않고 투철하게 사는 삶의 의미와 가치를 부각시키고 싶었다고 할 수 있다. 현세의 권세와 이익을 획득하고 누리지는 못했을지라도 자신의 뜻을 좇아서 그것을 이루어낸 사람들의 삶이 지닌 더 큰 의미와 가치가 지나가버린 역사에 묻혀 기억조차 되지 못하는 것은 슬프고 안타까운 일이기에, 이들의 삶이 지닌 의미와 가치를 생생한 기록으로 남겨 이들의 명성을 후세에 남기고자 하는 것이 사마천의 진정한 생각임을 확인할 수 있다.

---

5) 『사기열전』 제70편 태사공자서, 앞의 책②, p.899.
6) 『사기열전』 제19편 범저·채택열전, 앞의 책①, p.495.
7) 『사기열전』 제10편 장의열전, 앞의 책①, p.288.

3. 성공과 실패

『사기열전』에 등장하는 인물들은 각기 자신의 영역에서 특출한 삶을 삶으로써 인상적인 발자취를 남긴 사람들이다. 그러나 그들이 자신의 일에서 이룩한 공적에 상응하는 사회적 평가와 보상을 모두 받은 것은 아니다. 열전에 등장하는 대부분의 주인공들이 삶을 마감하는 모습은 해피엔딩이 아니라 비극적인 것이다. 보통 사람들이 추구하는 성공과 행복한 삶은 자신이 하는 일에 있어서 커다란 공적을 이루고 그것에 상응하는 평가와 보상을 누리는 것이라고 할 수 있다. 그러나 열전에 등장하는 대부분의 주인공들은 그들이 보여준 특징적인 삶의 모습에 비해 당대의 평가와 보상을 충분히 받지 못한 채 끝내 비극적으로 삶을 살고 마감한 사람들이다. 굴원, 조조, 위공자처럼 재주가 있음에도 왕에게 신임을 받지 못하고 일생을 고민한 사람도 있고, 춘신군, 황헐처럼 국가에 헌신했으나 간사한 음모에 휘말려 비참하게 살해된 사람도 있으며, 공자, 이장군, 한비자처럼 현명한 사람도 불우한 삶을 살았다. 사실상 『사기』 130편 가운데 인물전기로 구성된 것이 112편인데, 이 중에서 57편이 비극적 인물의 이름으로 편명을 삼았고 20여 편은 비극적인 인물로 표제를 삼지는 않았으나 따져보면 비극적인 이야기이다. 나머지 70여 편에도 몇몇 예외를 제외하고 거의 모든 편에서 비운의 인물이 등장한다. 격동의 시대를 약 120명이라는 비운의 인물을 통해 그려냈으니 결국 사마천에게는 비극이야말로 시대의 표징이었던 셈이다.8) 이렇게 볼 때 사마천은 여러 분야에서 뛰어난 재능을 발휘하고 대단한 활약을 펼친 인물들이 비극의 시대에 태어나서 현실적으로 불행하게 살다 간 것에 대하여 그들의 삶을 역사적인 기록으로 남김으로써

---

8) 김원중, 앞의 책①, pp.18-19.

보답하고자 했다9)고 말할 수 있다.

한 걸음 더 나아가 사마천은 한 사람이 일을 통해서 이룩한 업적과 살아간 삶의 의미가 가시적으로 확인할 수 있는 부귀영화를 누리는 등의 보상과 행복에만 있지 않다는 것을 간접적으로 표현하고 있다. "인을 구하여 그것을 얻었으니(求仁得仁) 또 무엇을 원망하겠는가"라는 공자의 말을 언급하면서 "이것은 제각기 자기의 뜻을 좇아서 행한다는 말이다"라고 해설한다.10) 이러한 맥락에서 사마천은 한나라 문인 가의의 "탐욕스러운 자는 재물 때문에 목숨을 잃고, 열사는 이름을 얻기 위하여 목숨을 바치며, 뽐내기 좋아하는 사람은 그 권세 때문에 죽고, 서민은 그날그날의 삶에 매달린다"11)는 해설을 덧붙이고 있다. 이러한 사마천의 서술들을 잘 검토하여 보면 사람들이 추구하는 가치는 서로 다르기 때문에 일의 결과로 누리는 부귀와 행복이라는 세속적 가치에 의해서만 삶의 성공과 실패를 판단해서는 안 된다는 뜻을 읽을 수 있다. 송대 나대경은 백이열전의 문장구조를 분석하여 사마천의 이러한 뜻을 다음과 같이 명료하게 제시하고 있다.

천도는 공평하여 항상 착한 사람에게 복을 준다지만, 고금을 통해 보면 행실이 불량하면서도 부귀를 누리는 예가 많고 공정하게 분발하는 사람은 화를 당하는 예가 너무 많다. 그래서 원망이 없을 수 없다. 비록 그렇지만 부귀가 뭐 그리 대단하랴. 절개와 지조야말로 인간이 지향해야 할 바다. 그렇다면 가볍고 무거운 것이 정해지지 않았는가? 게다가 군자는 죽어서 이름을 남기지 못하는 것을 수치로 여긴다는데 백이와 안회는 공자의 칭찬에 힘입어 명성을 더욱 날렸으니 그들이 얻은 바도 이미 충분한데 무슨 원망이 있을 것인가?12)

---

9) 이인호, 「문사철론: 사기백이열전」, p.119.
10) 『사기열전』 제1편 백이열전, 앞의 책①, pp.65-66.
11) 『사기열전』 제1편 백이열전, 앞의 책①, p.66.

사람은 누구나 중요시하는 가치가 있기 때문에 자기가 중요시하는 가치를 구현했으면 부귀영화를 누리는 행복한 결과가 뒤따르지 않는다 할지라도 후회 없는 성공적인 삶을 산 것이라고 사마천은 평가하고 있다. 사마천의 이러한 생각은 범저·채택 열전에서 "군자는 의를 위해서는 어려운 일을 하다 죽는 것도 마다하지 않으며 죽는 것을 자기 집으로 돌아가는 것처럼 쉽게 여기며, 살아서 치욕을 겪는 것보다 죽어서 영예로운 편이 낫다고 생각하는 법이오"[13]라는 말을 통해서도 확인할 수 있다. 여기에서 볼 때 사마천은 일과 인생의 성공과 실패가 결과적으로 얻게 되는 복락에 있는 것이 아니라, 자신이 뜻하는 바에 따라서 살고 자신이 중요하게 추구하는 가치를 제대로 실현하는 삶을 살았느냐의 여부에 달린 것이라고 보고 있음을 알 수 있다. 다시 말해 자신이 품은 생각과 뜻을 일관되게 그리고 철저하게 실현하면서 살아가는 삶의 과정 자체에 의미와 가치가 있다는 사실을 사마천은 의도적으로 부각시키고 있다고 할 수 있다.

4. 직업과 도리

인간은 일을 통해서 자신이 얻고자 하는 가치를 추구한다. 어떤 사람은 부와 귀를 추구하고 어떤 이는 명예를 추구하며 어떤 이는 자연스러움과 온전한 생을 추구한다. 자신의 방식대로 살면서 자신이 얻고자 목표로 하는 가치를 얻는 것이 성공적인 삶이라 할 수 있다. 인간이 성공적인 삶 또는 직업생활을 하기 위해서는 아무 일이나 아무렇게나 해서는 안 되고 반드시 자연과 세상의 도리를 제대로 파악하고 그것에 따라서 직업을 선택하고 행동을 결단해야 한다는 것이 사마천의 생각이다.

---

12) 羅大經, 『鶴林玉篇』 권16. 이인호, 앞의 논문, pp.113-114에서 재인용.
13) 『사기열전』 제19편 범저·채택 열전, 앞의 책①, p.495.

그러므로 농부는 먹을 것을 생산하고 어부와 사냥꾼은 물건을 공급하고 기술자는 이것으로 물건을 만들고 장사꾼을 이것을 유통시킨다. 이러한 일이 어찌 정부의 명령이나 교화나 징발이나 기일을 정해 놓음으로써 이루어지겠는가? 사람들은 저마다 능력에 따라 그 힘을 다해 원하는 것을 얻는다. 그러므로 물건 값이 싸다는 것은 장차 비싸질 조짐이며 값이 비싸다는 것은 싸질 조짐이다. 각자가 그 생업에 힘쓰고 즐겁게 일하는 것이 마치 물이 낮은 곳으로 흐르는 것과 같아서 물건은 부르지 않아도 밤낮으로 쉴 새 없이 절로 모여들고 구하지 않아도 백성이 만들어낸다. 이야말로 어찌 도와 부합하지 않으며 자연법칙의 경험이 아니겠는가?14)

사마천은 여기서 사람마다 자신의 재능에 맞추어 일을 선택하는 것이 자연의 이치이고 또한 당연한 일이라고 말하고 있다. 또한 일하는 방식도 자연의 이치에 따르는 것이 가장 바람직하다고 도처에서 역설한다. 세상을 다스리는 것도 자연스러움을 따르는 것이 최상이며,15) 값이 비싸면 내다 팔고 값이 싸면 구슬을 손에 넣듯 사들여야 하듯이, 물건과 돈은 흐르는 물처럼 원활하게 유통시켜야 한다고 말한다.16) 주나라 사람 백규는 시세의 변동을 살피기를 좋아하고, 시기를 보아 나아가고 물러나는 결단을 내리기를 마치 사나운 짐승이나 새처럼 빨리 함으로써 사업에서 커다란 성공을 거둔 전형적인 예라고 할 수 있다.

백규는 사람들이 버리고 돌아보지 않을 때는 사들이고, 세상 사람들이 사들일 때는 팔아 넘겼다. 풍년이 들면 곡식은 사들이고 실과 옷은 팔며, 흉년이 들어 누에고치가 나돌면 비단과 풀솜은 사들이고 곡식을

---

14) 『사기열전』 제69편 화식열전, 앞의 책②, p.838.
15) 『사기열전』 제69편 화식열전, 앞의 책②, p.837.
16) 『사기열전』 제69편 화식열전, 앞의 책②, p.842.

내다 팔았다. 목성이 동쪽에 있는 해는 풍년이 들지만 그 이듬해에는 흉년이 든다. 또 남쪽에 있는 해에는 가물고 그 이듬해에는 풍년이 든다. 서쪽에 있을 때는 풍년이 들고 그 이듬해는 흉년이 든다. 북쪽에 있을 때는 크게 가물고 그 이듬해에는 풍년이 든다. 그리고 홍수가 나는 해가 있으면 목성이 다시 동쪽으로 돌아온다. 백규는 풍년과 흉년이 순환하는 이러한 이치를 살펴 사고팖으로써 해마다 물건 사재기하는 것이 배로 늘어났다. 돈을 불리면 값싼 곡식을 사들이고 수확을 늘리려면 좋은 종자를 썼다. 거친 음식을 달게 먹고 하고 싶은 것을 억누르며 옷을 검소하게 입고 노복들과 고통과 즐거움을 함께했으나 시기를 보아 나아가는 데는 마치 사나운 짐승과 새처럼 빨랐다.17)

이러한 백규의 사례에서 확인할 수 있는 것처럼 자연과 세상이 돌아가는 이치를 잘 파악하여 그것에 순응하는 방식으로 일을 처리하는 것이 사업성공의 비책이라고 사마천은 여러 가지 사례를 들어 제시하고 있다. 철이 생산되는 산으로 들어가 쇠를 녹여 그릇을 만들어 팔아 부자가 된 촉땅의 탁씨, 제후들과 노닐며 그것을 이용하여 장사에서 큰 이익을 얻은 완땅의 공씨, 남들이 싫어하는 사납고 교활한 노예를 발탁하여 생선과 소금 장사를 시킴으로써 큰 이익을 남긴 제나라의 조간, 인색하고 가난하지만 장사에는 능한 주나라 사람들에게 일을 맡겨 장사로 성공한 주나라의 사사, 밭과 가축을 살 때 남처럼 싼 것을 고르지 않고 비싸도 질이 좋은 것을 골라서 부자가 된 선곡의 임씨, 난리라는 위험한 상황에서 모두가 돈 빌려주는 것을 꺼릴 때 천금을 풀어 빌려주고 원금을 열 배로 불린 무염씨 등 당대에 두드러진 부호들이 바로 그 대표적인 사례라고 할 수 있다.18) 사마천은 이들의 사업성공 비결을 다음과 같이 요약하고 있다.

---

17) 『사기열전』 제69편 화식열전, 앞의 책②, p.844.
18) 『사기열전』 제69편 화식열전, 앞의 책②, pp.858-862.

그들은 모두 작읍이나 봉록을 가진 것도 아니고 법률을 교묘하게 운용하고 나쁜 짓을 하여 부자가 된 것도 아니다. 모두 사물의 이치를 헤아려 행동하고 시세변화를 살펴 그 이익을 얻고 상업으로 재물을 쌓고 농업으로 부를 지켰다. 무(武)로 모든 것을 이룬 뒤에는 문(文)으로 그것을 지켰던 것이다. 그 변화에는 절도와 순서가 있어 서술할 만하다.[19)]

이처럼 자연의 모습과 변화를 잘 이해하고 이에 순응하는 방식으로 행동함으로써 행동의 과정과 결과가 모두 바람직하게 된다고 보는 사고는 "자연에 반하는 행동을 하지 않으면 잘 다스려지지 않을 것은 아무것도 없을 것이다"[20)]라고 하는 노자의 사상과 밀접한 관련이 있다고 생각된다.[21)] 사마천은 직업에 성공하기 위해서는 사물의 이치나 시세의 변화를 잘 헤아려야 할 뿐 아니라, 물자와 지역 그리고 인간의 상호관계 등 다양한 환경적 요인과의 밀접한 관련성에 대한 통찰이 필요하다는 점에 대해서도 언급하고 있다.

대체로 천하에는 물자가 적은 곳도 있고 물자가 많은 곳도 있다. 백성의 풍속은 지역에 따라 차이가 있어 산동에서는 바닷소금을 먹고, 산서에서는 호수소금을 먹으며, 영남과 사북은 원래 소금을 생산하는 곳이 있다. 물자와 사람과의 관계를 총괄해 보면 초나라와 월나라는 땅은 넓지만 사람이 드물고 쌀밥에 생선국을 먹는다. 어떤 곳에서는 마른 풀을 태워 밭을 갈고 논에 물을 대어 김을 매고 초목의 열매와 소라나 조개 등이 장사꾼을 기다리지 않아도 될 만큼 넉넉하다. 지형상 먹을 것이 풍부하여 굶주릴 염려가 없으므로 백성은 게으르고 그럭저럭 살아가며 재산을 모으지 않아 가난한 사람이 많다. 이 때문에 강수와 회수 남쪽에는

---

19) 『사기열전』 제69편 화식열전, 앞의 책②, p.862.
20) 『노자』, 無爲則無不治.
21) 정영근, 「장자의 직업사상」, 『한국사상과 문화』 제60집, p.515 참조.

굶주리는 사람도 없지만 천금을 가진 부자도 없다. 기수와 사수 북쪽 지역은 오곡과 뽕과 삼을 심고 육축을 기르기에 알맞다. 그러나 땅은 좁고 사람은 많은 데다 수해와 가뭄이 잦다. 그러므로 진, 하, 양, 노에서는 농사를 권장하고 농민을 소중히 여긴다. 삼하와 완과 진의 땅도 이와 같으나 상업에도 힘을 기울인다. 제나라와 조나라 지역 사람들은 지혜와 재주를 부리고 기회를 보아 이익을 잡으려 하며, 연나라와 대나라는 농사를 짓고 목축을 하며 양잠에도 힘쓴다.[22]

이상과 같이 사마천은 직업생활에 있어서 도리를 파악하고 도리에 맞게 행동하는 것을 강조한다. 인간 자신의 재능과 취향 및 사물과 자연의 이치 및 변화의 원리, 나아가 환경과 인간관계의 특징 등 모든 것에 작용하는 이치를 잘 헤아려 그 결을 거스르지 않고 결에 따라 판단하고 행동하는 것이 일을 성공적으로 수행하는 요점이라는 것이다. 사마천은 돈을 벌기 위해서는 어떤 일을 하는 것이 바람직하고 그 일을 어떻게 하는 것이 옳으냐는 문제에 대해서 정해진 법칙이 있다고 생각하지 않는다. 다만 한 가지 일에 전심하는 것이 무엇보다 중요하다는 사실만을 강조한다.

대체로 아껴 쓰고 부지런한 것은 생업을 다스리는 바른 길이다. 그렇지만 부자가 된 사람은 반드시 특이한 방법을 사용했다. 밭에서 농사짓는 것은 재물을 모으는 데는 졸렬한 업종이지만 진나라의 양씨는 이것으로 주에서 제일가는 부호가 되었다. 무덤을 파서 보물을 훔치는 것은 나쁜 일이지만 전숙은 그것을 발판으로 하여 일어섰다. 도박은 나쁜 놀이이지만 환발은 그것으로 부자가 되었고 행상은 남자에게는 천한 일이지만 옹낙성은 그것으로 부자가 되었다. 연지를 파는 것은 부끄러운 일이지만 옹백은 그것으로 천금을 얻었고 술장사는 하찮은 일이지만 장

22) 『사기열전』 제69편 화식열전, 앞의 책②, pp.852-853.

씨는 그것으로 천만금을 얻었으며, 칼을 가는 것은 보잘것없는 기술이지만 질씨는 그것으로써 제후들처럼 반찬 솥을 늘어놓고 식사했다. 양의 위를 삶아 말려 파는 것은 단순하고 하찮은 일이지만 탁씨는 그것으로 가마행렬을 거느리고 다녔다. 말의 병을 치료하는 것은 대단치 않은 의술이지만 장리는 그것으로써 종을 쳐서 하인을 부리게 되었다. 이는 모두 한 가지 일에 전심한 결과이다. 이것으로 미루어 볼 때 부유해지는 데에는 정해진 직업이 없고 재물에는 정해진 주인이 없다. 능력이 있는 사람에게는 재물이 모이고, 능력이 없는 사람에게는 재물이 기왓장 부서지듯 흩어진다. 천금의 부자는 한 도읍의 군주에 맞먹고, 거만금을 가진 부자는 왕과 즐거움을 같이한다.[23]

여기서 확인할 수 있는 것은 사마천이 직업의 귀천을 따지는 당시의 통념에 따르지 않고, 어떤 일에나 그 일에 맞는 도리를 찾아 그에 맞는 판단과 행동을 하는 데 전심전력을 기울이는 것의 중요성을 강조하고 있다는 점이다. 다만 도굴이나 도박 등 사회적 유용성이 없는 일까지를 돈을 버는 데 성공했다는 사실만으로 직업으로 인정하고 있다는 점에서 무엇을 직업이라고 볼 것이냐의 문제 즉 직업의 개념과 의미에 대한 요즘과는 다른 생각을 엿볼 수 있다.[24] 사회적 유용성의 문제를 크게 염두에 두지 않고 직업의 문제를 다루고 있는 또 다른 예는 사마천이 열전 가운데 자객열전이나 유협열전 등을 특별히 삽입하여 사회의 법과 규범을 벗어난 삶을 산 사람들을 기술하고 있는 것에서도 확인할 수 있다. 그러나 이는 사마천이 직업의 문제를 전적으로 다룬 것이 아니라

---

23) 『사기열전』 제69편 화식열전, 앞의 책②, pp.862-863.
24) 일반적으로 직업이라는 말은 정신적, 육체적으로 상당한 수고가 들어가는 일 가운데서, 성인이 자유로운 의사에 따라서 사회적 유용성이 있는 일을 경제적 보상을 받으면서 계속적으로 수행할 때 그 일을 직업이라고 한다. 직업윤리연구회 편, 『현대사회와 직업윤리』, 형설출판사, 1991, p.6.

의미 있는 역사적 사실을 기록하는 차원에서 사람들이 한 일과 살아온 삶의 자취를 다룬 것이기 때문에 비중 있게 논의할 문제는 아니라고 생각한다.

5. 직업별 갖추어야 할 덕목들

『사기열전』에는 사상가, 관리, 문인, 장수, 거상, 자객, 예능인, 점술사, 의사, 세무사 등 여러 직업을 가진 인물들의 활약상이 등장한다. 사마천은 이들의 일하는 모습을 역사적인 사건이나 일화들을 통해서 구체적으로 실감 있게 그리고 있다. 이들이 일하는 모습을 특징적으로 잡아내는 방식이나 이들에 대한 평가적인 견해 등을 찾아서 재구성하고 재해석해 본다면, 사마천이 생각하고 있는 직업별로 직업수행에 필요한 덕목 내지 직업윤리를 찾아낼 수 있을 것이다. 일반적으로 직업윤리는 직업에 대한 마음가짐 내지 태도를 지칭하는 것이지만, 여기서의 직업윤리는 특정한 직업을 수행하는 사람이 갖추어야 하는 덕목을 의미하는 것이므로 정확히는 직업별 윤리라고 할 수 있다. 『사기열전』에서 다루어지는 모든 직업별 윤리를 빠짐없이 거론할 수는 없기 때문에, 여기서는 의미 있다고 생각되는 대표적인 몇 가지 직업의 윤리만을 다루기로 한다.

(1) 장수의 윤리

사마천이 다루고 있는 시대가 춘추전국에서 진나라 통일시기에 걸쳐 있는 전란의 시기이기 때문에 사마천이 열전의 주인공으로 가장 많이 다루고 있는 인물의 직업은 장수라고 할 수 있다. 사마천은 4편 사마양저열전을 비롯하여 열전 30여 편에 걸쳐서 특출한 장수들의 이야기를 다루고 있다. 이 가운데서 언급되고 있는 훌륭한 장수들의 특징적인 모습을 추려보면 다음과 같다.

사마양저는 병사들의 막사, 우물, 아궁이, 먹거리를 비롯하여 문병하고 약을 챙겨주는 일에 이르기까지 몸소 보살폈다. 또한 장군에게 주어지는 재물과 양식을 모두 병사들에게 풀고 자신은 병사들 중에서도 몸이 가장 허약한 병사의 몫과 똑같이 양식을 나누었다. 이로부터 사흘 뒤에 병사들을 다시 순시하자 병든 병사들까지도 모두 앞다투어 싸움터로 나가기를 바랐다.25)

"장수가 군영에 있을 때는 왕의 명령도 받들지 않을 수 있다"고 말하고 군법을 어긴 왕의 사자를 처형했다.26)

오기는 장군이 되자 신분이 가장 낮은 병사들과 똑같이 옷을 입고 밥을 먹었다. 잠을 잘 때에도 자리를 깔지 못하게 하고 행군할 때도 말이나 수레를 타지 않고 자기가 먹을 식량은 직접 가지고 다니는 등 병사들과 함께 고통을 나누었다. 한번은 종기가 난 병사가 있는데 오기가 그 병사를 위해 고름을 빨았다.27)

백기는 적의 전력을 헤아려 날쌔게 대응하고 끊임없이 기이한 계책을 써서 천하에 명성을 떨쳤지만, 응후와의 사이에서 생긴 근심은 없애지 못했다. 왕전은 진나라 장군이 되어 여섯 나라를 평정했다. 그러나 진나라를 보필해서 덕을 세워 천하의 근본을 튼튼하게 하지 못하고 그럭저럭 시황제에게 아첨하여 편하게 있을 곳을 구하다가 늙어서 죽음에 이르렀다.28)

---

25) 『사기열전』 제4편 사마양저열전, 앞의 책①, p.102.
26) 『사기열전』 제4편 사마양저열전, 앞의 책①, pp.99-101.
27) 『사기열전』 제5편 손자·오기열전, 앞의 책①, pp.115-116.
28) 『사기열전』 제13편 백기·왕전열전, 앞의 책①, p.358.

범저와 채택은 어려움을 겪으면서도 자신들의 뜻을 잃지 않았고, 공을 이룬 뒤에는 물러나 어진 사람을 따랐다.[29]

전단은 기이한 계책과 정공법을 어우러져 쓰는 것이 마치 끝이 없는 둥근 고리 같았다.[30]

만약 한신이 도리를 배워 겸양한 태도로 자기 공로를 뽐내지 않고 자기 능력을 자랑하지 않았다면 공은 비할 수 없이 커서 후세에 사당에서 제사를 받을 수 있었을 것이다.[31]

이광은 행군하는 데 부대를 편성하거나 진형을 취하지도 않고 수초가 무성한 곳에 주둔하였다. 머물러 있으면서 사람들은 자유로웠고 조두(경계도구)를 부설하여 경계하는 일도 없었다. 장군의 진영 안에서는 가능하면 문서와 장부 같은 것을 생략했으며 척후병을 먼 데까지 보내어 일찍이 적의 습격으로 인한 피해를 받은 일이 없었다. (이와 반대로) 정불식은 행군이나 숙영을 규범에 맞게 하고 조두를 쳐 경계하였으며 사졸들은 밤을 새워가며 군의 문서를 처리하였으므로 군사들은 쉴 수가 없었다. 그런데 그도 적에게 습격을 받은 일이 없었다.[32]

이상의 사례들을 종합적으로 검토해 보면 장수가 지녀야 할 중요한 덕목은 다음과 같이 요약할 수 있다. 첫째, 부하들에 대한 사랑과 배려의 마음으로 부하들과 고통을 함께 나누며 어려움을 나누어 가짐으로써 병사들을 마음으로부터 복종하게 한다. 그래야 목숨을 걸어야 하는 위험한 상황에서 스스로 발분하여 죽을 각오로 장수의 명에 따른다. 둘

---

29) 『사기열전』 제19편 범저·채택열전, 앞의 책①, p.463.
30) 『사기열전』 제22편 전단열전, 앞의 책①, p.554.
31) 『사기열전』 제32편 회음후열전, 앞의 책①, p.811.
32) 『사기열전』 제49편 이장군열전, 앞의 책②, pp.330-331.

째, 적과 아군의 전력을 정확히 헤아리고 상황에 적합한 계책과 전략을 발휘하여 승리할 수 있는 탁월한 군사적 역량을 지니고 있어야 한다. 셋째, 사사로움에 휘둘리지 않고 엄정하게 군법을 시행하고 사적인 이득이나 편안함을 추구하지 않으며 공적인 이익을 최대화하기 위해 헌신해야 한다. 넷째, 항상 겸양한 태도로 자기 공을 내세우지 않고 역할이 끝나면 조용히 물러난다.

(2) 신하와 관료의 윤리

『사기열전』에서 장수 다음으로 많이 다루어지는 직업은 왕에게 주요한 정책을 제시하거나 정책이나 법을 직접적으로 집행하는 역할을 하는 신하와 관료라고 할 수 있다. 사마천이 열전에서 신하와 관료를 주인공으로 다룬 것은 2편 관·안열전을 비롯한 15편 이상이고, 특별히 도리에 맞게 정책과 법집행을 잘한 관리들을 다룬 순리열전과 냉정하고 가혹하게 법집행을 한 관리들을 다룬 혹리열전을 삽입하여 특징적인 관리들의 이야기를 다루고 있다. 이 가운데서 특징적으로 언급되고 있는 관리의 일하는 모습을 정리하면 다음과 같다.

관중은 정치를 하면서 재앙이 될 수 있는 일도 복이 되게 하고, 실패할 일도 돌이켜 성공으로 이끌었다. 그는 이해를 분명하게 따지고 득실을 재는 데 신중히 하였다. 백성이 바라는 것은 그대로 들어주고 백성이 싫어하는 것은 그들의 뜻대로 없애주었다.[33]

상군은 나라를 강하게 할 수 있으면 구태여 옛것을 본뜨지 않고, 백성을 이롭게 할 수 있으면 옛날의 예악제도를 따르지 않았다.[34]

---

33) 『사기열전』 제2편 관·안열전, 앞의 책①, p.73.
34) 『사기열전』 제8편 상군열전, 앞의 책①, p.199.

주창은 나무처럼 질박한 사람으로 당시 대부분의 사람이 아부로 일관했던 것과는 달리 강직한 성격으로 거침없이 바른말을 하여 의를 지켰다.35)

조사는 당시 세도가인 평원군에게 세금을 가차 없이 거둬들이는 등 엄격하고 공평하게 세금을 거둬들여 백성은 부유해지고 창고는 가득 차게 되었다.36)

장석지와 풍당은 파당도 없고 치우치지도 않게 법을 공정하게 시행했으며, 법을 지나치게 엄격하게 시행하는 것에도 적극 반대했다.37)

한안국의 사람됨은 원대한 지략이 많아 그 지모는 세상의 흐름에 따라 영합하기에 충분했으며 충성심이 두터웠다. 그는 재물을 좋아하고 탐하기는 하였으나, 자신보다 청렴결백하고 현명한 선비들을 추천하였다.38)

손숙오가 재상으로 있을 때 정치는 느슨하게 시행되었지만 금지하는 일은 일어나지 않았고 백성은 저마다 편익을 얻어 생활이 안정되고 즐거웠다.39) 정자산이 재상이 된지 3년이 되자 밤에 문을 잠그는 일이 없어지고 길에 떨어진 물건을 줍는 사람이 없었으며, 그가 죽자 백성들이 자기들을 버렸다고 통곡했다.40)

공의휴는 노나라 재상이 되어 법을 준수하고 이치를 따르며 바꾸는

---

35) 『사기열전』 제36편 장승상열전, 앞의 책②, p.35.
36) 『사기열전』 제21편 염파・인상여열전, 앞의 책①, p.534.
37) 『사기열전』 제42편 장석지・풍당열전, 앞의 책②, pp.157-165.
38) 『사기열전』 제48편 한장유열전, 앞의 책②, p.321.
39) 『사기열전』 제48편 순리열전, 앞의 책②, p.591.
40) 『사기열전』 제48편 순리열전, 앞의 책②, pp.593-594.

일이 없으므로 모든 관리가 올바르게 되었다. 자기 집 채소밭의 야채를 먹어보니 맛이 좋자 그 채소밭의 채소를 뽑아버렸고, 자기 집에서 짜는 베가 좋은 것을 보자 당장 베 짜는 여자를 돌려보내고 베틀을 불살라버리고는 말했다. "농부와 장인과 베 짜는 여자가 그들이 만든 물건을 어디에 팔 수 있겠는가?"41)

석사는 건실하고 정직하고 청렴하여 아첨하거나 권세를 두려워하는 일이 없었다. 그는 범인이 자기 아버지인 것을 알고 놓아주고 나서 사사로이 법을 무시한 책임을 스스로에게 물어 자결했다.42)

이리는 판결을 잘못 내려 사람을 죽이게 한 책임을 하급 관리에게 떠넘기지 않고 스스로 칼에 엎드려 죽었다.43)

급암은 될 수 있는 한 일을 적게 만들려고 힘쓰며, 기회가 닿는 대로 효무제에게 흉노와 화친하고 병사를 일으키지 말도록 여쭈었다. 효무제는 유학에 마음이 끌려 공손홍을 존중하였고, 나랏일은 갈수록 많아지고 관리와 백성은 교묘하게 법을 악용했다. 그래서 효무제는 법령을 세밀히 구분하여 다스리려고 했고, 장탕등은 자주 새로운 법률을 올려 총애를 받았다. 급암은 늘 유학을 비난하고 공손홍 등을 면박했다.44)

이상에서 특징적으로 그리고 있는 충성스러운 신하와 관료들의 덕목을 종합적으로 추려보면 다음과 같다. 첫째, 정책과 법을 잘 집행하여 국가와 백성을 편안하고 부유하게 한다. 둘째, 사사로이 파당을 짓거나 사적을 이익을 취하지 않고 권세에 아부하지 않으며 공정하고 엄격하

---

41) 『사기열전』 제48편 순리열전, 앞의 책②, pp.594-595.
42) 『사기열전』 제48편 순리열전, 앞의 책②, pp.595-596.
43) 『사기열전』 제48편 순리열전, 앞의 책②, pp.596-597.
44) 『사기열전』 제60편 급·정열전, 앞의 책②, p.606.

게 법과 정책을 시행한다. 셋째, 불필요한 일을 적게 만들고 법은 간략하고 유연하게 적용하여 백성들을 편안하게 한다. 넷째, 잘못에 대한 책임은 스스로 지고 남에게 전가하지 않는다.

사마천이 혹리열전에서 가혹할 만큼 엄격하게 법집행을 한 후봉 등 열두 명의 관리(혹리)들에 대해서 그들이 방책과 모략에 의해 간사하고 사악한 일을 금지시킨 공을 인정하고 있으면서도, 순리열전에서 법을 너그럽게 하고 백성에게 강요하지 않는 정치를 찬양하면서 백성을 다스리는 근본이 혹독한 법령에 있지 않다는 점을 강조하는 것을 보면, 그의 생각이 책임과 의무를 강조하고 신상필벌을 위주로 하는 법가나 유가의 통치방식보다는 자연스럽고 편안함 속에서 자율적으로 일하는 모습을 강조하는 도가의 무위의 정치 쪽에 기울고 있다는 것을 알 수 있다.

(3) 의사의 윤리

『사기열전』에는 의사, 예능인, 점술사 등 특별한 직업을 가진 사람들의 이야기가 많이 등장하는데, 여기에서는 특기할 만한 점이 있는 인물들의 직업에 대한 생각과 그들의 일하는 모습 등을 통해서 이들 특수직업의 윤리를 정리해 보고자 한다.

편작은 침구와 탕약 두 가지에 모두 뛰어났으며 맥을 짚어보고 안색을 살피며 목소리를 듣고 몸 상태를 살피는 등의 검진을 하지 않고도 오장 속 질병의 뿌리까지 훤히 꿰뚫어 볼 수 있는 통찰력을 지니고 있었다. 막 죽은 괵나라 태자가 오장의 기가 거꾸로 치솟으며 양기가 음기 속으로 들어가 짓누르고 있는 상태라는 것을 알아보고 침과 약으로 음과 양의 기운을 다스림으로써 죽은 사람을 살려냈다. 편작은 한단을 지날 때는 부인과 의사가 되었고 주나라에서는 노인병 의사가 되었으며

함양으로 돌아올 때는 소아과 의사가 되었는데, 각 지역 사람들의 풍속에 맞추어 의료과목을 바꾸었다. 45)

순우의는 젊어서부터 의술을 좋아하여 나라 안의 의술이 뛰어난 사람을 찾아 오랫동안 섬기며 그 의술을 다 배우고 배운 것을 모두 적어 두었다. 오랜 동안의 임상을 거치면서 진료부에 환자의 이름과 병리 증상, 치료 예후, 성패 여부 등을 꼼꼼히 기록하여 진단과 치료의 적중 여부를 검증하였다.46)

이상의 사례를 통해서 볼 때 훌륭한 의사는 다음의 덕목을 지녀야 함을 알 수 있다. 첫째, 인간의 생명을 다루는 직업이기 때문에 무엇보다도 병을 정확히 진단하고 치료할 수 있는 전문적인 능력을 갖추어야 한다. 둘째, 병의 치료 가능 여부를 정확히 헤아려 치료에 임해야 한다. 셋째, 의사에게 맞는 환자만을 취급하지 않고 환자의 병에 맞추어 치료하는 데 힘쓴다. 넷째, 진료기록을 정확하게 남기어 다음의 치료에 참고하도록 한다.

(4) 예능인의 윤리

『사기열전』 66편 골계열전에는 기지와 해학을 통해 포악한 군주가 웃는 가운데서 자신의 잘못을 깨닫게 하는 사례들이 등장한다. 사람들이 군주의 부당함을 알면서도 불똥이 자기에게 튈 것이 두려워 침묵하며 아무런 행동도 하지 못할 때, 이들은 기지를 발휘하여 무리 없이 현실의 어려운 문제를 해결하는 모습을 보여준다.

---

45) 『사기열전』 제45편 편작·창공열전, 앞의 책②, pp.205-215.
46) 『사기열전』 제45편 편작·창공열전, 앞의 책②, pp.217-250.

순우곤은 키가 일곱 자도 안 되지만 익살스럽고 변설에 뛰어났다. 3년 남짓 정사를 돌보지 않고 술 마시며 놀기를 즐기는 임금에게 날지도 않고 울지도 않는 새의 수수께끼를 내서 왕 스스로 깨우치게 했다.[47]

우맹은 초나라 음악가로 키가 여덟 자이고 구변이 좋아 언제나 웃으며 이야기하는 가운데 풍자하여 간언했다. 초나라 장왕이 애마가 죽었을 때 신하들에게 복상하게 하고 제후의 예로 장사지내려 하자, 더 융성한 예로 장사지내게 역설적으로 건의함으로써 잘못을 깨우치게 했다. 청렴한 재상으로서 초나라 왕을 패자로 만든 공이 있는 손숙오의 아들이 땔나무를 져서 먹을 것을 마련하는 것을 보고, 장왕에게 손숙오의 행동과 말투를 흉내 내어 재상이 되어 달라는 부탁을 받자, 손숙오처럼 자식이 굶주리게 될까 봐 재상을 하지 않겠다고 답했다.[48]

우전은 진나라의 난쟁이 가수로 우스갯소리를 잘했지만 모두 이치에 맞았다. 종일 쉬지도 못하고 빗속에서 서 있는 키 큰 호위병들을 키 작은 자신만 못하다고 진시황 앞에서 일부러 조롱함으로써 그들을 절반씩 교대로 쉬게 하는 조치를 얻어냈고, 사냥터를 크게 넓히려는 시황제에게 거기에 고라니나 사슴을 길러 적을 침입을 막게 하면 좋겠다고 간언하여 계획을 거두게 하였다.[49]

이상의 세 사람의 사례에서 보듯이 이들 예능인은 상대방의 기분과 상황을 정확히 파악하고 그것을 정면으로 거스르지 않는 역설적이고 해학적인 말을 통해서 상대가 스스로 잘못된 생각과 행동을 스스로 반성하여 고치도록 유도한다. 사람들의 감정을 거스르지 않고 유쾌하게 만들면서도 옳고 그름 내지는 마땅함과 부적절함을 외면하지 않는 분

---

47) 『사기열전』 제66편 골계열전, 앞의 책②, pp.735-736.
48) 『사기열전』 제66편 골계열전, 앞의 책②, pp.740-744.
49) 『사기열전』 제66편 골계열전, 앞의 책②, pp.745-746.

별이 그 속에 있다. 이들의 말이 이치에 맞고 때에 맞는 적절한 것이었기에 얽힌 현실적인 어려운 문제들을 쉽게 풀어낼 수 있었다.

(5) 점술사의 윤리

『사기열전』에는 육상과 천상으로 점을 치는 점쟁이의 이야기를 담은 일자열전과 거북껍질과 시초로 점을 치는 사람을 다룬 귀책열전이 있다. 이들이 어떤 생각과 모습으로 자신의 일을 수행하는지 검토하여 본다.

사마계주는 중대부 송충과 박사 가의가 자기에게 어찌 이처럼 낮은 곳에 살며 천한 일을 하느냐고 묻자, 높은 벼슬과 후한 봉록을 누리는 것을 높다고 생각하겠지만 그것이 자기에게 맞지 않는 것이라면, 칼로 사람을 위협하고 창과 활로 도둑질하는 것과 같다고 반박한다. 또한 말을 과장하거나 거짓을 떠벌림으로써 상대를 조종하여 사례금을 뜯어내는 행위가 부끄럽고 천한 것이지, 복서를 통해서 사람들에게 병을 낫게 하고 미혹한 사람을 이끌어주며 어리석음을 깨우쳐주는 등의 이익을 주고 적절한 사례를 받으니 당당한 일이며, 일을 하는 데 많은 물건이나 공간이 필요치 않으니 할 만한 일이라고 답한다.50)

복서를 이용하여 무당의 사기술을 적발하고 무고사건도 많이 알아맞혔다. 그러나 그들이 점괘를 이용하여 평소 사소한 원한이나 못마땅한 일이 있는 상대를 공적인 일과 결부시켜 죄를 덮어씌우고, 또 사람을 멋대로 모함하여 일족에게 해를 입히고 한 가문을 사라지게 한 예는 무수히 많다. 군자는 "대체로 복서를 가볍게 여기고 신명을 믿지 않는 자는 사람의 도리에 어긋난다. 그러나 사람의 도리를 거스르면서 상서로움만 믿으려 하는 자에게는 귀신도 바르게 알려주지 않는다"고 말한다.51)

---

50) 『사기열전』 제67편 일자열전, 앞의 책②, pp.771-777.

사마천은 여기서 점치는 일이 갖는 의미와 역할을 정확히 알고 자신이 하는 일에 자부심을 가지고 일하며, 자신의 일을 통해서 다른 사람을 농락하거나 사적인 부당한 이익을 꾀하지 않아야 한다는 점술사의 직업윤리를 뚜렷이 제시하고 있다.

6. 가치 있는 삶

인간의 삶이 지니는 의미와 가치는 자신이 하는 일을 통해서 획득되고 구현된다. 『사기열전』에 주인공으로 등장하는 인물들은 스스로 세운 뜻을 실현하기 위해서 온갖 어려움을 돌파하기도 하고 값비싼 대가를 치르기도 하지만, 결국에는 뜻한 일을 성공적으로 완수함으로써 큰 업적과 자취를 남긴다. 어떤 경우든 절대로 자기 뜻을 포기하거나 중도에 변화시키지 않는다는 점에서 공통된다.

백이와 숙제는 의로움을 지키기 위해서 부귀영화는 물론 목숨을 내던졌으며, 관중은 섬기던 임금에 대한 신의를 저버렸다는 비난을 감수했다. 손자는 두 다리가 잘리고 얼굴에 먹물로 글자를 새기는 참화를 입었고, 오기는 이름을 얻기 위해 자기 아내를 스스로 죽임으로써 제나라 편이라는 의심을 풀었다. 오자서는 아비와 형을 죽인 초나라를 탈출할 때 시자에서 무릎으로 기어 다니고 옷을 벗은 채 배를 두드리며 구걸하였으나 끝내 오나라에서 힘을 길러 초나라에 복수하려는 뜻을 달성했다. 상군은 국가의 이익을 위해 귀족이나 외척들과 과감히 맞서고 태자의 사부에게까지 코를 베는 형벌을 내림으로써 엄격한 법질서를 확립했지만 그로 인해 많은 미움을 사 자신도 비참한 운명을 맞이했다. 소진은 온갖 권모술수와 말재주를 총동원하여 종횡책을 실현시키고 육

---

51) 『사기열전』 제68편 귀책열전, 앞의 책②, pp.787-788.

국의 재상이 되었다. 맹상군, 평원군, 신릉군, 춘신군은 사재를 털어 선비를 길렀으며, 특히 평원군은 절름발이를 비웃은 애첩을 죽여 선비들의 믿음을 샀다. 여불위는 엄청난 재산과 첩까지를 미래를 대비하기 위해 아낌없이 바쳤다. 자객열전에 등장하는 여러 자객들은 충과 의를 위해 기꺼이 목숨을 버렸다. 한신은 불량배의 가랑이 사이로 기어 나가는 치욕을 감수했다. 유협들은 은혜를 입으면 반드시 갚고 승낙한 일은 반드시 실천하며 의리를 외치며 의를 위해 죽는 것과 세상 사람들의 평도 두려워하지 않았다. 여기서 거론하지 않은 인물들도 자신의 뜻을 실현하기 위하여 전심전력을 다하고 있다는 점에서는 한결같다.

또한 열전의 주인공들은 힘들 때 치욕과 어려움을 참고 기다리다가 때를 만나면 행동을 하는 데 있어서 앞뒤 가리고 않고 과감하게 결단하는 모습을 보여준다. 이들이 자신의 뜻을 이루기 위해 때로 무리한 방법을 사용하고 때로 지나치게 심한 행동을 하기도 하지만 그렇게 함으로써 적어도 후회가 없는 삶을 살 수 있었다고 하겠다. 이들이 뜻을 이루는 과정에서 사람들의 미움이나 질시를 사고 공을 이루고 명성을 얻은 후 겸손하지 못함으로써 비극적으로 삶을 마감하는 경우가 적지 않았지만, 삶의 의미와 가치는 삶의 결말만 가지고 따질 것은 아니라고 생각한다. 이들이 보여준 치열하고 투철한 직업의식과 삶은 그 자체로 충분히 음미할 만한 가치가 있는 것임에 틀림없다.

7. 나오는 말

이 연구는 직업의 문제를 중심으로 하여 『사기열전』의 내용을 검토함으로써, 바람직한 직업윤리를 찾고자 하는 의도에서 출발한 것이다. 삶의 가장 중요하고 많은 부분을 차지하고 있는 것이 일과 직업이고, 『사기열전』의 이야기는 무슨 일을 어떻게 하며 살 것이냐의 문제에 대한 많은 생각을 직접적으로 표현하여 강조하고 있다는 점에서 직업윤리의 관점에서 더욱 주목할 가치가 있다고 생각한다.

사마천은 어떤 일이건 뜻을 세우고 그것에 전심전력을 다해 매진하는 모습에 대해서 커다란 가치를 부여하고 있다. 또한 자신이 뜻하는 일을 성공적으로 실현하기 위해서는 자신이 하고자 하는 일에 있어서 전문가가 되어야 함은 물론 인간이나 세상의 이치를 꿰뚫어 보고 그것에 순응해야 한다는 것을 거듭 강조한다. 뿐만 아니라 공을 이룬 후에 그것을 과시하거나 대가를 바라지 않고 항상 겸손하며 조용히 물러나 자신의 덕을 충실히 할 것을 권한다. 이런 점에서 직업과 관련한 사마천의 생각은 다분히 도가 쪽에 기울고 있다고 할 수 있다.

원래 『사기열전』은 역사적으로 음미할 만한 가치 있는 삶을 산 사람들의 이야기를 기록함으로써 그들의 삶이 가지는 의미와 가치를 후세에 알리고 교훈으로 삼게 하기 위해서 쓰인 책이다. 따라서 직업에만 초점을 맞추어 열전의 내용을 검토하는 것이 열전의 내용에 담긴 의미를 지나치게 축소할 여지는 다분히 있다. 그러나 지금까지 시도된 적이 없는 직업이라는 새로운 관점을 가지고 열전의 내용을 정리하는 이 연구가 기존의 열전에 대한 이해의 지평을 어느 정도 넓혀줄 수 있으리라는 기대는 해볼 수 있지 않을까 생각한다. 아울러 현대의 직업인들이 일과 직업에 대해 가져야 할 바람직한 태도 즉 직업윤리를 정립하는 데 있어서도 많은 시사점을 제공해 줄 수 있었으면 하는 바람을 가져본다.

책을 내며

　서로 생경한 사이처럼 멀리 떨어져 있는 동양사상과 직업윤리를 친근한 사이로 매개하는 일이 쉽지만은 않았다. 처음엔 어디에서 어떻게 연결고리를 찾아야 할지 몰라 막연하기만 하였다. 그러나 동양사상 깊숙이 들어가 내밀한 이야기를 들어보니 원래는 아주 가까운 사이였다는 사실과 통하는 길이 많이 열려 있음을 알게 되었다. 서로의 동질성을 새삼 확인하고 막힌 통로를 뚫어주는 작업을 하면서 중매쟁이의 설렘과 기대가 항상 같이했다. 여러 통로를 통해서 양쪽을 부지런히 오가면서 다리를 놓고 대화를 하다 보니 이제 같이 살아도 될 만큼 가까워진 것을 확인하게 되었다. 새로 내는 이 책은 이들이 오래오래 함께 살도록 마련한 집이다. 한 집에 사는 것을 계기로 한 가족으로 깊게 뿌리를 내리고 무성한 가지를 펼치며 씨앗을 내어 널리 퍼지기를 바란다.

2019. 9. 9
소요 정영근 두 손 모음

정영근

서울대학교 인문대학 철학과를 졸업하고 서울대 대학원 철학과에서 동양철학 전공으로 박사학위를 받았다. 외국어대, 한양대, 서울대, 이화여대 등에서 가르쳤으며 현재 서울과학기술대학교 교수로 재직 중이다. 태동고전연구회 회장, 불교학연구회 부회장 등을 역임하였다.
주요 저서로『신·구 유식의 비판적 종합: 원측의 불교사상』(박사학위논문),『현대사회와 직업윤리』(공저),『21세기를 대비한 직업과 산업윤리』(공저) 등이 있고, 논문으로「원효의 사상과 행동의 통일적 이해」,「의상화엄의 실천적 지향」,「고려시대 불교사상의 전개양상과 생활세계」,「일과 여가의 통합」,「장자의 직업사상」,「묵자의 직업사상」,「박제가의 직업사상」,「정약용의 직업사상」,「불교의 직업사상」 등이 있다.

일과 직업의 프리즘으로 동양사상을 보다

1판 1쇄 인쇄   2019년 11월 15일
1판 1쇄 발행   2019년 11월 20일

지은이   정 영 근
발행인   전 춘 호
발행처   철학과현실사
출판등록   1987년 12월 15일 제300-1987-36호

서울특별시 종로구 동숭동 1-45
전화번호 579-5908
팩시밀리 572-2830

ISBN 978-89-7775-829-2   93150
값 18,000원